**New Media Marketing**

Digital, Tools and Operations

# 新媒体营销

## 数字、工具与运营

陈钦兰 周飞 陈小燕 陈春琴 黄怡丹 王智生◎编著

机械工业出版社
CHINA MACHINE PRESS

本书吸收了国外新媒体营销的理论和模型成果，从中国新时代各企业实践中总结和提炼了新媒体营销的平台、工具、运营经验与做法，综合了国内外数字新媒体营销的精髓原理，依托中国本土数字新媒体营销状况、公开和企业合作的案例来进行设计，使学生对数字新媒体营销内容有更好的理解、把握和运用。本书由四篇十二章构成：基础和理论篇介绍了数字新媒体营销的相关概念、发展和理论、策划和设计；平台和工具篇包含数字媒体营销、社交媒体营销、移动媒体和户外营销、新媒体营销平台；制作技术篇是实验课程，讲授数字新媒体营销中的图片与音视频制作、软文、H5、表单和用户画像制作等技术；运营实战与拓展篇涉及微信公众号运营、直播营销运营和数智新媒体营销拓展。

本书可作为高等院校管理类专业学生的教材，还可作为企业管理及运营人员，尤其是市场营销和传媒人员的培训、参考和工具用书。

## 图书在版编目（CIP）数据

新媒体营销：数字、工具与运营/陈钦兰等编著. —北京：机械工业出版社，2023.3（2025.2重印）

高等院校市场营销系列教材

ISBN 978-7-111-72785-9

I. ①新… II. ①陈… III. ①网络营销—高等学校—教材 IV. ①F713.365.2

中国国家版本馆CIP数据核字（2023）第046028号

机械工业出版社（北京市百万庄大街22号　邮政编码100037）

策划编辑：张有利　　　　　　责任编辑：张有利
责任校对：张亚楠　陈　越　责任印制：单爱军
北京虎彩文化传播有限公司印刷
2025年2月第1版第5次印刷
185mm×260mm·30印张·644千字
标准书号：ISBN 978-7-111-72785-9
定价：59.00元

电话服务　　　　　　　　　　网络服务
客服电话：010-88361066　　　机 工 官 网：www.cmpbook.com
　　　　　010-88379833　　　机 工 官 博：weibo.com/cmp1952
　　　　　010-68326294　　　金 书 网：www.golden-book.com
**封底无防伪标均为盗版**　　机工教育服务网：www.cmpedu.com

# 序言一

　　数字技术和传播技术的发展与融合，为市场营销的研究和创新发展注入科技、媒体、平台等新内容。相较于报刊、广播、电视等传统媒体的营销方式，新媒体营销是利用数字技术、网络技术、移动技术，向用户提供新型广告、信息、娱乐等的传播方式和营销形态。虽然新媒体营销是近年来在国内外才出现的新型营销传播方式，但已经得到各高校、企业、单位和社会公众的广泛认识与运用。本书是陈钦兰教授2015年在美国普渡大学学习"数字和社交媒体营销"课程后回国在华侨大学开设的新课程的教学总结，能够丰富中国营销领域的知识体系和实践，为促进营销人才的高水平培养贡献了一份力量。

　　《新媒体营销：数字、工具与运营》不仅吸收了国外新媒体营销的理论和模型成果，还从中国新时代各企业实践中总结和提炼了新媒体营销的平台、工具、运营经验与做法，在目前国内同类教材中特色显著。第一，本书内容结构完整，形成体系，既阐释了新媒体营销运营的相关概念、原理、策划和模型，又介绍了各种数字平台和工具、技术和制作、运营实战等内容，还展示了新媒体营销最新理论和动态。第二，本书聚焦大量本土化新媒体营销运营平台、工具和案例，为学生全面掌握新媒体营销技能提供了框架。例如，数字媒体营销中的门户网站、搜索引擎、数字出版物营销；社交媒体营销中的论坛/贴吧、博客、微博、微信营销；移动媒体营销中的手机媒体营销；导流营销和广告投放平台；等等。第三，本书立足于实践，特别强调提升学生在实践设计、制作方法、运营技术等方面的能力和水平。例如，学生可以学习软文、H5、图文、音视频、用户画像、二维码等的制作技术和方法。此外，在每章中还有大量平台工具链接地址、训练专栏、知识拓展、实践训练等，能为读者提供更多的知识、资源与实用技能，不仅适合对新媒体营销感兴趣的高校教师和学生，还适合企业和社会人员。

　　本书是陈钦兰教授及其撰写团队从事新媒体营销教学与研究的成果，是福建省省级一流本科课程的成果，此外，学生参加国内外大赛获得了良好的成绩和社会反馈，我相信未来会有更多的读者喜欢并受益。

　　是为序！

田志龙

华中科技大学管理学院二级教授、博士生导师

教育部高校工商管理类专业教学指导委员会副主任委员兼营销专业组组长

# 序言二

　　营销伴随着数字和网络新技术的发展呈现出深度融合的发展态势。新媒体营销是一种利用新媒体技术、平台和工具等进行营销与活动运营的新形式，它整合了多种营销渠道和平台，如门户网站、搜索引擎、微博、微信、SNS、博客、播客、手机、移动设备、App等各种数字媒体、社交媒体、移动媒体及平台和工具，使市场营销的发展迈入一个新时代。

　　2015年，陈钦兰教授访学于美国普渡大学，学习了我讲授的"数字和社交媒体营销"课程。课上课余，她不但不耻下问于末学后进，还积极反馈宝贵意见。我们互相切磋，教学相长。

　　陈教授回国后在华侨大学开设了"数字新媒体营销"新课程。欣喜得知该课程经过多轮完整教学，已经获评为2020年福建省教育厅社会实践一流课程。

　　新媒体营销已经成为国内外高校工商管理、市场营销、新闻传播等专业的核心课程，也成为社会及企业各界人士争相学习的技术和知识。近年来关于新媒体营销的教科书日益增多，但华侨大学工商管理学院陈钦兰、周飞、陈小燕等编著的《新媒体营销：数字、工具与运营》颇具特色，不乏创新。本书能让读者学习并掌握新媒体营销的基础和理论、平台和工具、制作技术、运营实战与拓展等。本书的主要内容包括数字媒体营销、社交媒体营销、移动媒体和户外营销、新媒体营销平台及新媒体图片与音视频、软文、H5和表单制作、用户画像制作等技术；还有微信公众号运营、直播营销运营和数智新媒体营销拓展；等等。实践训练贯穿全书各章，书中也分享了较多新案例，能适应培养国际化和本土化创新型人才的需要。

　　本书可作为高等院校管理类专业学生的教材，还可作为企业管理及运营人员，尤其是市场营销和传媒人员的培训、参考和工具用书。

　　是为序。

刘强

美国康奈尔大学管理学博士

美国普渡大学管理学院副教授

2023年1月

# 前　言

　　你想了解数字新媒体营销有哪些资源、平台和工具吗？你想知道二维码是如何制作的吗？你想学习公众号和直播是如何运营的吗？新时代数字技术、网络技术、通信和移动技术的发展，给我们的生活、工作方式带来极大的变化和挑战，也让市场营销融合数字和媒体技术进入数字新媒体营销创新时代。相较于报刊、户外、广播、电视四大传统媒体而言，新媒体被称为"第五媒体"。虽然国内外进入数字新媒体营销时代的时间很短，但数字新媒体营销的浪潮正在渗透到我们生活和工作的方方面面，如数字杂志、数字报纸、数字广播、手机短信和微信、移动电视、网络、桌面视窗、数字电视、数字电影、触摸媒体、手机网络支付等。因此，掌握一定的新媒体营销知识、技术和方法已经成为新时代人们的选择和必需。

　　2015 年，本人在美国普渡大学访学，悉闻普渡大学管理学院刘强副教授开设了"数字和社交媒体营销"（Digital & Social Media Marketing）课程，这在世界范围内算是数字营销开设得比较早的课程，当时国外也才刚刚出现数字和社交媒体营销现象。在刘教授的悉心指导和帮助下，本人全程学习了该课程。2016 年，在本人推动下，华侨大学市场营销专业首次在教学计划中把"数字新媒体营销"设置为专业核心课程，这是国内市场营销专业本科院校教学计划中最早启动和开设的数字新媒体营销课程。本课程于 2018 年在华侨大学市场营销专业正式开课，经历了多轮完整教学，取得了一些成果，曾获得 2020 年福建省教育厅社会实践一流课程；由课程学员组建的 32 支团队参加了 2021 阿里巴巴 GDT 全球商业挑战赛（中国赛区），其中有 24 个团队获奖（一等奖并成功晋级国际赛 1 个、二等奖 3 个、三等奖 6 个、优秀奖 14 个）；另签订两个大学生教学实践基地。随着数字新媒体技术越来越成熟，本人立足于对国内新媒体营销技术发展和实践应用的观察与思考，并经多轮教学实践和积累，最后写成本书。本书将丰富、拓展中国市场营销领域的知识体系和范围，进一步提升营销人才的培养水平和实践能力。本书获得华侨大学 2021 年校级教材建设资助项目。

　　本书由四篇十二章构成，包括基础和理论篇、平台和工具篇、制作技术篇、运营实战与拓展篇。基础和理论篇介绍了数字新媒体营销的相关概念、发展和理论、策划和设计；平台和工具篇包含数字媒体营销、社交媒体营销、移动媒体和户外营销、新媒体营销平台；制作技术篇是实验课程，讲授数字新媒体营销中的图片与音视频制作、软文、H5、表单和用户画像制作等技术；运营实战与拓展篇涉及微信公众号运营、直播营销运营和数智新媒体营销拓展。全书还设计了让学生结合社会实践的学习内容，在每篇中嵌入社会实践不同环节的内容和任务，如第一篇设置社会实践任务，让学生组队；第二篇安排了社会实践作品的选题、设计、策划；第三篇制作设计主题作品；第四篇运营并展示作品或项目成果，以提升学生的工作技能和素质。

与其他新媒体营销教材不同，本书最大的亮点和特色有以下几点。

一是篇章结构框架完整，形成体系。本书在阐释新媒体营销运营的相关概念、原理、策划、模型等理论的基础上，立足实践项目，让学生从项目的策划和设计入手，选择数字新媒体营销运营的平台和工具，运用软件技术和平台制作作品，最后把作品投放到微信公众号或直播等平台进行实战运营，全体系全过程地参与实践。各章节也可独立学习、操作和运作。

二是包含了丰富的数字新媒体营销模型。例如：A-E-C-C-C 模型、4I 模型、5W 模式、AIDMA 和 AISAS 模型、KANO 模型、新 4C 法则、FABE 法则、STEPPS 模型、SMART 模型、流量漏斗 AARRR 模型以及数字品牌营销运营 AIPL、FAST 和 GROW 模型等。

三是聚焦大量本土化新媒体营销运营平台和工具。书中的平台和工具有：数字媒体营销（包括门户网站、搜索引擎、网络视频、E-mail、数字电视、数字出版物营销）；社交媒体营销（包括论坛/贴吧、博客、微博、QQ、微信、SNS、IM、第三方平台营销）；移动媒体和户外营销（包括短信、App、二维码、手机报、移动车载、户外 LED、楼宇电梯营销）；新媒体营销平台（包括各导流营销平台、广告投放平台）；微信公众号运营和直播营销运营平台；等等。

四是介绍了简单易学的实践制作和运营的技术、方法。本书特别强调提升学生在实践设计、制作技术、运营方法等方面的能力和水平。学生可以学习美图秀秀、PS、PR、GIF、用户画像等制作技术软件或寻找新媒体营销资源方法，学习制作软文、H5、表单、图文、音视频、用户画像等营销作品、广告或海报。

五是可直接获取丰富的资源。本书有大量的企业平台、工具链接地址等资源，可供企业或读者选择、合作和使用。本书还为读者准备了案例分享、实践训练、知识拓展、思考题、参考文献、图片、表等。此外，本书还为教师准备了课堂训练、PPT、习题和答案、教学大纲、资源地址二维码（教师可向出版社索取后三项）等，能为广大读者和教师提供更多的知识和实用技能工具。

本书以团队编著的形式完成。编著团队如下。

陈钦兰博士（负责第一至十章，第十一章第二至四节，第十二章第一节的编写以及全书的统稿和校对等），华侨大学工商管理学院教授、市场营销系前主任，华侨大学营销管理（和行为）研究中心主任，硕士及 MBA 研究生导师，美国普渡大学访问学者。美国市场营销协会会员、美国运筹学研究和管理科学学会营销科学分会会员、中国市场学会理事、中国高等院校市场学研究会理事、中国妇女研究会理事。研究方向有：网络及新媒体营销、性别营销及管理、品牌管理、服务业营销战略和管理等。发表论文 70 篇，其中，4 篇发表于 SSCI 及国际期刊，8 篇发表于 CSSCI 期刊，2 篇被人大资料全文转载，教育教学类 8 篇，科研获奖 15 篇；出版专著 1 部，执行主编 1 部，主编《市场营销学》（第 1 版和第 2 版）；主持各类项目 18 项，指导学生获国际、国家等大赛奖 19 次。邮箱：qlchhd@hqu.edu.cn。网址：https://ggxy.hqu.edu.cn/info/1157/3842.htm。

周飞博士（负责第十二章第二节的编写），华侨大学工商管理学院教授，博士生导师，院长助理、市场营销系主任，中国高等院校市场学研究会理事。研究方向为：社会媒体营销、营销战略、企业社会责任。在 *Journal of Retailing and Consumer Services*、《新华文摘》《管理评论》等国外 SSCI 期刊或国内 CSSCI 期刊发表论文 40 余篇，主持国家社科基金项目等课题 6 项。邮箱：feiz@hqu.edu.cn。

陈小燕（负责第十二章第三节的编写），法国雷恩第一大学市场营销学博士，华侨大学海外引进人才，华侨大学工商管理学院讲师。研究方向为：大数据营销、消费者信息隐私、品牌建设。主持和参与国家级项目多项，在国内外期刊上发表 7 篇论文，担任创业导师、众创空间等大型单位的战略顾问等。邮箱：xiaoyanchen@hqu.edu.cn。

陈春琴（负责第十一章第一节的编写），管理学硕士，华侨大学工商管理学院副教授。主要从事营销管理、市场营销和公共关系服务礼仪的教学及科研工作。邮箱：ccq@hqu.edu.cn。

黄怡丹博士（负责第十二章第四节的编写），华侨大学工商管理学院市场营销系副主任、MBA 导师，闽发铝业博士后站负责人。主要研究方向为：消费者行为、大数据营销、品牌策划与推广。邮箱：niki_9@126.com。

王智生博士（负责 3 个案例的编写），华侨大学工商管理学院副教授，企业管理专业硕士生导师。主要从事营销管理、组织管理等领域的研究。邮箱：zhishengwang@hqu.edu.cn。

国内外市场营销界的教授、专家、学者和出版社在本课程教学、实验、大赛（数字品牌和直播）、出版和签订课程教学实践基地等方面提供了大量的支持与帮助。特别要感谢美国普渡大学管理学院刘强副教授，教育部高校工商管理类专业教学指导委员会副主任委员兼营销专业组组长、中国市场学会常务理事、华中科技大学管理学院田志龙教授，机械工业出版社编辑团队；浙江智行合一科技有限公司创始人兼 CEO、阿里巴巴集团原副总裁、阿里云智能新零售事业部总裁、阿里云研究院院长肖利华博士，泰国格乐大学国际学院教师兼主任杨明，福建省睿羊羊文化传媒有限公司和福建禾杰兄弟文化传媒有限公司卓常贵培训总监，福建省泉州电视台黄樱主持人，清华大学出版社刘志彬主任，电子工业出版社团队，等等！感谢华侨大学教务处、新闻与传播学院郭艳梅教授、陈辉兴博士，工商管理学院李俊杰书记、郭克莎院长、衣长军常务副院长、万文海副院长、林春培副院长、姚培生前书记、孙锐前院长、郑文智前副院长、曾繁英前副院长，及苏朝晖教授、杨洪涛教授、谢安晋副教授，隋昌鹏、贾振宇、陈小羡、杨冬英、周春燕老师，实验室蒋林华、柯育华、李娜老师及学院的其他领导和老师们的帮助与支持！感谢华侨大学工商管理学院研究生吴婕、周顶琪、洪婷惠，市场营销专业 2018 级的周理及 2019 级的邓方线、陈思琦、赵聪颖、赵炫熹等同学在案例收集和整理、文字和 PPT 的整理与校对等方面做的大量工作！感谢我的家人对我工作的大力支持，感谢董耕庚在新媒体技术方面提供的帮助！

本书深入浅出，通俗易懂，不仅适合作为高等院校工商管理类、管理科学与工程类、公共管理类、新闻传播管理类、艺术设计管理类、农业经济管理类等 MBA、专业型硕士、本科、专科、高职的教材，也适合作为企业界人士和社会人士从事数字媒体、社交媒体、移动媒体等新媒体营销相关工作的入门工具书，或了解新媒体营销知识和提高自身素质与能力的指导读物。

  特别说明：本书的案例、资料、图片和链接地址主要来自网络公开资料、图片、音视频、企业网站资料等，某些案例和资料进行了改编，只用于教学目的，而非对企业的经营管理行为进行评判或暗示其经营是否有效。因作者水平和资源有限，请读者指正！

  相信本书一定可以给你带来更多的知识、信息和收获！

陈钦兰

华侨大学工商管理学院市场营销系

2023 年 1 月 15 日于泉州

# 目 录

# 第三章　新媒体营销策划

# 第二篇　平台和工具

## 第三篇　制作技术

# 第四篇  运营实战与拓展

# 第一篇　基础和理论

# 第一章
# 数字新媒体营销概述

## 🌀 学习目标

数字新媒体营销的相关概念及其基础
新媒体营销的分类体系和方法
数字新媒体营销的结构体系

## ⊙【案例导读】　　　　600 岁故宫博物院如何在数字世界中开拓未来

600 多岁的故宫博物院是世界文化遗产和中华文化瑰宝，这处昔日的皇家禁地正通过数字化走向大众和世界。在 2021 年中国国际服务贸易交易会上，故宫博物院首次以数字化形态亮相展会平台。故宫展台大约有 285 米$^2$，主要分为数字考古、数字文物和数字服务板块。从 20 世纪末开始，故宫博物院开始构想数字化建设。2001 年，故宫博物院开通网站，这是故宫数字化建设的起点。

建成于 1420 年的故宫博物院是世界上现存规模最大、最完整的古代木构宫殿建筑群，也是世界上收藏最多中国文物、来访最多观众的博物馆，文物藏有 186 万余件。目前故宫博物院已完成 70 余万件文物的基础数字化工作，且每年完成 7 万至 8 万件文物的基础数字化工作。故宫博物院数字与信息部副主任于壮说："我们力争让所有的实体文物能尽快拥有自己的数字身份证……故宫数字化已经有 20 多年的历史，最根本的目的是通过数字技术让如此大体量、珍贵的人类文化遗产得以永久保存和永续传承、利用。"

新技术促进了故宫博物院数字化的进程。运用全景摄影技术可在虚拟世界中让宫殿随意变换季节和景色；高精度三维数字采集技术能够让宫殿内的各种文物立体呈现；参观者戴上 AR 眼镜，仿佛走进了已回填的故宫博物院考古遗址现场；语音交互和人工智能技术让故宫博物院虚拟了断虹桥的小狮子身份，并可与小程序用户互动。例如，故宫博物院的文保部门曾拆解、修复过一座清乾隆时期的升降塔钟，采用超高清三维数字采集技术记录钟表拆解与修复的全过程和所使用的每一个零件。这为未来使用 3D 打印等技术真正复原这个复杂精密的钟表文物提供了依据。

构建"数字孪生"的理念，让中国传统文明和文化运用数字媒体与网络平台传播得更久远。截至 2019 年年底，中国已有 5 535 家备案博物馆。中国"十四五"规划纲要提出，未来将推进公共图书馆、文化馆、美术馆、博物馆等公共文化场馆免费开放和数字化发展。

思考：600 岁的故宫博物院是如何在数字世界中开拓未来的？

资料来源："娄琛，任垚媞，吉宁 . 600 岁故宫在数字世界中开拓未来"，2021 年 9 月 5 日。

## 第一节　数字新媒体营销的相关概念及其基础

没有数字技术和数字发展，就没有新媒体的产生，也没有新媒体营销。数字及其技术是新媒体营销的基础。因此，要了解新媒体营销的内容，首先要学习什么是数字媒体和数字营销。

## 一、媒体、数字媒体和数字营销初认识

### （一）媒体的概念与分类

#### 1. 媒体的概念

媒体（Media / Medium）一词来源于拉丁语"Medius"，音译为媒介。媒体指资讯信息传播的媒介和工具，是人们用来传递文字、图片、声音、视频等信息与获取所需信息的技术、工具、渠道、载体、中介物或手段，是实现信息从信息源传递到受信者的一切中介技术手段。媒体包括的含义有两个：①承载信息的物体。②储存、处理、呈现、传递信息的实体。"媒"的原始含义是在古代男女婚恋中起传情达意作用的中介。

#### 2. 媒体的分类

国际电话电报咨询委员会（Consultative Committee on International Telephone and Telegraph，CCITT）把媒体分成 5 类。

（1）感觉媒体（Perception Medium）。它是指引起人的感觉器官反应，并产生直接感觉的媒体。例如，运用声音可引起听觉反应，运用图像可引起视觉反应等。

（2）表示媒体（Representation Medium）。它是指用于信息数据交换和传输感觉媒体的编码或中介媒体。例如，文本的 ASCII、GB2312 等编码，图像的 JPEG、MPEG 等编码，声音编码，等等。

（3）表现媒体（Presentation Medium）。它是指输入和输出信息的媒体。输入媒体有键盘、鼠标、扫描仪、话筒、摄像机等；输出媒体有显示器、打印机、喇叭等。

（4）存储媒体（Storage Medium）。它是指用来存储表示媒体和信息的物理介质，主要有硬盘、磁盘、软盘、光盘、ROM 及 RAM 等。

（5）传输媒体（Transmission Medium）。它是指传输与传递表示媒体和信息的物理介质，主要有电缆、光缆等。

### 训练 1-1

**下列内容各归属于哪种媒体？**

（1）用户看到的一段 ×××.flv 视频是_____媒体。

（2）这段 ×××.flv 视频如用 FLV 格式来表示则称之为_____媒体。

（3）呈现这段 ×××.flv 视频的显示器是_____媒体。

（4）存储这段 ×××.flv 视频的计算机硬盘是_____媒体。

（5）在服务器与显示器之间传输这段 ×××.flv 视频所用到的电缆、光缆、路由器等设备，属于_____媒体。

答案：感觉媒体 / 表示媒体 / 表现媒体 / 存储媒体 / 传输媒体。

### （二）数字媒体的概念、分类和技术

#### 1. 数字媒体的概念

数字媒体（Digital Media）是指以二进制数的形式来获取、传播、记录、处理信息过程的载体，包括数字化形式的文字、图形、图片、虚拟图像、音频、视频和动画等的感觉媒体，和表示这些感觉媒体或编码等的逻辑媒体，及存储、传输、显示这些逻辑媒体的实物媒体，即数字媒体 = 感觉媒体 + 逻辑媒体 + 实物媒体。

### 训练 1-2

**下列媒体各归属于哪种数字媒体？**

文本　图片　音频　视频　虚拟图像　数码相机拍的照片

MP3 数字音乐　数字摄像机拍的影像　数字电影电视

3D 软件制作出来的动画角色

#### 2. 数字媒体的分类

数字媒体主要有以下分类（见图 1-1）。

（1）按时间属性划分，数字媒体可分为静止媒体（Still Media）和连续媒体（Continuous Media）。静止媒体是指内容不会随时间而变化的数字媒体，如文本、图片等。连续媒体是指内容随时间而变化的数字媒体，主要有音频、视频、虚拟图像等。

（2）按来源属性划分，数字媒体可分为自然媒体（Natural Media）和合成媒体（Synthetic Media）。自然媒体是指运用专门的设备把自然界中客观存在的景物、声音等进行编码和数字化处理后得到的数字媒体，如原声录制的 MP3 数字音乐、数码相机拍的原图照片、数字摄像机拍的视频影像等。合成媒体是指运用计算机工具，以特定的语言、算法或符号来表示与合成（生成）的文字、图形、图像、声音、视频、动画、数据等，如数字制作的电影电视、用 3D 软件制作出来的动画等。

（3）按组成元素划分，数字媒体可分为单一媒体（Single Media）和多媒体（Multi Media）。单一媒体是指单一信息载体和媒介组成的媒体；多媒体是指多种信息载体、表现形式和传递方式组成的媒体。目前的"数字媒体"大多是指"多媒体"，是由数字技术支持的表现形式多样且复杂的信息传输载体。

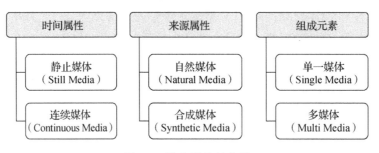

图 1-1　数字媒体的分类

---

**知识拓展 1-1**　　　　　　　　　　**虚拟图像**

　　虚拟图像（Virtual Image）是指以可视、可听、可触摸到事物的表现形式，让用户的感觉器官好像围绕着三维空间的图像。虚拟图像是以虚拟现实技术和图形化界面为基础的一种智能终端显现形式。虚拟图像不同于传统的二维平面图像，它是通过虚拟界面、全息影像及虚拟人机交互等内容形式，实现二维平面图像向三维空间图像的变革、融合和提升，是一种全新的视觉形式，可应用于人脸识别等。

---

### 3.数字媒体技术

数字媒体技术是由计算机技术、通信技术、网络技术、流媒体技术、存储技术、显示技术等高新技术所构成的。

图形图像数字技术是新媒体技术的一部分，是以数字新媒体技术为基础，通过设计规划和运用计算机进行艺术设计，融合并超越了传统出版内容而发展起来的新业态。例如，数字视听、数字动漫、网络学习、手机娱乐等都属于图形图像数字技术范畴。

---

**知识拓展 1-2**　　　　　　　　　　**数字经济"四化"框架**

　　中国信通院发布的《中国数字经济发展白皮书（2020 年）》提出数字经济"四化"框架，即数字产业化、产业数字化、数字化治理、数据价值化（见图 1-2）。在以往"三化"（数字产业化、产业数字化、数字化治理）的基础上，增加了数据价值化。2019 年，我国数字经济结构持续优化，数字经济增加值达到 35.8 万亿元，占 GDP 比重为 36.2%；数字产业化增加值达 7.1 万亿元，占 GDP 比重为 7.2%；产业数字化增加值达 28.8 万亿元，占 GDP 比重为 29.0%。数据成为数字经济发展的关键生产要素，数据价值化按照资源化、资产化、资本化三阶段加速推进。

图 1-2 数字经济"四化"框架

白皮书还对我国各地区数字经济发展情况进行了量化分析。2019 年，各地区的数字经济发展水平基本延续前几年的发展态势。从总量来看，广东、江苏、浙江、上海、北京、福建、湖北、四川、河南、河北、安徽、湖南等省份和城市的数字经济增加值超过 1 万亿元；从占比来看，北京、上海的数字经济在地区经济中占据主导地位，数字经济GDP 占比已超过 50%。

思考：试分析图 1-2，你发现了什么？你有何感想？请查找资料，说说你家乡地区的数字经济发展情况。

资料来源："中国信通院.中国信通院发布《中国数字经济发展白皮书（2020 年）》首提数字经济"四化"框架"，2020 年 7 月 9 日，有改编。

## （三）数字营销概述

### 1. 数字营销的概念

数字营销是指利用互联网和其他数字技术来创造、交流、交付或交换对客户、合作伙伴和整个社会都有价值的营销活动。

数字营销（Digital Marketing）是指借助于互联网络、计算机通信技术和数字交互式媒体，通过数字化多媒体渠道和通道，如电话、短信、邮件、电子传真、网络平台等，来实现营销目标的一种数据化、可量化、高层次的营销活动和方式。数字营销是使用数字传播渠道来推广产品和服务的活动。

### 2. 本书数字营销的概念来源

本书数字营销的概念来源于美国普渡大学管理学院刘强副教授对 Digital marketing 的英文定义的翻译，即数字营销是指利用互联网和其他数字技术来创造、交流、交付或交换对客户、合作伙伴和整个社会都有价值的营销活动。刘强副教授是康奈尔大学管理学博士，主要教授数字营销和营销模型等课程，是最早开设数字营销课程教学的教师之一。

他的主要研究方向为数字营销、离散选择模型、动态结构模型、医药产业，研究成果发表在 *Marketing Science*、*Management Science*、*Journal of Marketing Research* 等国际顶级期刊上。

## 二、新媒体营销概述

### （一）新媒体的概念与特征

新媒体（New Media）的概念是 1967 年由美国哥伦比亚广播电视网（CBS）技术研究所所长戈尔德马克（P.Goldmark）率先提出的。

#### 1. 新媒体的概念

新媒体是一种媒体形态，是指当下万物皆媒的一种环境。新媒体涵盖了所有数字化的媒体形式。美国《连线》杂志对新媒体的定义是：所有人对所有人的传播。联合国教科文组织对新媒体的定义是：以数字技术为基础，以网络为载体进行信息传播的媒介。

新媒体是指利用数字技术、网络技术、移动技术及互联网、无线通信网、有线网络等渠道，通过电脑、手机、数字电视机等终端，向用户提供信息和娱乐的传播媒体形态，如数字杂志、数字报纸、数字广播、手机短信、移动电视、网络媒体、桌面视窗、数字电视、数字电影、触摸媒体、手机媒体等。相对于报刊、户外、广播、电视四大传统媒体，新媒体被形象地称为"第五媒体"。

#### 2. 新媒体的特征

新媒体的特征包括交互性、即时性、海量性、共享性、个性化与社群化。

### 训练 1-3

**下面哪些是新媒体？**

报刊、户外广告、广播、电视、数字杂志、数字报纸、数字广播、手机短信、移动电视、网络、桌面视窗、数字电视、数字电影、触摸媒体、手机网络、专业论坛、抖音、直播、贴吧

### （二）市场营销概述

市场营销（Marketing）是为顾客、客户、委托人、合作者、非营利组织及各种利益相关者和社会，提供、创造、沟通、传递和交换的供给品（包括产品、服务、信息、观念、体验等）的决策、策略与方法的系列活动、职能和过程。

市场营销学的范围十分广泛，它是一门以哲学、数学、经济学、统计学、管理学、传播学、行为科学、信息科学和现代科学技术等为基础，研究以满足消费者需求为中心

的企业市场营销活动的谋划、策略、方法及规律的科学。市场营销学是一门"技术＋谋术＋战术＋艺术"（简称"市场营销四术"）的综合性应用科学。20世纪初，西方市场营销学诞生于美国，从经济学的母体发展而来，现代市场营销学是一门属于管理学范畴的应用科学。而中国早在2 000多年前就有相关的市场营销学理论和实践的应用案例。市场营销学是与我们的生活紧密相关的一门应用科学，它的研究范畴上涉及供应领域，下延伸至消费领域整个供应链中的各个环节，几乎所有的社会经济领域均可应用。因此，学习市场营销的原理、概念、思维、技术、方法、战略、策略和技巧，对人们从事工作、生活和学习有重要的指导和运用价值。

随着数字技术的深入发展，现代社会的企业、单位、个人已经离不开"数字＋新媒体＋营销"的生态环境。

### （三）新媒体营销的概念、特性和对比

#### 1.新媒体营销的概念

新媒体营销（New Media Marketing）是指运用数字、网络、通信和移动等新技术，通过电脑、手机、数字电视机等终端，向用户提供新型营销广告、信息、娱乐等传播方式和新媒体形态。它是利用新媒体平台进行的营销方式和活动，是市场营销的一种新形式。

新媒体营销的渠道或平台，主要包括但不限于：门户网站、搜索引擎、微博、微信、SNS社区、博客、播客、BBS论坛、RSS、WIKI、TAG、手机、移动设备、App、网络杂志等。新媒体营销可以进行单一的渠道营销或多种渠道营销，也可以进行线上或线下的营销，形成全方位、立体式的营销网络生态。

#### 2.新媒体营销的特性

在Web 4.0时代，营销方式发生了变革，新媒体营销的特性有沟通性（Communication）、差异性（Variation）、创造性（Creativity）、关联性（Relation）和体验性（Experience）。

#### 3.新媒体营销与传统营销的对比

新媒体营销与传统营销在营销平台、信息量、传播路径、可扩展性、便利性、互动效果、传播效果、传播限制、营销优势等方面有较大的不同（见表1-1）。

表1-1　新媒体营销与传统营销的对比

| 对比维度 | 营销 | |
| --- | --- | --- |
| | 新媒体营销 | 传统营销 |
| 营销平台 | 门户网站、搜索引擎、微博、微信、SNS社区、博客、播客、BBS论坛、RSS、WIKI、TAG、手机、移动设备、App、网络杂志等 | 报纸、杂志、电视、广播 |
| 信息量 | 大 | 小 |
| 传播路径 | 多向 | 单向 |

（续）

| 对比维度 | 营销 | |
| --- | --- | --- |
| | 新媒体营销 | 传统营销 |
| 可扩展性 | 空间无限 | 空间小 |
| 便利性 | 较好 | 较差 |
| 互动效果 | 较好 | 较差 |
| 传播效果 | 影响广泛 | 影响有限 |
| 传播限制 | 限制较少 | 限制较多 |
| 营销优势 | 信息量大、传播速度快 | 容易取得营销效果 |

新媒体营销的特性表现在：①在营销平台上主要有门户网站、搜索引擎、微博、微信、SNS 社区、博客、播客、BBS 论坛、RSS、WIKI、TAG、手机、移动设备、App、网络杂志等。②信息量大。③传播路径多向。④可扩展性上的空间无限。⑤便利性较好。⑥互动效果较好。⑦传播效果影响广泛。⑧传播限制较少。⑨具有信息量大、传播速度快的营销优势。

传统营销的特性表现在：①在营销平台上主要有报纸、杂志、电视、广播。②信息量小。③传播路径单向。④可扩展性上的空间小。⑤便利性较差。⑥互动效果较差。⑦传播效果影响有限。⑧传播限制较多。⑨具有容易取得营销效果的营销优势。

⊙ **案例分享 1-1**

**真相总是跑不过谣言吗?**

2018 年，MIT 在《科学》杂志上发表了一项关于社交媒体的真实与虚假信息的研究，即《网络中真实与虚假信息的传播》（"The Spread of True and False Information Online"）。通过分析自 Twitter 面世以来被 300 万用户转发过的 12.6 万条有争议的新闻报道，MIT 发现：事实根本无法对抗谎言和谣言。比起准确的报道，假新闻和谣言在社交网络上总能触及更多人群，渗透更深，且传播更快。无论采取哪种评判标准，在 Twitter 上的虚假新闻已经"战胜"了事实，占据了主导地位。

MIT 的科研人员 Soroush Vosoughi 主持了这项研究，他从 2013 年开始就一直研究假新闻。他说："从我们的研究中可以清楚看到，虚假信息的传播远超真实信息……这不仅与机器人有关，还可能与人性有关。"

思考：为什么会出现这种信息传播的情况? 新媒体有哪些效应?

资料来源："MIT 做了史上规模最大的假新闻研究，发现：真相总是跑不过谣言"，2018 年 3 月 22 日，有改编。

### 三、社交媒体营销和移动媒体营销概述

#### （一）社交媒体营销的相关概念

##### 1. 社交媒体概述

社交媒体（Social Media），也称为社会化媒体、社会性媒体，是指利用互联网技术和工具，允许人们基于社会关系进行撰写、分享、评价、讨论、相互沟通的社交媒体平台。它是一个基于用户社会关系的内容生产与交换平台，用户是其主角。2005 年，Facebook 推出第一个广告选项，由此社交媒体开始成为营销人员的选择。社交媒体的广告具有成本低、受众广且操作方便等特点，吸引了众多人员选择和运用社交媒体从事营销活动。

社交媒体的特性包括：①传播速度快。②传播范围广。③能实现深度传播。④传播费用非常少。⑤内容生产与社交相结合。

##### 训练 1-4

### 你熟悉下列社交媒体吗？

开心网、人人网、饭否、QQ 空间、优酷土豆、新浪微博、专业论坛、抖音、直播、贴吧

##### 2. 社交媒体营销概述

社交媒体营销（Social Media Marketing），也称社会化营销、社会化媒体营销、社交媒体整合营销、大众弱关系营销。社交媒体营销是指利用社会化网络、在线社区、博客、百科或者其他互联网协作平台及媒体来传播和发布资讯，从而形成营销、销售、公共关系处理和客户关系服务维护及开拓的一种营销方式。它有两种含义：一是媒体平台的自我营销；二是其他公司或个人利用这些社交媒体平台营销自身的产品、内容和信息。

社交媒体营销是指以图片或视频的方式，通过论坛、微博、微信、博客、SNS 社区等自媒体平台或者组织媒体平台，把产品、内容和信息提供给需要的客户的发布、传播过程及营销活动。社交媒体营销的主要特点是网站内容可以由用户自愿生产和提供（UGC），而用户与平台站点不存在直接的雇佣关系。

##### 3. 自媒体概述

自媒体（We Media）是指普通大众通过数字网络等途径，自己创作、提供与分享自身事实和新闻的一种传播方式，其信息传播对象是不特定的大多数或特定的单个人。自媒体的传播者具有私人化、平民化、普泛化、自主化的特性。

在中国，自媒体发展主要经历以下 4 个阶段。

（1）2009 年，新浪微博上线，引发社交平台的自媒体风潮。

（2）2012 年，微信公众号上线，自媒体向移动端发展。

（3）2012—2014 年，门户网站、视频、电商平台等纷纷涉足自媒体领域，平台多元化发展。

（4）2015 年至今，直播、短视频等传播形式成为自媒体内容创业的新热点。

### （二）移动媒体营销的相关概念

#### 1. 移动媒体概述

移动媒体，又称移动数字媒体、移动新媒体，是指以具有移动、便携特性的移动数字终端为载体，通过移动数字处理技术和无线数字技术，运行相关平台软件及应用，以文字、图片、音视频等方式展示信息和提供信息处理功能的媒介与媒体。

移动媒体包括手机媒体、平板电脑、掌上电脑、PSP、电子阅读器、移动影院、移动视听设备（如 MP3、MP4）、数码摄录相机、导航仪、记录仪等。移动媒体不仅是媒介，也包括相关的社会组织和人际网络，是一种运用无线传输，能够变动、移动和流动的媒体形式。

#### 2. 移动媒体营销概述

移动媒体营销（Mobile Marketing），又称移动营销、手机营销、无线营销，是指面向移动终端用户，在移动终端（手机或平板电脑等）上直接向目标受众、分众等，精确、定向、有效地把运营者个性化即时信息传递给消费者或需要的人，以达到移动营销的目的的行为。

移动媒体营销有多种形式，如 QQ 群、微信群、短信回执、短信网址、彩铃、彩信、声讯、流媒体等。移动媒体营销是市场营销、互联网营销、网络营销（Online Marketing）和数据库营销（Database Marketing）的拓展，是网络经济和现代营销的重要组成部分。

#### 3. 智能 AI/ 智慧营销概述

智能 AI/ 智慧营销是基于语音识别、语音合成、文字识别、人脸识别、声纹识别和多轮对话技术，应用在电话、Web、App、小程序、自助终端等多渠道下的客户服务营销和后台运营管理，以全面提升企业客户体验，打造全渠道高品质的客户服务能力，实现降本增效的营销方式。

## 四、全媒体和媒体融合概述

### （一）全媒体概述

#### 1. 全媒体的提出

1997 年，国外学者 Andy C. Pratt 提出"Omni-media"一词，它是指建立在报纸和书籍的基础上，以计算机、音乐为元素的游戏互动公司与行业出版相融合的媒体。在国内的文献中"Omni-media"一词较多涉及应用层面，而国外的学者则较少使用。

结合各位学者的研究，我们认为全媒体是利用互联网通信技术等表现形式，以文字、图片、音视频等多种表现方式，实现报刊、广播、电视和网络等新旧媒体多形式的融合发展和利用。在新时代的大环境中，为了让用户更好地运营媒体，满足用户的个性化服务，需要进行全媒体营销。全媒体营销的特点是信息集成、形式丰富、全方位融合、受众细分。

2. 学术界对全媒体的说法

（1）彭兰的"运营模式说"指出，全媒体是运用所有的媒体手段和平台，构建强大健全的报道媒体体系，不是一个单落点、单形态，而是一个多落点、多形态的媒体运营模式。

（2）李敬坡的"传播形态说"认为，全媒体是融合了光、电、图、文、声等多种表现形式，通过多种传播手段如文字、声像、网络等来传播内容的媒体。

（3）姚君喜的"整合运用说"认为，全媒体是立足于现代科技，综合传统与新兴媒体，将媒体形态、传播渠道、运营方式、营销观念等进行整合性运用的媒体形式。

### （二）媒体融合概述

1. 媒体融合的概念

国外学者较多使用"Media Convergence"和"Media Concentration"，意为"媒体融合"和"融媒体"。美国专家伊契尔·索勒·普尔（Ithiel de Sola Pool）率先提出"媒体融合"和"传播形态融合"的概念，就是将不同形态的媒体融合在一起，形成新的媒体之意。

融媒体的定义是通过媒介载体的利用，融合报刊、广播、电视等传统媒体的共同特点和新媒体的优势，通过人力资源的高度整合、内容的创新、宣传的优化，融通资源，实现企业利益共享和最大化。融媒体不是简单相加、合并多种媒体，而是再造一个全新的媒体生态系统。

2. 媒体融合的研究发展

2005 年，蔡雯在国内首次提出"媒体融合"的概念，并对这个概念的内涵进行了推广和科学发展。孟建和赵元珂的《媒介融合：粘聚并造就新型的媒介化社会》一文受到学术界的广泛关注。学术界对媒体融合的关注程度越来越高。

例如，2018 年，腾讯成立 PCG，整合了 OMG（网络媒体事业群）和 MIG（移动互联网事业群），目的是强调彼此之间的合作。腾讯 PCG 业务是最庞杂的事业群，囊括了 QQ、QQ 空间、QQ 浏览器、应用宝、腾讯视频、微视、腾讯新闻、腾讯微视、腾讯影业、腾讯动漫、天天快报等多个业务。

# 第二节　新媒体营销的分类体系和方法

知识拓展 1-3 　　　图 1-3 是一张什么图？你从这张图中看到了什么？

图 1-3　中国社会化媒体全景图

资料来源："中小企业利用社会化媒体营销的 7 个方式"，2016 年 12 月 13 日。

## 一、新媒体营销的分类体系

新媒体营销的分类体系如表 1-2 所示，主要有以下几种。

### 1. 从营销方式分类

从营销方式分类，新媒体营销可分为数字媒体营销、社交媒体营销、移动媒体营销。

### 2. 从媒体类型分类

从媒体类型分类，新媒体营销可分为网络媒体营销、移动媒体营销。

### 3. 从应用技术分类

新媒体营销的应用技术包括计算机技术、通信技术、网络技术、流媒体技术、存储技术、显示技术。

### 4. 从共享资源分类

新媒体营销的共享资源包括高性能计算机、存储资源、信息资源、知识资源、专家资源、数据资源、数据库资源、网络资源、传感器等。互联网上分散的各种资源有机融合，全面实现资源共享和协作，使资源共享为新媒体营销服务。

5. 从关系网络分类

新媒体营销的网络不限于信息共享的互联网络，还包括地区性网络、企事业内部网络、局域网网络、家庭网络、朋友圈网络和个人网络等关系网络。这些关系网络能够实现资源共享，消除资源"孤岛"现象。

6. 从传播维度分类

新媒体营销从传播维度可以分为双向传播、用户创造内容传播两个方面。

表 1-2　新媒体营销的分类体系

| 分类方式 | 分类内容 |
| --- | --- |
| 营销方式 | 数字媒体营销、社交媒体营销、移动媒体营销 |
| 媒体类型 | 网络媒体营销、移动媒体营销 |
| 应用技术 | 计算机技术、通信技术、网络技术、流媒体技术、存储技术、显示技术 |
| 共享资源 | 高性能计算机、存储资源、信息资源、知识资源、专家资源、数据资源、数据库资源、网络资源、传感器等 |
| 关系网络 | 地区性网络、企事业内部网络、局域网网络、家庭网络、朋友圈网络和个人网络 |
| 传播维度 | 双向传播、用户创造内容传播 |

⊙ **案例分享 1-2**

### 在游戏中可以植入什么

2005 年，Lars-Peter Schneider 和 T. Bettina Cornwell 在《国际广告学刊》（*International Journal of Advertising*）上发表了关于植入电子游戏中的品牌、标志和产品的文章。他们发现，游戏者在电子游戏中除了能回忆起大而抢眼的品牌外，对一些小而精美的横幅广告也能够产生深刻的印象。此外，越有经验的游戏迷越能够回忆起在游戏中植入的品牌。

2004 年，Dan Grigorovici 和 Corina Constantin 在《互动广告学刊》（*Journal of Interactive Advertising*）上也发表了关于植入电子游戏广告的文章。他们的结论是，游戏中的广告暗示性和互动性越强，游戏者与广告中的品牌融合度越高，但游戏者对品牌的回忆度较弱。然而，一旦游戏者回忆起来，则通常会表现出较高的品牌偏好。

思考：在电子游戏中植入的品牌广告与普通广告有何不同？新媒体有哪些效应？

## 二、新媒体营销的方法

新媒体营销的方法如图 1-4 所示。

### 1. 软文营销

软文营销（Soft Article Marketing）是由企业的市场策划人员或广告公司的文案人员负责撰写的文字广告。它是指针对消费者心理，把需要广告宣传的真实目的和内容先隐藏起来，叙述的文字最初看起来与广告无关，吸引用户阅读，通过软性渗透的策略把企业的品牌宣传、产品广告推给消费者的传播方式。软文营销的传播方式主要有新闻、访谈、采访、第三方评论、口碑等。软文营销是目前新媒体营销中较常采用的一种文字传播方法。详见第九章中新媒体软文制作的内容。

图 1-4    新媒体营销的方法

### 2. 口碑营销

口碑（Word of Mouth）是指公众对某企业或企业产品相关信息的认识、态度、评价，并在公众群体之间进行相互传播。口碑的内容包括三个层面：①体验层，即公众对企业或组织的相关信息的认识、态度、评价。②传播层，即传播过程中的事例、传说、意见等传播素材。③认可层，即公众对企业或组织的认可、口碑的情况。良好口碑的建立主要基于产品的质量、服务、环境等带给用户的良好的使用体验。数字新媒体营销能建立更好的口碑。

口碑传播（Word of Mouth Spread）是由个人或群体发起并进行的，关于某一个特定产品、服务、品牌或者组织的一种双向的信息沟通行为。

口碑营销（Word of Mouth Marketing）是企业有意识或无意识地生成、制作、发布口碑题材，并借助一定的营销渠道和途径进行口口相传的传播，为满足顾客需求、获得顾客满意和忠诚、实现商品交易、提高企业和品牌形象，而开展的营销计划、组织、执行、控制的管理过程。口碑营销较普遍运用于微商、微信群等社交媒体中，具有成本小、产出大、效率高、风险低等特点。

### 3. 病毒营销

病毒营销（Viral Marketing），又称病毒性营销、病毒式营销、基因营销或核爆式营销，是指企业运营者打造受众喜爱的营销宣传和活动信息，利用受众的人际网络运营这些信息，并像病毒一样在短时间内快速复制、传播和扩散给成千上万的受众的营销方式。

病毒营销常见于网站推广和品牌推广等网络营销，利用群体之间的关系进行企业产品和服务信息的快速传播，让人们对其建立起了解和认知，达到宣传的目的。常用形式和工具有抖音、快手、IM 工具、邮箱、软件及电子书等。

⊙ **案例分享 1-3**

### 秒拍"假人挑战"游戏

2016 年 11 月，"假人挑战"游戏在网络盛行，此游戏可以多人参与，每个参与者摆好不同的造型，不眨眼也不出声，就像玻璃橱窗里的假人模特一样一动不动，由摄影师一镜到底地拍下全过程，故而得名"假人挑战"。人数越多，难度越大，考验团队之间的默契程度。

几十位艺人也参与了游戏，他们在各种环境下定格戏剧化的精彩一幕。秒拍从国外引进此类游戏，在国内声势浩大地推广，在半个月的火爆传播期占据了推广红利，其影响力引人注目。

资料来源：秋叶，张向南.新媒体营销案例分析 [M].北京：人民邮电出版社，2017.

#### 4. 饥饿营销

饥饿营销（Hunger Marketing）是指企业为了维护产品形象、维持较高的商品售价和利润率，有意调低产品产量，或在促销宣传时制造供不应求的情况，以达到勾起顾客购买欲望，提高其购买期待，促进产品销售的目的。

⊙ **案例分享 1-4**

### 为什么我总买不到小米手机

自小米手机品牌创立以来，大多数用户对小米手机的印象集中在性价比和饥饿营销两个点上。从第 1 代小米手机到第 9 代小米手机，每一代数字旗舰机基本上都会被抢购一空。小米手机在上市之初的定价是 1 999 元，利润微薄，选择低价位是为了吸引消费者的关注。2020 年 2 月 13 日，新一代小米高端旗舰机小米 10 发布，其命名与前 9 代旗舰机命名不同，它肩负着带领小米品牌走向高端的重要任务。从价格来看，3 999 元起步的售价与小米之前的手机定价比起来确实上升许多，但是综合起来看，小米 10 的硬件与同价位的旗舰机相比性价比较高。因此，小米 10 一上市也被大家抢购，小米手机成功实现了饥饿营销。

思考：为什么小米手机的饥饿营销能成功？

资料来源："小米 10 首卖 1 分钟售罄，被网友批饥饿营销，卢伟冰道歉：请大家不要骂了"，有改编。

### 5. 知识营销

知识营销（Knowledge Marketing）是指企业通过有效的传播途径和方法，把所拥有的对用户有价值或效用的知识和信息，如产品知识、专业研究成果、经营理念、管理思想及优秀的企业文化等，传递给现实的或潜在的用户，促进用户对企业品牌、产品和服务形成更多认知，进而产生购买行为的营销方式。

⊙ **案例分享 1-5**

### 这样的知识营销，你知乎

从"广而告知"到"广而认知"，从"知识付费"到"知识营销"，作为知识营销的典型代表——知乎，其用"知识"连接用户，用"品牌"切入消费者。知乎究竟是产品的科普，还是知识产品的共建，抑或是一个有关品牌活动的主题提问，一切因"知识"而变得"妙趣横生"。

资料来源："魏家东.这样的知识营销，你知乎"，2018年4月20日，有改编。

### 6. 互动营销

互动营销（Interactive Marketing）是指企业运营者通过某些平台和活动，运用各种巧妙的沟通时机和方法与消费者进行紧密联系，或让消费者高度参与企业的营销活动，吸引消费者的注意力，双方共同行动和互动，达到推广和营销的效果。新媒体技术和形态让营销的"互动性"成为现实，特别是社交媒体工具如搜索技术、社区、论坛以及 BBS 等的大量应用和发展，能够让用户对企业产品和需求有展现想法和发表意见的机会，从而实现企业与消费者的互动交流并取得共赢结果。

⊙ **案例分享 1-6**

### 可口可乐的"我们在乎"活动

可口可乐的"我们在乎"活动的创意是将6个可乐瓶材料循环利用，进而制作成一把"在乎伞"，让站在伞下的观众体验到被在乎、被保护的感觉。消费者不仅惊讶于"在乎伞"的巧思，也感慨品牌方的用心。

资料来源："2019年盘点10大互动营销案例"，2019年12月21日，有改编。

### 7. 事件营销

事件营销（Event Marketing）是指企业通过策划、设计、组织、制造和利用具有新闻价值、社会影响力及名人效应的热点人物或事件，吸引媒体、社会团体和受众的兴趣与关注，树立企业的良好品牌形象，以达到促销产品或服务目的的营销方法。事件营销融合了新闻和广告、公共关系、形象传播、客户关系与市场推广，能够创造企业新产品和品牌的展示机会，提升企业品牌知名度与美誉度。

### 8. 情感营销

情感营销（Emotional Marketing）是指通过营销展示的内容、方法和手段，诱导、唤起和激起消费者的情感需求与共鸣，满足消费者的情感和心理诉求，达到营销推广的目的，让消费者对企业或产品有一种感情上的满足和心理上的认同。

---

⊙ **案例分享 1-7**

#### 《想你的 999 天》

999 感冒灵发布的暖心广告片《想你的 999 天》刷屏了，让我们看到陌生人的善意，世界的美好。在广告中，讲述了师生、兄弟、医患三个故事，传递出彼此默默的关心、温暖的情感。999 感冒灵后来还推出了《谢谢你，陌生人》《健康本该如此》《妈妈的温度》《云聚会》等广告，通过捕捉细微的温暖，呈现生活中的真实故事，进而给消费者传递关怀的情感，不禁使消费者流下感动的眼泪。"念一个人，暖一颗心"的情感主题营销，让 999 感冒灵取得了良好的广告效果。

资料来源："999 感冒灵新广告：想你的 999 天"，2019 年 11 月 29 日，有改编。

---

### 9. 会议营销

会议营销（Conference Marketing）也称数据库营销，是指寻找特定顾客，通过会议、亲情服务和产品说明会等方式进行产品销售的营销方式。会议营销的实质是对目标顾客的锁定和开发，对顾客全方位输出企业形象和产品知识，以专家顾问的身份对意向顾客进行关怀和隐藏式销售。

在会议营销中，企业通过各种途径收集消费者的资料，经过分析整理后建立数据库，然后从中筛选出所要针对的目标消费者，运用组织会议的形式、结合各种不同的促销手段，进行有针对性的销售。

会议营销属于单层直销，目前名称多种多样，有科普（体验）营销、数据库营销、亲情（服务）营销、顾问营销等。

### 10. 会员营销

会员营销（Member Marketing）是指商家通过制定会员规则、会员产品优惠措施和会员管理措施等营销方法，收集和分析顾客会员及消费信息，关注和运营顾客的终身消费价值，实现客户营销价值最大化。会员营销在操作思路和理念上与传统营销方式有所不同，会员营销可以通过会员积分奖励、等级制度等多种管理形式和办法，增加用户的黏性和活跃度，持续延伸用户生命周期。

⊙ 案例分享 1-8

### 如何为顾客办理钉钉会员

下面是某店员帮顾客办理钉钉会员的过程。一名顾客到店里购买了一些商品，店员要帮顾客办理钉钉会员。最开始顾客很抵触用淘宝、支付宝办理会员，店员耐心地跟顾客解释办会员的两点好处，具体来说有："（1）你首次办理会员最低可减10元，后续如果产品有质量问题可以随时在淘宝上联系我，我将成为你的专属顾问。（2）你现在工作那么繁忙，成为我们的会员后，可以随时了解我们店铺活动、新品动态，你购买之后，我们免费邮寄给你，解决你因上班没空购物而出现的烦恼，不用耽误休息时间。"顾客听完，欣然办理会员。顾客次日主动联系店员，请店员将特价货品拍照给她，才拍照过去不到5分钟就回复店员说要5双一模一样的鞋子和5件一模一样的衣服，于是店员顺利地销售出去共计756元的物品！总结：不要放过任何一个可办会员的顾客，抓住机会跟顾客耐心解释，打消顾客的顾虑，成功销售就在向你招手。

资料来源："衣脉合成．人人都说新零售，你真的懂新零售吗"，2018年8月18日。

## 第三节　数字新媒体营销的结构体系

### 一、本教材和课程的建设发展历程概述

本教材来源于"数字新媒体营销"课程的教学经验积累和总结。本教材是第一作者于2015年在美国普渡大学学习"数字和社交媒体营销"课程后回国在华侨大学开设的新课程。该课程于2016年首次进入华侨大学市场营销专业的教学计划，成为专业核心课程；是在国内市场营销专业本科院校的教学计划中最早启动和开设的"数字新媒体营销"课程之一。2018年，本课程在华侨大学市场营销专业正式开课，到目前为止，已经经历了多轮完整的教学，取得了一些教学成果，并获得2020年福建省教育厅社会实践一流课程。

### 二、本教材的教学内容和设计思路

本教材的教学内容由四篇十二章构成，包括基础和理论篇、平台和工具篇、制作技术篇、运营实战与拓展篇（见图1-5）。基础和理论篇介绍了数字新媒体营销的相关概念、发展与理论、策划和设计；平台和工具篇包括数字媒体营销、社交媒体营销、移动媒体和户外营销、新媒体营销平台等；制作技术篇是实验课程，讲授数字新媒体营销中的图片与音视频制作、新媒体软文、H5和表单制作、用户画像制作等技术；运营实战与拓展篇主要包含微信公众号运营、直播营销运营和数智新媒体营销拓展。课程的社会实践贯穿教学全过程，每个篇章都嵌入了社会实践的不同环节内容和训练任务，第一篇布置了社会实践任务，由学生自己组队；第二篇对社会实践作品进行了选题、设计、策划，第三篇让学生设计、制作作品；第四篇让其运营并展示作品或项目成果，以达到提升学生

技能和素质的目的与效果。

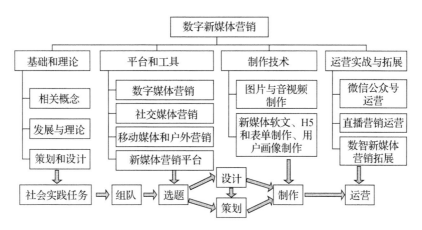

图 1-5　数字新媒体营销结构体系

　　本教材也可以按篇章独立学习，既可以专门了解、掌握数字新媒体营销的平台和工具知识，又可以学习设计、制作新媒体作品的基本技术和方法，还可以学习把自己的作品放到各种新媒体平台、微信公众号或直播平台上进行营销运营，以检查学习效果。

　　总之，本教材是对数字新媒体营销理论、平台和工具、制作技术和方法、新媒体运营知识和方法的系统总结。本教材的知识和技能对读者就业或在业学习有重要的帮助和积极的作用。

---

**知识拓展 1-4　　　　数字营销成为主流营销方式**

　　数字技术构建了新产业生态，形成强大的创新活力，数字经济引领新一轮经济周期，成为经济发展的新引擎。2019 年，互联网广告所占比重已超过 50%。我国数字经济的增加值达到 35.8 万元，占 GDP 的比重超过 1/3，进一步凸显其在国民经济中的地位。

　　数字经济浪潮催生了新职业。截至 2020 年 3 月，我国网民规模达 9.04 亿，互联网普及率达 64.5%；我国网络购物用户规模达 7.10 亿，网络消费作为数字经济的重要组成部分，在促进消费市场蓬勃发展方面发挥着重要的作用。

　　新技术的运用让营销发生了很大的变化，数字化推动着营销的连续性创新变革，数字技术成为赋能营销的新手段，在多个领域与层面的实践中实现了品牌营销的大跨越，也催生了行业对数字营销人才的需求。数字化早已成为人们的生活常态，广告投放的渠道也必然随着消费者注意力的转变而发生变化。中国广告协会的调查显示，45.3% 的广告代理公司全年开展数字营销，35.7% 的广告主以数字营销为主、传统营销为辅，32.9% 的广告主全面开展数字营销。在数字营销面临的困境和挑战中，66.7% 的代理商和 84.6% 的广告主认为专业人才严重匮乏，45.6% 的代理商和 46.2% 的广告主认为品牌对转化率的要求越来越高。

　　资料来源："前瞻经济学人．2020 年中国数字营销行业市场现状与发展前景分析：数字营销成为主流营销方式"，2020 年 12 月 8 日，有改编。

## 思考题

1. 请掌握以下基本概念。

媒体　数字媒体　新媒体　新媒体营销　数字营销　自媒体　社交媒体　社交媒体营销　移动媒体　移动媒体营销　数字新媒体营销　全媒体　媒体融合

2. 上述每个概念的含义是什么？

3. 媒体是如何划分的？数字媒体是如何分类的？

4. 数字新媒体营销的分类体系有哪些？

5. 数字新媒体营销的方法有哪些？

## 实践训练

【目标】

结合实际内容，深刻了解新媒体和新媒体营销的基本概念。

【内容要求】

请自行组队（3～5人一组），并进行分工。

【训练】

训练 1：请对身边的新媒体或新媒体营销活动进行辨别和认识。

训练 2：请正确理解新媒体或新媒体营销的概念和基本内容。

## 参考文献

[1] 秋叶，刘勇 . 新媒体营销概论 [M]. 北京：人民邮电出版社，2017.

[2] 陈钦兰，苏朝晖，胡劲，等 . 市场营销学 [M]. 2 版 . 北京：清华大学出版社，2017.

[3] 白冰茜 . 自媒体的发展研究 [J]. 新媒体研究，2018，4（6）：109-110.

[4] PRATT A C. The cultural industries sector：its definition and character from secondary sources on employment and trade, Britain 1984-91[J]. Economics，1997：11.

[5] 彭兰 . 媒介融合方向下的四个关键变革 [J]. 青年记者，2009（2）：22-24.

[6] 李敬坡，周洋 . 打造全媒体时代的核心竞争力 [J]. 军事记者，2009（11）：22-23.

[7] 姚君喜，刘春娟 ."全媒体"概念辨析 [J]. 当代传播，2010（6）：15.

[8] PHYLLIS Z. Technologies of freedom[M]. Cambridge, Mass, London：Harvard University Press，1983.

[9] 蔡雯 . 新闻传播的变化融合了什么：从美国新闻传播的变化谈起 [J]. 中国记者，2005（9）：74-76.

[10] 孟建，赵元珂 . 媒介融合：粘聚并造就新型的媒介化社会 [J]. 国际新闻界，2006（7）：24-27.

[11] 杜一凡，胡一波 . 新媒体营销：营销方式＋推广技巧＋案例解析 [M]. 北京：人民邮电出版社，2017.

[12] 郭国庆 . 市场营销学通论 [M]. 4 版 . 北京：中国人民大学出版社，2009.

# 第二章
# 数字新媒体营销的发展与理论

## 学习目标

数字新媒体 Web 技术和网络广告的发展演变

数字新媒体营销的理论模型（A-E-C-C-C 模型、4I 模型、5W 模式等）

网络广告发布及计费方式

网络传播效果和转化率数据分析方法

## ⊙【案例导读】　　　　　　"认养一头牛"的数字新媒体营销之路

作为成立仅 6 年的后起品牌，"认养一头牛"乳企店连续多年占据天猫"双十一"亿元俱乐部榜单，在天猫等多平台乳制品旗舰店排行榜实现"双十一"销量第一，短时间内收获全网 2 000 万用户，成为新锐乳业的头部玩家。面对传统乳企占据绝对优势的情形，"认养一头牛"用互联网、数字化的营销方法，与消费者建立强网络链接。从产品思维转向用户思维，以用户为中心，在这一片红海市场中得以存活与发展。

（1）采用数智精细化养殖模式。为了生产让消费者满意的、好喝的优质牛奶，徐晓波斥资 4.2 亿元在河北建立了首座大型现代化牧场，并从澳大利亚进口了 6 000 头荷斯坦奶牛，用数智化技术开启精细化养殖和运营高品质产品的模式。不同于传统养殖模式，"认养一头牛"通过精细化养殖打造出"出身好、吃得好、住得好、工作好、心情好"的五好奶牛，保证提供高品质产品，为消费者健康保驾护航。奶牛在这里不仅能吃到营养丰富的进口饲料，还有专业营养师、畜牧专家关注着奶牛的日常状况，用音乐给奶牛做 SPA，真正从吃、住、休闲等各个方面让奶牛体验幸福牛生。

（2）采用"认养模式＋牧场直播"，锁定用户并强化其对品牌的信赖。瞄准 DTC（Direct to Consumer）直连用户的能力，结合"产品力＋品牌力＋渠道力"的营销组合拳进行精细化运营，为品牌长效发展赋能。用户通过一物一码可以直接扫牛奶包装上的二维码进入小程序游戏，并在虚拟游戏中认养一头奶牛，通过"饲养奶牛—挤奶—兑换牛奶"开启云养牛之旅，鼓励消费者体验饲养奶牛的乐趣，并成为长期的订奶用户。用户在玩游戏的同时，企业还可以在小程序官方商城引导用户选购，将流量引流到品牌的销售平台，促进销售增长。

思考："认养一头牛"是如何运用数字新媒体营销技术的？有哪些理论依据？

资料来源："谢进凯.网红品牌'认养一头牛'，用数字化链接用户实现行业出圈"，2021年11月3日。

# 第一节　数字新媒体营销的发展演变

## 一、Web 1.0 到 Web 4.0 阶段的技术发展演变

### （一）起源：1989—1991 年

南安普顿大学与麻省理工学院教授 Tim Berners-Lee 是万维网的发明者。1989 年，他领导小组提交了一个针对互联网（Internet）的新协议和使用该协议的文档新系统，并将之命名为 Web（World Wide Web）。这个新系统允许互联网上任一用户从服务计算机的数据库的文档中搜索和获取文档。1990 年 12 月 25 日，他和罗伯特·卡里奥一起在欧洲核子研究组织（CERN）通过互联网成功实现了 HTTP 代理与服务器的第一次通信。1991 年该系统被移植到其他计算机平台，并正式发布。

Web（World Wide Web），也称全球广域网、万维网、WWW、3W 等，是建立在互联网（Internet）上为浏览者提供图形化查找和浏览信息的直观界面的一种网络访问服务。它通过文档和超链接把网络上的信息节点组织成一个互相关联的网状结构，是一种跨平台、超文本和 HTTP、全球性、动态交互的分布式图形信息系统。

### （二）Web 技术的发展演变阶段

20 世纪 90 年代以来，随着 Web 技术和网络浏览器的出现，网络由简单到复杂、由低级到高级不断升级，已经从 Web 1.0 阶段发展到 Web 4.0 阶段。Web 技术的发展演变主要经过了以下四个阶段（见表 2-1）。

#### 1. Web 1.0 阶段：1990—2000 年

随着 Web 的出现和发布，Web 1.0 阶段的中心是网（Web）；作用是连接信息；链接是网页（Pages）；本质和目的是信息共享、搜索和获取文档；主要概念有网页、搜索引擎、网站、内容门户、数据库、端口信息管理系统（PIMS）、文件服务器等；主要特征和特点是编辑、聚合、联合、搜索、静态，单向阅读，巨量、无序的网络信息；代表站点有新浪、搜狐、网易；营销方式有企业门户网站、电子邮件、搜索营销和网络广告等。

#### 2. Web 2.0 阶段：2004—2010 年

Web 2.0 阶段始于 2004 年 3 月 O'Reilly Media 公司和 MediaLive 国际公司的一次头脑风暴会议。Tim O'Reilly 在" What Is Web 2.0"一文中概括了 Web 2.0 的概念，描述了 Web 2.0 的框架图（Web 2.0 MemeMap），该文成为 Web 2.0 研究的经典文章。

本阶段的中心是社会网（Social Web）；作用是连接人；链接是人；本质和目的是信

息共建；主要概念有交易平台和拍卖、E-mail、微博、社区、RSS、Wiki、即时通信、社会化书签、社会化网络等；主要特征和特点是参与、沟通、交流、展示、社交和信息互动；代表站点有博客空间、社区网站、平民记者、点对点工具；营销方式有博客、微博、微信和 App 等。

表 2-1　Web 1.0 到 Web 4.0 阶段的技术发展演变

| 区分维度 | Web 阶段 | | | |
| --- | --- | --- | --- | --- |
| | Web 1.0 | Web 2.0 | Web 3.0 | Web 4.0 |
| 时间（年） | 1990—2000 | 2004—2010 | 2005—2020 | 2015—2030 |
| 中心 | 网 | 社会网 | 语义网 | 无所不在的网 |
| 作用 | 连接信息 | 连接人 | 连接知识 | 连接智慧 / 人工智能 |
| 链接 | 网页 | 人 | 数据、情报 | 物联网 |
| 本质和目的 | 信息共享、搜索和获取文档 | 信息共建 | 知识传承、共享和集成信息 | 知识创造和分配 |
| 主要概念 | 网页、搜索引擎、网站、内容门户、数据库、PIMS、文件服务器等 | 交易平台和拍卖、E-mail、微博、社区、RSS、Wiki、即时通信、社会化书签、社会化网络等 | 本体、语义查询、人工智能、智能代理、个人助理、知识节点、语义知识管理、混搭和融合等 | 自主知识属性、语义代理生态系统、语义微博和 Wiki、智能代理网络、智慧市场、蜂群思维、知识社区网络、跨时空远程跟踪、大数据、5G 新技术、游戏、创新等 |
| 主要特征和特点 | 编辑、聚合、联合、搜索、静态，单向阅读，巨量、无序的网络信息 | 参与、沟通、交流、展示、社交和信息互动 | 用户深度参与、生命体验 | 去中心化、内容发布节点、平台和内容创造者的相互选择 |
| 代表站点 | 新浪、搜狐、网易 | 博客空间、社区网站、平民记者、点对点工具 | 社交书签和社交新闻网站等 | 数字媒体、社交媒体、移动媒体等各种平台、网络、站点 |
| 营销方式 | 企业门户网站、电子邮件、搜索营销和网络广告等 | 博客、微博、微信和 App 等 | 跟踪用户的习惯、高级逻辑和推理、人为操纵 | 大数据分析和运用、精准定位、新媒体营销方式等 |

### 3. Web 3.0 阶段：2005—2020 年

Web 3.0 阶段的中心是语义网（Semantic Web）；作用是连接知识；链接是数据（Data）、情报；本质和目的是知识传承、共享和集成信息；主要概念是本体、语义查询、人工智能、智能代理、个人助理、知识节点、语义知识管理、混搭和融合等；主要特征和特点是用户深度参与、生命体验；代表站点有社交书签和社交新闻网站等；营销方式有跟踪用户的习惯、高级逻辑和推理、人为操纵。

### 4. Web 4.0 阶段：2015—2030 年

Web 4.0 阶段的中心是无所不在的网（Ubiquitous Web）；作用是连接智慧 / 人工智能（AI）；链接是物联网；本质和目的是知识创造和分配；主要概念是自主知识属性、语义代理生态系统、语义微博和 Wiki、智能代理网络、智慧市场、蜂群思维、知识社区网络、跨时空远程跟踪、大数据、5G 新技术、游戏、创新等；主要特征和特点是去中心化、内容发布节点、平台和内容创造者的相互选择；代表站点有数字媒体、社交媒体、移动媒体等各种平台、网络、站点；营销方式有大数据分析和运用、精准定位、新媒体营销方式等。

## 二、营销 1.0 到营销 4.0 时代的内涵发展演变

1990 年以前，营销 1.0 时代 = 文字描述 + 营销原理。

1990 年—1999 年，营销 2.0 时代 = 文字描述 + 营销原理 + 数据分析。

2000 年—2015 年，营销 3.0 时代 = 文字描述 + 营销原理 + 数据分析 + 营销模型。

20 世纪 90 年代末，盖瑞·利连安（Gary Lilie）博士与菲利普·科特勒合作出版了《营销模型》（*Marketing Models*），创立了营销工程学，同时也宣告开启营销 3.0 时代，并由此开创了一个市场营销的新方向。

2015 年至今，营销 4.0 时代 = 互联网 + 数据 + 模型 + 智能。

## 三、网络广告的起源和发展演变

### （一）网络广告的定义

网络广告是指广告主在互联网上通过图文或多媒体方式，向目标群体推销自己的产品或服务的有偿信息传达和相互交流的营利性商业广告活动。它是以数字代码为载体，采用电子多媒体技术设计制作，以旗帜、按钮、视频影像和文字链接等形式呈现，在互联网上传播和发布的交互商业广告。

根据我国 2016 年 9 月 1 日起实施的《互联网广告管理暂行办法》，互联网广告是指通过网站、网页、互联网应用程序等互联网媒介，以文字、图片、音频、视频或者其他形式，直接或者间接地推销商品或者服务的商业广告。它包括：①推销商品或者服务的含有链接的文字、图片或者视频等形式的广告。②推销商品或者服务的电子邮件广告。③推销商品或者服务的付费搜索广告。④推销商品或者服务的商业性展示中的广告，法律、法规和规章规定经营者应当向消费者提供的信息的展示依照其规定。⑤其他通过互联网媒介推销商品或者服务的商业广告。

⊙ **案例分享 2-1**

**音乐的力量，网易云音乐的数字发展**

随着 4G 的普及和 5G 的试点运营，科技进步让大众享受电子终端的便利和与之相伴的大规模不限流量及流量套餐的环境。数字网络的发展也推动了数字音乐产业的创新，给传统音乐的发展带来机遇和挑战。2018 年的相关数据表明，中国数字音乐的市场规模达到 76.3 亿。网易云音乐以标榜"音乐社交"来吸引用户，利用"情感传播"，通过评论、

私信、品牌传播活动等互动交流方式打造和传播音乐品牌，加深大众的印象，从而收获了大量的粉丝、高品质的音乐印象以及特色鲜明的大众印象。

从 2013 年至 2019 年年底，网易云音乐从"新手"变成我国最大的音乐平台之一。Trustdata 报告显示，在在线音乐市场中，网易云音乐凭借其高质量的音乐体验、用户黏性高的特性以 33.5% 的数值位居第一，其用户以白领和学生群体为主，表现出明显的年轻化特征。

为了满足用户的多元需求，网易云音乐进入数字化发展时期，开始建立以网易云音乐、网易音乐人为主的 IP 内容源。收益渠道有付费下载、平台会员、音乐流量包、数字单曲销售、数字专辑销售、线上或线下演唱会票务、livehouse 演出票务、音乐节票务、音乐直播中的虚拟物品打赏及包括会员付费、耳机、音响、音乐周边在内的实体音乐衍生产品的销售等。

资料来源："音乐的力量，网易云音乐 App 的发展现状"，2021 年 11 月 5 日。

### （二）网络广告的起源和发展

#### 1. 网络广告的起源

1994 年 10 月 14 日是网络广告史上的里程碑，美国著名的 *Hotwired* 杂志（https://www.wired.com/）推出了网络版的 *Hotwired*，并于 1994 年 10 月 27 日首次在网站上推出了标准横幅（Banner）网络广告，这立即吸引了美国电话电报公司（AT&T）等 14 个客户在其主页上发布广告横幅，标志着网络广告的正式诞生。尤其令人兴奋的是，当时的网络广告点击率高达 40%。

#### 2. 国际网络广告的发展状况

在 1998 年 5 月的联合国新闻委员会年会上，因特网被正式宣布为继报刊、广播、电视三大传统媒体之后的第四大媒体。从全球市场来看，互联网仍然是增长最快的媒介。在 PubMatic 发布的"2020 年全球网络广告趋势"中，网络广告支出占美国所有媒体广告支出的一半以上。到 2020 年，全球广告程序化购买达到近 1 000 亿美元，占网络广告支出的 2/3。到 2023 年，全球网络广告支出中将有近 80% 来自移动设备。2019 年—2023 年期间，展示广告支出预计增长 59%。私人交易平台/市场（PMP）在 2020 年首次超过公开交易广告支出。

#### 3. 中国网络广告的发展状况

如图 2-1 所示，1979 年 6 月 25 日，四川宁江机床厂在《人民日报》刊登了一则向国内外订货的产品广告，这是新中国成立以来全国第一个生产资料广告，突破了

图 2-1 新中国第一个商业广告

生产资料不能作为商品的禁区。

中国第一个商业性的网络广告出现在 1997 年 3 月。Intel 和 IBM 是国内最早在互联网上投放广告的广告主，传播网站是 ChinaByte，广告表现形式为 468 像素 ×60 像素的动画旗帜广告，IBM 为 AS400 的网络广告宣传支付了 3 000 美元。我国的网络广告直到 1999 年年初才初具规模。随着互联网的快速发展，互联网企业的变现方式也呈现多元态势，广告货币化率平稳增长，电商平台变现主要以广告业务为主。例如，中国经济网的《2021 中国互联网广告数据报告》显示，2021 年，中国互联网广告收入前十的企业分别是阿里巴巴、字节跳动、腾讯、百度、京东、美团、快手、小米、微博和拼多多。

2021 年 1 月 26 日，第三方数据机构发布的《中国移动互联网 2020 年度大报告（上篇）》显示，2020 年中国互联网广告市场规模为 5 292.1 亿元，较上一年增长 5.4%。不过，互联网广告市场呈现出两极分化态势，链接交易或具社交属性的电商、短视频及社交广告增幅明显，抢夺了其他媒介的市场份额。

---

**知识拓展 2-1　　　欧盟通过"数字市场法案"临时协议**

欧盟通过的"数字市场法案"的临时协议规定，符合市值 750 亿欧元、4 500 万以上的月活用户、年营业额达到 75 亿欧元标准的大型科技公司，要开放数据给企业，允许在平台上推广产品或服务，且要保证可以与客户在平台之外达成交易，让用户拥有软件卸装的主动权。

企业如违反规定，将罚其全年营收的 10%，如果继续违反，罚款比例将提升至 20%。荷兰 ACM 就支付渠道"二选一"的问题向苹果开出了 5 000 万美元的巨额罚单。苹果是全球最能赚钱的科技公司，但也只有 20% 左右的净利润，面对 10%～20% 全年营收的罚款比例，以及 5 000 万美元的罚单，也不可能无动于衷。

资料来源："还没认清现实？库克翻脸：不想交苹果税，那就别用我们的手机"，2022 年 4 月 5 日。

---

# 第二节　数字新媒体营销的理论模型

## 一、数字新媒体营销战略 A-E-C-C-C 模型和框架

### （一）数字新媒体营销战略 A-E-C-C-C 模型

1. Access（接入）——更快、更容易、无处不在，永远处于开机状态

网络用户期待在接入 / 进入网络时，更快速、容易、方便、准确、灵活、自由地访问网络上的数字数据、内容和交互，且网络无处不在，永远处于开机状态。在物联网时代，数字新媒体营销战略的关键要素如下。

（1）搜索引擎界面要友好。

（2）要随需应变，根据用户的时间和渠道实时改变。

（3）利用云计算，如利用软件服务（Software as a Service，SaaS）和平台服务（Platform as a Service，PaaS）。

例如，2021年11月10日，腾讯企点首次被写入腾讯第三季度财报。财报显示，CRM SaaS解决方案——腾讯企点已经服务了超过100万家企业，并且愈来愈多地被大中型企业采用。腾讯企点为客户提供全天候、多渠道的人工智能客户服务，帮助企业客户显著降低了客服成本。

（4）利用移动特点。

（5）保持简单。

## 2. Engage（吸引）——内容为王

用户寻求与他们的需求相关的有感觉、可互动、可分享、可混搭的数字内容，因此媒体应该成为有价值的内容的来源。媒体需要突出的内容如下。

（1）不是为了销售产品，而是为了建立品牌，可以通过相关品牌讲故事、进行娱乐或提出引人注目的想法。

（2）提供实用的功能，能解决问题或满足相关的信息需求。

（3）展现个性，展示个性的某一面和发出真实的声音。

（4）专注于特别的事项。

（5）把它变成一个游戏化的内容。

【想一想】请举例说明现在网络上有哪些内容吸引人。

短视频、直播、KOL、KOC……

## 3. Customize（量身定制）——按用户的需要来生产和提供产品

Customize（量身定制）是指运用大数据分析技术，通过对用户的个人信息、用户对产品和服务的选择偏好与修改等各种各样的信息分析，有针对性地设计并选择用户产品，帮助并推荐给用户，使用户获得量身定制的体验。它需要关注的内容如下。

（1）提供一个巨大的产品和服务清单，有大量的产品和一套过滤器。

（2）量身定制的产品和服务清单，提供网络产品和服务内容的适应偏好及反馈。

（3）整合产品和服务，让用户修订产品或服务的具体内容。

（4）个性化产品和服务选择。

知识拓展2-2　　　　　**我真的知道你想要什么**

当你在淘宝、京东等网站上浏览时，经常能够感受到各商业网站会向你推荐相关的产品或服务，你可能会注意到，这些产品或服务正是自己非常需要的。这是为什么呢？这是因为网站平台运用了大数据分析技术，采用了个性化推荐、精准营销的策略。

### 4. Connect（连接）——物联网成为人们生活的一部分

物联网（Internet of Things，IoT）是指通过信息传感器、射频识别技术、全球定位系统、红外感应器、激光扫描器等各种装置与技术，实时采集任何需要监控、连接、互动的物体或过程，采集其声、光、热、电、力学、化学、生物、位置等各种需要的信息，通过各类可能的网络接入，实现物与物、物与人的泛在连接，实现对物品和过程的智能化感知、识别与管理。物联网是一个基于互联网、传统电信网等的信息承载体，它让所有能够被独立寻址的普通物理对象形成互联互通的网络。

物联网是指利用无线通信和互联网等技术，把有独特标识的物体、时间、地点、人和机等连接成互联互通的巨大网络，从而实现直接传输和无缝共享数据。物联网是一种泛互联，也指物物相连、万物万联，是人与人、人与物、物与物之间关系的连接。物联网是在现有互联网基础设施内嵌入唯一可识别的计算互连设备，通过信息（Information）和分析（Analysis）、自动化（Automation）和控制（Control）来实现的。物联网从本质上看是一种能在网络上自动交换信息的日常设备，能对我们的日常生活产生影响和改变，可以把几乎任何你能想到的各种东西，如手机、洗衣机、咖啡机、耳机、灯具、可穿戴设备等互相联结起来，也影响和改变了人们对交通、天气、污染和环境的监测数据的收集方式等。

物联网用户可以通过文字、图像、符号、视频和社交链接来分享他们的想法和意见，从而找到与别人的相互联系。它的关键内容如下。

（1）倾听和学习。

（2）加入对话，回应问题与关注，交朋友，就像与线下真人一样互动交流。

（3）提供论坛及平台。

（4）增加会话的价值，解答有关产品 / 服务的问题。

（5）融入用户的想法和声音。

⊙ **案例分享 2-2**

**上海万科地产档案室智慧管理项目**

上海万科地产档案室中储存着大量的公司和客户档案，对环境温度、湿度的要求很高。在此项目中，中易云通过部署温湿度采集仪和红外控制器，实现对档案室内温湿度的实时采集和对空调设备的自动控制，管理人员通过手机或电脑登录平台，全天候、全天时监控档案室的环境及空调和除湿器的状态，保证各类档案文件处于最佳的储存环境。

思考：物联网对我们的生活有何影响？物联网的未来发展如何？

资料来源："中易云 .10 个真实物联网应用案例：中易云真实搭建"，2019 年 6 月 17 日。

### 5. Collaborate（合作）——邀请用户帮助共建企业

用户可以通过传递关爱、点赞和赏金，在平台上寻求集体和团队的项目与目标的合

作，通过众包获得所需的服务、想法、内容或资金。例如，众包（Crowdsourcing）、合作 /
共享经济（Collaborative and Sharing Economy）、爱彼迎（Airbnb）、优步（Uber）等。其
关键要素如下。

（1）被动合作贡献，用户通过他们已经在做的工作对一个合作项目做出贡献。

（2）主动合作贡献，为一个大的合作项目积极主动地工作并做出贡献。

（3）公开竞争，寻找合作者。

（4）通过平台寻找合作者。

【想一想】请列举目前国内外的网络合作形式及案例。

## （二）数字新媒体营销战略整合框架

数字新媒体营销战略整合框架由三个部分组成：3C/5C 战略模型、STP 战略和 4P 策
略（见图 2-2）。

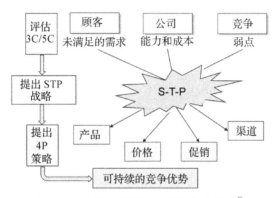

图 2-2　数字新媒体营销战略整合框架<sup>⊖</sup>

### 1. 提出 3C/5C 战略模型

需要评估的营销状况主要由 3C 构成。3C 是指顾客（Customers）、公司 / 企业（Company）、
竞争对手（Competitors）。公司 / 企业要从具体的营销计划中设定目标、评估市场环境和
确定机会开始。企业需要满足那些对企业有利和有益的顾客需求，要去发现未满足的需
求，也就是说企业要提供对顾客有价值的产品，要提供比竞争对手更能满足顾客需求的产
品。因此，企业不仅要了解自己和竞争对手的优势（能力）和劣势（成本、弱点），还要了
解并分析顾客的真正需要和各种环境，做出最优的决策，最后获得可持续的竞争优势。

（1）什么是 3C 战略模型。

3C 战略模型又称 3C 战略三角模型（3C's Strategic Triangle Model），是指顾客
（Customers）、公司（Company）、竞争对手（Competitors）构成一个三角形的战略模型（见
图 2-3）。它是由日本战略研究的领军人物大前研一（Kenichi Ohmae）提出的，大前研一
强调企业在制定任何经营战略时，都必须考虑这三个因素，这是战略成功的关键。大前

---

⊖ 本图由美国普渡大学克兰纳特（Krannert）管理学院刘强副教授提供。

研一被称为战略先生，多年来，他一直是麦肯锡的高级合伙人，《金融时报》称他是日本唯一的管理大师。

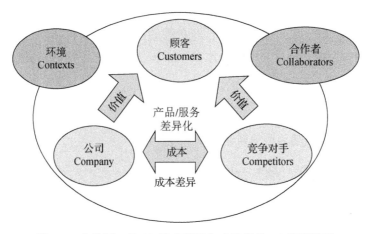

图 2-3    大前研一的 3C 战略模型和麦肯锡的 5C 战略模型

注：大圆圈中的是 3C 战略模型。

（2）什么是 5C 战略模型。

5C 战略模型是麦肯锡（Mckinsey）在 3C 战略模型的基础上，再加上环境（Contexts）、合作者（Collaborators）而提出的（见图 2-3）。环境因素包括经济、技术、社会文化、政府监管、物流、信息资源等，合作者因素包括供应商、经销商、研发公司、广告公司、市场营销研究、合资企业等，这些因素也将影响企业能否成功并持续发展。例如，受疫情影响，许多企业采取跨界产业合作模式，如美团和《大闹天宫》的"暖心"跨界合作。

### 2. 提出 STP 战略

数字新媒体企业在制定营销战略时，还需要提出并采用 STP 战略，即市场细分（Segmenting）、目标市场选择（Targeting）和市场定位（Positioning）战略，这也是企业业务成功的关键。

美国市场营销学家温德尔·史密斯（Wendell R. Smith）在 1956 年通过总结一些企业的市场营销经验，提出了市场细分（Market Segmentation）概念。市场细分是根据消费者的消费需求和购买习惯的差异，将整体市场划分为由许多消费需求大致类同的消费者群体所组成的子市场群。

目标市场选择是指企业从潜在的几个目标市场中，根据一定的要求和标准，选择其中某个或某几个目标市场作为可行的经营目标的决策过程，主要包括细分市场评估和目标市场确定。

市场定位是指企业针对潜在顾客的心理进行营销设计，创立产品品牌或企业在目标客户心目中的某种形象或某种个性特征，保留深刻的印象和独特的位置，从而取得竞争优势。

### 3. 提出 4P 策略

在制定出战略决策之后，企业要弄清楚如何实施它，运用哪些策略向目标市场传递价值。具体的实施战略主要有 4P 策略——产品（Product）、价格（Price）、渠道（Place）、促销（Promotion）。

菲利普·特科勒给产品下的新定义是：能够提供给市场以满足顾客欲望和需要的任何东西，包括有形的产品、服务、体验、事件、人物、场所、产权、组织、信息和想法。在数字新媒体的营销中，要根据不同产品制定不同的营销策略，注意合适的产品组合；要根据产品生命周期的不同阶段，制定精准的市场营销策略；还要在新产品开发和品牌战略方面进行多方的管理与整合。

价格策略是一项十分复杂的营销策略，企业不仅要注意相关的定价目标、成本、需求、竞争者及其他营销组合因素，还要根据实际市场的需要，采用合适的定价方法、策略和应对竞争者价格变动的方法。

在渠道策略方面，要注意营销渠道与分销渠道的不同，特别是目前数字新媒体中的各种媒体渠道，这是本课程的主要内容。传统的市场营销渠道包括某种产品的供产销过程中所有的企业和个人，如资源供应商（Supplier）、生产者（Producer）、商人中间商（Merchant Middleman）、代理中间商（Agent Middleman）、辅助商（Facilitator，又译作"便利交换和实体分销者"，如运输企业、公共货栈、广告代理商、市场研究机构等）以及最后消费者或用户（Ultimate Consumer or User）等。而新型的渠道主要是新媒体营销渠道，来自各网站和平台，在实施战略和策略上也有较大的差异性，特别要注重与供应链和物流单位的合作执行。

在促销策略方面，要侧重于与网络顾客的沟通及促销组合，可采用网络推销、网络广告、线上公共关系和销售促进等策略，为企业获得更多的利益。

⊙ 案例分享 2-3

**2023 年春节假期文化和旅游市场运营新形式**

2023 年春节假期，文化和旅游部坚决贯彻落实党中央、国务院决策部署，全力做好文化和旅游假日市场各项工作。经文化和旅游部数据中心测算，今年春节假期全国国内旅游出游 3.08 亿人次，同比增长 23.1%；实现国内旅游收入 3 758.43 亿元，同比增长 30%。

（1）文化和旅游产品供给多样丰富。在落实好安全生产和疫情防控要求前提下，10 739 家 A 级旅游景区正常开放，占全国 A 级旅游景区总数的 73.5%。文化和旅游部、国家体育总局联合发布"春节假期体育旅游精品线路"。北京、天津、河北联合推出 10 条京津冀主题旅游精品线路，活动包括演出、展览、灯会、乡村"村晚"等。87 个平台的 160 个账号参与直播"文艺中国 2023 新春特别节目"，直播观看量达到 2 715.41 万人次。全国共举办约 11 万场群众文化活动，参与人数约 4.73 亿人次。据不完全统计，各地开展 10 522 场非遗传承实践活动，"文化进万家——视频直播家乡年"活动参与视频总量超过 6.5 万个, 直播超过 580 场。

（2）惠民措施助推文旅消费回暖。各地相继出台发放文化和旅游消费券、景区门票减免或打折等惠民利民政策措施。据不完全统计, 春节期间免费开放 A 级旅游景区 1 281 家, 其中 62 家 5A 级旅游景区实行免票政策。河南洛阳 52 家 A 级旅游景区, 贵州遵义会议会址、黄果树景区、赤水丹霞旅游区等 377 家 A 级旅游景区推出免门票活动。山东省级财政安排 2.1 亿元用于发放文旅惠民消费券和景区门票减免, 河北、内蒙古等地为民众提供一揽子惠民礼包。

（3）各地文化和旅游活动迎春氛围浓厚。各地举办丰富多样的文化和旅游活动, 广受欢迎。上海以"乐嗨过大年, 皆得你所愿"为主题, 推出丰富的"年味"大餐, 包括十大主题近 500 项新春文旅活动。山西 11 市合力打响"欢乐中国年, 地道山西味"品牌, 举办七大类 650 余项活动。海南三亚组织开展新春集市、国潮园游会等特色旅游活动。黑龙江以"醉美冰雪季, 非遗过大年"为主题, 举办"第二届黑龙江冰雪非遗周"。

（4）新媒体技术发力, 点亮夜间文化和旅游消费市场。多地运用新媒体技术, 聚焦"不夜城"特色, 激发夜间消费活力。据数据监测, 243 个国家级夜间文化和旅游消费集聚区客流量达到 5 212.2 万人次。北京首次在春节期间对公众开放八达岭夜长城。四川成都开展如成都灯会、夜游锦江、光影节、火花节等系列夜游活动, 宜宾集中推出夜饮、夜游、夜景、夜娱、夜购等新业态新场景。重庆推出灯光秀、焰火表演、无人机表演、都市艺术节等系列活动。陕西西安以"华彩闪耀梦长安, 温暖祥和中国年"为主题, 举办城墙新春灯会。

资料来源: 李晓霞. 2023 年春节假期文化和旅游市场情况 [EB/OL]. (2023-01-27) [2023-03-08]. https://www.mct.gov.cn/whzx/whyw/202301/t20230127_938781.htm.

### （三）数字新媒体营销战略规划步骤

数字新媒体营销战略规划主要有以下步骤（见图 2-4）。

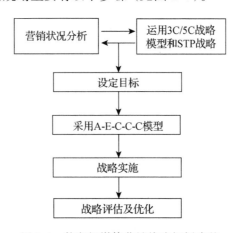

图 2-4    数字新媒体营销战略规划步骤

### 1. 营销状况分析

企业要分析自身的数字新媒体营销状况，以及产品是否适合采用数字新媒体营销方式，在人、财、物、资源等方面是否可以相配套和适应。

### 2. 运用 3C/5C 战略模型和 STP 战略

企业在进行数字新媒体营销战略规划时，要正确评估营销顾客、企业、竞争对手、环境和合作者的状况，采用合适的市场细分、目标市场选择和市场定位的 STP 战略，以保证企业营销成功。

### 3. 设定目标

企业要为自身和品牌发展设定合适的数字新媒体营销战略目标，在增加销售、增强品牌意识和品牌建设、获取新客户、介绍新产品和新服务、保留现有客户、提高客户忠诚度、增加网站流量、对客户需求进行市场调研、节约成本等方面，要有长远目标、中期目标和短期目标，以实现企业的可持续发展。

### 4. 采用 A-E-C-C-C 模型

企业在采用数字新媒体营销战略 A-E-C-C-C 模型时，要注意网络用户在接入/进入网络时的便捷性；在新媒体内容上，打造有价值、有吸引力的内容以导流顾客的购买欲望和需求；要运用大数据分析技术，为用户设计、生产和提供个性化的定制产品，满足顾客的不同需要；要运用物联网技术，连接企业相关的供应商、物流和顾客，让顾客能够有更好的网络购物体验；企业不仅要与供应链上各相关企业合作，还要邀请顾客参与企业的共建，特别在产品设计、创意、广告和推广方面，激发顾客的参与激情，使其增加获得感和价值感，满足其个人成长的需求。

### 5. 战略实施

企业要注意规划好相关的实施战略，特别是在产品、定价、渠道和促销方面，要分析产品能满足哪些顾客的哪种需求，要有针对性地进行实施方案的规划和策划，可以是某一个方面或某一个活动的实施方案，分时间、分阶段地推进方案的实施，以使企业在较长的时期内获得较高的收益。

### 6. 战略评估及优化

企业要采用合适的评估标准及优化方法，找出数字新媒体营销战略评估中不匹配的关键要素、存在的问题，运用相关的优化方法进行改进和提高，从而产生最优的数字新媒体营销效果。

## 二、移动营销的 4I 模型

如图 2-5 所示，移动营销的 4I 模型是指分众识别（Individual Identification）、即时信息（Instant Message）、互动沟通（Interactive Communication）和我的个性化（I）。

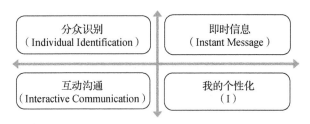

图 2-5  移动营销的 4I 模型

分众识别（Individual Identification）就是基于手机移动营销进行的一对一沟通。因每一部手机对应的使用者的身份和关系是唯一的，并可利用技术手段进行识别，因此运营者能与消费者建立确定的互动关系，运营者能够确认消费者是谁、在哪里等。

即时信息（Instant Message）是指移动营销能够即时传递信息。它为企业获得消费者消费习惯、购买行为等动态反馈和互动跟踪提供了条件。企业可以觉察消费者的消费变化，以便在第一时间发布产品信息。

互动沟通（Interactive Communication）是指移动营销具有"一对一"的互动沟通特性。移动营销可以促使企业与消费者形成一种互动、互需、互求的黏性关系，并深度甄别营销关系的层次，识别不同需求的不同分众，做到企业营销资源的精准定位。

我的个性化（I）就是移动营销的手机属性具有个性化、私人化、功能复合化和时尚化的特点，彰显了个人需求的个性化。手机传递的信息和移动营销具有鲜明且强烈的个性化色彩。

## 三、拉斯韦尔的 5W 模式

### （一）哈罗德·拉斯韦尔简介

哈罗德·拉斯韦尔（Harold Dwight Lasswell，1902—1978）是美国著名的政治学家和传播理论家。他曾担任过美国政治科学协会（APSA）和世界艺术与科学学院（WAAS）的主席，曾在芝加哥大学和耶鲁大学任教多年。有传记作家形容他为"犹如行为科学的达尔文"，称之为"传播学四大奠基人"之一，传播学其他三大奠基人分别是库尔特·勒温（Kurt Lewin，1890—1947）、保罗·拉扎斯菲尔德（Paul Felix Lazarsfeld，1901—1976）、卡尔·霍夫兰（Carl I. Hovland，1912—1961）。

拉斯韦尔著作颇丰，著有三十多本书，发表的学术著作达 600 万字以上，内容涉及政治学、社会学、宣传学和传播学等诸多领域。他于 1948 年发表的论文《传播的结构与功能》（"The Structure and Function of Communication"）中的"一句话""三功能"奠定了他在传播学中的创始人地位。他在该文中提出的 5W 模式（Lasswell's Model）界定了传播学的研究范围和基本内容，影响极为深远。

### （二）什么是 5W 模式

在传播学中有一句震撼学术界的话是"谁？说什么？通过什么渠道？对谁说？取得

什么效果?",并进而引申出"控制分析、内容分析、媒介分析、受众分析和效果分析"五大研究方向,长期影响着美国传播学的研究方向。5W 模式如图 2-6 所示。

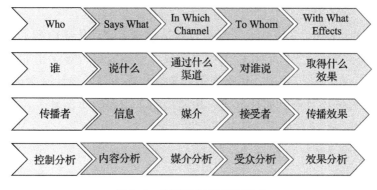

图 2-6 拉斯韦尔的 5W 模式

谁(Who)→说什么(Says What)→通过什么渠道(In Which Channel)→对谁说(To Whom)→取得什么效果(With What Effects)。

"谁"就是传播者,在传播过程中担负着信息收集、加工和传递的任务。传播者既可以是单个人,也可以是集体或专门的机构。

"说什么"是指传播的资讯、信息和内容,是由一组有意义的符号组成的信息组合,包括语言符号和非语言符号。

"通过什么渠道"是指信息传递所必须经过的中介或借助的物质载体,可以是信件、电话等人与人之间的媒介,也可以是报纸、广播、电视等大众传播媒介。

"对谁说"就是接受者或受众。受众是对所有接受者如读者、听众、观众等的总称,它是传播的最终对象和目的地。

"取得什么效果"是指信息到达后对受众的接受、认知、情感、行为等各层面所引起的反应,是检验传播活动最终效果是否成功的重要尺度。

上述内容是从横向角度进行的分析,下述内容是从纵向角度进行的分析。

### (三) 5W 模式传播过程的拓展分析

传播过程是一个带有目的性的说服行为过程,具有试图影响受众的目的。"5W 模式"的要素在传播过程中拓展,构成后来传播学研究的五个基本内容分析,即控制分析、内容分析、媒介分析、受众分析和效果分析。这五个要素在传播过程中从纵向角度各自拓展了研究分析的内涵。

#### 1."谁"——传播者——控制分析

"谁"是传播者,是传播活动的起点,也是传播活动的中心之一。在传播过程中,传播者可以分为两类:一类是个人职业传播者,包括编辑、记者、导演、主持人、制作人等;另一类是媒介组织传播者,包括报社、电台、电视台、出版社、电影公司、新媒体运作公司等。

这些传播者在传播过程中负责搜集、整理、选择、处理、加工、制作与传播信息，他们控制传播内容的制作和信息传播的过程，因此，我们把对传播者的研究称为控制分析。

### 2."说什么"——信息——内容分析

在信息传播的过程中，"说什么"是指传播信息的内容。传播内容是传播活动的中心和核心要素。它由传播特定内容和传播方式构成。传播特定内容是指准备传播给受众的特定和关键信息。在传播过程中，传播者需要掌握传播内容的设计、生产、流动各环节，以及对传播内容的各环节进行研究分析，由此产生了内容分析的环节。在新媒体信息传播的内容分析方面，要注意信息传播的综合性、公开性、开放性、大众性等特点。

### 3."通过什么渠道"——媒介——媒介分析

传播媒介也是传播渠道和传播媒体，是传播过程的基本组成部分，是传播行为得以实现的桥梁和手段。媒介是介于两者之间的中介或中介物，传播媒介是指传播信息符号的物质载体或平台。除了传统的大众传播媒介，如报纸、杂志、广播、电视、电影、书籍等，还有各种数字新媒体传播媒介，如各种网站、网页、网络平台等。要做好传播，就需要对各种新旧媒介进行研究分析，并形成媒介分析。

### 4."对谁说"——接受者——受众分析

接受者又称受众，是主动的信息接收者、信息再加工的传播者和传播活动的反馈源，是传播活动产生的动因和中心环节之一，在传播活动中占有重要的地位。对受众问题的研究分析，主要围绕受众的特点、受众的行为动机、受众的价值及其社会意义几个方面展开。其中，有关传播关系的研究颇为关键，围绕着这一问题，传播模式中各环节的相互关系也在不断调整。

### 5."取得什么效果"——传播效果——效果分析

信息传播的最终结果是信息经媒介传至受众而产生传播范围广、传播到达率高、传播影响力强的效果。好的传播能引起受众认知、思想观念、行为方式等的变化。对传播效果进行研究和分析时，要用合适的标准和方法评估信息传播的广度、深度、到达率、认知率以及受众心理的变化。正面、正能量的信息传播会对公众产生正向的影响，对社会发展有现实的意义。

总之，三个理论模型或模式在传播中的作用和影响不可小觑。在数字新媒体环境下，信息传播方式有较大的创新和改变，我们应该根据不同的情况进行分析研究，以期达到最佳的传播效果。

---

**知识拓展 2-3**　　　　　　　　　　　**传播的发展**

"传播"是一个古老的概念，"传"和"播"合在一起用大约是在 1400 年前，可能出自《北史·突厥传》，书中有"宜传播天下，咸使知闻"。其基本内涵就是十分广泛而又长远的传播。《宋史·贺铸传》中有"所为词章，往往传播在人口"，此义已与今义相近。

1909 年，美国传播学研究鼻祖、社会学家库利在其出版的《社会组织》中设了"传播"一章专门加以论述，并且将传播定义为"传播指的是人与人赖以成立和发展的机制——它包括表情、态度和动作、声调、语言、印刷品、文章、铁路、电报、电话以及人类征服空间和时间的其他任何最新成果"。

大众传播是人类最为重要的一种传播方式。它是指专业化的媒介组织通过一定的媒介，对受众进行信息传播活动。其中，"一定的媒介"包含传统媒体和新媒体。

资料来源：库利. 社会组织：英文原版 [M]. 展江，何道宽，编译. 北京：中国传媒大学出版社，2013.

## 四、消费者行为分析的 AIDMA 和 AISAS 模型

AISAS 模型是日本电通公司于 2005 年提出的，是基于 AIDMA 传统营销法则——引起注意（Attention）、激发兴趣（Interest）、产生欲望（Desire）、形成记忆（Memory）、发生行为（Action）而发展出来的一套针对消费者在互联网与无线应用新时代生活、消费方式的变化所提出的一种新的消费者行为分析模型。

AIDMA 模型和 AISAS 模型如图 2-7 所示。AISAS 模型的提出，标志着营销方式已经从传统的 AIDMA 模型逐渐转变为含有网络特质的消费者行为分析模型。在 Web 2.0 至 Web 4.0 时代的营销模式中，消费者可以通过网络接触到所需要的商品或服务信息，完成满意的购买行动后，他们会主动分享其经验，从而影响其他消费者的购买欲望和行为。在 AISAS 模型中，网络购买行为主要经历五个阶段，即引起注意（Attention）、激发兴趣（Interest）、信息搜索（Search）、产生行动（Action）、信息分享（Share）。AISAS 模型已经成为当代新的消费者行为分析模型。企业在进行新媒体营销时可以以 AISAS 模型为理论基础，通过引起消费者注意，激发消费者兴趣，促使消费者产生搜索行为、发生购买行为以及分享信息，进而使潜在的消费者转化为真正的企业客户。

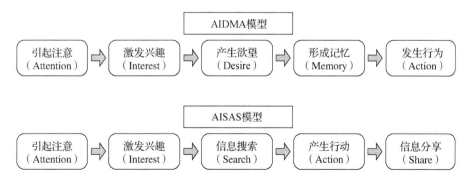

图 2-7　消费者行为分析的 AIDMA 和 AISAS 模型

# 第三节　网络广告发布及计费方式

⊙ 案例分享 2-4

**欧盟反垄断机构的应用商店调查**

2020 年 6 月中旬，欧盟反垄断机构开展对苹果的调查，主要目的是评估苹果旗下的应用商店和支付服务是否违反欧盟竞争法。中国也要求苹果公司的应用商店遵守相关规定、填补漏洞。应中国的要求，苹果于 2020 年 7 月第一周紧急下架了超过 2 500 款游戏 App，下架数量是 6 月同期的 4 倍。

据机构测算，2019 年，消费者和广告商在苹果应用软件上的支出超过了 5 000 亿美元。其中，数字产品和服务支出达到 610 亿美元，游戏开发商支付的费用占整个广告收入的 44%。苹果作为平台可抽取佣金 15%～30%。

移动应用分析公司 Sensor Tower 的数据显示，苹果下架的 2 500 多款游戏，累计下载量超过 1.33 亿次，在中国市场总共获取了 3 470 万美元的营收。由于很多游戏没有许可，苹果后期还可能下架更多的游戏。有统计显示，苹果的中国应用商店内大约有 6 万款付费或支持应用内购的游戏，其中至少 1/3 没有许可证。另有数据显示，从 2010 年以来，中国发放了约 4.3 万张游戏应用许可证，而 2019 年仅发放了 1 570 张。

资料来源："欧盟发起调查后，中国也出手了！美国科技巨头紧急下架 2500 款 App"，2020 年 7 月 15 日。

## 一、网络广告发布概述

### （一）网络广告发布的呈现形式

网络广告发布的呈现形式主要有旗帜广告、插播式广告 / 弹出式广告、文本链接广告、电子邮件广告、关键字广告、互动游戏式广告、即时通信广告、电子杂志广告、墙纸式广告（见图 2-8）。

图 2-8　网络广告发布的呈现形式

1. 旗帜广告

旗帜广告（Banner Ads）是网络广告的重要形式，有诸多不同的变种。图 2-9 分别显示的是擎天柱广告、浮动旗帜广告、通栏广告、互动式旗帜广告、播放式旗帜广告等形式。

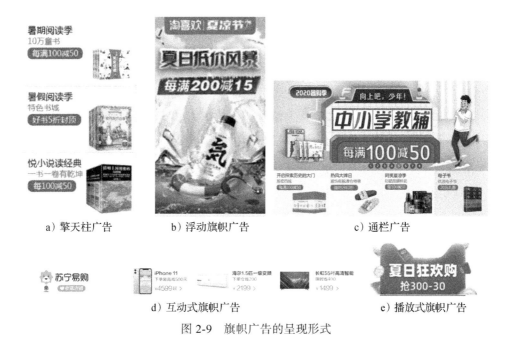

a）擎天柱广告　　　b）浮动旗帜广告　　　　　　c）通栏广告

d）互动式旗帜广告　　　　　　　　　e）播放式旗帜广告

图 2-9　旗帜广告的呈现形式

注：本书中举例的广告形式或图片，是随机从网站上获取的，不代表作者的商业意图，仅具有教学识别作用。

旗帜广告是最为常见、传统的互联网广告表现形式。旗帜广告是横跨网页上方或下方的小公告牌，当用户单击时，光标就会将他们带到广告主的网站或缓冲储存页中。创意绝妙的旗帜广告对于建立并提升客户品牌形象有着不可低估的作用。

擎天柱广告是利用网站页面左右两侧的竖式广告位置而设计的广告形式。这种广告形式可以直接对客户的产品和产品特点做出详细的说明，并可以开展特定的数据调查、有奖活动。

旗帜广告的特点是，它会在浏览全过程中吸引用户的注意力，促使用户点击广告。由于其广告面积较大，而且可以制作成互动格式，因此，可以广泛应用于品牌宣传、产品促销或者市场调查等领域，既满足企业大曝光量的要求，又不会影响用户的使用习惯。

### 2. 插播式广告／弹出式广告

插播式广告（Interstitial Ads）也称前置式贴片广告（Pre-rolls Ads），是在一个网站的两个网页出现的空间中插入的网页广告，在用户进入播放页面后，在开播前或结束后由网站通过后台技术强制性加入的某品牌广告，如电视节目中出现在两集影片中间的广告。用户需要等前置广告播放完才能看到自己点击观看的内容。插播式广告的时长一般为 15 秒或 30 秒，广告出现时网页不受用户控制。广告出现的方式多样，可能出现在浏览器主窗口，或新开一个小窗口，或创建多个广告；也可能是一些尺寸较小的、可快速下载内容的广告。无论采用哪种显示形式，插播式广告的效果比一般旗帜广告的效果要好。

弹出式广告（Pop-up Ads）类似于插播式广告，但二者有一些不同。弹出式广告有主广告前插入广告（InlineInterstitials）和智能式／超插播式广告（UnicastSuperstitial Ads）等形式。主广告前插入广告是出现在两个网页间隙处的浏览器主窗口中的一种插播式广告，就是在用户请求的主页面出现前插入的广告。智能式/超插播式广告是将广告置入浏览器的缓存中，当用户对一个新页面发出请求时，从缓存中调出该广告页面，节约用户的下载时间。

弹出式广告的广告格式可以是任何网页标准，如 Html、Gif、Jpeg、Flash 等。弹出式广告可能出现在浏览器的最上层，也可能出现在视窗的最底层，或把自己缩小隐藏，意图在用户不注意的情况下搜集用户的上网行为信息或下载及安装未经用户许可的软件或插件。这种行为已被用户认为属于滋扰性行为。

### 3. 文本链接广告

文本链接广告（Text Link Ads）是文字链接形式的广告，即在热门站点的页面上出现，可以直接访问其他站点的链接广告，通过热门站点的访问，吸引一部分流量点击链接广告的站点。

文本链接广告的优点是对浏览者干扰少，效果好，不影响用户阅读网站，费用较低。其缺点是用短少的文字来传递广告信息，不容易或较难引起注意，题目和创意要足够吸引人才有效果。

### 4. 电子邮件广告

电子邮件广告（E-mail Ads）是把广告信息通过电子邮箱发送给用户的网络广告形式。一般企业可以通过用户留下的电子邮箱或用户订阅的电子刊物、新闻邮件和免费软件以及软件升级等其他资料一起附带发送。

电子邮件广告的优点是针对性强，传播面广，信息量大，可以群发，可直接发送，费用低。其缺点是经常被拦截或直接进入垃圾箱，常对用户造成干扰，引起用户反感。

### 5. 关键字广告

关键字广告（Keyword Ads）是以搜索的关键字或关键词作为超级链接方式，点击关键字或关键词就能直接跳转进入相关的公司网站、网页或公司其他相关营销网页的网络广告形式。关键字广告有 5 种：公司关键字广告、公众关键字广告、引人语句广告、搜索关键字广告、竞价排名广告。

关键字广告的优点是快捷、灵活、迅速、易见、方便，直达用户。其缺点是呈现的信息量小，关键字要引人注意才有效果。

### 6. 互动游戏式广告

互动游戏式广告（Interactive Games Ads）是把企业或品牌广告植入互动游戏或以互动游戏的形式展现，最终达到传递广告信息的效果。互动游戏式广告可分为两种：一种是植入式广告，可以是在一段游戏的开始、中间、结束的任何时间，广告可随时出现或互动；另一种是以互动游戏为广告的形式载体，把广告的内容设计成游戏方式，让用户体验参与，获得广告的效果。

互动游戏式广告的优点是使广告具有互动性、趣味性、虚拟性、娱乐性、新颖性和知识性，较容易抓住用户的注意力。其缺点是用户可能沉浸于游戏而忽略广告的主题和内容，适合品牌式广告。

### 7. 即时通信广告

即时通信广告是即时通信（Instant Messaging，IM）营销的一种情况。广告主利用即时通信营销工具，发布企业的标志、产品信息、促销信息等，或者通过图片发布一些用户喜欢的表情等。即时通信营销详见第五章第三节。

### 8. 电子杂志广告

电子杂志广告（Electronic Magazine Ads）是由专业人员精心编辑、制作的企业或产品广告，通过电子杂志发布给主动订阅电子杂志且对主题有兴趣的网民用户。

电子杂志广告的优点是：①具有很强的时效性、可读性和交互性。②不受地域和时间限制。③费用较低、效果好。④可以是图文形式广告。其缺点是只有订阅电子杂志的用户可以看到广告。随着订阅用户的增加和用户对电子杂志的接受与认同，电子杂志广告的效果也越来越显著。

### 9. 墙纸式广告

墙纸式广告（Wallpaper Ads）就是广告主把所要表现的广告内容制作在网络墙纸上，或发布在具有墙纸内容的网站上，供感兴趣的人阅览或下载。

## （二）网络广告发布的媒体选择因素

影响网络广告发布效果的因素有许多，媒体选择是重要的因素之一。寻找合适的或者与之相匹配的广告发布媒体，是广告主必须考虑的重要因素。网络广告发布的媒体选择因素如下。

### 1. 网络媒体或网站平台性质

不同的网络媒体或网站平台，如网站、数字媒体、社交媒体和移动媒体，由于性质不同，其发布的网络效果差异很大。网络广告发布的网络媒体或网站平台要素包括平台规模、媒体偏好、受众适合与否、质量高低与技术力量强弱等，这些会影响网络广告发布效果的好坏。

### 2. 网络媒体的访问量

网络媒体的访问量是网络广告发布的基本要素。网络媒体或网站平台只有聚集了较多的访问量和较高的人气，才能使广告发布达到最优的效果。

### 3. 网络媒体的计费方法

在选择网络广告发布的媒体时，要特别注意网络媒体的计费方法各不相同，有的网络媒体按点击量计费，有的按广告展示数量计费，有的按广告结果行为计费，有的按销售量或次数计费，有的按广告时长计费，有的采用包月计费的形式。这些不同的计费方式所产生的广告发布效果也不相同，企业必须寻找合适的媒体来发布相关的网络广告。

4.网络媒体的管理技术和水平

企业在选择网络广告发布媒体时，要关注网络媒体的管理技术和水平，特别要注意网络媒体信息和管理技术、网络媒体制作技术、网络媒体运营技术、广告发布和管理技术、广告效果监测技术和水平等。

 **训练**

### 针对城市的上班族，你会选择哪一种网络媒体来投放广告？

假如城市上班族的通勤方式有地铁、公交、自驾车、骑车、步行、跑步等。请你匹配选择以下合适的媒体进行广告投放。

视频广告灯箱、地铁视频、电视、广播电台、户外、微博、新闻头条号、微信公众号、微信、门户网站、聊天软件弹窗、免费报纸等。

### （三）网络广告联盟

网络广告联盟，又称广告联盟，是指集合中小企业网站、个人网站、WAP站点等广告媒体资源或联盟会员组成的付费的广告联盟平台，以帮助广告主实现广告的有效投放。网络广告联盟平台可监测、统计广告投放数据，组织网络广告投放，广告主需要按照网络广告的实际效果或协议向联盟会员支付广告的费用，这是一种新的收入来源方式，例如，亚马逊通过广告联盟，为网站提供了收入来源，让众多网络SOHO族得以生存。

网络广告联盟的三要素包括广告主、网站主和广告联盟平台。

网络广告联盟平台有百度网盟、谷歌联盟、阿里广告联盟、搜狗联盟、网易联盟等。

---

知识拓展2-4　　　　　　　　**中国数字化广告市场状况**

数字化营销是在推广产品及服务的过程中以数字传播为媒介进行的实践活动，目的是用一种涵盖及时性、个性化、相关性、经济性等特点的方式与消费者沟通。艾媒咨询的数据显示，2021年，中国数字化广告行业的投融资金额达37.71亿元。2021年，资本主要投放的领域是整合营销中最受欢迎的领域、互联网及移动广告领域。由于数字化广告严重影响了传统广告行业，兼容传统形式与数字化形式的整合营销模式受到广告主的重点关注。2021年，中国媒体广告市场中的互联网营销支出份额较大。艾媒咨询的分析师认为，数字化营销广告投放将是企业营销的发力重点，将在企业广告投放中占据主要地位。

资料来源："Queenie.2022年中国数字化营销市场发展动态分析"，2022年1月25日。

## 二、网络广告发布的计费方式

目前，网络广告发布的计费方式多种多样，各个网络广告发布平台都有各自的计费方式。一般来说，网络广告发布的计费方式主要有以下四类（见图2-10）。

| 按广告展示数量计费 | 按广告结果行为计费 | 按销售计费 | 其他计费方式 |
|---|---|---|---|
| • CPM每千人/次印象费用<br>• CPTM目标用户千次印象费用 | • CPC每次点击计费<br>• PPC点击用户量计费<br>• CPA用户每次行动计费<br>• CPL按注册成功支付佣金<br>• PPL引导用户访问计费 | • CPO每次交易计费<br>• CPS每次交易成本计费<br>• PPS每次销售量计费 | • CPT网络时长计费<br>• CPR每回应成本计费<br>• CPP每次购买成本计费 |

图 2-10　网络广告发布的计费方式

### （一）按广告展示数量计费

#### 1. CPM 广告计费

CPM 广告计费（Cost Per Mille-impression/Cost Per Thousand Impressions）是指每千人/次印象费用，即每条广告显示 1 000 次或 1 000 个人阅读的印象费用。CPM 广告计费是最常用的网络广告计费方式之一。

#### 2. CPTM 广告计费

CPTM 广告计费（Cost Per Targeted Thousand Impressions）是指经过目标定位的用户的千次印象费用，如根据人口统计信息定位。CPM 广告计费与 CPTM 广告计费的主要区别是 CPM 广告计费侧重于所有用户的印象数，而 CPTM 广告计费侧重于经过目标定位的用户的印象数。

### （二）按广告结果行为计费

#### 1. CPC 广告计费

CPC 广告计费（Cost-Per-Click）就是每次点击计费，按广告被点击的次数收费。如果每点击一次关键词广告就收一次费用，那么被点击数量越多，发布价格越贵。例如，百度竞价排名就是采用这种网络广告定价方式的。

#### 2. PPC 广告计费

PPC 广告计费（Pay-Per-Click）就是点击用户量计费，是根据点击广告或者电子邮件信息的用户数量来付费的。

#### 3. CPA 广告计费

CPA 广告计费（Cost-Per-Action）就是用户每次行动计费，是广告主为用户的每个行动所付出的成本，即按广告投放的实际效果付费，也称按广告效果付费成本。例如，广告主可以按收回的有效问卷或订单来计费，而不限广告投放量。用户行动包括形成一次交易，获得一个注册用户，或者对网络广告的一次点击等。

### 4. CPL 广告计费

CPL 广告计费（Cost for Per Lead）就是按注册成功支付佣金。它以收集潜在用户名单的多少来计费，如 App 下载、会员注册等。

### 5. PPL 广告计费

PPL 广告计费（Pay-Per-Lead）是指引导用户访问计费，是通过每次网络广告产生的引导来计费的。广告主引导用户访问、点击广告，并就此向广告服务商支付费用。这是一种联盟网站制定的网络会员制佣金的广告定价方式。

## （三）按销售计费

### 1. CPO 广告计费

CPO 广告计费（Cost-Per-Order/Cost-Per-Transaction）是指每次交易计费，就是根据每个订单 / 每次交易来收费。

### 2. CPS 广告计费

CPS 广告计费（Cost for Per Sale）是指每次交易成本计费，就是按实际销售的产品数量所需要花费的广告成本付费。

### 3. PPS 广告计费

PPS 广告计费（Pay-Per-Sale）是指每次销售量计费，就是根据网络广告所产生的直接销售数量付费。

## （四）其他计费方式

### 1. CPT 广告计费

CPT 广告计费（Cost-Per-Time）是指网络时长计费，就是以网络广告发布的时间长短来计费。

### 2. CPR 广告计费

CPR 广告计费（Cost-Per-Response）是指每回应成本计费，就是以浏览者对广告产生的回应来计费。

### 3. CPP 广告计费

CPP 广告计费（Cost-Per-Purchase）是指每次购买成本计费，就是以用户对产品广告产生的购买行为计费。

## （五）从利益主体看计费方式的不同

网络广告发布的计费方式侧重的利益主体各有不同，表现如下。

（1）对网站平台有利的计费方式有 CPM 和 CPT。

（2）对广告主有利的计费方式有 CPC、CPS 和 CPA。

（3）目前比较流行的网站计费方式是 CPM 和 CPC。

# 第四节　网络传播效果和转化率数据分析方法

## 一、网络媒体传播效果的评估方法

网络媒体传播效果的评估方法主要分两类：定量评估与定性评估（见图 2-11）。

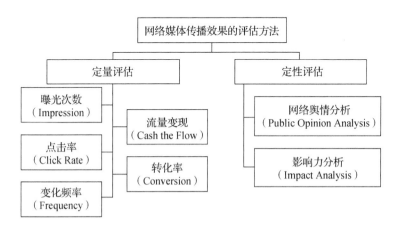

图 2-11　网络媒体传播效果的评估方法

### （一）网络媒体传播效果的定量评估

网络媒体传播效果的定量评估指标主要包括以下几项。

1. 曝光次数

曝光次数（Impression）是指网络广告总体发布量、阅读数量 / 点击数量、转载数量、回复数量、反应数量等数据。

2. 流量变现

流量变现（Cash the Flow）是指通过某些手段将网站流量转化为现金收益。网站流量是指访问一个网站的用户数量及用户所浏览的页面数量等指标构成的网站访问量。其常用的指标有网站的独立用户数量（UV）、页面浏览数量（PV）、总用户数量（含重复访问者）、每个用户的页面浏览数量、用户在网站的平均停留时间等。

3. 点击率

点击率（Click-Through Rate/Clicks Ratio/ Click Rate）是指网站页面上某一广告内容被点击的次数与被显示次数的百分比，即被点击次数（Clicks）/ 被显示次数（Views），反映了网页上某一广告内容的受关注程度和吸引程度。在网络广告中，点击率是在 HTML

网页上一条广告打开后被点击的次数百分比。因此，如果在 100 个浏览页面人中有十个人点击打开了页面上的一条广告，则这条广告的点击率为 10%。

### 4. 转化率

转化率（Conversion）是指在一次广告传播活动中，对比用户在点击、关注、参与等方面与最终成交的人数或销售量的百分比。例如，线上广告活动的注册人数、参与人数、网站 PV/UV 值为 100，而销售量为 5，则得出的转化率为 5%。

### 5. 变化频率

变化频率（Frequency）是指在广告播出期间每天广告次数的变化情况。在一次广告活动实施前后，对比广告前后次数的变化数据，或者调查品牌或者产品广告的知名度及美誉度等的变化情况。

## （二）网络媒体传播效果的定性评估

网络媒体传播效果的定性评估方式有网络舆情分析和影响力分析。

### 1. 网络舆情分析

网络舆情是指在互联网上流行的对某一广告内容或企业相关问题的不同看法而形成的网络舆论，是公众对网络传播中的有关企业、产品或品牌等的某些热点、焦点问题所持的有较强影响力、倾向性的言论和观点。

网络舆情分析（Public Opinion Analysis）就是以网络传播为载体，以企业、产品或品牌等事件为核心，对网民的情感、态度、意见、观点所表达、传播与互动的情况进行评估和评价，以利于企业做出正确的决策。网络舆情分析的具体指标如下。

（1）评论舆情分析。其主要分析内容有网络舆情的正面、负面、中性情况，包括搜索引擎首页负面的评论比率。分析这些舆情评论，可以了解、掌握广告的舆情引导效果。

（2）跟帖评价比率分析。它是指分析微博、论坛、博客、SNS 等社会化媒体在传播过程中的跟帖评价情况，并进行比较。

（3）评价内容分析。它是指分析网络广告舆情的正面、负面、中性的评价内容，以掌握用户和网民对产品及其功能、售后服务、偏好与特征等的关注点，为企业做出科学决策提供依据。

### 2. 影响力分析

影响力分析（Impact Analysis）包括名人跟进影响力分析和媒体跟进影响力分析。

（1）名人跟进影响力分析。它是指了解网络广告的内容是否引起名人跟进，有没有在其博客 / 微博上自发撰文讨论或引用相关内容，是否有频道在显著位置推荐或博客圈有无加"精华"。

（2）媒体跟进影响力分析。它是指了解网络广告的内容是否引起非合作媒体跟进相关的话题和内容，并在其他网络媒体或传统媒体上进行二次传播。

## 二、网站流量变现的方法

网站流量变现是指把流量变成现金，转化成收入。网站流量是决定网络传播质量和效果的最重要的因素，公式为"用户＝流量＝金钱"。目前网站流量变现有以下4种方法（见图2-12）。

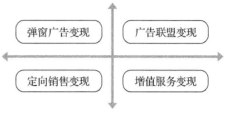

图 2-12　网站流量变现的方法

### 1. 弹窗广告变现

弹窗广告变现是指通过弹窗广告，促使上网者点击或打开网站而实现流量价值变现。只要电脑开机，无论开机者是否愿意，弹窗广告都可以出现，它是最低级的流量变现方式。其优点是对技术和数据分析的要求很低，适合任何类型的广告（特别是低价值广告），可以随时随地出现。其缺点是会对用户造成困扰，引起用户反感。因此，随着近年来网站流量变现方式的多样化，许多广告主开始选择其他的广告变现方式。

### 2. 广告联盟变现

广告联盟变现是指通过广告联盟平台，如谷歌联盟、百度联盟等，进行内容文章式的广告定向传播而获得流量变现。其优点是广告匹配度很好，与网站本身内容能够契合，广告和文章内容能起互补作用。其缺点是对用户体验的影响较小。

### 3. 定向销售变现

定向销售变现是指通过在购物产品网站上的广告传播，促使消费者对产品感兴趣或产生购买动机及欲望，最后下单购买而产生的流量变现。其优点是针对性强，购买产品的目的明确，有可能产生消费，它是高阶流量变现的典型代表。其缺点是竞争产品多，需要较高的网络和营销技术支撑。

> **知识拓展 2-5**　　　　**什么是网络企业开放平台和网络商店街**
>
> 在网络应用软件开发领域，数百万各种各样的卖家对软件的要求具有个性化的特性，而提供标准化应用软件的企业无法满足他们的需求，这时企业就把这些需求开放给众多的第三方开发者，这种方式被称为网络企业开放平台。对于B2C企业来说，网络企业开放平台将进一步演化为网络商店街的形式，即平台企业不全部包揽卖家对个性化软件应用的要求，而是允许商户入驻，由商户自己来做。B2C企业的开放平台类型包括纯平台模式、"自营＋联营"模式。开放平台的好处是能积聚用户，通过各种营销手段实现变现。

### 4. 增值服务变现

增值服务变现是指通过权威品牌网站，为网站会员提供相关的增值产品和服务，并促使会员经常访问网站或发表相关见解，从而获得增值服务变现，同时也实现流量价值的最大化。其优点是回头客多，品牌忠诚度高，会员活跃、认同感强、消费能力强，流量变现能力强。其缺点是网站的面向群体范围较窄，仅有会员能够参与。

从不同的网站定位和流量来源看，不同网站可以采取不同的变现方法而获利。上述四种流量变现方法由浅入深，价值由低到高。企业应通过数据挖掘和数据分析，找到适合企业自身和产品的网站流量变现的方法，让网站流量的价值最大化。

## 三、网络传播转化率的数据分析方法

### （一）客户转化率和微信客户转化率概述

#### 1. 什么是客户转化率

网络传播转化率（Conversion Rate）是指网络传播从一个环节进入下一环节的人数比率。客户转化率是指企业通过广告营销手段等，将企业目标潜在客户转化为企业客户的一个比值。

#### 2. 什么是微信客户转化率

微信客户转化率是指企业在进行微信营销活动时所获取的实际客户量与公司潜在的目标客户量的比值。一般而言，在企业的实际营销活动中，公司潜在的目标客户量总是大于通过微信等营销手段转化为购买企业产品或服务的实际客户量。

微信客户转化率用百分比表示为：

$$微信客户转化率 = \frac{通过微信获取的实际客户量}{企业目标客户量} \times 100\%$$

微信客户转化率是企业能够衡量利用微信营销把潜在客户转化为最终现实客户能力的一个重要指标。当该比值较小时，说明企业的微信营销活动的效果较差，企业需要改进与调整正在开展的微信营销活动和过程；比值越大，则表明企业的微信营销效果越显著。该指标能够从量化的角度让企业经营者了解微信营销的实际效果。

### （二）企业网络传播转化相关概念和计算公式

#### 1. 什么是 PV、UV、IP、流量

PV（Page View）即页面访问量，又称页面浏览量、用户点击量，是指用户每打开一个网站页面就被记录一次；用户如果多次打开同一页面，浏览量值累计，它是访客实际浏览过的网页数的总和。PV 是衡量一个网站，或新媒体频道，或一条网络新闻的主要指标。

UV（Unique Visitor）即独立访客数，也称访问次数，是指通过互联网访问、浏览这个网页的具有 IP 地址的自然人。如果用同一 IP 地址访问某一网络页面，无论出入多少次，只能计算为一次独立访问量。如果用同一 IP 地址访问多个网络页面，则算多个访问次数或流量。

IP（Internet Protocol）也称独立 IP 数，是指 1 天内用户使用不同 IP 地址访问网站的数量，同一 IP 地址无论访问了几个页面，独立 IP 数均为 1。它是基于用户广域网的 IP 地址来区分不同的访问者的，如果多个用户（多个局域网 IP）在同一个路由器（同一个广域网 IP）内上网，可能被记录为一个独立 IP 访问者。如果用户用不同的 IP 路由器，则可以被多次统计。对于使用真实 IP 上网的用户，UV 和 IP 的数值是相同的。

流量（Flow）是一个数字记录，是指在一定时间内打开网站地址的人气访问量或者是手机移动数据量，它是一个网络信息技术名词。流量常常包括网站的独立访客数 UV、总用户数量（含重复访问者）、页面访问量 PV、每个用户的页面浏览量、用户在网站的平均停留时间等。而在手机上网的流量是指记录一部手机上一个网页所耗的字节数，单位有 B、KB、MB、GB。

---

**知识拓展 2-6**       **营销场域流量：私域流量和公域流量**

营销场域流量可分为私域流量和公域流量。

私域流量是企业品牌的自由流量池，包括会员、微淘、网店页面、官微、粉丝、品牌号（Brand Hub）、群聊、公众号、品牌社群等。

公域流量可分为三类：第一类是平台企业内容系统内的"免费＋付费＋活动"的流量，如淘宝搜索、直播、有好货、猜你喜欢、哇哦（短视频）、洋淘（买家秀）等免费流量，直通车、超级推荐、品销宝、钻展（钻石展位）等付费流量，以及各种活动的流量。第二类是平台企业生态体系的流量，例如，阿里巴巴文娱的优酷土豆、UC 浏览器等，支付宝、飞猪、钉钉、闲鱼、高德、口碑等平台和工具中的流量，可通过工具流量宝、品销宝、云码、钻展外投等触达这些流量。第三类是整合企业平台的全网流量，如阿里巴巴用淘客等投放工具，整合包括微博、抖音、快手、Bilibili（也称 B 站）、今日头条、分众、网易等在内的全渠道流量。

资料来源：肖利华，田野，洪东盈，等．数智驱动新增长 [M]．北京：电子工业出版社，2021：134-135.

---

**2. 企业网络传播销售业绩转化率的计算**

企业网络传播销售业绩转化率的相关概念的计算的相关公式如下。

（1）成交转化率 = 成交人数 / 访问人数 ×100%

**【例 2-1】**

假定某网店 5 月 25 日的进店访问人数（流量 UV）是 1 000 人，最后的成交人数是 100 人，请问该网店的成交转化率是多少？

答：成交转化率 =100/1 000×100%=10%。

（2）访问率 = 访问人数 UV/ 页面访问量 PV×100%

（3）询问率 = 询问人数 / 访问人数 UV×100%

（4）咨询成交率 = 成交人数 / 询问人数 UV×100%

（5）销售业绩 = 访问人数 UV× 成交转化率 × 客单价

**或销售业绩 = 页面访问量 PV× 访问率 × 询问率 × 咨询成交率 × 客单价**

（6）商品展示页点击率 = 商品页流量 / 商品在目录页展示次数×100%

（7）商品页转化率 = 商品销售 / 商品页流量 ×100%

（8）商品展示转化率 = 商品销售 / 商品在目录页展示次数 ×100%

企业网络广告传播的情况，可以通过上述相关的指标反映出来。如果网站的商品展示页点击率低，表示商品本身吸引力不够或价格过高；商品页转化率低，则表示商品页内容不够有吸引力，可能是受商品描述过于简单，或不符合顾客预期，或图片不够美观等因素影响。

商品的展示机会受限于商品展示的内容数量和流量规模，能够展示到访客眼前的商品数量和页面是给定的、有限的。因此，企业需要关注网络传播各项指标的转化率情况，找出最优和最劣的网络商品及展示次数的点击率和转化率，尤其应关注"注意力转化率"（见下文）和"商品展示转化率"，尽力扩大网络商品的销售量转化。

（9）商品展示次数（机会）= 流量 × 浏览目录页数目 × 平均每页展示商品数量

（10）某个商品展示成本 = 流量所需费用 / 商品展示次数

（11）某个商品成交转化成本 = 某个商品展示成本 / （商品点击率 × 成交转化率）

**【例 2-2】**

假定某网站花费成本 100 万元，带来 100 万的流量客户，每个流量客户浏览 5 个目录页面，平均每个目录页面显示 20 个商品信息，则一个商品的网页展示成本 =1 000 000/（1 000 000×5×20）=0.01（元）。假定这个商品点击率是 1%（在目录页面展示 100 次商品页面才被点击进入一次），成交转化率是 1%（商品页面被点击浏览 100 次才产生一个成交转化），请问：这个商品每次转化需要花费的成本是多少？

答：参照公式（11），这个商品每次转化需要花费的成本 =0.01/（1%×1%）=100（元）。如果这个商品的利润低于成本，则出现亏损。

## 四、针对 AISAS 模型各个环节构建的数量模型

基于消费者行为分析 AISAS 模型，消费者在接触到商品或服务的信息，完成购买活动后，还会主动分享信息，从而影响其他消费者的购买。在 AISAS 模型中，消费者的购买过程主要经历五个环节：引起注意（Attention）、激发兴趣（Interest）、信息搜索（Search）、产生行动（Action）、信息分享（Share）。

为了更好地了解和评估企业的营销效果，以互联网下的 AISAS 消费者行为分析模型为基础，构建企业微信营销的 AISAS 模型，以此评估企业微信营销活动不同阶段的客户转化情况。

### 1.引起注意环节的客户转化率

引起注意环节的客户转化率是指被引起注意的目标客户人数占潜在目标客户人数的百分比。其公式为：

$$引起注意环节的客户转化率（H_{t1}）=\frac{被引起注意的目标客户人数（S_{t1}）}{潜在目标客户人数（S_{t0}）}\times100\%$$

【例2-3】

某网络服装商店开展了一次微信营销活动，根据自身客户资源活动和广告信息投放方式，预计本次活动的潜在目标客户人数达到830人。活动结束后，商店查看数据发现，有250人注意到这次微信营销活动信息。请问：此次微信营销活动在引起注意环节的客户转化率是多少？

答：此次微信营销活动在引起注意环节的客户转化率为：250/830×100% = 30.12%。结论是在商家投放的微信营销活动信息中，只有部分能够成功传播到潜在目标客户，并引起他们的注意。

### 2.激发兴趣环节的客户转化率

激发兴趣环节的客户转化率是指被激发兴趣的目标客户人数占被引起注意的目标客户人数的百分比。其公式为：

$$激发兴趣环节的客户转化率（H_{t2}）=\frac{被激发兴趣的目标客户人数（S_{t2}）}{被引起注意的目标客户人数（S_{t1}）}\times100\%$$

【例2-4】

续例2-3，已注意到此次微信营销活动信息并看完全部信息内容的目标客户则成为被成功激发兴趣的目标客户。数据显示，此次被激发兴趣的目标客户人数为170人。请问：此次微信营销活动在激发兴趣环节的客户转化率是多少？

答：此次微信营销活动在激发兴趣环节的客户转化率为：170/250×100% = 68.00%。微信营销活动的信息标题是吸引和引起客户注意的关键，而微信营销活动的信息主题内容则是成功激发客户兴趣的重要因素。因此，为了更好地提高激发兴趣环节的客户转化率，微信商家要更合理有效地设计微信营销活动的信息主题内容。

### 3.信息搜索环节的客户转化率

信息搜索环节的客户转化率是指进行信息搜索的目标客户人数占被激发兴趣的目标客户人数的百分比。其公式为：

$$信息搜索环节的客户转化率（H_{t3}）=\frac{进行信息搜索的目标客户人数（S_{t3}）}{被激发兴趣的目标客户人数（S_{t2}）}\times100\%$$

【例 2-5】

续例 2-4，该商家通过查看信息活动的链接点击次数，确定进行此次信息搜索的目标客户有 95 人。请问：此次微信营销活动在信息搜索环节的客户转化率是多少？

答：此次微信营销活动在信息搜索环节的客户转化率为：95/170×100% = 55.88%。微信营销活动的信息内容质量是决定目标客户进行信息搜索和点击环节的关键。因此，运营者要设计有新意、有亮点的微信营销活动的信息内容，吸引、激发感兴趣的客户继续进行信息搜索行动。

### 4. 产生行动环节的客户转化率

产生行动环节的客户转化率是指完成购买行动的目标客户人数占信息搜索的目标客户人数的百分比。其公式为：

$$产生行动环节的客户转化率\ (H_{t4}) = \frac{完成购买行动的目标客户人数\ (S_{t4})}{信息搜索的目标客户人数\ (S_{t3})} \times 100\%$$

【例 2-6】

续例 2-5，该商家发现此次微信营销活动共有 88 个目标客户最终购买了商品。请问：此次微信营销活动在产生行动环节的客户转化率是多少？

答：此次微信营销活动在产生行动环节的客户转化率为：88/95×100% = 92.63%。客户对商品款式、价格等商品信息及商家信誉度等进行信息搜索，判断其是否符合和满足个人需要与购买意愿。商家对商品信息及网页内容的设计会影响到目标客户的购买行为。

### 5. 信息分享环节的客户转化率

信息分享环节的客户转化率是指已购买并分享信息的客户人数占完成购买行动的目标客户人数的百分比。其公式为：

$$信息分享环节的客户转化率\ (H_{t5}) = \frac{已购买并分享信息的客户人数\ (S_{t5})}{完成购买行动的目标客户人数\ (S_{t4})} \times 100\%$$

【例 2-7】

续例 2-6，该商家通过"好评就返还××现金"的活动方式成功吸引了 80 名已购买商品的客户在微信平台上分享有利于商家或商品的信息，请问：此次微信营销活动在信息分享环节的客户转化率是多少？

答：此次微信营销活动在信息分享环节的客户转化率为：80/88×100% = 90.90%。客户完成购买行动后，如果微信商家再提供"分享信息优惠""好评返款"等优惠条件，会刺激有较好购买体验的客户，让其愿意分享对商家或商品有利的信息。因此，为了促进微信营销活动的持续传播，商家需要在整个营销活动过程中，注重每个环节和细节的设计，从而达到增加活动的目标客户数量的效果，提高客户微信营销活动各个环节的转化率。

### 6.传统微信营销的客户转化率

传统微信营销的客户转化率是指微信商家在进行微信营销活动时，最终完成购买行动的目标客户人数与潜在的目标客户人数的百分比。其公式为：

$$传统微信营销的客户转化率（H）= \frac{完成购买行动的目标客户人数（S_{t4}）}{潜在目标客户人数（S_{t0}）} \times 100\%$$

【例 2-8】

根据以上例子中的数据，传统微信营销的客户转化率是多少？

答：在此次微信营销活动中，根据以上例子中的数据，传统微信营销的客户转化率为：88/830×100% = 10.60%。

上述微信营销活动各环节的客户转化率及传统微信营销的客户转化率如表 2-2 所示。在整个微信营销活动中，传统微信营销的客户转化率偏低，为 10.60%，无法令该商家满意。虽然微信营销活动的多个环节做得较成功，如激发兴趣环节的客户转化率为 68.00%，产生行动环节为 92.63%，信息分享环节为 90.90%，但是因为在引起注意环节中仅有 30.12% 的用户注意到该广告，做得不够好，而影响了整个微信营销活动的最终效果。因此，运营商要注意在企业微信营销活动的各个环节发力，才能达到最佳效果。

表 2-2　微信营销活动各环节的客户转化率及传统微信营销的客户转化率

| 环节 | 人数及客户转化率 | | |
| --- | --- | --- | --- |
| | 结果环节人数 | 前一环节人数 | 客户转化率 |
| 引起注意环节 | 250 | 830 | 30.12% |
| 激发兴趣环节 | 170 | 250 | 68.00% |
| 信息搜索环节 | 95 | 170 | 55.88% |
| 产生行动环节 | 88 | 95 | 92.63% |
| 信息分享环节 | 80 | 88 | 90.90% |
| 传统微信营销 | 88 | 830 | 10.60% |

## 五、网络商品销售及网络用户行为转化率漏斗分析模型

网络用户行为转化率漏斗分析模型（Funnel Model），也称网络用户行为分析模型或漏斗分析模型，是指网络用户从进店访问到最后完成订单的过程中，整个关键路径中每一步的转化率的展示流程。网络用户行为转化率漏斗分析模型是依据网络商品销售关键路径的各个环节的数据来计算的。

### 1.网络商品销售的关键路径

网络商品销售的关键路径（Key Path）如下。

进店访问流量⇒浏览商品流量⇒加入购物车或拍下宝贝⇒生成订单⇒支付订单⇒完成交易

网络商品销售的关键路径各环节的具体内容如下。

第一个环节是进店访问流量。它是指用户点击网页并进入网络商品访问的主页面的访问人数或访问流量，用户点击的可以是商品平台网站或网络商店网站。

第二个环节是浏览商品流量。它是指用户点击商品平台网站或网络商店网站中某一感兴趣的商品网页的人数或流量。

第三个环节是加入购物车或拍下宝贝。它是指用户觉得某一或某些商品能基本满足需求，为了更好地做出购买决策，或需要多方比较或比价，而把商品加入购物车或拍下宝贝的行为数量。

第四个环节是生成订单。它是指用户经过多方比较或比价，决策购买某一商品而生成订单的数量。

第五个环节是支付订单。它是指用户运用不同的支付途径完成购买某一商品订单支付的数量。

第六个环节是完成交易。它是指用户完成商品订单支付后，没有反悔或退订或退货，而最终成交商品交易的数量。

2. 网络用户行为转化率数据分析

网络用户行为转化率是指根据用户访问网络商品销售关键路径的各环节，计算用户某个行为与上一个网络购物环节行为的人数比率，特别是完成订单的转化情况。

【例 2-9】

假定用户完成从打开淘宝网页面进行搜索，找到需要的商品网店进行访问，浏览商品的详细信息，选择商品并把商品加入购物车或拍下商品，到生成订单、支付订单、完成交易的整个购物流程。表 2-3 是分别统计每一个购物环节的用户人数后计算得到的每一个环节的上一环节转化率和总体转化率的情况。

表 2-3　网络用户行为转化率数据分析

| 人数及转化率 | 环节 | | | | | |
|---|---|---|---|---|---|---|
| | 进店访问流量 | 浏览商品流量 | 加入购物车或拍下宝贝 | 生成订单 | 支付订单 | 完成交易 |
| 人数 | 10 000 | 3 700 | 2 000 | 1 200 | 980 | 850 |
| 上一环节转化率 | 100% | 37.00% | 54.05% | 60.00% | 81.67% | 86.73% |
| 总体转化率 | 100% | 37.00% | 20.00% | 12.00% | 9.80% | 8.50% |

3. 网络用户行为转化率漏斗分析模型

根据上述网络用户行为及各环节转化率的情况，我们用 Excel 软件制作了网络用户行为转化率漏斗分析模型（见图 2-13）。该模型的主要作用是可以根据漏斗分析模型的减少量来关注客户在各个环节的流失状况。企业可以通过分析客户在各个环节的流失状况，在不同环节上采用不同的策略和方法来提升对用户的吸引力，增加用户的使用量。

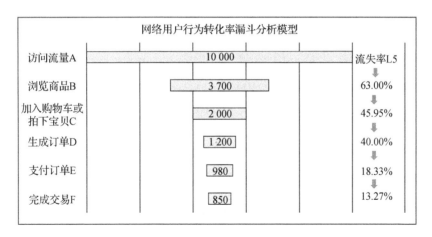

图 2-13 网络用户行为转化率漏斗分析模型

例如，企业可以通过调整产品价格，进行促销活动，优化页面文案和图片以及注重各环节的细节等，来增加用户在各个环节的转化率，特别是对用户有购买意向并把产品放入购物车后的几个环节。

## 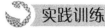 思考题

1. 掌握以下基本概念。

网络广告，点击率，转化率，A-E-C-C-C 模型，4I 模型，5W 模式，PV，UV，IP，流量

2. 从 Web 1.0 到 Web 4.0 阶段的技术是如何发展演变的？

3. 网络广告的起源和发展状况如何？

4. 数字新媒体营销的主要理论模型有哪些？

5. 网络广告发布的呈现形式和媒体选择因素有哪些？

6. 网络广告发布的计费方式有哪些？

7. 网络传播转化率的数据分析方法有哪些？

## 实践训练

【目标】

结合实际内容，深刻了解新媒体营销中的理论模型，并与网络广告发布和传播获利方法相结合。

【内容要求】

同学们组成小组后，请选择现实中的某一个新媒体营销方向的主题，为后期制作作品做准备。

【训练】

训练 1：针对小组主题作业，请同学们设计网络广告发布形式、计费方式、传播转化率等营销活动，并做简单分析。

训练 2：请同学们结合小组主题作业和案例，正确理解新媒体营销的相关概念和模型。

## 参考文献

[1] 段寿建，邓有林.Web 技术发展综述与展望 [J].计算机时代，2013（3）：8-10.

[2] 王小婷.网络技术发展及其对互动交流的应用研究 [J].数字技术与应用，2017（8）：8-9.

[3] PubMatic.2020 年全球网络广告趋势报告 [EB/OL].（2020-02-21）[2022-07-22].http://www.digcells.com/news/html/?538.html.

[4] 中共中央党史和文献研究院.1979 年 6 月 25 日，《人民日报》上突然打出一则产品广告："国营宁江机床厂承接国内外用户直接订货"[EB/OL].（2021-06-16）（2022-07-22）.http://www.ztdj.gov.cn/article/show-344094.html.

[5] 魏蔚.QuestMobile 2020 年中国互联网广告市场规模 5292 亿元 [EB/OL].（2021-01-26）（2022-07-22）.https://www.sohu.com/a/446834249_115865.

[6] 青瓜传媒.QuestMobile.2020 中国互联网广告大报告.[EB/OL].(2020-4-28)（[2022-07-22]).http://www.opp2.com/192144.html.

[7] ROGERS D L. The network is your customer: five strategies to thrive in a digital age[M]. New Haven：Yale University Press，2011.

[8] 腾讯企点君.跨越 2021：复盘腾讯企点里程碑.[EB/OL].（2022-01-27）[2022-07-22].https://qidian.qq.com/news/news-cpsy-content-2022-0127.html.

[9] 刘陈，景兴红，董钢.浅谈物联网的技术特点及其广泛应用 [J].科学咨询（科技·管理），2011（9）：86.

[10] STOKES R. eMarketing: the essential guide to marketing in a digital world [M]. 6th ed [s. l.]: Red & Yellow，2008.

[11] 陈钦兰，苏朝晖，胡劲，等.市场营销学 [M].2 版.北京：清华大学出版社，2017.

[12] 特科勒，凯勒.营销管理：第 14 版·全球版 [M].王永贵，译.北京：中国人民大学出版社，2012.

[13] 朱海松.4I 模型：3G 时代的营销方法与原理 [J].成功营销，2009（Z1）：74-75.

[14] Lasswell H D . The University of Chicago Press: Authors[EB/OL]. (2022-05-11) [2022-07-23]. https://press.uchicago.edu/ucp/books/author/L/H/au5836539.html.

[15] Lasswell H D. Communication Theory[EB/OL].（2022-05-13）[2022-07-23].https://www.communicationtheory.org/lasswells-model/.

[16] 田广，卢佳滨，张华容，等.微信客户转化率研究：以 AISAS 模型为例 [J].中国市场，2014（39）：10-14.

[17] 陈黎.AISAS 模式下网络整合营销传播应用研究 [D].武汉：武汉理工大学，2010.

[18] 张文锋，黄露.新媒体营销实务 [M].北京：清华大学出版社，2018.

[19] 杨延兵.网络视频广告对受众的培养分析：以插播式广告为例 [J].科技信息，2012（34）：338-339.

第三章
# 新媒体营销策划

## ◐ 学习目标

新媒体营销策划的相关概念及其分类、内容体系和方案

新媒体营销策划的流程和方法

新媒体营销策划方案的要素与制作

## ⊙【案例导读】　　　　　　"小朋友"画廊"1 元最美公益"策划

2017 年 8 月 30 日早上，微信朋友圈猝不及防地被一组相当"惊艳"的"小朋友"画作刷屏了，更准确地说是"炸屏了"！

这组刷屏画作，正出自腾讯公益、"wabc 无障碍艺途"公益机构联合策划出品的 H5——"小朋友"的画廊。用户扫描二维码后，只要 1 元或输入任意金额，就可以"购买"心仪的画作，用户可以保存爱心画作到手机做屏保。这些让人惊艳的画作（总共 36 幅）全部来自患有自闭症、脑瘫、唐氏综合征等精神障碍的特殊人群。每幅画作都有一个文艺的名字并配有画作的文案解读，再配上"小朋友"的一小段录音，让人体会到每一幅画作背后的故事。

就像这两句话一样，让每个人去感受艺术的治愈力量，让每个地方都有原生艺术的绽放。

思考：如何在新媒体上策划出让人惊艳的活动？

资料来源："搜狐网．'小朋友'画廊'1 元最美公益'"，2017 年 8 月 30 日。

## 第一节　新媒体营销策划概述

### 一、新媒体营销策划的相关概念及其分类

#### （一）新媒体营销策划的相关概念

#### 1.什么是策划

策划是一门涉及许多学科的综合性科学、技术、文化与艺术，在当今社会的各种媒

体与场合中被广泛运用。"策"在《辞源》中是"以鞭击马"之意，"划"有"割裂""筹谋"的意思，因此，策划的意思通常解释为筹谋、策略、谋略、计策、对策等。

策划起源于军事领域，但在古今中外各个领域中，运用策划取得成功的案例有很多。最著名的案例是孙膑通过策划使田忌赛马的策略取得成功。复旦大学社会学家胡守钧教授提出了一个"3+1理论"，即"天时、地利、人和 + 策划 = 成功"。策划是企业在经营过程中取得成功的关键要素之一。企业拥有天时、地利、人和因素，还需要运用谋略、方法才能成功。

美国营销学家菲利普·科特勒认为，策划是一种程序，在本质上是一种利用脑能力的理性行为。策划是人们为了达到某种预期的特定目的，借助科学、系统的方法和创造性的思维，对策划对象所面临的环境因素进行全面分析，对所需要的资源进行重新组合和优化配置，从而进行的策略谋划和方案执行的过程。

策划是人们对未来将要发生的事情所做的当前决策和谋划，是人类运用脑力的理性行为，是一种脑力、智力的思维活动，是人们对某个未来的事情或任务的认识、分析、判断、推理、预测、构思、想象、设计、运筹、规划的创造性思维过程。策划需要预先谋划，决定某件事情为什么要做、做什么、由何人做、何时做、在何地做、怎么做等。

策划学是探讨规律性问题的一门理论性、综合性、方法论的学科，包括基本原理、方法、策划程序、步骤、分类和手段等，涉及创意学、谋略学、决策学、系统科学方法与技术、营销学等核心学科，心理学、传播学、数学、广告学、战略学、对策论和公共关系学等相关学科。它的实用性和学术性很强，包含基本原理、基本规律及基本技术。因此，学习和从事市场营销的人士需要了解与掌握相关的知识和技能。

2. 什么是营销策划

营销策划是对市场营销活动进行的系统谋划，是企业根据现有的资源状况，在充分调查、分析市场营销环境的基础上，以满足消费者需求为核心，激发创意，对企业的产品或服务、价格、渠道、促销等多个方面进行系统谋划，从而实现营销目标的过程。

策划与计划的区别在于策划侧重于"策"，它是指在外部竞争环境下，为未来的某一项任务取得较好的效果而运筹帷幄、出谋划策，其要点是创意和创新；计划侧重于"划"，它是"安排"的意思，是一个静态的设计过程，一般指对未来需要执行的任务拟订一个依照时间执行的流程和过程，不一定要有创意。

3. 什么是新媒体营销策划

新媒体营销策划是指运用数字新技术和新方法，规划、设计、创新和运营在新媒体渠道与平台上的各种营销活动和任务。

新媒体营销策划是在新媒体传播的基础上，对信息传播的内容、形式和运营媒体及方式等进行策划，包括媒体产业发展、媒介品牌塑造、广告经营、传媒市场营销等多方面的策划。

## （二）新媒体营销策划的分类

新媒体营销策划可根据不同的标准划分为不同的策划类型（见图 3-1 ）。

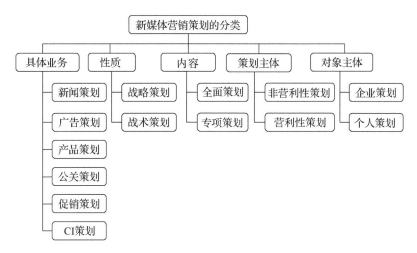

图 3-1  新媒体营销策划的分类

### 1. 根据策划的具体业务分类

根据策划的具体业务分类，新媒体营销策划可分为新闻策划、广告策划、产品策划、公关策划、促销策划、CI（Corporate Identity）策划等。

### 2. 根据策划的性质分类

根据策划的性质分类，新媒体营销策划可分为战略策划（长期战略目标）和战术策划（短期目标和行为）。

### 3. 根据策划的内容分类

根据策划的内容分类，新媒体营销策划可分为全面策划（总体）和专项策划（项目策划，包括思想、创意、设计）。

### 4. 根据策划的策划主体分类

根据策划的策划主体分类，新媒体营销策划可分为非营利性策划和营利性策划。

### 5. 根据策划的对象主体分类

根据策划的对象主体分类，新媒体营销策划可分为企业策划和个人策划。

## 二、新媒体营销策划的内容体系和方案

新媒体营销策划的内容可以从不同角度分为多种类型，它们相辅相成，构成完整的策划体系（见图 3-2 ）。

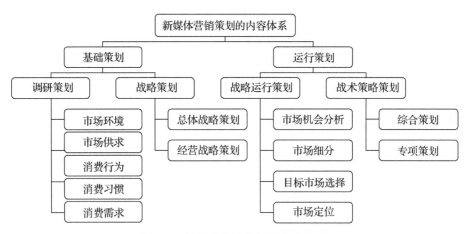

图 3-2 新媒体营销策划的内容体系

## （一）新媒体营销策划的内容体系

### 1.新媒体营销基础策划

新媒体营销策划的内容与一般的营销策划的内容相同，仅是目标对象和营销运用的平台不同。新媒体营销基础策划是新媒体营销策划的最需要和基本部分的策划，包括市场营销调研策划和市场营销战略策划。在市场营销调研策划中，首先要对策划的项目和任务前期的状况进行市场环境、市场供求、消费行为、消费习惯、消费需求等方面的营销调研，再基于调研情况制定营销调研方案。而市场营销战略策划是指企业基于前期的营销调研方案取得的结果而进行的全局性的战略方面的策划，它分为总体战略策划与经营战略策划两个层次。总体战略策划是指企业从整体角度出发，明确企业新媒体营销的战略使命，区分企业战略经营单位，决定新媒体营销组合战略和成长战略。经营战略策划则是指企业为了实现新媒体营销的总体战略目标，把目标和任务分解到下面各层级的经营单位，由各级单位自己分析形势，制订具体实现的目标和计划，并最后执行策划。

### 2.新媒体营销运行策划

新媒体营销运行策划包括营销战略运行策划和营销战术策略策划。营销战略运行策划是指企业进行市场机会分析、市场细分、目标市场选择和市场定位等的策划，可以达到明确市场营销职能的运行方向的目的。

企业在营销战略运行策划的基础上，对产品、价格、分销以及促销等进行的综合策划和专项策划，属于营销战术策略策划，其目的是把战略性规定任务落到实处。

（1）新媒体营销综合策划。

新媒体营销综合策划是指企业依据一定的目的或任务，整合各种知识和资源，针对产品、顾客、市场，结合具体的情况进行全过程的媒体策划。它可以分为以产品为导向的策划、以顾客为导向的策划以及以市场为导向的策划。以产品为导向的策划有新产品上市策划、产品抢占市场策划、产品生命周期策划、无形产品的策划等。以顾客为导向的策划有针对消费者、生产者、中间商、政府机构等的策划。企业针对不同的市场竞争者和各种各样的竞争形势而进行不同的新媒体营销综合策划。

（2）新媒体营销专项策划。

新媒体营销专项策划是指专门针对企业或产品的某个具有阶段性的特点，或市场中的某项调研任务、调研模式，或产品商标，或产品包装等组成部分而进行的细分媒体策划。它是综合策划下面的具体营销策划方案。

例如，市场业务活动的新媒体营销专项策划包括市场调查、市场定位、市场预测、占领市场、市场细分等活动。

⊙ 案例分享 3-1

### "安静的小狗" 的策划

美国沃尔弗林环球股份有限公司在投入新产品时采取了独特的市场调查策划。该公司准备做市场调查，因为该公司的便鞋舒适、轻巧、踏地无声，为此，公司给便鞋新品牌创造了一个名字——"安静的小狗"。为了调查消费者对新品牌的态度，公司把 100 双鞋分送给 100 位不同层次和不同地位的消费者试用。八周之后，公司通知试用者要收回这些鞋子，如果顾客不愿退还，就必须支付 5 美元，结果大部分顾客愿意支付 5 美元买下鞋子。经过调查分析后，公司决定推新产品上市，并请专业的设计公司设计鞋子的品牌图案——一只眼神忧郁、耷拉着耳朵、安静地卧着的矮脚猎狗。新产品一上市就受到了广大消费者的喜爱，有 90% 的消费者知道了这种便鞋。这次市场调查策划起到了帮助企业了解市场、有的放矢的营销效果。

资料来源：李丹. 营销策划 100 术 [M]. 北京：中国国际广播出版社，1997.

## （二）新媒体营销策划的方案

新媒体营销策划的方案如下（见图 3-3）。

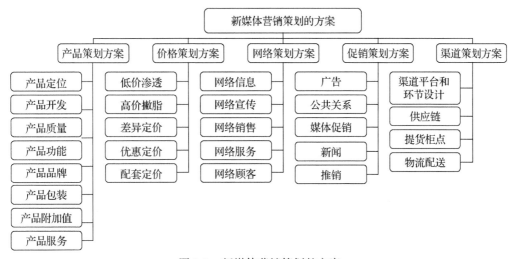

图 3-3　新媒体营销策划的方案

### 1. 新媒体营销产品策划方案

新媒体营销产品策划方案主要包括新媒体营销在产品定位、产品开发、产品质量、产品功能、产品品牌、产品包装、产品附加值及产品服务等方面的策划方案。

### 2. 新媒体营销价格策划方案

新媒体营销价格策划方案主要包括新媒体营销在低价渗透、高价撇脂、差异定价、优惠定价及配套定价等方面的策划方案。

### 3. 新媒体营销网络策划方案

新媒体营销网络策划方案主要包括新媒体营销在网络信息、网络宣传、网络销售、网络服务及网络顾客等方面的策划方案。

### 4. 新媒体营销促销策划方案

新媒体营销促销策划方案主要包括新媒体营销在广告、公共关系、媒体促销、新闻及推销等方面的策划方案。

### 5. 新媒体营销渠道策划方案

新媒体营销渠道策划方案主要包括新媒体营销在渠道平台和环节设计、供应链、提货柜点及物流配送等方面的策划方案。

---

**知识拓展 3-1　　　2021 中国数字营销技术市场场景新思路**

美国的 MarTech（营销和技术的混合词，是一种智慧营销概念）发展起步较早，而中国的 MarTech 企业在估值水平、盈利能力等方面仍有提升空间。图 3-4 是 2021 中国数字营销技术市场场景新思路的简要图。

图 3-4　2021 中国数字营销技术市场场景新思路的简要图

　　艾瑞咨询发布的《2021 年中国 MarTech 市场研究报告》重点分析了 MarTech 五大场景的发展现状、企业需求方的需求方向、服务商的服务能力与价值以及数字化转型中的企业方的营销新思路等。虽然移动互联网的快速更迭与互联网巨头对 MarTech 生态"围墙花园"的布局增加了国内 Mar Tech 企业的发展难度，但在国内资本市场持续提升对 MarTech 关注度、企业需求方推进数字化转型、移动社交带来新发展路径、互联网巨头牵头制定行业标准等的推动下，我国 MarTech 行业迎来了新的发展机遇。

## 第二节　新媒体营销策划的流程和方法

### 一、新媒体营销策划的流程

　　新媒体营销策划是一项复杂的工作，为了达到预期的目的，制订新媒体营销策划计划和方案需要按照一定的程序来完成。新媒体营销策划的流程如图 3-5 所示。

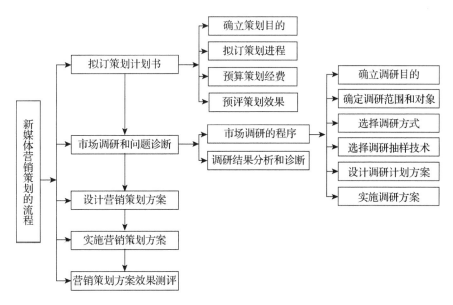

图 3-5　新媒体营销策划的流程

### （一）拟订策划计划书

　　拟订策划计划书是做策划的首要步骤。我们在做策划之前，要想好策划的目的和目标，主题和方案，策划的进程和各环节的安排，经费预算和预期安排，任务和项目执行的效果或可靠性，等等。策划计划书是以文字作为表现形式的一次策划或全部策划的所有计划，是进行策划操作的依据。任何一个营销策划活动都要有一份计划书，以保证策划项目的顺利完成。

### 1. 确立策划目的

确立策划目的是策划活动最重要的事项。策划就是为了完成某个目的和活动而需要对人力、物力、财力等各种资源进行合理安排和配置，以达到最好的效果。策划的目的一般有经济目的、形象目的、社会或公益目的、文化目的、政治目的及法律目的等。

### 2. 拟订策划进程

我们需要在策划计划书中对策划的进程和时间进行安排，并列出详细的策划时间表。策划的进程有以下四个阶段。

（1）设计前期准备阶段。它包括物质、人员、资金、知识、舆论及相关资源的准备。

（2）设计基础信息调研和分析阶段。在这一阶段，需要广泛搜集信息和基本素材、材料，并对调研的情况进行分析、诊断，得到相关的结果，明确需要解决的问题。

（3）设计创意阶段。根据需要解决的问题，设计解决问题的方案或创意，可提出方案或创意的主要方向或要点。

（4）设计方案实施和反馈阶段。在这一阶段，需要设计出预计的制作方案以及方案实施执行的时间表。

### 3. 预算策划经费

（1）制作策划方案的经费预算。制作策划方案的经费预算需要考虑所花经费和策划报酬，主要包括内部员工策划奖金或委托"外脑"策划费用、市场调研费、信息收集费等。

（2）执行策划方案的经费预算。要完成策划方案中的项目和任务，就需要在人、物、财及相关资源方面投入经费预算。

### 4. 预评策划效果

我们需要对策划在经济、形象等方面可能出现的效果进行预测和评估，如网站销售额增加多少，客户转化率提高多少，企业和产品形象、知名度和美誉度提高多少，等等。

## （二）市场调研和问题诊断

按照拟订的策划计划书的时间安排，对企业内外部材料进行整理，收集信息，分析信息，得出结果并对问题进行诊断。

### 1. 市场调研的程序

（1）确立调研目的。调研的目的是调查企业内外部环境，为市场定位提供依据。对于策划调研来说其目的是为策划提供依据。

（2）确定调研范围和对象。调研目的确定后，我们应依据企业或项目的经费，思考、设计新媒体营销策划的范围大小、层次高低、难易程度，并以此确定调研范围和对象。其中，有两点要特别注意：一是不要选择过大或过小的调研范围；二是不要把非调研对象放入样本中，或者样本中未包含某一类重要的调研对象。归纳而言，就是调研样本及范围要合适且有代表性。

（3）选择调研方式。我们需要依据项目的主题、调研人水平和人数、调研内容、目的、范围和性质来选择合适的调研方式。调研方式有二手资料收集和一手资料调研。二手资料收集是指收集、利用已有的数据、信息、文献和资料进行调研分析，可以运用 Python 爬虫、图书馆、搜索引擎等技术实现。一手资料调研是指根据企业或项目的需要，自己设计调研问卷或访谈提纲等，并通过访谈法、实验法、观察法、问卷法等调研方法来收集数据信息。为了节省成本，我们一般采用抽样调查的方式。

（4）选择调研抽样技术。调研抽样技术有随机抽样和非随机抽样两种方式。随机抽样又称概率抽样，包括简单随机抽样、分层 / 分类抽样、分群 / 分组抽样等方法。非随机抽样又称非概率抽样，包括任意 / 便利抽样法、判断 / 目的抽样法、配额抽样法、滚雪球抽样法。此外，还有介于随机抽样与非随机抽样之间的系统抽样，它又称为等距抽样或机械抽样，是指按照一定顺序，等距或机械地每隔若干个个体抽取一个个体的方法。需要注意的是，不同调研抽样方法的可信度和效度有较大差异，需要根据企业或项目的需要来确定。

（5）设计调研计划方案。根据项目或任务的调研目的、范围、方式及对象，设计出调研计划方案，形成调研计划书。需要设计出调研的主要内容和具体内容、问卷、调研步骤、方式、具体方法及时间安排等，确保调研顺利而有效地进行。

（6）实施调研方案。依据上述五个阶段设计的计划，有步骤、分阶段地实施调研方案。如在调研过程中发现设计的计划与实际调研存在或大或小的差异，我们就需要对计划进行相应的修正与调整，确保调研能够完成任务。

2. 调研结果分析和诊断

我们应运用数理统计分析法和各种数据分析法，对数据资料进行处理和分析，得到相应的结果和结论，发现项目和任务中的关键问题，并针对问题提出策划方案。

## （三）设计营销策划方案

营销策划方案的设计包括以下五个步骤。

### 1. 策划的准备阶段

策划人员对设计、制作策划方案所需要的人员、知识、理论、技术及工具，依据调研的信息、结果和问题等进行准备，确保后续工作顺利完成，并提出营销策划方案，以文字、图像或表格的形式表现出来。主要策划人员要对信息进行消化、吸收，并加以研究、比较及分析。

### 2. 策划的酝酿和讨论阶段

策划人员依据调研的信息、结果和问题进行思维酝酿，可以采用头脑风暴法和小组讨论法，对项目或任务的创新进行反复思考、讨论，最后形成共识。

### 3. 策划的创意产生阶段

策划人员经过多次反复思考或研讨，产生策划的创新思想、创意、点子或方案等。

### 4. 策划的创意论证阶段

在创新点子或创意产生后，策划人员可以通过经验判断论证、逻辑推论论证、专家论证、选点试行论证等方式把简单的创新点子或创意融入策划之中。

### 5. 策划的文案形成阶段

策划人员把策划方案用文字或图表等形式表达出来，并写成策划书。

## （四）实施营销策划方案

### 1. 落实营销策划方案的执行

在营销策划方案形成后，需要企业或单位全方位落实方案的执行。

### 2. 调整营销策划方案

企业或单位在实施营销策划方案时，可能会遇到各种困难和问题，此时需要对方案进行修改、反馈甚至再修改。

## （五）营销策划方案效果测评

### 1. 营销策划方案效果测评的分类

营销策划方案效果测评可分为阶段性测评和终结性测评。阶段性测评是指在营销策划方案实施过程中的重要环节上对前一时期的策划实施效果进行测评和评估，为下一阶段策划方案的实施提供指导和修改建议。终结性测评是指在营销策划方案实施完结后进行策划方案的总结性测评，需要写出策划方案实施效果的测评报告。

### 2. 营销策划方案效果测评的方法

我们可以运用比率统计法对企业的营销策划方案进行测评，该法适用于有具体销售额的企业项目或任务的策划测评。其公式如下：

$$p = \frac{b}{a} \times k \qquad \left( k = \frac{b_1}{a_1} \right)$$

其中，$a$ 为方案实施前的月平均销售利润，$b$ 为方案实施后的月平均销售利润，$k$ 为方案实施后的销售利润权重，$a_1$ 为历史年份与 $a$ 的对应月份的平均销售利润，$b_1$ 为历史年份与 $b$ 的对应月份的平均销售利润。

比率统计法的结果分析如下。

（1）当 $p = 1$ 时，表明方案无效果或目前不明显。

（2）当 $p < 1$ 时，表明方案产生负效果。

（3）当 $p > 1$ 时，表明方案产生正效果，值越大，效果越好。

**训练 3-1**

## 拟订策划方案计划书

请根据小组作业的主题，试拟订一份较详细的策划方案计划书。

⊙ 案例分享 3-2

### 24 个团队获 2021 阿里巴巴 GDT 全球商业挑战赛
### 奖项——数字品牌策划方案和执行

2021 年 9~12 月，2021 阿里巴巴 GDT 全球商业挑战赛 Alibaba GDT Global Challenge（中国赛区）在全国举行。大赛主办单位为中国（杭州）跨境电商综合试验区、阿里巴巴集团、阿里巴巴全球数字人才联盟，指导单位为教育部高等学校电子商务类专业教学指导委员会、虚拟仿真实验教学创新联盟经济与管理专业委员会，承办单位为南京审计大学、厚风科技（杭州）有限公司。大赛内容是策划进口数字品牌研究、数字品牌推广与数字品牌销售三个模块的大赛方案，主要检验参赛团队策划和运营数字品牌调研定位，新媒体品牌数据分析，推广、运营、创新思维及解决问题的能力。全国共有来自各高校的 1 429 支队伍参加大赛。

华侨大学工商管理学院共组织 35 支团队参加大赛，其中市场营销专业作为 2021 国家一流专业建设点，共组织 32 支学生团队参加大赛。他们运用福建省社会实践一流课程"数字新媒体营销"及本书的理论知识、方法和技术，设计制作各数字品牌挑战赛方案作品。经过激烈角逐，最终本课程共有 24 个学生团队获奖。其中，陈思琦、莫雅文、王茜茜、余丹妮团队获得一等奖并成功晋级国际赛；另有 3 个团队获二等奖、6 个团队获三等奖、14 个团队获优秀奖，彰显了市场营销专业学生运用"数字新媒体营销"课程的理论，并结合社会实践活动取得了一定的成果，也显示了华侨大学市场营销专业的教学实力。

资料来源：华侨大学工商管理学院市场营销系，我校工商学子 24 个团队获 2021 阿里巴巴 GDT 全球商业挑战赛奖项。

## 二、新媒体营销策划的方法

### （一）新媒体营销策划的基本方法

在进行新媒体营销策划时，我们综合了策划相关的多种理论和分析工具，运用信息论、系统论、控制论、全息论（反映事物之间的相互联系性）等技术，形成了下列五种基本方法：策划点子法、创意法、谋略法、博弈运筹法、头脑风暴法。

#### 1. 策划点子法

策划点子是指可以表现出来的想法、主意、办法、计谋，它是经过思考产生的解决问题的主意。策划或相关人员想出新办法、新主意、新发明、新设计及规划等,这是人脑智慧的结晶。目前在世界上,许多知名公司都是在策划点子上取得成功的。例如,某牙膏企业曾动员员工想办法扩大销售量,结果有一个员工提出"把牙膏软管的口开大一点"的创新点子,进而增加了企业的销售量。

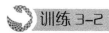 **训练 3-2**

### 如何在网络上增加衣服的销售量?

**2. 创意法**

创意在《现代汉语词典》上的解释是指"有创造性的想法、构思等"。创意是所创造出的新意或意境,也是创造意识或创新意识的简称,亦为"刱(chuàng)意",它是指对现实存在事物的理解以及认知所衍生出的一种新的抽象思维和行为潜能。创意法不同于策划点子法,它是指策划人员依据市场调研的结果、结论和问题,结合项目或任务的特性,经过独特的思考后,有意识地提出与以往不同的新方法、新组合、新要素、新关系的过程,达到产生创意的效果。创意法是策划的起点、前提、核心及精髓。一个好的创意,可以救活一个企业或让其成为世界著名的企业。

---

⊙ **案例分享 3-3**

#### LPI:不止潮酷

LPI 是一家创立了 14 年的创意热店。从最初的动态设计广告工作室到全案创意热店,LPI 通过多年的创作实力,在行业中累积和获得了好口碑。LPI 的标签之一就是潮酷的视觉创意。例如,在他们的作品中,闲鱼"潮在闲鱼"野生感的潮流宇宙,天猫超级品牌日"在一起,超燃登场"的超强视觉呈现与潮人审美,天猫国潮"潮起东方·乐无界"的国潮与新潮的奇妙碰撞,都显示出 LPI 高超的视觉创意水平和潮酷的调性。

在潮酷的表象下,LPI 还致力于在深层创意策略上提升洞察力并进行深挖。例如,通过 App 界面和三维生活的连接实现了信息快速、有效传递;开始进行 IP 长线化品牌运营;通过"创意+流量明星"的结合,助力品牌在海外的第一次发声;等等。在瞬息万变的市场环境中,LPI 的优势不只体现在视觉呈现上,他们还在品牌创意内容输出,年轻化传播策略,新品牌初亮相,以及主打流量的娱乐营销等方面,不断创造精彩和创意多元化的作品。

资料来源:独角招聘,2021 年度创意代理商 Top20,2021 年 12 月 29 日。

---

**3. 谋略法**

谋略是战略、战术、智谋、韬略和计谋的总称,是指企业或单位在目标、规划、运筹、营销、行为等方面的全局性、根本性、方向性及艺术性的内容规划。谋略是一种科学的思维决策，蕴藏着高超的智慧、丰富的知识和深远的谋划，被古今中外的策划谋略家运用。在中国古代，有大量的谋略成功的案例，如围魏救赵等。

⊙ **案例分享 3-4**

### 可口可乐在"Share A Coke"营销中的谋略

在最新的"Share A Coke"营销战役中，可口可乐与 JetBlue 航空公司合作，奖励那些善于分享的人们双程机票。工作人员在机场放置了可口可乐的自动贩卖机，这台自动贩卖机的不同之处在于当消费者买一瓶可乐时会掉下两瓶可乐，与此同时自动贩卖机上会呈现"Share A Coke"的提示画面。如果消费者将手中多余的一瓶可乐赠送给身边的路人或陌生人，这时在暗处观察的机场工作人员就会为消费者送上一份双程机票。

资料来源：SocialBeta. 本周不可错过的 8 个创意案例，2015 年 7 月 26 日。

#### 4. 博弈运筹法

博弈运筹法是指运用对策论、博弈论、组合论等运筹学原理和方法，对项目和任务的某个内容进行思维决策，以合理的方式达到最佳、最简单、最经济地解决问题的目的。

⊙ **案例分享 3-5**

### 决策时要如何出牌

战国时期"田忌赛马"的故事就是一个典型的博弈运筹案例。齐国大将军田忌时常与齐威王赛马，但每次都会输掉比赛。原因是齐王的上等马、中等马、下等马分别比田忌的上等马、中等马、下等马跑得快。孙膑通过仔细观察后发现，田忌的马与齐王的马相差并不远，只是在策略上运用不当，才导致比赛失败。孙膑随后提出一个计谋：让田忌的下等马对齐王的上等马，让田忌的中等马对齐王的下等马，而让田忌的上等马对齐王的中等马。这样，田忌虽然输掉了第一场比赛，却赢了后两场比赛，以二比一反败为胜。

#### 5. 头脑风暴法

头脑风暴法（Brain Storming，BS 法）又称智力激励法或自由思考法（畅谈法、畅谈会、集思法），是由美国创造学家 A·F·奥斯本于 1939 年首次提出、于 1953 年正式发表的一种激发性思维的方法。头脑风暴法又可分为直接头脑风暴法（通常简称为头脑风暴法）和质疑头脑风暴法（也称反头脑风暴法）。前者是指在专家群体决策时尽可能激发其创造性，使其产生尽可能多的设想的方法；后者则是指对前者提出的设想、方案逐一质疑，分析其现实可行性的方法。

头脑风暴法是一种通过组织召开专题会议，个人提出尽可能多的方案，运用集体的知识和经验选择并论证个人方案，进而达成最后一致的营销决策方法。它是一种群体决策，是集中了集体的思维、创新和智慧的谋划而提出的策划方案。

### （二）新媒体营销策划的具体方法

新媒体营销策划的具体方法包括结缘名人法、热点造势法、争当第一法、先做"老二"法、拦腰切入法等。

1. 结缘名人法

（1）开办名人博物馆。例如，德国的阿迪达斯体育用品总公司别出心裁地策划、开办了一座运动鞋博物馆，馆内陈列200多双颇有来历的名人运动鞋，如拳王穿过的拳击鞋、田径明星运动员穿过的跑鞋等，使阿迪达斯运动鞋的声誉大涨。

（2）明星广告。例如，百事可乐、可口可乐、安踏、特步等在不同时期请各类明星做广告，取得良好的营销效果。

（3）名人用品。通过让名人使用某一种产品进行现身说法，达到营销的目的，如化妆品广告等。

（4）名人参与活动。例如，许多企业请乒乓球等国家运动员或获奖冠军参加企业活动，通过新媒体或其他媒体报道，达到提升企业品牌影响力或扩大销售额的目的。

（5）其他名人方法。例如，利用名人的消费习惯做文章，或索取名人的评价等，为企业活动或产品形象进行促销，取得较好的营销效果。

2. 热点造势法

热点是指在社会上引起广泛和高度关注的问题或现象。企业在策划中如能将自身与热点巧妙地结合，就有可能取得成功。

⊙ **案例分享 3-6**

**国家队宠国家队——奥运冠军的保温杯央企安排**

2021年8月3日，国家队"00"后小将管晨辰获得东京奥运会女子平衡木项目的金牌。当被问及希望获得什么礼物时，她说："我喜欢保温杯、吸管杯，只要是带盖子的杯子我都喜欢。"为实现奥运冠军的愿望，中国核工业集团送了中国核电私藏的"核潜艇"式的保温杯，体现了"大国重器"的品质与精神！

资料来源：国家队宠国家队：奥运冠军妹妹的保温杯，央企安排，2021年8月5日。

3. 争当第一法

在社会中，人们对第一的关注度远远高于第二及其他名次。因此，企业在策划中应该争当第一，这能为企业带来可观的有形的经济效益和无形的社会效益。

4. 先做"老二"法

企业在发展初期，可以通过先做"老二"法策划产品、品牌或广告，避免和"老大"

竞争，为企业积累资源、经验，最终占据有利的竞争地位。例如，蒙牛在进入市场时曾打出"我们是内蒙古自治区的老二"的口号；德国某出租车公司也曾打出"我们甘居第二，但我们将奋力进取"的广告口号，其广告一经传播，立即引起公众的好感，再加上其提供的服务良好，受到了顾客的欢迎。

5. 拦腰切入法

拦腰切入法是指通过策划产权收购、技术引进、招聘高级人才等方法，迅速扩大企业规模，提升企业的实力和地位，促进企业在高起点上快速发展的一种策划方法。目前此种方法十分盛行。

此外，我们在策划中还可以运用巧打旗号法、名言启示法、理论对照法、感情至上法、冶炼内功法、回归自然法、虚实通变法等，取得出其不意的营销效果。

⊙ 案例分享 3-7

**故宫博物院的策划：如何让故宫潮起来**

故宫博物院（官方网站为 https://www.dpm.org.cn/）成立于 1925 年，是一座特殊的博物馆，建立在明清两朝皇宫——紫禁城的基础上。历经六百年兴衰荣辱，帝王宫殿的大门终于向公众敞开。在单霁翔院长上任之前，故宫博物院的文创产品的销售市场并不理想。单院长自 2012 年 1 月上任后，进行了一系列改革：除了实施故宫博物院整体保护修缮等工程外，还点亮了紫禁城"前三殿、后三宫"；推行实名制售票，成功限流；整治外部环境；逐年扩大开放区域；成立故宫文物医院；开发各种各样的时尚有创意的文创产品；启动极具文化氛围的观众服务中心等，带领故宫文创走上崛起之路。

从 2012 年开始，故宫博物院开始尝试利用移动互联网为游客提供服务及藏品介绍等，开始着手新媒体运营，在新浪微博里发布相关的资讯，并呈现展品。故宫博物院以平易、直观的方式科普故宫历史，不仅可以让受众每天都了解一些平常见不到的藏品，还可以让受众对故宫博物院产生好感。此阶段的主要目的还是向广大受众介绍和科普故宫及藏品，以吸粉为主，处于探索发展阶段。此时的故宫博物院并未实施具体的新媒体营销手段，走的还是"高贵冷艳"的文创路线。

自 2013 年 5 月故宫博物院策划推出首款 App "胤禛美人图"后，为了让大众能够更加深入地了解故宫藏品信息及其背后的故事，故宫博物院已连续多年研发和推出各类新媒体营销内容与活动，如举办文创设计大赛，成立数字博物馆，推出故宫多款 App、微信公众号、微博、IP 形象、推文、文创产品、纪录片等。故宫博物院还与各大公司合作，如在阿里巴巴开设故宫博物院旗舰店（电商天猫店），与腾讯合作举办"表情设计"和"游戏创意"两个比赛，推出刷爆朋友圈的《穿越故宫来看你》的 H5 作品，等等，让故宫产品全方位进入中国及至世界市场领域。

资料来源：望海楼，故宫博物院新媒体营销案例分析。

## 第三节　新媒体营销策划方案的基本框架与文案要求

### 一、新媒体营销策划方案的基本框架

#### （一）新媒体营销策划方案的5W2H

新媒体营销策划方案一般包含5个W和2个H，简称5W2H。5W即What（策划什么内容），Who（策划中谁参与、谁执行），Where（策划活动的范围和地点），Why（策划目的和原因），When（策划方案需要的时间和活动执行的时间安排）；2H即How（策划活动如何实施），How much（策划方案和执行各需要花费的经费）。

#### （二）新媒体营销策划方案的实施步骤

##### 1. 明确策划目的或目标

我们应详细、具体、全面地描述新媒体营销策划所要实现的目的。在调研某一市场环境后，主动发现市场机会或需要策划的企业目标。

##### 2. 进行环境分析

我们可以对新媒体营销策划的宏观和微观环境进行分析。常用的是PEST分析法，它主要包括对政治、经济、文化、法律、科技等宏观环境的分析。还可以进行企业和产品优劣势分析（SWOT），形象、市场机会和威胁分析，竞争力分析，竞争者分析，目标市场和消费者分析等。也可以运用各种战略和数据分析工具与方法进行分析，如STP战略分析、GE矩阵分析、波士顿矩阵分析等。此外，还可以运用第二章的理论和模型分析框架来分析策划的环境。

##### 3. 分析企业产品或品牌相关情况

我们可以针对企业产品或品牌等现状和策划方案的背景进行分析，找出项目和任务中存在的具体问题与原因，再结合前期的调研进行分析。可以设计问卷或访谈提纲，并进行相关的实地调研（包含调研目的、调研方法、样本抽样、统计分析方法等），对企业或产品或顾客进行抽样调查，对收集的数据进行处理分析，得到一定的结论。

##### 4. 设计策划方案

设计策划方案是策划的重心和核心内容，是指依据对市场及环境、企业产品品牌等现状进行分析后，针对项目和任务提出解决具体问题的相应策略、措施和方案的构想，并形成文本策划方案。根据项目或任务方提供的某企业所面临的市场环境及企业现状的描述材料，就某一产品或服务提出一份详尽可行的营销方案，并以此作为经营者或投资者的行动建议。

我们可根据企业对方案的具体要求，有针对性地设计相关的线上、线下新媒体营销策划方案（重点、创新和创意）。新媒体营销策划的方案详见第三章第一节。例如，制定

新媒体品牌发展战略，设计产品策略、价格策略、渠道策略、网络促销策略等。

5. 方案实施和风险控制

（1）方案实施的推进步骤和时间。详细地设计实施方案的具体步骤和时间安排，要有一定的灵活性和动态性。

（2）方案实施的可行性分析。对策划方案的实施内容、过程、环节和要点等进行可行性分析。

（3）方案实施的风险及控制。考虑到方案在现实操作中可能会遇到的各种风险因素和问题，并提出风险控制的方法和措施。一般而言，方案实施的风险因素包括政治风险、经济风险、法律风险、技术风险、管理风险等。

（4）提出方案的可行性建议和风险控制建议。

6. 列出方案的经费情况

详细列出方案运作和执行的预算费用支出项目，包括总费用、阶段费用、项目费用等。

7. 提交一份完整的策划方案

提交一份包含策划详细内容、安排、实施等方面的完整的策划方案。例如，参加国家大赛的策划方案，其理想篇幅为 A4 纸 100 页以上的内容。

## 二、新媒体营销策划方案的文案要求

### （一）新媒体营销策划方案的文案构成

新媒体营销策划方案的文案包括三个主要部分，即市场调研报告（二手资料和一手资料）、策划方案、方案执行。其中，策划方案的文案由标题、署名、摘要、正文、注释、附录组成。

（1）标题。标题即方案的名称，要能够反映方案的内容，或反映方案的范围，尽量做到简短、直接、贴切、凝练、醒目和新颖。

（2）署名。因策划文案是一种作品，具有产权，故署名要正确、无争议。

（3）摘要。摘要应简明扼要地概括方案的主要内容，一般不超过 800 字。

（4）正文。正文是策划文案的核心内容。

（5）注释。注释是指对文案中需要解释的词句加以说明，或是对文案中引用的词句、观点注明来源和出处。它可采用脚注方式或尾注方式。

（6）附录。策划文案中不需要在正文中表达，但需要补充说明的内容，可以采用附录形式来展现。例如，策划所做的调查问卷、调查细节等可以作为附录，附在文案的最后。

### （二）新媒体营销策划方案的基本写作要求

（1）层次逻辑清晰，文字简洁明确，构思客观实际。

（2）市场、产品、消费者、竞争者等分析部分，尽可能准确地描述出与顾客的现实需求和潜在需求的相关关系。

（3）产品或服务的市场定位明确。

（4）营销组合完整，切实可行。

（5）营销方案实施后的收益必须保证高于成本。

（6）需要有配套的风险防范策略或紧急后备方案。

### （三）新媒体营销策划方案的写作格式和注意事项

#### 1. 标题和层次

（1）可采用"一、→（一）→1.→（1）→①"的形式。

（2）可采用"1→1.1→1.1.1→（1）→①"的形式。

如果有章节，可以采用以下格式。

（3）"第一章→第一节→一、→（一）→1.→（1）→①"。

（4）"第1章→1.1→1.1.1→（1）→①"。

#### 2. 图表标题和排列顺序

在新媒体营销策划方案的文案正文中，图标题在图下方，表标题在表上方，并按顺序标注，如"图1.1  XXX""表1-1  AAA"等。

#### 3. 附录的注意事项

（1）重要内容不要放在附录中，如策划设计的构思、图表、方案细节等。

（2）调研的基础内容和结果、结论及问题等内容，不要放在附录而要放入正文中，如调研人数、方法、有效性、重要的数据分析等。

#### 4. 格式的注意事项

概念和数据等引文要注明来源，行文和参考文献要按照规定的格式来写。

#### 5. 其他应注意的事项

（1）注重策划内容创新，在目录上突出创新点和亮点。

（2）对市场或方案的分析尽量有依据。

（3）注意时间动态性，不要忽视竞争对手和可能存在的博弈行为。

（4）如果出现调查结果与现实相悖的情况，要查找原因，看是否存在不足，进行科学诊断和修正。

（5）关注顾客需求的变化，以及财力、法律、宏观政策、消费水平、伦理道德方面的环境约束。

（6）注意不要偏离专业方案的要求。

⊙ 案例分享 3-8

## 华侨大学市场营销专业策划大赛：企业落地方案

华侨大学工商管理学院市场营销系（https://ggxy.hqu.edu.cn/zyjs/scyxx.htm）成立于 2001 年 6 月，是福建省成立的首个市场营销系，其前身源于 1984 年成立的华侨大学工商管理系市场营销教研室。全系共有教师 15 人，其中教授 7 人、副教授 3 人、讲师 5 人，博士学位 12 人，博导 2 人、硕导 11 人，有海外求学或访学经历的博士及教师 10 人。华侨大学市场营销专业具有完整的本硕博培养体系，入选 2021 年度国家级一流本科专业建设点，2020 年入选福建省一流本科专业，在 2021 年上海软科发布的本科专业排名中列为 A 类专业。本专业先后获得国家级教学成果奖二等奖、福建省教学成果奖多项奖励，杨洪涛教授团队入选教育部课程思政教学示范团队。"市场营销：网络时代的超越竞争"和"数字新媒体营销"分别入选国家和省级一流本科课程。

华侨大学市场营销专业自 2000 年 10 月成立以来，以"踏上营销之路，广交天下朋友，共享营销乐趣"为理念，坚持学生培养的"双导师＋双成果"体系。自 2001 年开始，每年举办各种大型营销策划大赛活动，已先后与各级主管部门及各类企事业单位，如厦门太古可口可乐饮料有限公司、娃哈哈集团有限公司、中国人寿保险股份有限公司、中国银行等几十家单位联合举办过 30 多场 / 次的大型营销策划大赛活动。在省级以上学生大赛中，教师指导获金奖 8 项、银奖 8 项、铜奖 18 项。市场营销专业学生获省级以上的国际晋级奖 1 人次、特等奖 1 人次、一等奖 26 人次、二等奖 31 人次、三等奖 39 人次、优胜奖 12 人次和全国大赛优秀组织奖 4 项，显示了华侨大学市场营销专业的教师和学生的理论与实践相结合的综合实力。华侨大学市场营销系的教学、科研和教学实训，以及营销协会学生的各种活动已在全国和学校等范围内产生良好的社会效果和影响。学生在实践中应用新媒体营销知识解决企业现实问题，得到了社会的一致好评，学生年平均首次就业率达 95% 以上。

## 思考题

1. 请掌握以下基本概念。

策划，营销策划，新媒体营销策划

2. 新媒体营销策划是如何分类的？

3. 新媒体营销策划的内容体系和方案有

哪些？

4. 新媒体营销策划的流程有哪些？

5. 新媒体营销策划的方法有哪些？

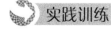

## 实践训练

### 【目标】

结合实际内容，深刻了解新媒体营销策划的基本概念和内容方法。

### 【内容要求】

结合小组主题作业或通过相关大赛，学习和分析新媒体营销策划的活动与案例，学习设计和撰写新媒体营销策划方案。

【训练】

训练 1：请结合小组主题作业，设计新媒体营销策划活动的方案大纲。

训练 2：组织同学们参加国内外举办的新媒体营销大赛，并运用本课程理论、工具和方法，使其设计和撰写新媒体营销策划方案，评价结果。

## 参考文献

[1] 张绍学 . 企业策划和策划科学 [M]. 北京：中国工人出版社，1995.

[2] 余敏，陈可，沈泽梅 . 营销策划 [M]. 北京：北京理工大学出版社，2020.

[3] 陈勤 . 媒体创意与策划 [M].3 版 . 北京：中国传媒大学出版社，2017.

[4] 钟育赣 . 市场营销策划 [M]. 北京：中国商业出版社，2000.

# 第二篇　平台和工具

第四章
# 数字媒体营销

🌀**学习目标**

门户网站的概念和分类、门户网站营销的价值分类和基本职能

搜索引擎营销的运作模式、实施策略

网络视频营销的类型和模式

内外部列表 E-mail 营销

数字电视媒体营销和广告形式

数字出版物营销的运营模式和策略

⊙【案例导读】 **图 4-1 是什么网站，在这个网站用户能找到哪些东西**

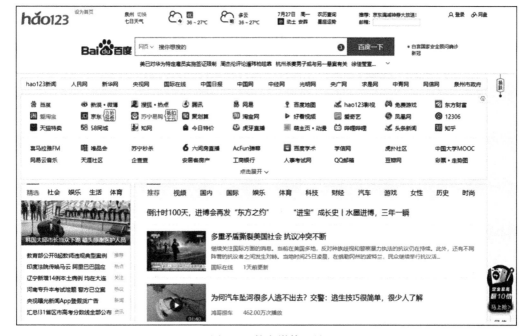

图 4-1 数字媒体网站

　　数字媒体营销就是以数字化的文字、图形、图片、虚拟图像、音频、视频和动画等形式，利用数字媒体和载体所进行的营销活动。数字媒体营销主要有门户网站营销、搜索引擎营销、网络视频营销、E-mail营销、数字电视营销及数字出版物营销。它与数字新媒体营销在范畴上有很大差异。数字新媒体营销是指所有数字化的新媒体营销形式。

# 第一节　门户网站营销

## 一、门户网站的概念和分类

### （一）门户网站的概念

　　门户网站（Portal Site/Web，Directindustry Web）是指用户进入互联网的首页或打开网站出现的第一个网页位置，它是提供通向某些综合性互联网信息资源和有关信息服务的应用系统，是网络世界的"百货商场"或"网络超市"。门户网站的概念约于1997年提出，起源于互联网商业中的互联网内容提供商（Internet Content Provider，ICP）。互联网内容提供商是指在互联网上进行信息收集、加工并向其用户或访问者发布的网络公司。

 训练 4-1

### 你熟悉哪些门户网站？

| 在全球 | 在中国 |
| --- | --- |
| 著名门户网站有哪些 | ①第一大门户网站是哪家<br>②中国四大门户网站有哪些<br>③你还认识其他的网站吗 |

　　在全球范围内，著名的门户网站有谷歌和雅虎；在中国，著名的四大门户网站是新浪、网易、搜狐、腾讯，其他还有百度、人民网、新华网、凤凰网等网站。

　　从狭义来看，门户网站是指一些涉及内容较多、综合性较强的大型入门网站。与专业性较强、内容较为单一的垂直类网站不同，门户网站类似于超级市场，拥有众多品牌及商品类型；而其他网站则如品类单一的专卖店。

　　从广义来看，门户网站是指汇集各种类型网站或链接的首页网站，是打开网络世界的一种手段和媒介。门户网站是用户上网打开的第一个网站媒介，用户通过这个网站可点击链接到其他想要的网站。通过门户网站，人们能够了解网络世界的各种景象，并与世界各地的人进行交流和联系。

## （二）门户网站的分类

门户网站主要有以下三种分类，即按门户网站的服务特性分类、按门户网站的隶属主体分类以及按门户网站的内容分类（见图4-2）。

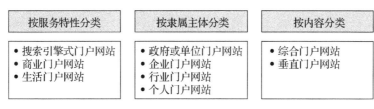

| 按服务特性分类 | 按隶属主体分类 | 按内容分类 |
| --- | --- | --- |
| • 搜索引擎式门户网站<br>• 商业门户网站<br>• 生活门户网站 | • 政府或单位门户网站<br>• 企业门户网站<br>• 行业门户网站<br>• 个人门户网站 | • 综合门户网站<br>• 垂直门户网站 |

图 4-2　门户网站的分类

1. 按门户网站的服务特性分类

按服务特性分类，门户网站可以分为搜索引擎式门户网站、商业门户网站、生活门户网站等。

（1）搜索引擎式门户网站。

搜索引擎式门户网站是指为受众提供强大的搜索引擎和其他各种信息网络服务，可以是新闻、娱乐资讯、供求、产品、展会、行业导航、招聘等信息的集成式网站，如谷歌、雅虎、新浪、网易、搜狐等。

（2）商业门户网站。

商业门户网站不仅为用户提供商品信息，还为供求双方在商业门户网站上进行商品或服务的交易及支付提供支持，如阿里巴巴、京东商城、当当、淘宝等。

（3）生活门户网站。

生活门户网站以资讯信息为主，一般包括各种生活资讯内容，如本地资讯、同城网购、分类信息、征婚交友、求职招聘、团购采集、口碑商家、上网导航、生活社区等频道。其网站内还可包含电子图册、万年历、地图频道、音乐盒、在线影视、优惠券、打折信息、旅游信息、酒店信息等非常实用的信息。

2. 按门户网站的隶属主体分类

按隶属主体分类，门户网站可以分为政府或单位门户网站、企业门户网站、行业门户网站、个人门户网站。

（1）政府或单位门户网站。

政府或单位门户网站是指政府相关部门或事业单位，为了向社会公众宣传政府或各单位的政策、信息、工作状况，或利用门户网站进行相关的行政或业务服务而设立的网站。此类网站具有权威性和便民性。例如，华侨大学门户网站、福建省人民政府门户网站等。

（2）企业门户网站。

企业门户网站又称企业官方网站，是指由企业构建的，汇集企业发展、品牌、产品和运营等方面的信息，使企业的员工、客户、合作者及各类利益相关者能更好地了解企业的经营情况，主要是为宣传和树立良好的企业与品牌形象服务，或提供售后服务等的网站。

（3）行业门户网站。

行业门户网站是指由行业主管部门，或行业协会，或行业相关的群体发起设立的网站，它主要是为行业中的企业或部门提供信息和活动宣传等服务。例如，中国鞋服平台门户网站（http://zgxfpt.w.cxzg.com/），中国第一纺织门户网站（http://www.webtex.cn/）等。

（4）个人门户网站。

个人门户网站是指为了个人的个性化提供相关功能和服务内容的由个人独立设立的网站。个人门户网站可以在多个平台上进行内容操作或工作，如个人电脑（PC）、个人数字助理（PDA）、iPad及手机/移动电话等。

3.按门户网站的内容分类

按内容分类，门户网站可以分为综合门户网站和垂直门户网站。

（1）综合门户网站。

综合门户网站是指主要提供新闻、搜索引擎、聊天室、免费邮箱、影音资讯、电子商务、网络社区、网络游戏、免费网页等服务的网站。中国典型的综合门户网站有新浪、网易、天涯、腾讯、搜狐、百度、360等。

（2）垂直门户网站。

垂直门户（Vertical Portal，Vortal）网站是指在Web上，专注于某一领域（或地域），提供与特定行业如互联网技术、娱乐、体育、卫生保健、保险、汽车或食品制造等的相关信息的入口或门户的网站。

例如，专注于互联网技术领域的"中关村在线"，专注于汽车的"汽车之家"，专注于体育的"虎扑NBA"，专注于财经的"东方财富"，专注于房产的"搜房网"，专注于教育资源的"中国教育出版网"，专注于工程机械的"中国工程机械商贸网"，专注于古典诗词的"中华诗词网校"，等等。

## 二、门户网站营销的价值分类和基本职能

门户网站营销是指利用或与门户网站上的资源或链接合作，在网站上进行企业品牌、产品和服务的广告宣传、展示、促销和搜索、企业运营、第一时间与客户沟通等的各种营销活动，是实现门户网站营销价值的平台。

### （一）门户网站营销的价值分类

门户网站营销的价值分类（见图4-3）可以分为从门户网站营销的运营对象分类和从利益相关群体分类两种。

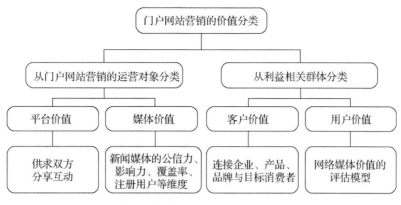

图 4-3　门户网站营销的价值分类

### 1. 从门户网站营销的运营对象分类

从门户网站营销的运营对象分类，其价值可分为平台价值和媒体价值。

（1）门户网站营销的平台价值。

门户网站营销的平台价值是指以社交网络服务（SNS）社区为代表的 Web 2.0 以上的网站，构建并提供企业与消费者网络实时沟通的技术平台，以实现企业与消费者双方的营销商业价值。门户网站作为技术平台，为互联网供求双方分享、互动提供平台营销价值，受到许多广告主的重视和青睐。

（2）门户网站营销的媒体价值。

门户网站营销的媒体价值包括新闻媒体的公信力、影响力、覆盖率、注册用户等维度。门户网站是网络媒体属性的典型代表，具有核心媒体价值。广告主可协同网络媒体形成企业品牌和产品的媒体声音，通过报道、名人效应、社区传播等各种手段激发用户的消费欲望和需求，提升网络平台的用户服务能力。门户网站营销的媒体价值是平台价值的基础。门户网站要实现其平台价值需要网站媒体营销的公信力的支持。许多大企业如腾讯公司会借助主流媒体的影响力。

### 2. 从利益相关群体分类

从利益相关群体分类，门户网站的营销价值可分为客户价值和用户价值，客户价值通过用户价值来实现。

（1）门户网站的客户价值。

从客户（企业或平台公司）视角来看，企业、产品和品牌需要一个从客户到目标消费者的通道，门户网站拥有巨大的流量，能够连接企业、产品、品牌与目标消费者。

（2）门户网站的用户价值。

门户网站能为用户（最终购买者和消费者）提供价值，用户也能为门户网站提供流量和注意力资源；门户网站也可运用一系列手段或操作将用户的注意力资源贩卖给客户，实现媒体的二次售卖。

2010 年，艾瑞咨询提出了网络媒体价值的评估模型，该模型有五个维度，即覆盖度、用户黏性、用户停留时间、用户回访次数及用户访问次数。网络媒体的营销价值需要通过用户行为和价值来实现，用户价值的大小直接影响和体现着网站价值的高低。当网站实现其用户价值时，企业也实现其客户价值。

⊙ 案例分享 4-1

### 腾讯能为宝马做什么

宝马利用腾讯"上海世博会唯一互联网高级赞助商"的身份和海量用户平台传递宝马的品牌理念。宝马结合腾讯网强大的媒体价值和品牌影响力，通过覆盖几亿用户的 QQ IM 工具，启动关系链病毒传播，以一种操作简单、形式独特的参与方式让更多网民在线体验志愿者图标传递，将宝马的品牌理念渗透到每一个传递环节中，实现宝马品牌的市场推广和社会责任推广的有机结合。

该活动的具体内容是，凡成功参加宝马—腾讯世博网络志愿者接力活动的用户，可获得一枚独特的志愿者心形图标并在 QQ 面板显示，成为其线上志愿者的身份象征。宝马利用明星资源开通明星线路，借助名人的示范效应提高接力活动的媒体价值，进一步推广绿色出行、公益生活的主张。接力线路包括世博大使等多条名人明星线，一对一的传递规则保持了志愿者的稀缺性和参与热情。宝马整合应用腾讯世博网络赞助的资源及其平台的各种产品：将传递功能置入 QQ IM，用户需通过与好友的互动完成操作，实现活动的病毒式传播；其他 QQ 产品如 Qzone、绿红黄钻、Tips 等的共同配合，让网民能够通过各种渠道参与其中。

该活动取得了良好的效果。宝马在腾讯门户网站的各个入口对用户的注意力实现拦截，通过聚集几亿用户的 QQ IM 传播平台，使大众有机会了解宝马的高效动力及其在环保科技与社会公益理念等社会责任方面所做的努力。此次活动实现了全平台联动，结合了包括新闻、汽车、科技、世博频道等在内的内容整合平台及 QQ.COM、QQ IM、Qzone、SOSO 在内的互动整合平台，并联合线下其他媒体资源，保证活动实现最大的媒体曝光度。

思考：腾讯门户网站能为企业带来哪些价值和效益？

资料来源：宝马：腾讯世博网络志愿者接力，2011 年 1 月 11 日。

### （二）门户网站营销的基本职能

#### 1. 发布信息

发布信息是门户网站最基本的职能。每天在门户网站上发布的信息量十分巨大，需要收到信息者对此进行鉴别性接收，把假信息拒之门外。

#### 2. 宣传推广

门户网站的宣传推广有两个含义：一是对网站企业或平台本身的营销推广；二是其他企业或品牌在门户网站上进行品牌或产品的推广。

### 3. 品牌运作和传播

门户网站对品牌运作和传播的营销效果是非常直接和有效的。例如，在百度门户网站上，企业或商品品牌的排名对企业和品牌的宣传、推广、点击等有重要的影响与作用。

### 4. 推进促销和绩效提升

企业或品牌利用门户网站进行广告、销售等促销活动，效果明显且直接。例如，企业或品牌可以把广告或优惠券放在门户网站上，消费者可以借此直接了解相关信息，进而转入商品网购页面进行相关的购买和服务活动。

## 第二节　搜索引擎营销

⊙ 案例分享 4-2

**搜索"国航"，你看到什么**

为了提升国航品牌的美誉度，提高其在线订票业务的知名度和影响力，国航希望通过与百度搜索引擎合作，借助电子商务活动方便消费者，提高国航的市场份额。国航在百度上建立品牌专区，在百度搜索结果页首屏上多达二分之一的黄金位置，创建了搜索引擎上的迷你官网。网友在百度搜索框输入"国航"等词，关于国航的简介、国航在线订票服务和最新促销活动等信息就会完全展示在其面前。

搜索引擎营销导入流量的效果显著。国航此次创意策略所产生的最终效果是其精准广告投放展现给了 14 139 013 位用户，曝光多达七千万次，强化了品牌影响力，增强了国航与奥运之间的品牌关联，提升了其北京奥运会赞助商品牌合作者的形象，从而激发了国航潜在用户在线订票的积极性。百度指数显示，在不到一个月的时间内，网民对国航的关注度上升 3%，媒体关注度上升 11%。国航品牌专区上线短短几天，其广告搜索量就提升 40%，点击率提升 3~5 倍。搜索引擎营销活动显著提升了国航的品牌形象，扩大了国航在网民中的影响力。

国航与百度搜索引擎全方位合作。国航以用户体验为核心，对网站的结构、内容、用户体验等多方面进行了搜索引擎上的优化，并精准投放广告，从搜索引擎上获取了更多流量，带动网站销售，有效提升其品牌影响力。此外，国航还整合多种资源进驻百度搜索引擎。国航锁定了关注其产品和企业营销活动的目标受众，发挥百度搜索引擎的营销优势，将精准广告、品牌专区、搜索排名、财经频道专访等各种资源有效整合起来，促进其电子商务的发展。

创新策略助力。国航通过百度搜索引擎这一入口，采用搜索排名、关键词定向的方式，让消费者可以快速、便捷地直接登录国航网站，并通过精准的广告投放，深入挖掘潜在客户，提升在线交易量。

大数据技术跟踪分析和精准定位。通过对关心国际航线和关注奥运会门票的相关人士进行数据跟踪分析，将精准广告呈现在关心奥运会门票和国际航线的用户面前，深入挖掘潜在客户，提升国航作为奥运会赞助商的品牌形象。

思考：

1. 什么是搜索引擎营销？它能带来哪些营销效果？

2. 请在百度上搜索"国航"，查看并分析结果。

资料来源：搜索引擎营销创新尝试：国航整合营销案例，2020 年 2 月 10 日。

# 一、搜索引擎营销的相关概念

## （一）搜索引擎概述

### 1. 搜索引擎的定义

搜索引擎（Search Engine）是指在一定的技术支持下，依照特定的程序和策略，对互联网上的信息进行收集、整理、排序、筛选，并按一定的标准分类排序、反馈、呈现给用户的检索信息系统。

搜索引擎依托于多种技术，如网络爬虫技术、检索排序技术、网页处理技术、大数据处理技术、自然语言处理技术等，为信息用户提供快速、高相关性的信息检索服务。一般来说，搜索引擎技术的核心模块包括爬虫、索引、检索和排序等，同时可添加其他一系列辅助模块，为用户创造更好的网络使用环境。

### 2. 搜索引擎的分类

搜索引擎可分为五种类型，即全文搜索引擎、元搜索引擎、目录索引类搜索引擎、垂直搜索引擎和集合式搜索引擎，它们各有特点并适用于不同的搜索环境。灵活选用不同类型的搜索引擎是提高搜索引擎性能的重要途径。

（1）全文搜索引擎。

全文搜索引擎是指利用爬虫程序抓取互联网上所有相关文章并予以索引的搜索方式。它通过从各个网站提取的信息而建立的数据库中，检索与用户查询条件匹配的相关记录，再按一定的排列顺序将结果返回给用户。从搜索过程看，全文搜索引擎又可分为两种：①拥有检索程序搜索引擎，又称"机器人"（Robot）或"蜘蛛"程序搜索引擎，能自行建立网页数据库，其搜索结果直接从自己的数据库中调用。②租用搜索引擎，是指租用其他搜索引擎的数据库，然后按自定的格式排列搜索结果的一种方式。

全文搜索引擎的特点是能自动建立索引数据库。其优点是方便、简捷，容易获得所有相关信息，信息量大、更新及时，面向具体网页内容，适合模糊搜索。其缺点是返回的信息量过多、过于庞杂，包含许多无关信息，需要用户逐一浏览并甄别出所需信息。

全文搜索引擎适用于一般网络用户，或没有明确检索意图的用户。

## 训练 4-2

### 全文搜索引擎的代表性引擎有哪些?

国外有谷歌,国内有百度等。

(2)元搜索引擎。

元(Meta)搜索引擎是指基于多个搜索引擎结果并对其进行整合处理的二次搜索方式。当用户在该引擎中输入关键词时,元搜索就会将搜索请求发送至多个搜索引擎,并根据一定的算法对于这些搜索引擎返回的结果进行排序、排除后呈现给用户。

元搜索引擎的特点是没有自己的数据库。其优点是一次搜索能返回多个搜索引擎的综合结果,包含的信息量大,比较准确,易控制搜索全局。其缺点是时间稍长,不太适合特殊搜索。

元搜索引擎适用于广泛、准确地收集信息。

## 训练 4-3

### 元搜索引擎的代表性引擎有哪些?

国外代表有 Infospace,国内代表有 360 搜索等。

(3)目录索引类搜索引擎。

目录索引(Catalog)类搜索引擎是指用户不需要进行关键词搜索,仅靠分类目录就可找到所需信息。它是依赖人工收集处理数据并置于分类目录链接下的搜索方式,旨在对网站内的信息进行整合处理并分类成目录,再呈现给用户。

目录索引类搜索引擎的特点是人工整理,按主题分类,并以层次树状形式进行组织,形成分类目录树。其优点是用户可以有效找到其关心的内容分类,网站导航质量高。其缺点是分类可能不够细,分类目录的建立需要人工介入,目录维护量大、成本高,信息更新不及时;用户需预先了解本网站的内容,并熟悉其主要模块构成。

目录索引类搜索引擎适用于网站内部常用的检索方式,范围非常有限。

## 训练 4-4

### 目录索引类搜索引擎的代表性引擎有哪些?

国外有雅虎、Open Directory Project(DMOZ)、LookSmart、About 等,国内有搜狐、新浪、网易搜索等。

(4)垂直搜索引擎。

垂直搜索引擎是指对某一特定行业内的数据进行快速检索的一种专业搜索方式,它适用于搜索意图明确的专业搜索。例如，用户想购买机票、火车票、汽车票时，可以选旅游搜索网站；用户想要浏览网络视频资源时，可以直接选用行业内专用的视频资源搜索引擎。

垂直搜索引擎的特点是能实现特定行业内的快速检索。其优点是准确、迅速地获得相关信息。其缺点是受特定行业限制。

垂直搜索引擎适用于在有明确搜索意图情况下进行专业检索。

（5）集合式搜索引擎。

集合式搜索引擎也称非主流形式搜索引擎，由用户从提供的数量有限的引擎中进行筛选。它可以集合一些搜索引擎的特点，容易准确地找到目标内容。

例如，免费链接列表（Free for All Links，FFA）一般只简单地滚动链接条目，只有少部分有简单的目录，不过规模和雅虎等目录索引类搜索引擎比起来要小得多。

表 4-1 对上述五种搜索引擎进行了比较。

表 4-1 五种搜索引擎的比较

| 对比维度 | 五种搜索引擎 | | | | |
| --- | --- | --- | --- | --- | --- |
| | 全文搜索引擎 | 元搜索引擎 | 目录索引类搜索引擎 | 垂直搜索引擎 | 集合式搜索引擎 |
| 适用性 | 普适（主流） | 一般 | 网站内适用 | 专业内适用 | 非主流 |
| 代表引擎 | 百度、谷歌 | 360综合搜索 | 雅虎分类目搜索 | 机票搜索 | 免费链接列表（FFA） |
| 速度 | 较慢 | 慢 | 快 | 较快 | 较快 |
| 数据库容量 | 大而全 | 无 | 网站内数据 | 网页库 | 小、不全 |
| 个性化程度 | 高 | 高 | 低 | 较低 | 低 |
| 信息抓取方式 | 全网抓取并建立索引 | 整合其他引擎数据 | 人工处理 | 定向分字段处理 | 简单滚动链接条目 |
| 缺点 | 重复度高且内容繁杂 | 容易导致重复检索 | 人工成本较高 | 检索范围小 | 只有少部分有简单目录 |

### 3. 搜索引擎的基本结构

搜索引擎的基本结构包括搜索器（Robot）、分析器、索引器、检索器、用户接口五个功能模块（见图 4-4）。

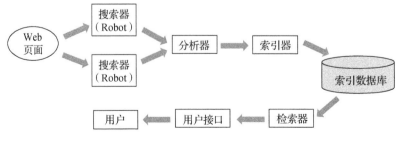

图 4-4 搜索引擎的基本结构

（1）搜索器（Robot）。搜索器它也叫网络蜘蛛，是搜索引擎用来爬行和抓取网页的一个自动程序。它在系统后台中的互联网的各个节点不停歇地爬行，在爬行过程中尽可能快地发现和抓取网页。搜索器一般采用广度优先或深度优先的策略，遍历 Web 并下载文档。例如，用爬虫（Python）找数据。

（2）分析器。分析器先对搜索器下载的文档进行分词、过滤和转换等分析，再提供给索引器使用。

（3）索引器。其主要功能是理解搜索器所采集的网页信息，并从中抽取索引项。它将文档显示为一种便于检索的形式，存储于索引数据库中。

（4）检索器。用户通过用户界面发出检索请求后，检索器就从索引数据库中找出与用户查询请求相关的文档。其功能是快速查找文档，进行文档与查询的相关度评价，对要输出的结果进行排序。

（5）用户接口。用户接口是指为用户提供可视化的查询输入和结果输出的界面。

### 4. 搜索引擎的工作原理

搜索引擎的基本工作原理如下。

（1）网页抓取。它是指在互联网中发现、搜集网页信息。搜索器（网络蜘蛛）访问 Web 页面，先向页面提出需要的访问请求，服务器接受其访问请求并返回，再把获取的信息存入原始页面数据库。

（2）信息预处理后建立索引。对信息进行提取、组织、编排和整理，建立索引数据库。在网页信息预处理过程中，先要建立网页全文索引，之后开始分析网页，最后建立反向索引（倒排文件）。

（3）查询服务处理和排序。由检索器根据用户输入的查询关键字，在索引数据库中快速检出文档，进行文档与查询的相关度评价，对将要输出的结果进行排序。其中包括的处理有分词处理，搜索判断，从索引数据库中找出包含搜索词的相关网页，对网页进行排序。影响相关性的主要因素包括关键词常用程度、词频及密度、关键词位置及形式、关键词距离、链接分析及页面权重等。

（4）将查询结果返回给用户。搜索引擎的最后工作就是将查询结果返回给用户，满足用户的需求。

### 5. 搜索引擎的发展阶段

搜索引擎自 1994 年创立以来广受网民的喜爱，它已经历了以下几个发展阶段。

（1）第一阶段：分类目录导航搜索。

分类目录导航搜索是第一代搜索引擎技术，它是指基于万维网运行，首次支持运用自然语言检索和高级搜索语法检索，以人工整理的目录导航方式呈现检索结果的技术，以雅虎为代表。可以通过设置默认网站网址，看到各个分类目录网站的链接，点击就可以打开需要的网站进行搜索，如百度或 360 网站等。

（2）第二阶段：信息检索匹配搜索。

信息检索匹配搜索是指把用户所需要查询的文本或其他信息输入并提交给服务器，服务器通过查阅、检索和匹配信息，将相关程度高的信息返回给用户。早期的搜索引擎较多采取这种模式，以 Alta Vista、Excite 等为代表。

（3）第三阶段：整合链接分析搜索。

整合链接分析搜索是指先通过每个网站的推荐链接的数量来判断一个网站的流行性和重要性，再结合网页内容的重要性和相似程度来提升用户搜索的信息质量。它是基于数据挖掘和网站评级技术，并利用关键字进行机器检索，迅速提高了检索速度与准确性，以谷歌为代表。

（4）第四阶段：精准用户请求搜索。

2005 年以微软公司的"技术驱动型"搜索引擎为代表，升级与改进了搜索引擎技术，使搜索引擎技术具有更为强大的服务空间与技术性能，满足用户精准搜索的需求。在这一阶段，可以通过用户所输入的一个简短的关键词来判断用户的真正查询请求和要求。

在目前的移动互联网搜索中，企业可以通过移动设备使用者在搜索时的大量特征，如上网的时间习惯、操作习惯、内容归类描绘出用户画像的特征信息，这种推测式算法和商业数据挖掘的移动互联网搜索引擎，将对未来的搜索引擎提供更精准的服务。

（5）第五阶段：物联网搜索。

在物联网搜索阶段，搜索引擎已经发展到突破时间和空间，运用物联网和搜索技术，实现人、货、场的万联互通。无论何时、何地，需要搜索何物、何事，均能够快速准确地运用。

### （二）搜索引擎营销概述

#### 1. 搜索引擎营销概念

搜索引擎营销（Search Engine Marketing，SEM）是指基于搜索引擎平台进行的网络营销活动。它是通过搜索引擎工具，向用户传递商品信息，以激发用户对该商品兴趣的过程。基于网站平台，搜索引擎营销依据用户使用搜索引擎工具的习惯和方式，将要营销的企业产品和品牌信息呈现给目标用户，以达到营销宣传或促销的效果。随着搜索引擎技术的发展，搜索引擎营销的模式不断增多，其内涵也在不断变化。

搜索引擎营销概念最早是由 GoTo 公司提出的。从用户的角度来说，搜索引擎营销是指根据用户使用搜索引擎的方式，利用用户检索信息的机会，尽可能地将营销信息传递给目标用户。从企业的角度来说，搜索引擎营销是指企业通过企业网站采取提升自然排名、推出付费搜索广告等与搜索引擎相关的行为，来使企业网站在搜索引擎上显著列示的营销手段，其目的是吸引目标受众访问企业网站。

---

**知识拓展 4-1**　　　　　**2021 全球搜索引擎市场份额排行榜**

1. 谷歌（Google），91.94%，http://www.google.com/。

2. 必应（Bing），2.86%，https://www.bing.com/。

3. 雅虎（Yahoo），1.5%，http://www.yahoo.com/。

4. 百度（Baidu），1.37%，http://www.baidu.com/。

5. 扬德搜索（Yandex，俄罗斯），1.1%，https://yandex.com/。

6. 鸭鸭谷搜索（DuckDuckGo），0.67%，https://www.duckduckgoog.com/。

资料来源：全球知名流量统计平台 Statcounter GlobalStats。

### 2. 搜索引擎营销的发展阶段

（1）免费提交阶段（1994—1997 年）。

最初，企业广告主在搜索引擎上进行企业文本营销宣传活动是免费的，他们可以免费提交相关的内容到主要搜索引擎网站上，随后出现了以雅虎为代表的首次商业运用。这个阶段的搜索引擎技术还不够成熟，仍处于试用阶段，主要采用的是文本和目录搜索方式。

（2）搜索引擎优化阶段（1998—2000 年）。

随着搜索引擎技术的不断发展，以谷歌为代表的第 2 代搜索引擎技术得到运用，搜索引擎营销也由最初的企业文本和目录搜索方式，转向需要对网站进行优化设计的搜索方式。通过采用搜索引擎优化策略，搜索引擎由人工提交转向自动收录和排序，这个阶段仍然是免费模式。

（3）免费模式向付费模式转变阶段（2001—2003 年）。

以搜狐为代表的搜索引擎技术得到提升和发展，搜索引擎营销从免费模式向付费模式转变，搜索引擎网站开始以关键词的排名或目录登入收费。

（4）定位营销方式延伸阶段（2004 年至今）。

以 Google AdSense 为代表的第 4 代搜索引擎技术的提升，标志着搜索引擎营销方式从关键词定位向网页内容定位延伸转变。搜索引擎营销不仅包括页面和目录等营销方式，而且加入了搜索引擎营销的网站设计、定位、优化、排名、分析、统计、跟踪管理等，并且对消费者的关键词搜索和购物行为进行分析，以最快的速度和搜索引擎匹配，让消费者体验到搜索引擎营销带来的实惠和快感。

## 二、搜索引擎营销的目标层次结构

如图 4-5 所示，搜索引擎营销的目标层次结构由下到上可分为四个：存在收录层、排名表现层、关注点击层和转化收益层。

### 1. 第一层目标：存在收录层

搜索引擎营销的第一层目标是存在收录层，它是搜索引擎营销的基础目标层次。第一层的核心目标是获得在搜索引擎及分类目录中被收录存在的机会，包括免费登录、付费登录和搜索引擎关键词广告等存在收录形式。为实现这一目标，可以采用的方法是企业设法增加企业、产品或品牌网页在搜索引擎中的可见和被收录机会，以实现营销的基本目的。

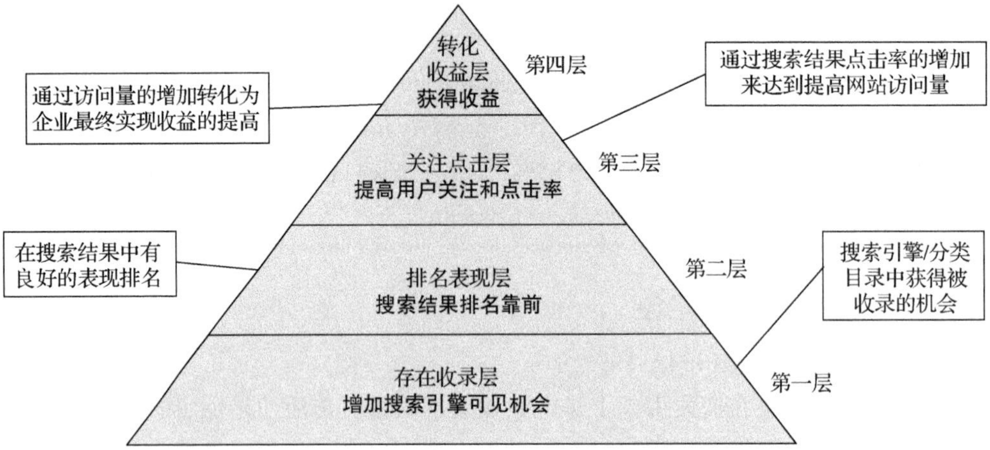

图 4-5　搜索引擎营销的目标层次结构

### 2.第二层目标：排名表现层

搜索引擎营销的第二层目标是排名表现层。其核心目标是在被搜索引擎收录的企业营销宣传内容中，尽可能获得在网页中排名靠前的位置，方便消费者使用搜索结果。为实现这一目标，可以采用的方法是搜索引擎的关键词广告、竞价广告、付费等。

### 3.第三层目标：关注点击层

搜索引擎营销的第三层目标是点击关注层。其核心目标是增加和提升搜索引擎营销网站的关注度、点击率和访问量，这对搜索引擎营销的最终目标的实现作用重大。为实现这一目标，可以采用的方法是优化网站设计框架、制作专业的有吸引力的页面、利用排名表现、关键词广告等。

### 4.第四层目标：转化收益层

搜索引擎营销的第四层目标是转化收益层，它是搜索引擎营销的最终核心目标，是指在用户对企业的网站营销内容有更多关注、点击、访问和浏览的基础上，促使用户选择所营销的产品或服务，做出下单购买的决策，使搜索引擎营销实现收益的转化。为实现这一目标，可以采用的方法是实行搜索引擎营销战略规划，整合前三个目标的影响要素和方法，在网站功能、服务、产品等方面采用合适的策略，引导并推进顾客的选择和决策，以实现搜索引擎营销转化成企业收益的最终目标。

## 三、搜索引擎营销的运作模式

企业在进行搜索引擎营销时，除了要做好战略规划以外，还要考虑企业所要营销的品牌、产品和形象的各自特点与适用环境情况，有针对性地选择搜索引擎营销的运作模式。目前搜索引擎营销的运作模式主要有搜索引擎优化模式、关键词广告销售模式、搜索引擎技术出售模式、搜索引擎登录模式、网页内容定位广告模式[8]。

## （一）搜索引擎优化模式

搜索引擎优化（Search Engine Optimization，SEO）模式是指通过对搜索引擎网站内外部的调整及优化，使网站满足用户的收录排名需求的方案，其最终目标是把精准用户带到网站，获得免费流量，产生直接销售或品牌推广效果。搜索引擎优化模式的基本内容是通过大数据分析，了解用户的网络搜索的浏览习惯和偏好，通过对搜索引擎技术、网页抓取、索引、关键词排名及规则、网页内容及排名、搜索结果呈现时间、画面设计等方面进行优化，使搜索结果能满足用户的快、准、精的需要和体验，提高搜索引擎的最后效果和效率。

## （二）关键词广告销售模式

关键词广告销售模式是指搜索引擎网站按照关键词广告排名不同，搜索结果页面显示广告内容的位置不同，搜索模式不同来制定销售定价的模式。在搜索引擎营销中，关键词广告根据排名模式不同、呈现给用户的网页页面的位置不同，所产生的搜索广告效果有很大的差异性。搜索引擎网站可以根据用户对搜索关键词变换的需要，选择在不同页面轮换定位投放广告。目前，关键词广告销售模式主要有固定排名和竞价排名。

### 1. 固定排名

固定排名是指企业与搜索引擎网站供应商以一定价格将企业网站或需要搜索的内容放置在网页的固定位置的一种搜索引擎营销方式。企业的搜索内容固定在网页的某个具体位置或排名，主要是由企业的竞价购买决定的，在检索结果中排名越靠前的企业需要付费的价格越高。固定排名合同需要事先签订，并约定好投放多少个关键词广告和搜索结果呈现位置，且在合同期内长期保持不变。

例如，某科技公司在百度搜索网站上每个月花费 5 000 元投放企业及产品的关键词广告，用户只要输入企业或产品关键词，就能快速地在较靠前的页面找到企业链接信息。固定排名比较适合较小的企业。这种方式也存在一些缺陷，如购买以后不能更换关键词、不能灵活控制投放时间和位置等。

### 2. 竞价排名

竞价排名是目前关键词广告销售模式的一种流行形式，是指按照谁出价最高，谁的关键词广告排名最靠前、位置最佳的竞价排名模式。竞价排名有以下两种形式。

（1）传统竞价排名。它是指同类企业按出价高低决定搜索引擎网页排名顺序和位置，是多家企业购买同类关键词广告的网站按关键词广告的价格高低进行排名顺序和位置投放的方式。一般来说，企业的广告费用越高，排名越靠前，其广告效果越好。

（2）混合竞价排名。它是指在传统竞价排名的基础上，加上网站点击率作为收费依据，实现按效果付费的网络推广形式。以百度竞价排名为例，百度竞价排名（http://d.baidu.com/shifen/），于 2001 年率先在国内推出，是一种按效果付费的网络推广方式，用少量的投入就可以给企业带来大量潜在客户，有效提升企业销售额和品牌知名度。

在混合竞价排名中，企业因其所投放的推广信息被点击而付费，但事先要为这个关键词广告链接的排序位置出价竞拍，费用的高低与排序位置成正相关。有的搜索引擎将关键词的搜索结果放置在列表最上方，有的放置在搜索结果页面的专用位置。其示例见表 4-2、表 4-3。

关键词广告排名、关键词质量度、实际点击价格的计算公式如下。

$$关键词广告排名 = 关键词出价 \times 关键词质量度$$
$$关键词质量度 = 关键词以往的点击率（CIR）+ 关键词与广告内容的相关性$$
$$+ 目标网页和关键词与广告内容的相关性$$

$$实际点击价格 = \frac{下一名出价 \times 下一名质量度}{关键词质量度} + 0.01$$

**表 4-2　混合竞价排名中搜索结果排名的计算示例**

| 客户 | 关键词 | 出价 | 质量度 | 排　名 |
|---|---|---|---|---|
| A | 机票预订 | 3.6 | 1 | 第 1 名 |
| B | 订机票 | 2.7 | 1.1 | 第 2 名 |
| C | 机票 | 4 | 0.6 | 第 3 名 |

**表 4-3　混合竞价排名中点击价格的计算示例**

| 客户 | 关键词 | 出价 | 质量度 | 排名 | 点击价格 |
|---|---|---|---|---|---|
| A | 机票预订 | 3.6 | 1 | 第 1 名 | 2.7×1.1/1+0.01=2.98 |
| B | 订机票 | 2.7 | 1.1 | 第 2 名 | 4×0.6/1.1+0.01=2.19 |
| C | 机票 | 4 | 0.6 | 第 3 名 | 无 |

### （三）搜索引擎技术出售模式

搜索引擎技术出售是搜索引擎公司一种传统的收入模式，大多数搜索引擎公司一直采用此种方式。搜索引擎技术出售模式就是向门户网站提供搜索技术，而对这些门户传过来的每次搜索请求都要收取一定的费用。例如，谷歌、百度等技术领先的搜索引擎公司一直都承担着门户网站的搜索外包业务。

### （四）搜索引擎登录模式

搜索引擎登录模式有免费和收费两种形式。搜索引擎免费登录模式是搜索引擎发展初期较传统的网站推广手段，方法是企业登录搜索引擎网站，在网站中免费注册企业网站的广告信息，随后企业网站的信息被添加到搜索引擎的相应分类目录中，供用户快速搜索查找。大多数搜索引擎网站均设置有索引式的搜索引擎的目录。搜索引擎收费登录模式与搜索引擎免费登录模式类似，不过，它需要向在搜索引擎网站中注册企业网站的广告信息的企业收取一定的费用。

### （五）网页内容定位广告模式

网页内容定位广告（Content-Targeted Advertising）也称为基于网页内容定位的网络广告、网站联盟广告，它是搜索引擎营销模式的进一步延伸。网页内容定位广告的载体不仅有呈现搜索引擎搜索结果的网页，还有通过广告链接延伸到的相关合作伙伴的网页，其方法是通过关键词检索定位广告内容，并使其显示在搜索引擎之外的相关网站上。最早是搜索引擎谷歌于 2003 年 3 月 12 日正式推出了按内容定位的广告。谷歌的主要竞争对手 Overture 也推出了类似的广告形式，即按效果付费服务。

网页内容定位广告的工作流程如图 4-6 所示。

图 4-6　网页内容定位广告的工作流程

### （六）搜索引擎营销运作模式比较

由于搜索引擎营销的运作策略在搜索引擎信息源（网页）、信息索引数据库、用户的检索行为和检索结果、用户对检索结果满意度等方面各不相同，特别是在搜索引擎的专业程度、引入流量、访问者质量、效果及时性、所需费用等方面存在不同的特点和较大的差异性，因此，企业在选择搜索引擎营销时，既可以选择单一的搜索引擎广告，也可以选择多种组合的搜索引擎网站进行营销推广。编者在表 4-4 中比较了搜索引擎营销运作模式。

表 4-4　搜索引擎营销运作模式比较

| 营销模式 | 专业程度 | 引入流量 | 访问者质量 | 效果及时性 | 所需费用 |
|---|---|---|---|---|---|
| 搜索引擎优化模式 | 高 | 中等 | 高 | 中等 | 中等 |
| 关键词广告销售模式 | 中等 | 中等 | 高 | 快 | 高 |
| 搜索引擎技术出售模式 | 高 | 中等 | 高 | 快 | 高 |
| 搜索引擎登录模式 | 低 | 少 | 中等 | 慢 | 免费 |
| 网页内容定位广告模式 | 中等 | 多 | 中等或高 | 快 | 高 |

## 四、用户搜索行为 IR 模型及其分类

### （一）经典用户搜索行为 IR 模型

Broder 曾提出了经典用户搜索行为 IR 模型，IR（Information Retrieval）是信息检索的意思（见图 4-7）。他认为用户的信息需求是基于相关联的搜索任务和动力，并以某种

语义形式向搜索引擎提出查询请求；搜索引擎利用已有的语义信息库，对搜索的关键词进行查询、匹配、排序，最后把搜索结果呈现给用户；如果用户不够满意，还需要对查询的信息关键词进行优化，并再次返回用户查询环节和其下述的执行过程，直到满足用户的信息检索任务和要求。这是经典用户搜索行为 IR 模型的主要内容，也是用户进行信息搜索行为的环节过程。

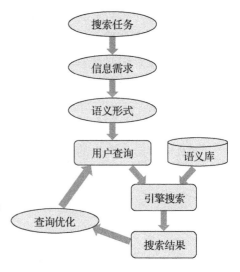

图 4-7　经典用户搜索行为 IR 模型

### （二）用户搜索行为分类

Broder 认为用户的搜索查询任务有三类，即导航类搜索（Navigational）、信息类搜索（Informational）和事物类搜索（Transactional）。他还得出搜索查询任务中有 48% 是信息类搜索，20% 是导航类搜索，以及 30% 是事物类搜索。根据美国雅虎公司研究人员的细分分类，用户搜索行为可以分成三大类。

1. 按用户的搜索意图分类

（1）导航型搜索。

导航型搜索是指用户已经知道自己想要查找的任务，通过搜索请求直接查找具体的某个网站地址的搜索。例如，用户知道自己要查找、搜索阿里巴巴的企业网址或主页，为了避免输入网址或者不知道网址，他们用搜索引擎来查找，其任务就是想要找到某个特定的网页。

（2）信息型搜索。

信息型搜索的任务是获取某种信息，用户可以通过信息型搜索获得某种未知的新知识或信息。其具体分类如下（见表 4-5）。

表 4-5　信息型搜索的分类

| 类型 | 定义 | 例子 |
| --- | --- | --- |
| 直接型 | 用户基于兴趣搜索某个话题的具体信息 | 为何星星会发光 |
| 间接型 | 用户基于兴趣搜索某个话题的某方面的信息 | 粉丝搜索"李某某" |
| 建议型 | 用户希望搜索到一些建议、意见或指导 | 如何做好直播 |
| 定位型 | 用户希望搜索到现实生活中购买某产品或服务的具体位置 | 在哪里有中国银行 |
| 列表型 | 用户希望搜索并选择附近的产品或服务信息 | 家附近有哪些中餐馆 |

（3）资源型搜索。

资源型搜索是指用户希望从网络上搜索并获取某种类型的资源，它可以细分为以下几种类型（见表 4-6）。

表 4-6　资源型搜索的分类

| 类型 | 定义 | 例子 |
|---|---|---|
| 下载型 | 用户希望搜索到能下载产品、资源或服务的网站网址 | 下载图片制作软件 |
| 娱乐型 | 用户希望搜索到休闲、娱乐、消遣类的资源或产品 | 下载音乐、电影 |
| 交互型 | 用户希望搜索到咨询或使用某个软件、产品或服务的经验分享 | 找网站咨询出国留学事宜 |
| 获取型 | 用户希望搜索到一种线上或线下能使用的资源或条件 | 京东优惠券 |

2. 按用户的搜索行为习惯分类

由于用户群体差异性大，其使用搜索引擎的行为习惯也各不相同，因此，企业需要关注用户的搜索行为习惯，做到有针对性地投放相关的搜索引擎广告。按用户的搜索行为习惯分类，用户搜索行为可分为以下几种。

（1）关键词习惯或偏好搜索。

按用户选择关键词的习惯或偏好进行信息搜索。例如，有的用户会用简洁的关键词进行搜索，有的则用"如何""什么"等类型的词汇进行搜索。

（2）地区、人种、人群搜索。

按用户的地区、人种、人群或偏好习惯等进行信息搜索。例如，面对大学生的搜索行为偏好，可以为他们推出"学习类""培训类""培养能力类""就业类"等信息搜索。

（3）上网时间及习惯搜索。

按用户的上网时间及习惯进行信息搜索。有的用户习惯晚上上网，有的则在白天的某个阶段上网，企业可以根据用户的上网时间和习惯，有针对性地把相关的广告推荐给他们。

3. 按用户的搜索关注和点击行为分类

用户的搜索关注和点击行为与用户对网站上推广信息的内容、位置、偏好等有关。企业要站在用户视角，了解用户的关注点和偏好，设计有吸引力的企业宣传推广内容，吸引用户点击页面。

（1）用户对网页位置的关注呈"F"形图案分布。

重要的页面位置是引起用户关注的重要因素，也是增加点击量的关键。如图 4-8 所示，Jakob Nielsen 的眼动研究提出了阅读网页内容的"F"形图案，反映了人们对搜索页面的关注、眼动轨迹是呈"F"形分布的。

（2）用户更多地点击网站第一页和排名靠前的信息。

考虑到用户的搜索关注和点击习惯，企业在做广告宣传时，应尽量把宣传广告放在第一页或排名靠前的位置，以方便用户的点击和使用。一项对谷歌数十亿搜索结果的研究发现，超过四分之一的谷歌搜索者会点击第一个随机搜索的结果，其平均点击率为28.5%。平均点击率在第一个位置后急剧下降，第二个位置和第三个位置的点击率分别为15% 和 11%。排名第十位的点击率只有 2.5%。前十个随机呈现位置被点击的次数差异巨大，而且用户很少进入搜索结果的第二页。研究还发现，第一个位置的点击率在 13.7% 到 46.9% 之间波动。

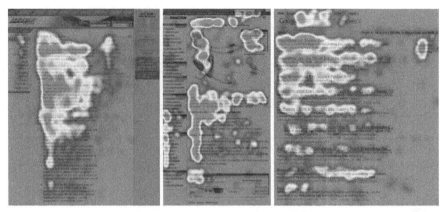

图 4-8　阅读网页内容的 "F" 形图案

## 五、搜索引擎营销的实施策略

搜索引擎营销的效果显著，能对企业、产品和品牌的宣传推广起到重要的作用。为此，搜索引擎营销需要采用一些具体的实施策略来实现企业的营销效果。搜索引擎营销的具体实施策略有四类：搜索引擎优化实施策略、关键词广告实施策略、网页内容定位实施策略以及搜索营销广告的类型选择策略（以百度为例）。

### （一）搜索引擎优化实施策略

搜索引擎优化（SEO）实施策略就是从战略层面对搜索引擎进行优化，它主要包括关键词搜索优化、站内搜索引擎优化、站外搜索引擎优化、搜索网站结构优化以及搜索域名优化（见图 4-9）。关键词搜索优化就是对关键词优化要素、相关性、排序、频率、位置和密度等方面进行优化。站内搜索引擎优化就是对搜索引擎网站的内部链接、内容、网址 URL、元语言 Meta、Tag 标签等方面的优化。站外搜索引擎优化就是对搜索引擎网站的外部链接类别、外部链接运营和外部链接选择等方面的优化。搜索网站结构优化就是对网站栏目、框架、静动态网页等结构进行优化。搜索域名优化就是在搜索引擎营销网站内要采用同一网站只有一个域名的策略。

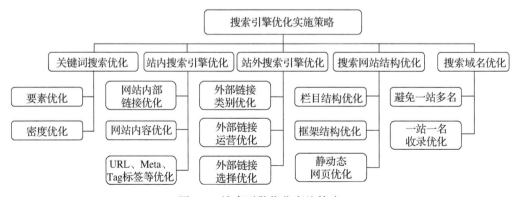

图 4-9　搜索引擎优化实施策略

1.关键词搜索优化

（1）关键词要素优化。

①确定网站的关键词，优化选取 3~5 个关键词。

②优化关键词和网站内容，使二者具有高度相关性。

③优化关键词语句间的排列和要求，热门和较新颖的关键词排序靠前。

④优化关键词在网页中呈现的频率和位置，注意关键词在文件中的自动索引器选词和计算词的权值影响。

（2）关键词密度优化。

关键词密度是指重复出现的词或短语的关键字数与该页面字数的比例。关键词或短语的重复次数越多，关键词密度越大，在网页中的排名也会更靠前。优化搜索引擎关键词或短语每个字的重要程度的算法和统计方法，可以满足搜索引擎营销的需要和要求。

---

**知识拓展 4-2　　　　在百度网站上应该如何选择关键词**

选择一个好的关键词，意味着给你的网站带来极具针对性的访问。建议你利用百度的相关搜索功能，选择更多关键字 / 词。你只要在百度网页搜索引擎输入你的产品或服务名称检索，就可以在相关搜索中找到网民输入的其他关键字，相关搜索是按用户输入关键字搜索的频率由高到低排列的，所以你可以为你的网页选择这些关键字。

例如，在一个卖鲜花的网站，除了选择"鲜花"以外，还可选择关键词——鲜花速递、鲜花礼品、鲜花礼仪、鲜花快递、鲜花网站、鲜花商店、电子鲜花、鲜花礼品店、订购鲜花、订鲜花、鲜花专卖、鲜花赠送、鲜花网、鲜花订购、网上鲜花、网上订鲜花、礼品鲜花、生日鲜花、生日卡鲜花、网络鲜花、北京鲜花、上海鲜花、深圳鲜花等。这些关键词都是网民在各大搜索引擎中搜索过的，有些热门的关键词每天被检索几十次甚至几百次，这样能给你带来更多客户。

---

2.站内搜索引擎优化

（1）网站内部链接优化。

网站内部链接优化包括相关性链接、锚文本链接、各导航链接、图片链接等的优化。锚文本（Anchor Text）链接又称锚文本，就是把关键词做一个链接，指向别的网页的链接形式，是建立文本关键词与 URL 关系的链接。它是链接的一种形式，与超链接相似，超链接的代码就是锚文本。锚文本能为搜索引擎网站页面添加跟页面相关或有直接联系的链接，搜索引擎可以根据指向某一个网页的链接的锚文本描述来判断该网页的内容属性。例如，华侨大学的主页网站上会增加一些相关联网站的链接或者一些同行高校及媒体的链接，如中共中央统战部、国务院侨务办公室、中华人民共和国教育部、中华人民共和国科技部、福建省教育厅、中国华文教育基金会、暨南大学、中国新闻网、中国侨网等网站链接。

（2）网站内容优化。

搜索引擎营销的内容优化是指每天保持对搜索引擎网站内的页面、文章等进行更新，并在一定时期内对网站的内容结构进行优化调整。企业可以通过不断充实、增加、优化网站的具体文本内容及数量，提升并优化搜索引擎的蜘蛛程序判断质量，实现信息和产品及服务的有效性。由于搜索引擎的蜘蛛程序无法判断网站的图片和 Flash 动画等内容，因此，优化网站的文本内容，让搜索引擎的蜘蛛程序能够快速判断并提取网页内容的信息是十分重要的。此外，搜索引擎收录的信息量是以网页数为计算单位的，因而需要增加和优化搜索引擎对文本内容的收录，以实现搜索引擎营销的良好效果。

（3）URL、Meta、Tag 标签等优化。

优化标签就是对网络页面的网址 URL、Meta、Tag 标签等进行优化。Meta（元）标签是在 Html 网页源代码中一个重要的 Html 标签，被用来描述一个 Html 网页文档的属性，如作者、日期和时间、网页描述、关键词、页面刷新等。它是 Html 标记 Head 头部区的一个关键标签，位于 Html 文档的 <Head> 和 <Title> 之间（有些也不是）。它提供的信息虽然对用户不可见，但却是文档的最基本的元信息。Meta 除了提供文档字符集、使用语言、作者等基本信息外，还涉及对关键词和网页等级的设定。Meta 标签有 Description、Keywords、Http-equiv（网络标题信息）等属性。为了使网站更加贴近用户的体验，也需要对这些 Meta 标签属性进行优化。

此外，还需要对 Tag 标签进行优化。Tag 标签是一种由用户自己定义，比分类更准确、更具体，可以概括文章主要内容的关键词。运用 Tag 标签，可以使用户发表的文章更容易被搜索到。网页的 Html 编码中常运用的 Tag 标签有：标题标签（Title Tag）、描述标签（Description Tag）、关键词标签（Keywords Tag）、Publisher Tag、Copyright Tag、Robots Tag 等。其作用是通过给文章定制标签，文章作者可以让更多人更方便准确地找到自己的文章；而读者可以通过文章标签更快地找到自己感兴趣的文章。

### 3. 站外搜索引擎优化

（1）外部链接类别优化。

外部链接类别优化主要是优化网页中的友情链接、博客、论坛、B2B、新闻、分类信息、贴吧、知道、百科、站群、相关信息网等，要尽量优化和保持外部链接类别的多样性。网站外部链接并不是越多越好，而是要和企业的营销需求相匹配。企业要关注和优化自身营销的关键字或关键词，使其与链接网页的关键字或关键词相一致，并能保证达到与同类网站相当或更高的水平。

（2）外部链接运营优化。

外部链接运营优化是指在网络运营的过程中，每天优化和添加一定数量的外部链接，使关键词排名稳定提升。

（3）外部链接选择优化。

外部链接选择优化是指通过选择，与一些和网站有较高的相关性、整体质量比较好的外部网站进行友情链接交换，以达到外部链接选择优化，巩固、稳定关键词排名的目的。

4.搜索网站结构优化

搜索网站结构优化包含以下几点内容。

（1）栏目结构优化。保持合理的网站栏目结构并不断优化。

（2）框架结构优化。避免或尽量少使用搜索引擎的盲点 Frame 和 Iframe 框架结构，提高搜索引擎蜘蛛的抓取网站内容效果。

（3）静动态网页优化。尽可能使用网站静态网页，以满足搜索引擎的技术要求。这是因为搜索引擎在推广时对网站动态网页的抓取技术有较高的处理要求，有时难以实现。

5.搜索域名优化

（1）避免一站多名。企业在进行搜索引擎营销时，应尽量避免同一网站有多个域名。

（2）一站一名收录优化。这是因为，两个或更多个域名同时指向一个搜索引擎营销网站时，搜索引擎可能会将其中一个网络地址 URL（Uniform Resource Locator，统一资源定位器）收录，而认为其他的 URL 为复制站点并不予计算，这对网站内容排名不利。

## （二）关键词广告实施策略

关键词广告是伴随关键词检索显示的网络广告，是一种文字链接型网络广告。在搜索引擎网站上，用户看到感兴趣的文字可点击链接进入企业的网页、网站，或与之相关的其他网页、网站，广告主以此实现广告的目的。大多数搜索引擎如谷歌、百度等都提供专门的关键词广告业务。例如，在某个搜索引擎或网站上，某企业注册了一个关键词，当用户在使用搜索引擎或网站时，只要输入这个企业的关键词进行搜索，与企业相关的广告就会出现在返回的搜索结果页面上。关键词广告已经成为搜索引擎网站的摇钱树。搜索引擎观察顾问公司的创始人 D.Sullivan 感叹说："搜索引擎是一个不可思议的广告媒介。"

1.关键词广告的服务内容策略

目前在各大搜索引擎综合网站，如百度、谷歌、新浪、搜狐、网易、中华网、TOM、21CN 及一些行业或专业网站等均提供搜索引擎关键词广告的服务及订购。这些搜索引擎网站都有较成熟的技术支撑，并有一套规范化的标准、模式和营销管理策略，以实现关键词广告的最优效果。例如，只要用户打开百度推广搜索引擎，百度会告诉用户如何选择关键词来投放广告。关键词广告还经常显示其合作伙伴的相关信息，包括有名的互联网接入、服务和内容提供商等。

搜索引擎关键词广告的服务内容策略如下。

（1）专业咨询意见。搜索引擎利用掌握的专业技术和技巧，协助客户确定性价比高的目标关键词，确定广告定位和投资方案，为客户提供更加科学的咨询意见。

（2）即时开通和订购服务。搜索引擎关键词广告的客户一旦注册提交有关信息，成功购买关键词广告后，关键词广告会立即显示在搜索引擎的搜索页面上。

（3）提供专业广告意见并编辑。搜索引擎网站将提供专业广告意见，并把关键词广告具体操作事项、编辑和修改意见实时反映给客户，让客户可以更新内容，并对广告文字进行任意的编辑和修改。

（4）实时监控。搜索引擎网站会实时监控客户所使用关键词广告的表现情况，助力企业的关键词广告获得最佳的宣传推广效果。

（5）管理服务。搜索引擎网站会就企业关键词广告的日常服务和操作进行管理并优化，定期监测、报告关键词广告的排名、费用和效果，方便客户的更新和优化。

2. 关键词广告的投放步骤

搜索引擎网站关键词广告的投放步骤有：制定广告投放方案，签订服务及订购协议，提交广告，出具统计报告并反馈意见，维护及优化关键词广告。

（1）制定广告投放方案。搜索引擎网站需要根据客户的要求、条件和目标市场的定位情况，帮助企业客户制定关键词广告的投放方案，如确定关键词广告的投放期、投放时间、每日或每月的费用额度，正确选择合适的广告标题、正文及目标关键词，以期为企业客户实现最佳广告效果。

（2）签订服务及订购协议。搜索引擎网站需要根据已确定的方案，与企业客户签订服务及订购协议，包括搜索引擎网站提供的具体服务内容、需要支付的费用及双方的权利义务等事项。

（3）提交广告。客户在搜索引擎网站上注册、得到认证、签订协议并支付广告费用后，即可登录搜索引擎网站，提交关键词广告。客户的关键词广告则可根据排名规则出现在指定的搜索引擎网站的相关位置，并在关键词搜索结果中得以呈现。

（4）出具统计报告并反馈意见。搜索引擎网站将定期向客户出具广告投放效果和访问的统计报告，及时通知客户广告运作情况，主要有关键词广告的浏览访问人数、关键词频率、热门程度、点击率、排名情况、推广范围、点击价格、费用总额等固定或变动数据。

（5）维护及优化关键词广告。在广告期内，搜索引擎网站接受客户委托进行广告的日常维护，如更换关键词、调整显示语言、修改广告文字、更改每日最高花费限额及广告期等。

3. 关键词广告的选择、投放和发布策略

（1）关键词广告的选择策略。

客户在选择关键词广告时，可以采用的策略如下。

①选择在内容上与企业网站或搜索引擎网站网页密切相关或较匹配的关键词来做广告。

②选择网民经常使用或出现次数较多的关键词作为企业宣传推广的关键词。

③选择能吸引眼球和注意力的关键词。

④要选择简洁易懂的关键词，可选择多个关键词，特别是多选用关键词涉及的周边用词。

（2）选择合适的搜索引擎或门户网站进行广告发布。

企业在选择搜索引擎网站时，要考虑以下问题。

①优先选择热门的搜索引擎。如果企业广告的关键词与热门的搜索引擎或综合型门户网站有较高的匹配度，需要让企业的关键词广告链接进入这些网站，以期让其在搜索结果中的排名更靠前。

②专业型网站更适合专业性较强的相关产品。企业需要研究自身产品的特性。如果是产业产品，那么选择相关度高的专业性网站投放关键词广告，其效果会更好；如果是消费品，则可以选择消费者经常进入的专业性网站投放广告。

③选择国内区域性网站或国际网站。企业产品的客户如果是国内消费者，则用国内的搜索引擎如百度等投放关键词广告较好；如果是国外消费者，则可以选择如谷歌等国外搜索引擎投放关键词广告；如果是华侨、华人消费者，则可以选择境外的中文搜索引擎投放关键词广告。

（3）精心设计关键词广告内容和站点。

企业一定要关注关键词广告的转化率和投资回报率（ROI），要精心设计搜索引擎的关键词用词，企业网站、产品和品牌的广告内容，等等。它具体包含企业名称、品牌和商标符号、业务范围、产品或服务、所在地区等，特别要强调企业产品或服务的特色和独特之处。

（4）选择恰当的发布时间、时机和时段。

①选择合适的关键词广告发布时间和时机，特别要利用最近的热点关键词或事件关键词来进行企业广告宣传，使企业的关键词广告出现的频率提升，增加其点击率，扩大企业的宣传和广告效果。

②选择一天中的合适时段发布关键词广告。中国互联网信息中心的统计报告表明，我国网民的上网高峰期时段是每天的20～23时，14～15时及18～19时，企业要根据自身产品的目标市场，选择合适的时段进行广告发布。例如，如果企业产品的目标消费群体是年轻的上班族，则企业在20～23时发布广告会更合适。

（5）跟踪分析与调整运作。

企业要定期跟踪、记录、分析广告的发布情况与效果，查看广告关键词的点击率状况，以及企业网站页面的访问情况、产品浏览情况、成交和订单情况、购买后的反馈情况等，及时掌控广告的运营情况，若发现问题，尽快做出运作策略的调整，使广告处于最佳的发布状态。

### （三）网页内容定位实施策略

搜索引擎广告的网页内容定位实施策略是指利用并链接其他搜索引擎网站或页面，把企业的关键词广告发布在这些网站上。这种形式极大地拓展了关键词广告投放、发布的空间，极大地增加了用户浏览关键词广告的机会。目前的搜索引擎广告的网页内容定位实施策略主要有四种：网站定位、关键词定位、主题定位、人群和区位定位。

#### 1. 网站定位

企业根据目标用户在搜索引擎网站上的行为和活动习惯、偏好等，选择联盟网站平台进行广告投放和发布。

### 2.关键词定位

企业通过对搜索引擎网站及其关联的联盟网站的分析，找到并定位关键词广告用词，寻找关联度高的联盟网站平台进行广告投放和发布。

### 3.主题定位

企业根据目标用户的点击情况，或感兴趣或爱好的某个主题，选择与搜索引擎网站关联度高的相关专业或行业联盟网站投放和发布广告。

### 4.人群和区位定位

企业根据大数据分析，筛查出目标客户或用户，在目标客户或用户经常出现的联盟网站投放和发布关键词广告。

### 训练4-5

1. 当企业遇上负面新闻时，如何进行搜索引擎优化？
2. 请自行确定关键词，并在搜索引擎网站上搜索查询，分析其搜索结果页面的广告。

---

**知识拓展4-3**　　　　　　　　　**当前阅读的眼动研究**

雷蒙德·道奇博士（Raymond Dodge，1871—1942年）是美国经验主义心理学家，出生于马萨诸塞州，在威廉姆斯大学接受教育并获得学位，后到达德国哈雷大学与爱尔德曼一起研究阅读心理学。1898年，道奇成为美国威斯敏斯特大学的一名教授。道奇曾对前庭习惯化研究课题倍感兴趣，他试图了解旋转后的眼动情况，为此他设计了一个装置：在闭合的眼睑下安装一小块镜子来记录反射出的眼动。他通过这个实验证实了缺乏视觉注视时，眼球震颤随着反复的旋转而下降。道奇是一位杰出的心理学实验仪器设计师，他发明的摄影眼动记录装置，是记录阅读中眼动的先驱者，奠定了眼动研究中仪器使用的基础，极大地影响了现今眼动追踪技术的发展。道奇还探索了眼动与视知觉的关系。他发现在阅读中眼睛并非连续移动，而是伴有停顿。道奇区分了水平眼动的5种类型：眼跳（Saccade）、追随运动（Pursuit）、补偿（Compensatory）、反作用补偿（Reactive Compensatory）、双眼复合（Convergence）。

在应用眼动指标来研究阅读过程时，如何选择一个恰当的眼动研究范式是一个重要的问题。当前阅读的眼动研究中常用的实验范式有：移动窗口范式、移动掩蔽范式、边界范式、快速启动范式、消失文本范式及视觉—情境范式。

广告是一种信息传递方式，其目的在于推销商品。而广告心理学是将心理学的基本原理应用于广告中，通过对消费者的心理过程和特点的研究，设计出最能激起消费者购买欲的广告。心理效应测定是广告心理学研究的重要内容。测定广告心理效应的方法包括：①广告媒体的认知测量；②广告媒体的记忆测量；③视向心理测量；④意见测量；等等。其中，视向心理测量是考察当人们观看广告时，最先注视其中的哪一部分，然后将视线逐渐转移到哪些部分上。在视向心理测量中经常使用的实验仪器就是眼动仪。

资料来源：闫国利，巫金根，胡晏雯，等．当前阅读的眼动研究范式述评 [J]．心理科学进展，2010，18（12）：1966-1976；闫国利，白学军．眼动研究心理学导论：揭开心灵之窗奥秘的神奇科学 [M]．北京：科学出版社，2012．

### （四）搜索营销广告的类型选择策略（以百度为例）

本书以百度为例重点介绍搜索营销广告的类型选择策略。百度搜索是全球领先的中文搜索引擎，它于 2000 年 1 月由李彦宏、徐勇两人在北京中关村创立，致力于向用户提供"简单，可依赖"的信息获取方式。"百度"二字来源于中国宋朝词人辛弃疾的《青玉案·元夕》的词句："众里寻他千百度"，寓意着百度对中文信息检索技术的执着追求。在百度搜索引擎中有百度营销，经营百度搜索上的营销广告（http://e.baidu.com/product/sousuo/）[一]。百度营销广告的类型如下。

#### 1.百度搜索广告

百度搜索广告可根据客户主动搜索，展示广告主的推广内容，精准定位，性价比高。其广告优势有：①客户主动搜索关键词，广告高效且信任感强。②可以获得专属平台流量。③通过关键词触发并展现广告，精准触达客户。④能为品牌赋能，广告内容深度触达，提升品牌曝光度和美誉度。⑤在广告展现形式上，可以在搜索结果的显著位置优先展示推广信息。例如，百度已经成为办公家具用户获取专业信息的重要途径。根据客户情况，优化基木鱼落地页，丰富办公家具产品案例，辅之观星盘拓词及 oCPC（优化点击付费）定投精准适配消费人群，助力办公家具行业线索量持续增长。其案例效果是线索转化 440%，点击率 +0.68%，成本 −81%。

百度搜索在营销推广和广告上做出很大的创新，营销推广和广告信息会在搜索结果的显著位置展示。当客户点击广告后，商家需要付费。百度搜索广告的类型如下。

（1）标准推广［见图 4-10a］。其操作简单，效果明显，支持多个显著位置展现，按点击收费，展示免费。

（2）高级样式推广［见图 4-10b］。一图胜千言，图文更具有吸引力；图片智能匹配，推广效果更佳。

（3）线索通推广［见图 4-10c］。通过电话、咨询、表单组件，直接在搜索结果页展现服务功能，留下销售线索。

---

　㊀　本部分百度营销广告的内容、案例、图片等均来源于百度营销广告网站。

a）标准推广　　　　　　　　　　　b）高级样式推广

c）线索通推广

图 4-10　百度搜索广告的类型

### 2. 百度信息流广告

百度信息流广告可将推广信息自然融入各类资讯、信息中，易传播，易操作。在广告展现形式上，可穿插在百度 App、百度首页、贴吧、百度手机浏览器等平台的资讯流中。例如，比亚迪汽车打造自动化全链路营销新模式。百度基于客户实际情况，进行账户全托管和线索 API 的投放优化，构建搜索" oCPC+ 信息流"和" oCPC+ 基木鱼落地页"的整体投放链条，大幅提升有效线索和转化效率。其案例效果有：线索转化率 +22%，线索成本信息流 −75%。

百度信息流广告的优势如下。

（1）根据客户主动搜索的关键词，在用户浏览资讯时，定向展现营销内容。

（2）精准触达用户，根据客户主动搜索的关键词，精准推荐相关信息。

（3）广告即内容，在百度系（百度 App、百度首页、贴吧、百度手机浏览器等平台）资讯流中穿插原生广告，使用户潜移默化地接受信息。

（4）承载亿级流量，拥有海量优质内容和媒体资源，网罗全网用户。目前，百度无线首页用户 6 亿多，日活用户 1 亿多，百度贴吧日 PV 量 35 亿以上。

### 3. 百度品牌广告

在品牌专区，可以快速建立企业品牌公信力，首位霸屏，实现强展现的目标。其广告优势有：①首屏黄金位置，助力企业打造品牌形象，使客户形成品牌认知。②超大首屏位于百度搜索结果首位，以超大黄金首屏展示推广信息。③品牌形象建立，帮助广告主实现品牌差异化，快速提升品牌公信力。④品牌权威背书，满足用户高频需求，通过百科、品牌故事强化认知并进行权威背书。例如，百度通过 AI 大数据赋能中国银联"62节"。在百度地图慧眼、百度开屏、百度知道、百度百科、品牌专区等百度明星产品的加持下，增加大众对中国银联的品牌好感度，提升中国银联在移动支付领域的竞争力。其案例效果是：百度指数 +500%，触达精准用户 800 万以上，下载安装检索量 +1 292%。

品牌广告通过文字、图片、视频等多种展现形式，将品牌信息展现在网民面前，主要有以下几种。

（1）品牌专区矩阵形式，能够把广告放在搜索结果第一位［见图 4-11a）］。

（2）炫动品专区（品牌专区）形式，能够把广告放在搜索当前全屏［见图 4-11b）］。

（3）行业和特殊品专区（品牌专区）形式，能够把广告放在搜索结果第一位［见图 4-11c）］。

（4）品牌华表形式，能够把广告放在网页检索页右侧首位［见图 4-11d）］。

a）品牌专区矩阵形式　　　　　　　　　　b）炫动品专区形式

c）行业和特殊品专区形式　　　　　　　　d）品牌华表形式

图 4-11　百度品牌广告的类型

### 4. 百度开屏广告

百度开屏广告矩阵是围绕百度 App 搭建的百度系开屏产品矩阵（见图 4-12）。其广告展现形式覆盖全场景的百度系开屏营销生态体系，包括新闻资讯和工具的百度 App、通勤出行的百度地图、生活服务场景的小度、休闲娱乐场景的好看视频、社交互动场景的百度贴吧、工具应用场景的百度手机助手、工具应用场景的百度网盘以及百度知道。例如，可口可乐联合小度智能屏打造"Break Moment"休闲场景营销，通过百度开屏、社交平台造势、小度场景营销等传播方式让可口可乐"畅爽好喝，让工作更带劲"的形象深度植入目标消费群体的心中。其案例效果是：总曝光量 6 266 万，总互动量 191 万，口播完播率 85%。

图 4-12　百度开屏广告

百度开屏广告的优势如下。

（1）基于大数据赋能和意图营销的优质移动营销产品。

（2）通过 AI 智能，动态捕捉潜在核心目标受众，定向准，数据精，智能化。

（3）定向精准，支持多维度定向方式，助力广告主精准锁定目标人群。

（4）多产品联投，多品牌广告联动，实现全域品牌集中大曝光。

5. 百度聚屏广告

百度聚屏广告是百度推出的数字屏幕程序化广告平台，通过聚合线下多类屏幕，触达消费者多场景生活时刻，实现线上线下广告整合和精准程序化投放（见图 4-13）。依托百度大数据及 AI 优势，百度聚屏广告致力于解决当前客户广告投放的多种痛点，为客户打造全新的品牌推广体验。

图 4-13　百度营销聚屏广告场景

百度聚屏广告的优势如下。

（1）通过多维精准定向，帮助广告主找到更有潜力的目标客户。

（2）实现全场景覆盖，如家庭、上班、校园、地铁、影院、公交场景。

（3）精准化定向，省市、时段、人群、商圈、场景、屏幕定向。

（4）可视化监控，程序化投放，数据可视化。

（5）灵活化投放，屏幕可选、金额不限、时间可选、自主投放。

百度聚屏覆盖 31 个省（自治区、直辖市），有 300 000 多个屏幕，日流量超过 300 000 000，全面辐射如影院、楼宇、出行、家庭、生活服务等日常生活的各个场景。

⊙ 案例分享 4-3

**百度聚屏广告：“520 勇敢说爱你”**

在 5 月 20 日当天，百度利用自身资源与 AI 能力优势，发起“520 勇敢说爱你”营销活动，借助百度的多屏互动，制造创意营销事件。通过与多个品牌深度合作，实现“线上 + 线下”联动，主张传递“大胆表达爱”的活动，从而不断强化品牌对百度多维营销能力的认知，受到合作品牌的广泛好评。其效果是：1 亿多总曝光量，8 万 +AI 办事处到店量，2 160 多万直播观看量。

# 第三节　网络视频营销

## 一、网络视频和网络视频营销

### （一）网络视频

网络视频是指以计算机或者移动设备为终端，运用相关技术对图像、声音源等进行获取、控制和播放的一项可视化技术或应用。网络视频一般需要独立的播放器，其文件内容格式主要是基于 P2P 技术，以 WMV、RM、RMVB、FLV、MOV 等类型为主，它是通过在线 Realplayer、Windows Media、Flash、QuickTime 及 DIVX 等主流播放器进行播放的文件内容，采用较多的是占用客户端资源较少且文件小的 FLV 流媒体格式。

网络视频就是通过互联网，借助浏览器、客户端等播放软件和工具，在网络上提供和传播在线视频播放服务、在线观看视频节目等各类视频资源。它主要包括网络电影、电视剧、新闻、综艺节目、广告等视频节目，也包括自拍 DV 短片、视频聊天、视频游戏等行为。网络视频行业是指在互联网上提供免费或有偿视频流播放、下载服务的行业，可细分为垂直视频平台、综合视频平台、短视频平台等。截至 2021 年 12 月，中国网络视频用户规模达 9.75 亿，用户使用率为 94.5%。

### （二）网络视频营销

#### 1. 网络视频营销的概念

网络视频营销是指企业或组织机构利用各种网络视频把信息发布出去，以宣传企业产品和服务，在消费者心中树立良好的品牌形象，实现企业营销目的的一种营销形式。它是指利用数码技术把企业产品、品牌和服务信息，以网络视频图像符号和信号等各种形式传输发布至相关网络或软件上进行播放，以实现企业或组织机构的营销目标的方式和手段。网络视频广告类似于电视视频短片的形式，可发布在互联网平台上。

#### 2. 网络视频直播的元素

网络视频直播是将电视直播手段与互联网视频系统相结合的一种传媒或宣传手段。它主要由下列元素组成。

（1）音视频编码工具，用于创建、捕捉和编辑多媒体数据，形成流媒体格式。它主要由音视频编码工作站、音视频切换器、摄像设备组成。

（2）流媒体软件与数据，流媒体服务器软件系统、编码软件，还有文件格式，如WMV、ASF 等视频流。

（3）视频服务器网络主机，用于安装流媒体系统，并且存放和控制流媒体的数据。

（4）接入网络，主要是直播现场网络接入。

（5）播放端。它是供客户浏览的端口，可以是网络播放器，也可以是网站页面，还可以是户外 LED 视频显示器。

## 二、网络视频网站与网络视频营销的类型

### （一）网络视频网站

网络视频网站是指在视频网站技术和平台的支持下，让互联网用户在线流畅地发布、浏览和分享视频作品的网络媒体。目前 P2P 直播网站、BT 下载站、本地视频播放软件、影视点播等，已经成为各类网络视频运营商争抢的资源。

### （二）网络视频营销的类型

#### 1. 直播 / 点播类视频

直播视频是对视频源进行实时在线观看的视频。传统直播视频没有交互交流，直播视频内容完全受直播者控制。随着 5G 和移动技术的发展，现代的直播视频可以进行主播和观众的互动与交流。2020 年，各政府部门、单位和企业纷纷开展直播带货活动和业务，在社会上引起非常大的反响。

点播视频（Video on Demand，VOD）是根据观众对播放节目的要求，在点播视频系统或对以往的视频文件进行回放，把用户所点击或选择的视频内容传输给所请求的用户。点播视频业务于 20 世纪 90 年代率先在国外发展起来，是一种新兴的媒体传播方式，融合了计算机技术、网络通信技术、多媒体技术、电视技术和数字压缩技术等。点播视频系统最重要的功能是可以将各种不同格式的视频文件批量转码为网络上支持观看的流媒体格式的视频文件。

#### 2. P2P 网络点播视频

P2P（Peer-to-Peer）是指伙伴对伙伴，或对等互联网技术，或即时信息系统，是通过中心的服务器来协调用户之间的信息与文件沟通、交流和交换的一种间接交流的形式。例如，国内的 OICQ 就是 P2P 应用。P2P 网络点播视频，又称为点对点辅助点播视频（Peer-Assisted Video-on-Demand），是从单一服务器模型转向点对点模型的一种全新视频方案，允许 VOD 点播视频网络中服务器单元共享存储和处理资源的变通方案。依靠 P2P 技术，通过客户端播放器（电视、电脑和手机网络等）的方式提供视频节目给用户。此类视频不受时间和空间限制，用户可以即时地收看特定的视频节目，并与社区网友进行交流。

点对点辅助视频点播，又称为多源流 VOD（Multiple Source Streaming VOD），是一种用于传输单播视频内容、功能复杂但极其高效的架构。在多源流系统中，原始视频流分为多个视频块，通过网络进行传输，类似于消息在通过 IP 网络传输之前先分成数据包，支持大幅提高的播放速度，部署多源流调度程序（MSS）。MSS 接收来自代理服务器或对等服务器等不同服务器的流块，对视频块进行适当排序，然后把无缝、块速率恒定的视频流发送到客户端设备。

#### 3. 播客 / 分享类视频

播客（Podcast，Podcaster，Podcasting），是借助数字广播技术、软件和播放器的一

种播放音频、视频的客户端。播客是一种在互联网上发布文件并允许用户订阅以自动接收音视频文件，或制作音视频文件和节目并进行分享的方法。网友早期可借助软件与便携播放器结合进行播放；后期可将网上的音视频节目下载到自己的 iPod、MP3/MP4 播放器或其他便携式数码声讯播放器中随身收听，并可自制音视频，上传到网上进行分享。播客于 2004 年下半年开始在互联网上流行，分享视频但不提供影视资源，只提供互联网影视等平台如优酷、土豆、百度的分享链接。

### 4. 搜索类网站视频

搜索类网站视频是指在搜索服务类网站上提供的视频，可在网络上或平台系统中搜集、整理、查询的视频文件，也就是可以在一些大型网站上搜索到的视频类型文件。例如，百度视频搜索是全球最大的中文视频搜索引擎，拥有最多的中文视频资源，能提供给用户最完美的观看体验。在百度视频搜索中，用户可以便捷地找到最新、最热的互联网视频。

### 5. 商务网站视频

在网络平台上为商务用户提供服务、形式多种多样的视频，包括广告、导购、增值服务等商务视频。

### 6. 用户端播放器视频

通过用户端播放器在网络上为用户提供影音视频文件，供用户下载、观看。

## 三、网络视频营销的优势和模式

### (一) 网络视频营销的优势

#### 1. 受众广泛

视频调动了人们的听觉、视觉等感官，使其更加容易理解，而且不会受学历高低的影响，因而受众范围比较大。

#### 2. 易传播

视频大多有分享功能，看到的人轻轻一点就可以一键分享，让更多的人看到该视频，比文字的传播速度更快，有利于企业的营销推广。

#### 3. 易搜索

视频更容易被搜索引擎收录，因为视频占的权重高，有视频更容易获得较好的排名。不仅是搜索引擎，客户也更愿意点击、搜索有视频的内容。

#### 4. 成本低

视频的成本远远低于广告的成本。比起在电视、广播、报纸等大量投放广告，企业进行视频营销可以节约成本，有利于企业的可持续发展，况且广告不一定有网络视频的营销效果好。

⊙ **案例分享 4-4**

## 在视频号开辟第二赛场，安踏另辟蹊径突围冬奥营销

冬奥会期间，以冰雪运动为主的体育赛事广受关注，体育、时尚、食品饮料、电商品牌纷纷展开借势营销。安踏作为北京冬奥会官方体育服装合作伙伴，希望借助微信视频号这一处于关注上升期的媒介平台，探索创新营销玩法，充分发挥媒介红利，抢占用户注意力，并将曝光有效转化为品牌资产，实现"品效双赢"。

①活动实施情况。安踏和微信视频号合作推出"冬奥冷知识大赛"（见图 4-14），联合多位头部 KOL 共创体育垂直类科普视频，在内容原生场景中植入安踏品牌信息，并引入趣味答题的互动机制，用户参与答题就有机会获得微信红包封面、品牌券、冬奥会周边等奖励。品牌用这种"游戏化"的方式吸引用户参与，借助微信的强社交生态强化品牌认知、扩大品牌的社会影响力。

图 4-14 安踏的微信视频号营销

②传播策略和亮点。借助视频号社交内容场，安踏联动微信生态多流量融入冬奥原生场景，携手 60 多位视频号头部 KOL，以" KOL 内容共创＋游戏化用户参与＋私域引流"打造大事件，共创多元内容营销新模式，以深化用户记忆。"游戏化"互动玩法将视频共创与答题玩法相结合，具有品牌福利激励作用，能提升用户兴趣，激发用户参与，并进一步带动品牌私域引流转化。同时，微信生态多场景联动引流。活动期间，安踏视频号、朋友圈广告、搜一搜官方区均可引流至视频号活动页，最大限度地增加活动曝光次数。

③创意展示。对安踏来说，它有冬奥官方合作伙伴身份加持，有条件与冬奥进行深度内容绑定。冬奥会期间，全民对于冰雪运动热情高涨，体育类内容成为大众内容消费的重要场景。对视频号来说，"春节＋冬奥"双峰叠加，流量创新高，为品牌创造了海量曝光机会。对用户来说，有冬奥互动和情绪表达需求，创意互动玩法更易引起参与兴趣。大众需要一个参与和分享的契机，将个人生活和社交与热点话题建立连接；而答题互动玩法此前也得到市场验证，在春节期间更能掀起大众的参与热情。

④效果数据。一是安踏关注度大幅提升，KOL视频内容总曝光量超过4 000万，用户累计答题次数为14.8万次。二是安踏品牌热度大幅提升，活动上线后，安踏的微信指数最高突破2亿，微信指数峰值较活动前增长超过30倍。

## （二）网络视频营销的主要模式

### 1. 贴片广告推送模式

贴片广告推送模式是指以投放视频贴片广告或视频播放器周边的广告为主的视频广告模式。

### 2. 自制剧/节目营销模式

自制剧/节目营销模式就是以自制剧、定制剧、微电影等形式，将企业、品牌或产品价值信息植入视频短片中的营销模式。

### 3. 短视频直播营销模式

短视频直播营销模式就是通过自拍、自制或编辑营销短视频，并放到相关直播平台上进行直播的营销模式，如目前很流行的抖音短视频直播带货营销模式。

### 4. 自拍微电影营销模式

自拍微电影营销模式就是把需要营销的内容，以微电影的故事情节拍摄成视频的营销模式。

### 5. 视频游戏营销模式

视频游戏营销模式是运用Flash动画游戏网络视频进行营销的模式。

### 6. 视频病毒式转播模式

视频病毒式转播模式是制作优秀的视频广告，并在互联网、新媒体等各种平台上进行广泛转播的营销模式。

### 7. 用户自制内容（UGC）营销模式

用户自制内容（UGC）营销模式是指运用一定的促进方法，鼓励用户自制或自拍与产品相关的内容和体验，并在各种新媒体上进行发布的营销模式。

# 第四节　E-mail 营销

## 一、E-mail 营销的概念和分类

### （一）E-mail 营销的概念

1. E-mail 的含义

E-mail 指的是互联网中联网的计算机之间互相传送消息的网络邮件服务。

2. E-mail 营销的含义

E-mail 营销，又称电子邮件营销（E-mail Direct Marketing，EDM），是指在用户事先许可的前提下，通过电子邮件的方式向目标用户传递有价值信息的一种网络营销方法。

E-mail 营销是企业通过一定的软件技术，以互联网为载体，以文字、图像、声音等各种多媒体信息向目标用户发送电子邮件的营销方式。它可以通过免费或付费订阅的邮件列表向顾客发布公司的新闻、声明、信息搜索、电子广告、（新）产品信息、销售 / 优惠信息、市场调查、市场推广活动信息等邮件广告。

### （二）E-mail 营销的分类

E-mail 营销可从用户许可、E-mail 地址的所有权、企业营销计划、营销功能等角度进行分类（见图 4-15）。

图 4-15　E-mail 营销的分类

1. 从用户许可角度分类

根据 E-mail 营销的信息在发送给用户时，所使用的地址来源是否由用户提供或经过用户许可，E-mail 营销可分为两种：已许可的 E-mail 营销和未经许可的 E-mail 营销。通常所说的垃圾邮件（Spam）就是未经许可的 E-mail 营销，若是用户自愿给地址的，则属于已许可的 E-mail 营销。

2. 从 E-mail 地址的所有权角度分类

从 E-mail 地址的所有权角度分类，E-mail 营销可分为两种：内部列表 E-mail 营销和外部列表 E-mail 营销。内部列表 E-mail 营销是指一个企业网站利用一定方式获得用户自愿注册的资料来开展的 E-mail 营销，而外部列表 E-mail 营销是指利用专业服务商或者与专业服务商一样可以提供专业服务的机构开展的 E-mail 营销服务，企业自己并不拥有用

户的 E-mail 地址资料，也无须管理和维护这些用户资料。

### 3. 从企业营销计划角度分类

从企业营销计划角度，E-mail 营销可分为两种：临时性的 E-mail 营销和长期性的 E-mail 营销。

### 4. 从营销功能角度分类

从营销功能角度分类，E-mail 营销可分为：顾客关系 E-mail 营销、顾客服务 E-mail 营销、在线调查 E-mail 营销以及产品促销 E-mail 营销等。

## 二、内外部列表 E-mail 营销的比较

内外部列表 E-mail 营销的功能和特点的比较如表 4-7 所示。

表 4-7　内外部列表 E-mail 营销的功能和特点对比表

| 功能和特点 | 内部列表 E-mail 营销 | 外部列表 E-mail 营销 |
| --- | --- | --- |
| 主要功能 | 顾客关系、顾客服务、品牌形象、产品推广、在线调查、资源合作等 | 品牌形象、产品推广、在线调查等 |
| 投入费用 | 较固定，取决于日常经营和维护费用，与邮件发送数量无关，用户数量越多，平均费用越低 | 没有日常维护费用，营销费用由邮件发送数量、定位程度等决定，发送数量越多，费用越高 |
| 用户信任程度 | 用户主动加入，对邮件内容的信任程度高 | 邮件为第三方发送，用户对邮件的信任程度取决于服务商的信用、企业自身的品牌、邮件内容等因素 |
| 用户定位程度 | 高 | 取决于服务商邮件列表的质量 |
| 获得新用户的能力 | 用户相对固定，对获得新用户的效果不明显 | 可针对新领域的用户进行推广，吸引新用户能力强 |
| 用户资源规模 | 需要逐步积累，一般内部列表用户数量比较少，无法在短时间内向大量用户发送信息 | 在预算许可的条件下，可同时向大量用户发送邮件，信息传播覆盖面广，用户资源规模较大 |
| 邮件列表维护和内容设计 | 需要专业人员操作，但无法获得专业人士的建议 | 服务商专业人员负责，可对邮件发送、内容设计等提供相应的建议 |
| E-mail 营销效果分析 | 由于是长期活动，较难准确评价每次邮件发送的效果，故需要长期跟踪分析 | 由服务商提供专业分析报告，可快速了解每次活动的效果 |

### （一）内部列表 E-mail 营销

#### 1. 内部列表 E-mail 营销的功能和特点

内部列表 E-mail 营销是指通过企业自有用户的 E-mail 地址和资源进行的营销活动。其主要功能体现在顾客关系、顾客服务、品牌形象、产品推广、在线调查、资源合作等方面。

内部列表 E-mail 营销的特点是：①投入费用较固定，取决于日常经营和维护费用，与邮件发送数量无关，用户数量越多，平均费用越低。②用户对邮件内容的信任程度高，一般是用户主动加入的。③用户定位程度高。④用户相对固定，对获得新用户的效果不明显。⑤一般而言，用户资源规模需要逐步积累，内部列表用户数量比较有限或很

少，很难达到向大量用户发送信息的效果。⑥在邮件列表维护和内容设计上，需要专业人员操作，但无法获得专业人士的建议。⑦由于 E-mail 营销是长期活动，较难进行准确的 E-mail 营销效果分析和评价，很难获得每次邮件发送的效果分析，故需要进行长期的跟踪分析。

### 2. 建立和选择内部列表 E-mail 营销发行平台

发行平台是 E-mail 营销列表的基础技术系统。邮件列表发行平台就是利用相关的技术手段以实现用户加入、退出，发送邮件，管理用户地址等基本功能的系统。企业可以自己建立和经营邮件列表发行系统，也可以选择专业服务商提供的邮件列表发行平台服务。

### 3. 内部列表 E-mail 营销用户资源的获取方法

（1）利用网站和产品推广时用户留存的资源。
（2）利用现有用户的 E-mail 地址及资源。
（3）为现有和潜在用户提供多渠道订阅途径。
（4）采用激励和奖励措施拉新与促活用户。
（5）利用用户的朋友、同行、服务商或其他网站推荐转化而来的用户。

## （二）外部列表 E-mail 营销

### 1. 外部列表 E-mail 营销的功能和特点

外部列表 E-mail 营销是指通过外部 E-mail 运营服务商、专业网站等服务机构提供的用户地址和资源进行的营销活动。其主要功能体现在品牌形象、产品推广、在线调查等方面。

其特点是：①没有日常维护费用，营销费用由邮件发送数量、定位程度等决定，发送数量越多，费用越高。②邮件为第三方发送，用户对邮件的信任程度取决于服务商的信用、企业自身的品牌、邮件内容等因素。③用户定位程度取决于服务商邮件列表的质量。④可针对新领域的用户进行推广，吸引新用户能力强。⑤在预算许可的条件下，可同时向大量用户发送邮件，信息传播覆盖面广，用户资源规模较大。⑥服务商专业人员负责，可对邮件发送、内容设计等提供相应的建议。⑦由服务商提供专业分析报告，可快速了解每次活动的效果。

### 2. 外部列表 E-mail 营销用户资源的获取方法

目前在外部列表 E-mail 营销中，获取用户资源的方法主要有：提供免费电子邮箱、专业邮件列表、专业 E-mail 营销、电子刊物和新闻邮件、专业网站注册会员资料等服务商资源。

### 3. 外部列表 E-mail 营销服务商的评估指标

在选择和评估外部 E-mail 营销服务商时，可采用的指标包括用户数量和质量、服务专业性、用户定位层次、可信任程度、费用和收费模式等方面。

## 三、实施 E-mail 营销的步骤和注意事项

### 1. 实施 E-mail 营销的步骤

实施 E-mail 营销的步骤主要有：获取并寻找邮件地址，选用合适的邮件发送工具，设计制订发送方案，发送 E-mail 信息，收集反馈并及时回复，更新邮件列表，提供 E-mail 营销服务，等等。

目前主要的邮件发送工具有自建服务器、邮件群发软件以及第三方邮件营销平台等。企业需要根据自身的资源和条件，选择合适的邮件发送工具。

### 2. 实施 E-mail 营销的注意事项

实施 E-mail 营销时带有一定的强制性，因此企业需要注意避免的事项有：发送没有主题或主题不明确的邮件，滥发群邮件，邮件隐藏发件人地址和姓名，邮件内容繁杂，邮件内容采用附件形式，邮件格式混乱，过于频繁地发送邮件，没有定位目标邮件，等等。

### 训练 4-6

1. 写一封营销邮件，内容题材不限，发送给某个通信列表，进行已读回执统计。

2. 从自己的电子邮箱中选取几封营销邮件，分析其邮件主题、内容和发件人信息设置等方面的优劣得失。

# 第五节　数字电视营销

## 一、数字电视的概念与发展

### （一）什么是数字电视

#### 1. 数字电视的概念

数字电视是营销的重要手段之一。了解数字电视的相关知识，对决策和选择采用数字电视媒体进行营销活动有重要的意义。那什么是数字电视呢？

数字电视（Digital Television，DTV）是把模拟电视信号转变为数字信号并进行处理、存储、传输和显示的系统。数字电视是从节目采集、节目制作（设计、摄制、编辑、安排节目、播送）、发射、传输到用户端接收的全部环节都以数字方式处理信号的电视播放设备系统。数字电视是继黑白和彩色模拟电视之后的新一代电视类型，具有电视画质高、音效佳、功能强、交互性强、内容丰富和通信功能好等特点。

#### 2. 数字电视与数字电视机的不同

数字电视是指一套数字化的电视制作、播出和接收系统，而数字电视机是指接收终端。

数字电视机不是数字电视,只是数字电视信号显示器,需要接上一个机顶盒,才能接收并转换信号格式,完成数字电视节目的播放。

真正的数字电视机又称数字电视一体机,是内置数字电视高频头,是可以把数字接收、解码与显示融为一体的集成数字化电视机,是未来数字电视的发展方向。

### (二)数字电视的发展

近年来,移动数字电视迅速发展,已经成为当今世界的主要传播方式之一。顾名思义,移动数字电视就是可在移动状态中收看的电视,是全新概念的信息型移动户外数字电视传媒,是传统电视媒体的延伸。移动数字电视采用无线发射、地面接收等数字电视新技术方法来传播电视节目,用户可以通过手机、平板电脑和移动载体等接收装置在非移动和移动的场景中收看。例如,在巴士、轮渡、轨道交通等移动交通工具中收看。数字电视的发展经过了以下阶段。

1. 国外数字电视的发展

1973 年,数字技术开始应用于电视广播。

1979 年,第一个"图文电视"系统在伦敦开通。

1985 年,英国电信公司(BT)推出综合数字通信网络,它向用户提供语音、快速传送图表、传真、慢扫描电视终端等业务。

1989 年,美国通用电气公司首次演示了在 6MHz 带宽的电视频道中,把模拟有线信号转换成数字信号传输的过程。采用 MPEG 压缩编码,有线系统可以在一个 6MHz 的模拟频道中传输 10 个频道的节目。

20 世纪 90 年代,各国都开始测试数字高清晰度电视,在更宽广的屏幕(16:9)中传输更清晰的图像和高品质的声音。

1996 年,美国联邦通信委员会采用政府制定的 ATSC(Advanced Television System Committee,高级电视系统委员会)支持的方案,这一数字标准就是基于大联盟提交的 MPEG-2 压缩方案、杜比(Dolby AC3)数字音频方案制定的。

国外数字电视的发展对比如表 4-8 所示。

表 4-8  国外数字电视的发展对比表

| 国家或地区 | 采用数字电视的时间 | 结果 | 全面停播模拟电视的时间 |
| --- | --- | --- | --- |
| 美国 | 2007 年 2 月 28 日,法令要求全美所有电视机都必须带有数字电视调谐器,模拟电视从商店货架下架 | 数字电视机的销售额增长 11%,超 250 亿美元 | 2009 年 2 月 17 日 |
| 欧洲 | 罗马于 2009 年首次采用 DVB 标准 | 有 1.51 亿家庭使用数字电视,渗透率达 88%。这一数字是 2006 年的两倍 | 2012 年,意大利完全关闭 |
| 俄罗斯等东欧国家 | 2009~2011 年,推广数字电视 | 2011~2015 年,全国范围的数字电视播出,逐步停止模拟电视 | 2015 年 |
| 日本 | — | 关闭了已使用 58 年的模拟电视信号 | 2011 年 7 月 24 日 |

2.我国数字电视的发展

1992年，我国数字电视开始在国家正式立项。

1998年8月，我国完成了高清晰度电视系统的联试。

1999年10月，我国成功地试用高清晰度电视技术，并对庆典活动进行实况转播。

2000年和2001年是我国数字电视广播试验年，试验城市为北京、上海、深圳。

2002年，独立产权的中国数字电视系统标准将最终确定。

2003年，在全国更大范围内进行数字电视商业广播试验。

2005年，全国四分之一的电视台将发射和传输数字电视信号。

2011年，我国有线广播电视入户率达49.43%，用户首次突破2亿户。其中，数字电视用户突破1亿户，达到11 489万户。

2015年，停止模拟广播电视播出，数字电视基本上成为我国电视播放的主力。

2020年7月，中国地面数字电视覆盖网络全面建成。2020年年底，无线模拟电视退出历史舞台，中国全面进入数字电视时代。

数字电视节目可以通过不同的传播介质、不同的技术传输到用户接收端。目前我国数字电视主要采用四种传输方式，它们分别是：有线数字电视、IP数字电视（IPTV）、卫星数字电视和地面数字电视（移动数字电视）。企业在进行电视广告运营时需要关注和选择合适的数字电视传输方式。

## 二、数字电视媒体的概念、特点和盈利来源

### （一）数字电视媒体的概念

数字电视媒体是建立在数字电视基础上的广播影视网络化新媒体，主要包括数字电视、IPTV、移动电视、户外新媒体、视频网站（各大门户网站和视频媒体）、电视新媒体（3G-5G手机视频）等。数字电视新媒体的各大门户网站和视频媒体等已经进入5G手机视频等新媒体时代。

据国家新闻出版广电总局"中国视听大数据"系统统计，2022年3月1日至3月31日期间，纳入统计的全国2亿有线电视和IPTV电视中收视用户每日户均收视时长为6.07小时，同比上涨6.0%。截至2020年7月，全国有线电视和直播卫星用户分别达到2.1亿户和1.3亿户。全国有线数字电视总量依然是覆盖率最高、可触达人群最多的电视大屏媒体，在一二线城市活跃大屏用户中占据主导地位。到2020年年底，无线模拟电视退出历史舞台，我国全面进入数字电视时代，并成为广播电视数字化发展大国。

⊙ **案例分享 4-5**

**北京冬奥会花了多少钱，能赚回来吗**

2022年北京冬奥会上，中国获得9金4银2铜，排名第三，金牌数与奖牌数为历届最好。北京冬奥会有来自全球91个（国家/地区）的2 892名运动员参赛，角逐7个大

项、15 个分项和 109 个小项的 327 枚奖牌，冰雪体育竞赛项目注定激烈、精彩。历届冬奥会都是世界级的体育盛会，花费当然不会少。2010 年加拿大温哥华冬奥会花了 60 亿美元；2014 年俄罗斯索契冬奥会花费 500 亿美元，成为历史上最昂贵的奥运会（包含冬奥会和夏季奥运会）；2018 年，韩国平昌冬奥会花了 122 亿美元。那么，2022 年北京冬奥会到底花费了多少钱呢？

2022 年北京冬奥会提倡节俭，奥运总花费是 420 亿美元（约合人民币 2 900 亿元）。奥林匹克研究中心（Beijing Olympic Research Center）估算的数据显示，北京冬奥会直接投资大约在 31 亿美元，其中，赛事花费为 15.6 亿美元，场馆建设为 15.1 亿美元；间接性投资包括京张高铁、京礼高速、冬奥地铁、相关公路等，奥运设施与运作开支仅为 318 亿元，另有 713 亿元用于治理环境，约 1 800 亿元用在了道路交通等基础设施方面。

有关券商研报显示，预计 2022 年北京冬奥会转播收入将突破 11 亿美元，超过平昌冬奥会的 9 亿美元和索契冬奥会的 8 亿美元。其中，奥运总支出的绝大部分实际成本为 17.5 亿美元。在这次门票收入为零的情况下，实现 45 家品牌广告赞助收入 13 亿美元、赛事转播费收入 11 亿美元、冬奥会周边产品销售收入 3.8 亿美元、国际奥委会补贴金额 3.38 亿美元，总收入可达 31.18 亿美元。北京冬奥组委新闻发言人严家蓉 2 月 1 日在北京表示，根据当前测算，北京冬奥会预算收支平衡，在考虑通货膨胀等经济因素之后，预算总体规模与申办预算大体相当。自 2015 年北京冬奥会成功申办以来，截至 2021 年 10 月，全国居民参与过冰雪运动的人数为 3.46 亿人，实现了"带动三亿人参与冰雪运动"的目标。所带动的冰雪产业市场整体规模达上万亿。所以从各个方面来看，北京冬奥会都是一次不亏的投资！

资料来源："北京冬奥会花了多少钱，能赚回来吗"，2022 年 2 月 11 日。

### （二）数字电视媒体的特点

#### 1. 数字电视媒体的技术营销特点

（1）高质量的信源压缩编码数字技术，提升广告质量。

传统模拟信号电视制作技术质量较差，信号弱，图像不清晰并失真。而现在采用的二进制数字制作技术能够采集、加工、制作出高画质、高清晰度、高质量的音频与视频电视节目。

（2）防干扰的数字传输与长期存储技术，满足用户随看需要。

随着数字技术和数字电视机接收终端的进步，数字电视从制作端向客户端传输过程中，能够清晰、逼真地把传输端发出的信号，无衰减、无损耗、准确地传输到每个客户端。此外，数字电视能长期保存的存储技术，让用户能随时回看电视，解决了电视广告稍纵即逝的问题。

（3）大容量宽带技术，拓展用户需求。

随着宽带网络、计算机网络与电信网络等的网络融合与发展，数字电视的信息传输容量得到极大的提升，数字电视频道和节目大量增加，可以满足各类各层次用户的多样化需求，推动数字电视广告进入一个新阶段。电视媒体已经是新媒体的重要成员，是人们获取多媒体信息的重要平台，能够整合和开展综合多功能信息服务的业务，特别是对电视购物、视频点播、股票行情与分析、电视交互等新业务提供了更加便捷的途径。

2.数字电视媒体的营销传播特点

（1）点对点的个性化传播。

数字电视实行点对点传播，就是数字电视节目和信息，通过每一台数字电视机或数字电视机顶盒接收终端传递给用户，用户可以根据自己的需要选择喜爱的数字电视节目与信息服务，也可以付费定制自己喜爱的个性化节目和频道。这种传播方式可以更加有效地为营销和广告服务。

（2）双向智能交互式传播。

数字电视实现了用户与节目、运营商、传输商的双向互动，可以实时订购节目、反馈意见，甚至在线购物和支付等，给用户以更多的选择和体验。终端设备互动广告系统可实现分时段、分地域、分栏目、分频道地对多种智能化广告的广告投放总量和单用户广告频率进行控制，支持智能交互式组合传播。

（3）节目与信息异步存储和观看传播。

数字电视实现了节目与信息异步存储和观看传播。用户可以先对喜爱的节目进行设置，不必同步收看节目，可以通过信息存储，后期回看节目，或对已经存储的节目进行点播观看，从而满足随时随地观看的需要。此外，还可以通过移动终端如手机、iPad等移动观看节目。这也为广告营销提供了更加广阔的空间，且不受时间和地点的限制。

## （三）数字电视媒体的盈利来源

目前，数字电视媒体的盈利来源呈现多元化趋势。其主要的盈利来源有以下几种。

（1）每月的固定收视费用。用户需要与节目运营商确定数字电视传播的收视费用，可以有多种套餐选择。在这些数字频道中播放广告带来收视率的总收入可以与节目运营公司进行分账。

（2）广告播出收入。在电视节目频道中会插播各种类型的广告，这些能为企业带来一定的收视率广告收入。

（3）PPV点播、定制和买断收入。用户如果需要点播、定制和买断自己喜爱的频道或节目，需要另外付费。例如，若用户需要音乐、球赛的频道，则需要另外支付费用。

（4）电视购物分账收入。它是指频道或节目运营商通过广告或电视购物频道促进商品的购买而获得的分账收入。

（5）其他网络经营收入。电视运营商兼做宽带等网络经营业务或其他多元投资等的收入。

⊙ **案例分享 4-6**

### 看电视也可购物和缴费支付吗

此前央行发放的第四批第三方支付牌照中，最引人关注的是首次出现的"数字电视支付"业务。昆明卡互卡支付科技有限公司、上海亿付数字技术有限公司、银视通信息科技有限公司和北京数码视讯软件技术发展有限公司四家公司获得了"数字电视支付"业务的许可。有业内人士表示，电视支付将成为新的金融自助支付渠道。

何为数字电视支付？就是在家中用遥控器操作电视机上的内容，进行银行卡支付，如缴纳水电煤等公用事业费用或者对电视购物进行支付，甚至可以完成影视点播业务。

边看电视购物边支付。例如，银视通主要为电视用户提供双向电视购物的服务，相关人士表示："比如现在的电视购物节目，主要还是以展示产品为主，支付环节还比较滞后，可能要货到付款或银行转账。而有了电视支付之后，用户看到喜欢的东西就可以直接在电视上进行支付了，只要是带银联标识的卡就能支付，这在一定程度上也留住了电视购物的用户，形成即时交易，这对电视购物行业的发展将会起到较大的促进作用"。

支付电视机将上市。获得"数字电视支付"业务牌照的企业可以和电视机生产厂商达成合作协议，全面铺开智能电视，在其智能电视终端里直接嵌入银视通的产品和服务。在三网融合的背景下，电视支付作为一种新的支付方式，能够吸引更多的内容提供商进驻，可以将各种与生活息息相关的应用内容，如水电煤、火车票、飞机票、信用卡还款等各项公共事业缴费以及金融便民服务直接推送到用户的电视屏幕上，延伸电视应用。

资料来源：数字电视支付牌照发放 具支付功能电视将面世，2012 年 7 月 9 日。

## 三、数字电视广告的形式和优势

### （一）数字电视媒体营销

数字电视媒体营销就是在数字电视媒体上所进行的各种营销推广活动，以数字电视广告为主，是一种新形式的广告营销。前瞻产业研究院发布的《中国广告行业市场前瞻与投资战略规划分析报告》显示，到 2019 年，我国数字营销的广告市场份额已经超过电视广告的份额，互联网广告所占比重已超过传统广告业 50%。

在数字电视媒体智能终端设备上，目前可管理上报用户 ID、地理位置、观看数据、广告请求、广告曝光、广告展示位置等详细信息，并满足网络广告支持程序化购买的条件。

尽管数字电视广告是很普遍的广告形式，但也存在广告主对数字电视广告了解不够充分，广告投放传播无法制定统一的标准，缺乏专业的第三方监测评估体系等问题。

### （二）数字电视广告的形式

数字电视广告最基本的形式有：EPG（电子节目指南）广告，包括开机广告、菜单广告、换台信息条广告、VOD 点播广告、喜爱频道列表广告、导视频道广告、弹出窗口式广告、字幕广告、音量条广告等；植入式广告；直接屏幕广告；互动角标广告；电视邮箱/链接广告；电视广告专门频道；等等（见图4-16）。

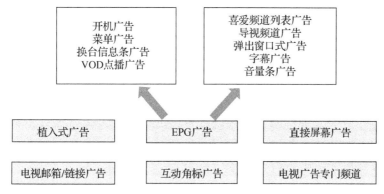

图4-16 数字电视广告的形式

### 1. EPG（电子节目指南）广告

EPG的英文全称为Electronic Program Guide，翻译为电子节目指南。数字电视EPG能够为用户提供节目预告、检索、浏览和查询内容，并备有节目简介、演员信息、节目片段等相关内容供用户选择。EPG广告业务多种多样，在基本和增值服务的界面中可以插入数字广告内容。其广告形式有以下几种。

（1）开机广告。开机广告就是在打开电视机时会出现的图片（静态图片或GIF图片）、Flash或视频广告。一般每个开机广告时长为5～10秒，有的会出现2～3个广告。开机界面广告有很大的强制性，收视率为100%。广告内容较容易引起用户的注意，是一种很好的广告形式。

（2）菜单广告［见图4-17a)］。在遥控器上的指南EPG中有一个菜单画面，用户可以快速找到所需要节目的目录主菜单广告和二级菜单广告的画面与图片，点击则可查看文字介绍和内容。其优点是广告内容丰富且有吸引力，用户操作方便。

（3）换台信息条广告［见图4-17b)正下方框中］。用户在观看时，按遥控器的"频道+/频道-"进行换台，在屏幕下方会出现当前频道信息和植入的广告信息，停留在荧屏下方约3～5秒后消失。虽然换台信息条广告的显示时间非常短，但因伴随换频道而高频率出现，所以是到达率最高的一种电视广告方式。

a）菜单广告　　　　　　　　　　　b）换台信息条等广告

图4-17 菜单广告和换台信息条等广告

（4）VOD点播广告。VOD点播广告就是在视频点播（Video on Demand）业务中，插入图片、Flash、文字、视频等广告。在主菜单广告页面，用户可以按需要选择电视节目或影视节目，打开VOD画面播放。在播放VOD页面时，可以安排播放有针对性的相关广告，增强用户的收看效果。

（5）喜爱频道列表广告。喜爱频道列表广告就是在用户根据自己喜爱的频道列表的界面中，插入相应的广告内容。喜爱频道列表就是把用户喜爱的各频道集中到喜爱"收藏夹"中，方便用户选取和观看数字电视。

（6）导视频道广告。导视频道广告就是不同的数字电视频道运营公司在其设有的导视频道中插入预告新内容、片花、播出时间等多种广告信息，既为用户提供了频道中的新信息内容，又提供了相应的服务，能产生较好的广告效果。

（7）其他类型广告。EPG广告的形式多种多样，其他还有弹出窗口式广告、字幕广告、音量条广告等形式。

### 2. 植入式广告

植入式广告就是在数字电视音视频节目中或各种新型数字电视业务中以较隐蔽的方式在设置的背景中植入广告。例如，在在线（棋牌等各类）游戏、在线支付、互动电视教育等各种背景的后面均可植入广告，甚至是进入画面的各种用品也可植入品牌广告。

### 3. 直接屏幕广告

直接屏幕广告就是在电视画面中直接呈现电视节目的广告图片的内容，用户只要点击就可以出现广告的详细内容或视频。有的广告信息可以文字或图片的方式滚动出现在电视屏幕的上方或下方。

### 4. 互动角标广告

互动角标广告是在电视节目播出时，悬挂在屏幕右下角播放的动态广告标识［见图4-17b）右下角方框中］。按下遥控器上的红色按钮后，用户可以进入另一个为该广告商品所设的专属互动环境，以获取更进一步的产品和其他信息。此时在电视屏幕的视频上会出现一个图片窗口，用户可继续通过遥控器对窗口中的信息进行选择、关闭、退出等操作，达到广告与用户选择互动的效果。

### 5. 电视邮箱/链接广告

电视邮箱/链接广告是通过电视后台管理系统将企业的广告信息直接发送到用户电视邮箱的广告形式［见图4-17b）右上方框中］。电视邮箱/链接广告支持发送和接收多层静态画面、图片、文字等形式的邮件广告附件，当企业广告发送至用户的电视邮箱后，电视屏幕上会出现一个邮件的符号提示。其特点是能够为用户精准传递相关广告信息。

### 6. 电视广告专门频道

电视广告专门频道就是电视运营商把各种广告信息以专门的电视广告频道来播放的广告形式。一般会根据时间段、产品特点、消费对象和消费习惯对电视广告的栏目进行划分，用户可以通过广告的栏目来查找和打开自己需要的广告信息。例如，我国很多地方开设了电视购物专门频道、专题电视广告栏目等。

此外，数字电视广告还可划分为：页面广告（主菜单页面、二级栏目页面等）、直播播放类广告（直播换台条、直播音量条等）、点播播放类广告（点播贴片广告、点播暂停广告、点播泡泡广告等）等类型。

### （三）采用数字电视广告的优势

数字电视广告与传统电视广告及其他广告类型相比，具有以下优势。

#### 1.强制推送广告下的高覆盖率

数字电视广告运营商可以采用多种多样的形式和广告策略推送企业广告，用户没有选择的权利，因而广告到达率非常高。

#### 2.广告发布灵活性强，不受时间和空间限制

由于数字电视广告可以选择运营的频道众多，可采取文字、图片、声音、视频、动画等广告形式进行发布，因此，运营商可以在多个频道、多个时间段、不同的地点同时发布广告，到达的用户层次多种多样，效果也很好。例如，针对儿童的饮料、食品、玩具等广告，时常采用数字电视广告的形式。

#### 3.精准销售，广告效果好

数字电视广告可以运用后台的数据，分析用户的喜爱和偏好，并在频道或节目中植入相关联的产品广告，从而取得不一样的销售效果。例如，电视购物广告一般形象生动，有很强的煽动性，能促进观众购买。

#### 4.受众多为较高收入家庭和中老年群体

较高收入家庭的家庭成员和中老年群体是数字电视广告与销售的主要对象，他们的需要层次覆盖了人的全生命周期的各阶段，因此，适合采用数字电视广告的产品众多。

总之，数字电视广告的效果不仅包含在数字电视上直接下单的销售，还包括通过数字电视把产品品牌等信息植入消费者脑海中，使其到线上或线下商店购买商品，也能产生促进销售的效果。

---

**知识拓展 4-4　　　　　　　　数字电视广告的新形式**

（1）信息提供（Information Offer）。它是电视插播广告，鼓励收视者利用家中的终端机键入要求，以获得更多的信息，犹如将信息"邀请"进入家中。

（2）直接回应电视（Direct Response Television）。其广告与节目同长，用户可通过电话订购或直接通过遥控器按键购买产品。

（3）信息广告（Infomercial）。其广告具有交互性设计，观众可自由进入，且可配合个人需求。

（4）节目长度广告（Program-Length Ommercials）。其广告与娱乐节目以及直销手法糅为一体。

（5）咨询计费广告（Per-inquiry Advertising）。媒体邮售的不再是广告时段，而是按用户进行咨询的次数与时间，向广告主计次收取费用。

资料来源：谢洋. 小众传播背景下的媒体选择 [J]. 现代商业，2008（17）：282-283.

## 第六节    数字出版物营销

### 一、数字出版物营销概述

（一）数字出版概述

1. 数字出版

数字出版产业是建立在计算机技术、通信技术、网络技术、流媒体技术、存储技术、显示技术等高新技术基础上，融合并超越了传统出版内容而发展起来的新兴出版产业。

新闻出版总署（现为国家新闻出版广电总局）在《关于加快我国数字出版产业发展的若干意见》中指出：数字出版是指利用数字技术进行内容编辑加工，并通过网络传播数字内容产品的一种新型出版方式。

数字出版的主要特征为内容生产数字化、管理过程数字化、产品形态数字化和传播渠道网络化。

2. 数字化出版

数字化出版是指借助计算机或终端设备，在整个出版过程中，通过数字化的编辑手段、排版技术、印刷工艺（如 POD 印刷）和发行手段等，把要出版的信息以统一的数字化形式存储于计算机、网络、光盘、磁盘等介质中进行的数字化信息处理、接收与发布的一种出版形式。数字化出版是出版（物）形态的数字化和出版过程的数字化。它强调内容数字化、生产模式和运作流程数字化、传播载体数字化以及消费阅读、学习形态等数字化。

3. 数字出版物 / 电子出版物

数字出版物就是以离线数字出版物、网络出版物、网络图书、网络期刊等新业态存在的出版内容。

随着数字技术的广泛运用，出现了种类繁多、内容丰富的电子出版物。电子出版物（包括电子图书和电子报刊）是指以数字代码方式把图片、文字、声音、图像、视频、数据等信息存储在磁、光、电介质上，通过电脑、手机或其他交互设备进行阅读使用、复制、转发和传播，以表达思想、普及知识和积累文化，并可发行的大众传播媒介。

## 4.数字化出版物的类型

（1）离线数字出版物，如 CD、VCD、DVD 等。

（2）网络出版物，如电子新闻、电子杂志、个人主页、BBS、BLOG、Wiki 等。

（3）电子书，包括网页形式和专用电子书形式。

（4）按需出版物。出版单位出版图书完全依据市场需求，出版单位与作者签订供稿合同，作者需要支付一笔一次性的费用。出版单位按 20% 的版税、依据实际图书销售状况付给作者稿费。而读者通过网站选择想要买的书，付费后，按需出版商就会印刷、装订、出版后寄给读者。

## 5.数字出版产品的具体形态

数字出版产品的形态主要有：电子图书、数字期刊、数字报纸、数字音乐、网络原创文学、网络教育出版物、网络地图、网络动漫、网络游戏、数据库出版物、手机出版物（彩信、彩铃、手机报纸、手机期刊、手机小说、手机游戏）等。数字出版产品的主要传播途径为有线互联网、无线通信网和卫星网络等。

---

**知识拓展 4-5　　你知道在哪里找到数字阅读吗**

进入新时代，我国数字产业发展迅速。以大数据、区块链、人工智能、云计算、物联网等为代表的新一代数字技术已经深入到众多传统产业和行业，数字产业的新产品、新业态不断出现。国家统计局的数据显示，2020 年数字文化产业持续快速发展，文化新业态特征较为明显的 16 个行业小类实现营业收入 31 425 亿元，比 2019 年增长 22.1%；占规模以上行业企业总营业收入的比重为 31.9%，相对于 2019 年提高 9 个百分点，彰显出数字产业新业态的巨大发展潜力。《2019—2020 中国数字出版产业年度报告》显示，2019 年我国数字出版产业收入规模超过 9 800 亿元，相较 2018 年增长幅度约为 17.65%，其增速远超传统出版业。

数字阅读是指阅读形式和过程的数字化，过去人们读书、看报纸或杂志，现在人们阅读电子书、网络小说，看网页、数字报纸或者数字杂志。不仅人们的阅读对象发生了变化，他们所面对的对象不再是过去的纸质形态，而是诸如台式电脑、笔记本电脑、手机、阅读器等；而且人们的阅读方式也发生了数字化的变化，数字阅读不仅具有随时随地的便捷性、大家共读的互动性、阅读载体的多元性，还有价格低廉、信息量大、便于检索和便于阅读等特点，日益成为人们阅读的主要方式。但是数字阅读时间的碎片化、方式的娱乐化和内容的浅层化也是值得注意的问题。图书出版机构、大型互联网公司和网络文学平台等纷纷涌入数字阅读的行列，从而推动中国数字阅读市场迅速发展。

在第七届中国数字阅读大会上，中国音像与数字出版协会发布的《2020 年度中国数字阅读报告》显示，2020 年中国数字阅读产业规模达 351.6 亿元，增长率达 21.8%，人均电子书阅读量为 9.1 本，而同期的人均纸质书阅读量为 6.2 本，同比减少了 2.9 本。数字阅读不仅是年轻人的事，第十八次全国国民阅读调查数据表明，在接触过数字化阅读方式的群体中，50 周岁及以上人群占 23.2%，较 2019 年增长了 2.8 个百分点。儿童也在成为数字阅读的重要用户，儿童数字阅读付费增长 56.5%，日均数字阅读时长达 29 分钟。

资料来源：张伟，吴晶琦. 数字文化产业新业态及发展趋势 [J]. 深圳大学学报（人文社会科学版），2022，39（1）：60-68.

### 6. 我国数字出版的发展历程

随着 1994 年我国正式接入因特网，我国的数字出版产业开始起步。创办于 1995 年 1 月的 "神州学人" 网站，是国内第一家中文网络新闻媒体。1999 年，人民出版社在人民时空网站首次成功销售《中国经济发展五十年大事记》的网络版，开始了中国网络图书出版的进程。2004 年，新闻出版总署（现为国家新闻出版广电总局）批准成立了首批 50 家互联网出版机构，标志着数字出版产业在我国正式成为一种新的出版业态。

2005 年，"首届中国数字出版博览会" 的召开标志着 "数字出版" 概念在我国正式开始使用，纸质的出版物成为传统出版物，数字出版成为新的出版产业。2006 年，中国新闻出版研究院成立了数字出版研究室和数字出版研究中心，开始对中国数字出版产业的发展情况进行数据统计研究。

《2021 年出版行业新媒体影响力榜单》显示，2020—2021 年，出版业新媒体业务快速扩张。从微信公众号、微博到视频号、抖音号、快手号、B 站等，出版机构新媒体业务覆盖形式和领域更加广泛。

### （二）数字出版物营销的概念和内容

#### 1. 数字出版物营销的概念

数字出版物营销是指以数字化技术手段对传统或数字出版物进行宣传、销售和策划等营销活动。

#### 2. 数字出版物营销的内容

（1）对离线数字出版物、网络出版物、网络图书、网络期刊等数字化出版产品进行营销。

（2）把传统出版内容转化为电子版、网络版、手机版等形式进行销售。

（3）通过数字新媒体平台和手段，对传统或数字出版物进行线上或线下推广宣传及网络广告运作等活动。

## 二、数字出版物营销的运营模式

数字出版物在营销运营上与一般的网络经营类似，但也有自己的特点，其运营模式除突显出数字出版物营销的多样化外，还带有更多文化产业运营的特征。

## （一）出版社内部营销运营模式

### 1. 出版社自建网站运营

出版社自建网站就是某些大型的出版社依据自身的营业规模、技术和运营能力自己设立与建设出版物或出版社网站。大部分的出版物采用免费和付费模式进行运营。

出版社自建网站的营销运营形式有以下几种。

（1）纸质出版物的全面数字化。数字出版物网站的内容基本上完全来自纸质出版物。例如，读者网站（https://www.duzhe.com）上的内容包括从1981年创刊以来到2022年已经出版的各期杂志的目录，如果订阅了相关年份的电子杂志，则可以在网站上阅读。该公司还运营"读者"品牌的各类新媒体数字账号、《读者》杂志电子版权、读者蜂巢App、《读者》电子商务平台、知识付费产品的研发及销售等业务。

（2）部分纸质出版物的数字化。只把一部分纸质出版物，如图书、期刊、文章或作品置于网站中。例如，福建教育出版社的网站（http://115.159.43.221:81/html/skts/）以目录分类方式展示其出版内容，网站上有新书上架、畅销图书、获奖图书等，也可以通过"图书查询"查找到相关的图书出版物。

（3）纸质出版物的内容局部数字化。网站的内容只呈现纸质出版物的目录或局部的文章内容，在一些网站可以看到最新的文章目录，但不能浏览全文。也有一些网站只能看到"过刊"的文章或内容。许多杂志出版社网站以此种方式进行纸质出版物的内容数字化运营。

（4）多种媒体融合的出版社或出版物。例如，清华大学出版社目前年出版图书、音像、电子出版物3 000种左右，现设有"理工""计算机与信息""经管与人文社科""外语""医学""职业教育""少儿""音像电子与数字出版"八个分社和学术出版、期刊两个中心，下辖七个子公司，建立了完善的经营体系与集团化架构，实现了图书、音像制品、电子出版物、期刊和网络等多种媒体融合的立体化出版格局。

⊙ 案例分享 4-7

### 机械工业出版社的数字化发展

机械工业出版社成立于1950年，前身为科学技术出版社（由三联书店分立组建），1952年更名为机械工业出版社，是1949年新中国成立后国家设立的第一批科技图书出版机构。机械工业出版社（以下简称机工社）由机械工业信息研究院作为主办单位，目前隶属于国务院国资委。截至2020年，机工社年出版新书近3 000种、重印书约5 000种，年引进和输出版权总量近900种，年销售图书3 700万册以上；年销售码洋突破18亿元，连续多年保持全国图书零售市场占有率第一的地位；产品横跨科技出版、教育出版、大众出版三大板块，覆盖机械、电工电子、汽车、建筑、经济管理、计算机、外语、少儿、心理、农业、设计、科普、生活等十多个专业领域，以及高等教育、职业教育、技能教育、基础教育等不同教育层次。

数字出版产业是机械工业信息研究院（机械工业出版社）的第五产业，在加快实施复合发展、技术引领和构建全媒体生态的发展战略指导下，数字出版产业取得了初步成效。在制度层面，出台了数字出版的"一个标准、四个办法"，建立了一整套数字化内容生产、传播和服务的标准流程体系。在实施层面，携手新华网建成以高清演播大厅为主，类型丰富、功能全面、面积达1 500平方米的现代化融媒体中心，主要由演播大厅、全媒体演播室、录课室、录音间和大型会议室组成，并配有导播间、制作间、化妆间等配套设施；搭建了"九州云播"直播平台，提供了新的数字化基础设施和传播平台，进一步构建全媒体生态，促进院社数字化转型升级。建成"工程科技数字图书馆"，制作发布电子书1.3万多种，电子期刊1 800余期，服务院校百余所；建成职业技能在线学习平台"天工讲堂"，上线数字课程及资源500余种；策划制作了"国家职业资格培训视频课程""装备制造业经典技能微课堂""大国工匠绝技绝活"等高质量课程千余学时。面向C端和B端市场开发的数字产品营销渠道基本完备，产品知晓度和市场覆盖率不断提升，付费用户和潜在用户数量持续增长。

### 2. 自产自销电子出版物

自产自销电子出版物是指出版机构或出版社自己设计制作电子出版物，并通过自身建立的出版物或出版社网站进行网上销售的形式。电子出版物（如图书、文章等）可以以PDF的格式打包，读者在出版物或出版社网站付款后可以在线阅读或下载阅读。

## （二）出版社外部营销运营模式

### 1. 入驻大型电商平台或开设自营店

出版社通过入驻某电商平台或在电商平台上开设自营店，进行数字出版物的经营。例如，中信出版社在天猫和京东商城上均开设有官方旗舰店。

### 2. 加入第三方专业电子销售平台

一般报刊或图书出版社没有自己的销售运营网站平台，许多自建网站只能展示电子图书的资料和信息，但不能下单购买。此种情况下，许多出版社就会选择与合适的电子商务专业网站合作进行营销。例如，出版社可以把版权授权给当当网自营或代营等。此外，也可以与电子杂志专业销售机构，如读览天下、悦读网等进行合作运营。

### 3. 加入公共数据库平台

许多期刊或图书出版社会选择公共数据库平台。国内以电子出版物为主要业务的公共数据库平台有中国知网（CNKI）、维普、万方、龙源等数据库。这些数据库面向各个高校和社会各教育阶层，一般需要付费使用。

## （三）移动手机出版物营销运营模式

### 1. 阅读类 App 运营

阅读类 App 运营主要是用户可以通过电脑或智能手机、平板电脑、电子图书阅读机 /器等移动客户终端和应用软件程序，实现阅读电子图书、报刊的效果。阅读类 App 有免费阅读和付费阅读两种模式。在免费阅读类 App 上，用户或读者不需要付费即可阅读相关的内容，例如，微信读书经常有免费或特价书籍，若购买书籍，可将书籍免费、有限次地分享给其他人。在付费阅读类 App 上，用户需要注册和购买相关的权限才能进行下载和阅读。表 4-9 对比了移动阅读类 App 的功能和特点，可以为阅读类 App 运营提供参考。

表 4-9　移动阅读类 App 的功能和特点对比表

| App 类型 | 功能和特点 | 链接 |
|---|---|---|
| 学习通 | 基于超星积累的海量的图书、期刊、报纸、视频、原创等资源，集知识管理、课程学习、专题创作、办公应用于一体，为大学生读者提供一站式学习软件。其功能强大，学习资源非常丰富 | http://App.chaoxing.com/ |
| 微信读书 | 微信读书有微信公众号、小程序和视频号，可以把书加入书架，也可以听书，或查看书的目录，可以购买特价书。微信读书有百万免费书籍，读者如购买书籍后，可将书籍免费分享给其他人 | https://weread.qq.com/ |
| 网易蜗牛阅读 | 简洁、移动的阅读社区，能实现个性化阅读，适合较长时间的深度阅读，每天有 60 分钟免费阅读时间 | https://du.163.com/ |
| 豆瓣阅读 | 书籍评分，新书推荐。关联阅读时找书比较快 | https://read.douban.com/ |

此外，手机杂志类 App 有以下几种类型：品牌延伸型手机杂志 App（原貌数字版手机杂志、精华集合版手机杂志）、聚合型手机杂志平台 App（如《VIVA 畅读》、*iWeekly*、*Flipboard* 等）、原创型手机杂志 App（纯原创阅读式手机杂志 App、与杂志内容相结合的功能 App、与自媒体社交平台相结合的微杂志 App）等。

### 2. 加入手机电子报刊信息阅读平台

手机电子报刊信息阅读平台是出版物的制作和发行单位，在手机、电脑和平板电脑等智能终端的阅读平台上，提供数字化的报刊和信息读物。它主要由各大型网站、各地广播电视单位或出版单位提供。出版物的制作和发行单位或个人，可以加入这些阅读平台，把自己的营销信息推送出去。例如，可以在百度新闻、今日头条、东方今报多媒体数字版等推送营销信息。手机电子报刊信息阅读平台有的是免费向用户提供，但大量的新闻报道和信息是需要付费订阅的，如冯站长之家三分钟新闻早餐等。企业可以把推送的内容制作成新闻，再进行网络推送和营销。

### 3. 运营手机报和彩信手机报

运营手机报是一种新型的数字出版物营销发行形式（详见第六章第一节中的手机报营销）。

彩信手机报是指出版单位借助中国移动、联通、电信等手机号的移动通信网络，发送彩信信息内容到客户手机上。彩信消息支持多种媒体功能，能够全面传递内容和信息，包括文字、图像、声音等媒体格式数据信息。随着网络技术的发展，彩信手机报因收费高和信息量较少等缺点，其营销效果受到极大的限制，目前只有较少的使用量。

## 三、数字出版物营销策略

由于数字出版物的起步较晚，数字出版物营销在思想认识、技术、运营、方式和推广方法等方面还存在有待拓展和创新的领域，因此，出版单位可以采用一些数字出版物营销策略来提高数字出版物营销的效果，具体如下。

### (一) O&O 双线运营策略

O&O 双线运营策略就是指出版发行单位同步运营线下纸质产品与线上数字产品，同一主题不同形态的出版物分别在出版、发行、营销信息发布渠道、交易与促销规则、渠道反馈信息等环节做到同步把控与销售促进。例如，《最漫长的那一夜·第 2 季》一书在发行之前，出版单位将纸书与电子书分别在不同渠道进行同步预售，并通过微信、微博的粉丝圈预热；在正式发行过程中，结合亚马逊等渠道的业务规则，并根据作品首发后的市场反馈，对纸书与电子书同步开展有针对性的营销活动，最终取得较好的运营效果。

⊙ 案例分享 4-8

**当当网的运营策略是什么**

当当网（www.dangdang.com）是全球知名的综合性网上购物商城，由国内著名出版机构科文公司、美国老虎基金、美国 IDG 集团、卢森堡剑桥集团、亚洲创业投资基金（原名软银中国创业基金）共同投资成立。从 1999 年 11 月正式开通至今，当当网已从早期的网上卖书拓展到网上卖各品类百货，包括图书音像、美妆、家居、母婴、服装和 3C 数码等几十个大类，其中在库图书、音像商品超过 80 万种，百货达 50 余万种；目前当当网的注册用户遍及全国 32 个省级行政区，每天有 450 万独立 UV，每天要发出 20 多万个包裹；物流方面，当当在全国 11 个城市设有 21 个仓库，共 37 万多平方米，并在 21 个城市提供当日达服务，在 158 个城市提供次日达服务，在 11 个城市提供夜间递服务。

当当网还在大力发展自有品牌——当当优品。在业态上从网上百货商场拓展到网上购物中心的同时，当当网也在大力开放平台，其商店数量已超过 1.4 万家。同时，当当网还积极地走出去，在腾讯、天猫等平台开设旗舰店。当当网于美国时间 2010 年 12 月 8 日在纽约证券交易所正式挂牌上市，成为中国第一家完全基于线上业务、在美国上市的 B2C 网上商城。

思考：当当网在运营策略上是否发生了改变？为什么？

资料来源：当当网。

## （二）多渠道选择及优化策略

随着互联网技术的快速发展，数字出版物营销也进入一个新阶段。数字出版物营销的渠道出现多种形式，选择和优化策略是企业需要努力的方向。数字出版物营销可以结合数字媒体、社交媒体和移动媒体进行设计策划。例如，出版单位可以采用微博营销、微信营销、搜索引擎营销等手段来发行出版物。

1994年，由杰夫·贝佐斯（Jeff Bezos）成立的Cadabra网络书店（亚马逊公司的前身），标志着数字出版物营销进入网络销售时代。1999年11月，当当网开始在网上卖书，也开启了中国数字出版物营销新时代。2012年12月，亚马逊Kindle电子书（https://www.amazon.cn/）在中国上线后，许多大型电商平台纷纷开设了电子书和数字出版物销售模块，并向出版单位索求版权资源。电子书和数字出版物进入多元化、多渠道发展和多媒体销售模式，满足网络时代读者的碎片化阅读习惯、在线支付的消费方式、多终端浏览等需求。

⊙ 案例分享 4-9

### 亚马逊公司是如何发展起来的

亚马逊公司（Amazon，以下简称亚马逊）是美国最大的一家网络电子商务公司，位于华盛顿州的西雅图。亚马逊成立于1994年，是在网络上最早开始经营书籍销售业务的电子商务公司之一，已成为全球商品品种最多的网上零售商和全球第二大互联网企业，公司名下有Alexa Internet、a9、lab126和互联网电影数据库（Internet Movie Database，IMDB）等子公司。亚马逊及其他销售商为客户提供数百万种独特的全新、翻新及二手商品，如图书、影视、音乐和游戏、数码下载、电子和电脑、家居园艺用品、玩具、婴幼儿用品、食品、服饰、鞋类和珠宝、健康和个人护理用品、体育及户外用品、玩具、汽车及工业产品等。2019年7月18日，亚马逊停止为亚马逊中国网站上的第三方卖家提供卖家服务。2021年7月，杰夫·贝佐斯正式卸任亚马逊首席执行官，由安迪·贾西继任。亚马逊在2021年《财富》世界500强排行榜上位居第三。

第一次转变：定位成"地球上最大的书店"（1994—1997年）

1994年夏天，从金融服务公司D. E. Shaw辞职出来的贝佐斯决定创立一家网上书店，贝佐斯认为书籍是最常见的商品，标准化程度高；而且美国书籍市场规模大，十分适合创业。经过大约一年的准备，亚马逊网站于1995年7月正式上线。为了和线下图书巨头Barnes & Noble、Borders竞争，贝佐斯把亚马逊定位成"地球上最大的书店"（Earth's Biggest Bookstore）。为实现此目标，亚马逊采取了大规模扩张策略，以巨额亏损换取营业规模。经过快跑，亚马逊从网站上线到公司上市仅用了不到两年时间。1997年5月，在Barnes & Noble开展线上购物时，亚马逊已经在图书网络零售上建立了巨大优势。此后，亚马逊与Barnes & Noble经过几次交锋，最终完全确立了自己"最大书店"的地位。

第二次转变：成为"最大的综合网络零售商"（1997—2001年）

贝佐斯认为和实体店相比，网络零售很重要的一个优势在于能给消费者提供更为丰富的商品选择，因此扩充网站品类，打造综合电商以形成规模效益成为亚马逊的战略考虑。1997 年 5 月，亚马逊上市，尚未完全在图书网络零售市场中树立绝对优势地位的亚马逊就开始布局商品品类扩张。经过前期的供应和市场宣传，亚马逊的音乐商店于 1998 年 6 月正式上线。仅一个季度亚马逊音乐商店的销售额就已经超过了 CDnow，成为最大的网上音乐产品零售商。此后，亚马逊继续进行品类扩张和国际扩张。2000 年，亚马逊的宣传口号已经改为"最大的综合网络零售商"（The Internet's No.1 Retailer）。

第三次转变：成为"最以客户为中心的企业"（2001 年至今）

从 2001 年开始，除了宣传自己是"最大的网络零售商"外，亚马逊同时把"最以客户为中心的公司"（The World's Most Customer-Centric Company）确立为努力的目标。此后，打造以客户为中心的服务型企业成为亚马逊的发展方向。为此，亚马逊从 2001 年开始大规模推广第三方开放平台（Marketplace），2002 年推出网络服务（AWS），2005 年推出 Prime 服务，2007 年开始向第三方卖家提供外包物流服务（Fulfillment by Amazon，FBA），2010 年推出自助数字出版平台（Digital Text Platform，DTP，KDP 的前身）。亚马逊逐步推出这些服务，使其超越网络零售商的范畴，成为一家综合服务提供商。

思考：

1. 亚马逊公司的发展给你带来哪些启示？

2. 为什么亚马逊公司能够发展成为"地球上最大的书店"和"最大的综合网络零售商"？

## 思考题

1. 了解并掌握以下基本概念。

门户网站，门户网站营销，搜索引擎，搜索引擎营销，网络视频，网络视频营销，E-mail 营销，数字电视媒体，数字电视媒体营销，数字出版，数字出版物营销

2. 门户网站和门户网站营销是如何分类的？

3. 比较分析搜索引擎的分类方式和特点。

4. 如何运用搜索引擎 IR 模型和分类来分析用户行为？

5. 网络视频营销的优势和模式有哪些？

6. 比较分析内外部列表 E-mail 营销的特点。

7. 数字出版物营销的运营模式有哪些？

## 实践训练

【目标】

结合实际内容，深刻了解门户网站、搜索引擎、网络视频、E-mail、数字电视、数字出版等数字新媒体及其营销的基本概念、认识和运用。

【内容要求】

请同学们对身边的数字新媒体营销活动进行认识和训练，正确理解各数字媒体及其营销的概念、基本内容和运行情况。

## 【训练】

训练1：当企业要进行新闻宣传时，如何进行搜索引擎优化？请自行确定一个与企业相关的关键词，在搜索引擎网站上进行搜索查询，分析其搜索结果页面的广告。

训练2：请聚焦某个主题，写一封与企业或个人相关的营销邮件，内容题材不限，发送给某个通信列表，进行已读回执统计。从自己的电子邮箱中选取3～5封营销邮件，分析其邮件主题、内容和发件人信息设置等方面的优劣得失。

训练3：全面认识和有效利用数字电视的广告资源，以某一个单位或主题为目标，设计数字电视广告投放计划。

## 参考文献

[1] 肖凭，文艳霞.新媒体营销 [M].北京：北京大学出版社，2013.

[2] 连枫.中国门户网站的发展现状分析 [J].山西财经大学学报（高等教育版），2008（1）：94-96.

[3] 刘经省.门户网站奥运营销策略研究：以伦敦奥运中的新浪、腾讯、搜狐、网易为例 [D].重庆：重庆大学，2014.

[4] 王宏伟，张媛媛，甄小虎，等.网络营销 [M].北京：北京大学出版社，2010.

[5] 龙佳.论搜索引擎的特点与发展态势 [J].电脑知识与技术，2019，15（1）：200-201.

[6] 许瑞.搜索引擎技术的发展现状与前景 [J].中国新技术新产品，2017（4）：20-21.

[7] 赵丁，勾智楠.搜索引擎技术探究 [J].电子制作，2014（5）：60.

[8] 朱中平.搜索引擎营销的原理与模式分析 [J].中国市场，2009（45）：93-94.

[9] 牟雪艳.网络信息资源检索工具中的搜索引擎基本工作原理 [J].电子世界，2012（10）：39.

[10] 王姣，徐海霞.搜索引擎工作原理再探究 [J].电脑知识与技术，2016，12（25）：165-166.

[11] 罗丽姗.垂直搜索引擎发展概述 [J].图书馆学研究，2006（12）：55，68-70.

[12] 陈广胜.网络经济时代搜索引擎营销探讨 [J].科技信息（科学教研），2007（19）：14-15.

[13] TELANG R，RAJAN U，MUKHOP-ADHYAY T. The market structure for internet search engines[J]. Journal of Management Information Systems，2004，21（2）：137-160.

[14] 张文锋，黄露.新媒体营销实务 [M].北京：清华大学出版社，2018.

[15] BRODER A. A taxonomy of web search[J]. ACM SIGIR Forum，2002，36（2）：3-10.

[16] 王浩，姚长利，郭琳，等.基于中文搜索引擎网络信息用户行为研究 [J].计算机应用研究，2009，26（12）：4665-4668.

[17] NIELSEN J. F-shaped pattern for reading web content (original study). Nielsen Norman Group [EB/OL]. (2006-04-16) [2022-07-29]. https://www.nngroup.com/articles/f-shaped-pattern-reading-web-content-discovered/.

[18] SOUTHERN M G. Over 25% of people click the first google search result. Search Engine Journal[EB/OL]. (2020-07-14) [2022-07-29]. https://www.

searchenginejournal.com/google-first-page-clicks/374516/.

[19]　向科衡.基于新媒体工具的搜索引擎优化策略探究[J].现代职业教育,2018(2):137.

[20]　冯小玲.中小企业国际市场拓展的搜索引擎优化策略研究[J].电子商务,2014(10):22-24.

[21]　陈远,成全,钟晓星.基于搜索引擎的关键词广告及策略[J].情报理论与实践,2005,28(2):169-172.

[22]　佚名.网络视频的软件化实现[J].互联网周刊,1999(14):42.

[23]　单鹏,吕杨.2021中国网络视听发展研究报告:网络视听用户规模达9.44亿.中国新闻网[EB/OL].(2021-06-02)[2022-08-08].https://baijiahao.baidu.com/s?id=1701458877752267843&wfr=spider&for=pc.

[24]　邓榕,刘琼.网络视频营销的问题及对策[J].新闻界,2011(1):8-9.

[25]　佚名."播客"个人化广播带来网络革命[J].计算机与网络,2005(8):34.

[26]　秋叶,刘勇.新媒体营销概论[M].北京:人民邮电出版社,2017.

[27]　何建新,宋武.浅析数字电视基本原理[J].长江大学学报(自科版),2006(S1).

[28]　何宗就.中国电视媒体数字化网络化发展与思考[J].现代电视技术,2003(1):10-13.

[29]　张峰.数字化出版和出版数字化[J].科技与出版,2004(1):57-59.

[30]　盛寅斌.JT大学出版社数字出版战略研究[D].上海:华东理工大学,2015.

[31]　张新华.数字出版产业理论与实践[M].北京:知识产权出版社,2014.

[32]　徐金.手机杂志APP多元形态和多渠道营销手段研究[D].苏州:苏州大学,2017.

[33]　邵凯.互联网环境下出版物运营策略研究[J].科技与出版,2018(4):93-96.

第五章

# 社交媒体营销

## 学习目标

论坛/贴吧、博客和微博营销

QQ营销和微信营销

SNS营销和IM营销

第三方平台营销

## 【案例导读】　　　　　　完美日记利用了哪些社交媒体营销玩法

完美日记利用了哪些营销玩法，仅仅用三年时间成为国货新品牌案例？完美日记社交媒体的全渠道布局如下。

（1）小红书玩法。在小红书上，完美日记前期利用"明星+知名KOL"进行品牌背书；中期主要采用"头部达人+腰部达人"进行广告投放；后期主要与"底部达人+素人"进行合作。在小红书上搜索完美日记，种草笔记超过34万篇，而国货前辈卡姿兰、玛丽黛佳也只有4万多篇，体现了完美日记种草成绩显著。

（2）抖音/快手玩法。完美日记以产品评测、妆容分享、剧情视频为主要营销内容，采用"非垂直+垂直领域"达人投放方式。

（3）B站玩法。完美日记与Up主（Uploader，上传者）合作，采用"内容营销+弹幕互动"等方式。

（4）微博玩法。完美日记官宣品牌代言人，塑造品牌新形象和增加声量，实现跨界合作效果。

（5）微信玩法。完美日记打造"微信公众号+小程序+朋友圈+社群"四位一体的私域社区，在50多个微信公众号及配套小程序上组建宠粉联盟、美妆俱乐部等，塑造了虚拟导购人设"小完子"并建立了大量社群，提升了完美日记品牌产品的形象和复购率。

截至2020年9月30日，完美日记已经与近15 000个KOL进行了合作，其中有800多个是百万粉丝级的KOL。

资料来源：完美日记营销案例（下），2021年7月10日。

## 第一节　论坛/贴吧、博客和微博营销

### 一、论坛/贴吧营销

#### （一）论坛的概念与分类

**1.论坛的概念**

论坛又名网络论坛，英文简称BBS（Bulletin Board System，电子公告板），是互联网上的一种电子信息交互服务系统，以电子公告板的形式出现，用户可以进行讨论、聊天、发布主题和回复帖子等信息交流。论坛提供的公共电子白板，内容和形式多种多样，具有极强的交互性。

**2.论坛的分类**

论坛的分类如图5-1所示。

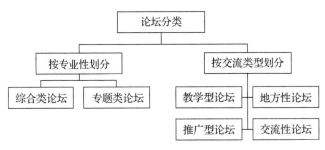

图5-1　论坛的分类

（1）按专业性划分如下。

论坛就其专业性可分为以下两类。

①综合类论坛。

综合类论坛是指拥有较丰富和广泛的信息与资源，能够吸引各种类型的网民来到论坛，通常是大型的门户网站下主导的论坛。这是因为大型的门户网站有大量的人气、凝聚力和强大的技术支持。这类论坛的缺点是虽然面面俱到，但无法做到精细，如知乎（https://www.zhihu.com/）。

②专题类论坛。

专题类论坛是专注于某种类型或主题的交流探讨的论坛，能够设置单独一个领域板块或细分类型的信息和交流，如经管学术类论坛（经管之家）、军事类论坛、购物类论坛、动漫或游戏论坛、情感倾诉类论坛、计算机爱好者论坛等。专题类论坛能够做到专而精，有助于吸引志同道合的人来交流。

（2）按交流类型划分如下。

①教学型论坛。

教学型论坛主要是对一种、一类或多种知识的传授和学习，在这类论坛上可以获得

相关的知识或学习方法，类似教学类的博客或网站。例如，英语、财会、计算机等教育培训学习考试类的如大家论坛（http://club.topsage.com），职业教育类的如环球网校论坛（http://hqwx.org/），等等。

②地方性论坛。

地方性论坛是有一定地域限制的、来自相同的地方的论坛，如清华大学论坛（http://thu.23du.com/forum.php）、长沙之家论坛（http://changshabbs.com/）、海内网（由王兴创办，于 2009 年关闭）等，还有依托百度贴吧平台构建的虚拟网络社区贴吧，如长春贴吧、北京贴吧等。地方性论坛具有很强的地域共性特征，网民的真实性和安全感较强，特别是对地方热点问题的交流会很热烈。

③推广型论坛。

推广型论坛是含有一定的产品或企业广告、宣传、推广和售后服务的交流论坛，特别是一些大型企业设立的论坛。本类论坛主要由企业的用户或顾客构成，如阿里巴巴论坛等。

④交流性论坛。

交流性论坛注重于论坛会员之间的广泛交流和互动，可以包含新闻、交友信息、供求信息、线上线下活动信息等，内容和形式多种多样，如百度贴吧、天涯社区等。

### 训练 5-1

讨论与交流 2021 年中国人气最旺的论坛有哪些？（见表 5-1）

**表 5-1　2021 中国人气最旺的论坛排名（前 50 名）**

| 排名 | 论坛 | 排名 | 论坛 | 排名 | 论坛 | 排名 | 论坛 | 排名 | 论坛 |
|---|---|---|---|---|---|---|---|---|---|
| 1 | 百度贴吧 | 11 | 西陆论坛 | 21 | 西祠胡同 | 31 | 影视帝国论坛 | 41 | 浩方社区 |
| 2 | 新浪论坛 | 12 | 新华网论坛 | 22 | BT 之家论坛 | 32 | 榕树下社区 | 42 | SoGua 娱乐论坛 |
| 3 | 搜狐社区 | 13 | CCTV 论坛 | 23 | 淘宝网论坛 | 33 | 索爱手机论坛［新］ | 43 | 中国学生社区 |
| 4 | 天涯社区 | 14 | 21CN 社区 | 24 | 粉丝网论坛 | 34 | 263 海云天 | 44 | 瑞丽论坛 |
| 5 | 腾讯 QQ 论坛 | 15 | 强国论坛 | 25 | 贪婪大陆 | 35 | 17173 网游社区 | 45 | 东方社区 |
| 6 | Tom 社区 | 16 | 铁血论坛 | 26 | 中国站长论坛 | 36 | 泡泡俱乐部 | 46 | 深圳之窗社区 |
| 7 | 猫扑社区 | 17 | 华声在线 | 27 | 动网先锋论坛 | 37 | 水木清华 BBS | 47 | ENET 论坛 |
| 8 | 网易社区 | 18 | CSDN 技术社区 | 28 | 焦点房产论坛 | 38 | ABBS 建筑论坛 | 48 | 爱词霸社区 |
| 9 | 中华网论坛 | 19 | 博客论坛 | 29 | Chinaren 校园论坛 | 39 | 凤凰网论坛 | 49 | 金融界股票论坛 |
| 10 | 上海热线论坛 | 20 | 凯迪社区 | 30 | 我爱打折网 | 40 | 千龙社区 | 50 | 北大 BBS |

资料来源：http://www.wmp169.com/zgltphb.htm。

### （二）论坛营销的概念与特点

#### 1. 论坛营销的概念

论坛营销就是企业利用网络论坛交流平台，通过文字、图片、视频等方式向目标客户或用户发布企业的产品、品牌、服务和销售信息，并获取客户或用户的反馈信息，加强了供求双方的沟通交流，从而达到双赢的目的。

论坛的帖子可以采用置顶帖、普通帖、连环帖、论战帖、多图帖、视频帖等多种传播形式。

#### 2. 论坛营销的特点

论坛营销是一个网络交流平台，其特点是：营销内容针对性强，营销互动氛围友好，营销成本较低，营销传播和反馈速度快，营销转化率较好，等等。

### （三）论坛营销的基本步骤

论坛营销的基本步骤包括：选择合适的论坛，策划设计标题和帖子，撰写主帖和回帖，发布、跟踪和维护帖子，监测分析和总结。

#### 1. 选择合适的论坛

企业在实施论坛营销时，一定要根据企业产品的特点选择合适的论坛，最好是能够直击目标客户的论坛。

#### 2. 策划设计标题和帖子

在策划设计标题和帖子时，注意标题要能够吸引用户眼球，能够促进用户点击进入帖子页面，查看帖子的内容。在帖子内容设计上要巧妙一些，能够吸引用户读完帖子。

#### 3. 撰写主帖和回帖

在撰写论坛营销主帖时，可以采用如故事法、悬念法等手段，或提出某一产品相关的问题，引发大家关注和讨论，并让帖子看起来场景化，在其中较隐蔽地植入产品相关信息，使论坛营销产生效果。

在撰写论坛营销主帖和回帖时，要及时反馈和回复，有针对性又巧妙地答复用户的相关问题，关注查看用户的兴趣和情绪变化，如果出现负面情绪，则要采取措施减少负面情绪的传播。例如，百度贴吧中的 steam 吧是国内最大的游戏平台讨论社群之一，里面有吧主推荐的文章，有各种新奇的标题和内容。

#### 4. 发布、跟踪和维护帖子

撰写论坛营销主帖后，可以在所选择的论坛上进行发布。论坛一般要注册才能发布相关营销信息，而后需要跟踪帖子的反应，并对帖子进行维护。

#### 5. 监测分析和总结

企业在做论坛营销时，要在后台监测论坛帖子的反应和互动交流情况，并做一定的数据收集和数据分析工作，依据相关的数据结果，总结论坛中优秀帖子的营销效果，有针对性地回复帖子，进行论坛帖子的运营。

⊙ 案例分享 5-1

### 中国个人冬奥首金

主帖如图 5-2 所示，北京冬奥会自由式滑雪女子大跳台决赛，谷爱凌逆转夺中国第 3 金，如何评价她的表现？该问题在搜狐新闻中的回帖结果显示有 299 个回答。

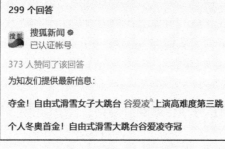

图 5-2　知乎冬奥首金主帖

思考：

1.试分析回帖的内容和效果。

2.从图 5-2 中你看到了什么？

### （四）论坛营销的文案形式

#### 1.热点事件式

热点事件式就是以社会和网络热点事件为主题，结合企业的营销设计来撰写论坛营销方案，达到提高网友的关注度、点击率和转载率的目的。

⊙ 案例分享 5-2

### 北京冬奥会话题讨论

在 2022 年北京冬奥会拉开序幕之际，别克联合新世相推出了话题短片《别样》，聚焦冬奥前冠军，同时也是中国花滑队的总教练赵宏博。影片回顾了他与搭档申雪在双人滑运动中的高光时刻，同时也展现了新一代年轻花滑运动员在疫情下的训练状态，契合冬奥话题讨论的主题。

#### 2.自身亲历式

自身亲历式就是可以第三者或第一人称的身份，描述身边人或自身的真实生活和体验故事的论坛营销文章。

⊙ **案例分享 5-3**

### 帖子："为了淘宝，老婆辞了 IBM"

曾经在淘宝论坛上有一个名为"为了淘宝，老婆辞了 IBM"的帖子，其主人是经营药妆的淘宝五钻卖家。男主人写帖子分享老婆在淘宝上做药妆网店的创业历程，从刚开始作为淘宝买家，后从 IBM 公司辞职来经营淘宝药妆店，使一个很小的淘宝药妆店发展为位居行业前列的淘宝店。该帖子从 2007 年 5 月开始写起，至今仍在不断更新中，前后共有几十次更新，字数过万，超过两千的回帖，近五万的浏览量，成为淘宝史上的最强帖之一。这个帖子表明论坛营销也能做出好的营销效果。

### 3. 体验分享式

论坛最大的一个特点就是分享体验和分享信息。许多论坛需要注册登录账号（即"马甲"）才能在论坛上发帖与回帖。论坛可以进行多个账号登记，但每一个论坛都有自己的规章制度和要求，选择论坛时要了解清楚是否可以发送带有企业宣传内容的广告和链接，面对不同的论坛可以采用不同的论坛营销发帖策略和方式。

⊙ **案例分享 5-4**

### 57 淘宝论坛网上的淘宝经验

57 淘宝论坛网（www.57dt.com）是由中国地摊网升级改版而成的一个专业淘宝卖家交流技术论坛，原来的地摊论坛也改版成了淘宝论坛。目前 57 淘宝论坛网设有淘宝论坛、淘宝卖家论坛、淘宝运营开店论坛、淘宝经验技术总结、电商运营推广平台、淘宝社区论坛等板块。在此论坛上有大量的管理者的帖子。

例如，其中有一个主题帖的内容是：淘宝刷单被降权的依据什么？恢复权重的方法是什么？

回复的帖子内容是：很多商家选择刷单的方式来增加门店的销量。这种方法虽然快速有效，但风险也很大。如果你想刷单，一定要小心。因为被淘宝发现后很容易被降权，那么淘宝刷单被降权的依据是什么呢？能恢复吗？接下来，我会告诉你的……

资料来源："淘宝刷单被降权的依据什么，恢复权重的方法是什么"，2021 年 8 月 16 日。

### 4. 见解解密式

以专业的态度或者个人独特的见解，对产品进行客观解剖分析，能够契合受众的观点，能让受众从多个角度认识以往接触的信息。

⊙ **案例分享 5-5**

## "2022 楼市发展微论坛" 即将启幕

2021 年冰城楼市风云变幻，多次疫情突袭让售楼处临时关闭，三条红线及政策调控让房企面临巨大资金压力，同时受供地、人口流动等因素共同影响，冰城百姓购房信心不足、房地产各项指标下滑、新房及二手房市场均出现供需失衡。高供给、高库存、低需求，冰城楼市渐入寒冬困局。但冰城房企始终坚持迎难而上，不断优化自身产品并提升服务质量，用不服输的精神时刻拼搏奋进。

在此背景之下，乐居哈尔滨发起以"寒冬之下·星火燎原"为主题的 2022 哈尔滨楼市发展微论坛，邀请地产行业精英及地产数据分析机构经理人等众多业界大咖，聚焦房企发展、拿地规划、销售业绩、品牌赋能等维度，共同深入交流与探讨，旨在通过业界精英们集思广益、群策群力，在市场战略营销、战略调整、战略布局等方面，探索出更加适合冰城楼市发展的新模式、新理念、新征程，助力哈尔滨楼市及房企发展，同时为广大置业者提供更多、更具参考价值的信息。

资料来源：星火燎原之势"化"寒冬冰川之困，2022 年 1 月 5 日。

## （五）贴吧营销

### 1. 贴吧营销的概念

贴吧营销是以贴吧帖子（帖子列表＋帖子详情）的形式，结合多种展示手段（图、文、视频、投票），满足广告主社区营销（以关键字为主题的社区营销）需求的植入性广告产品。

### 2. 贴吧营销的优势和价值

（1）推广帖子有特权保护。普通帖子在热门的贴吧会迅速被淹没，而推广帖子则享受独有的保护，会一直出现在优势位置。

（2）按点击效果付费。帖子仅在列表页被点一次算一个点击，按点击付费，刊例价是 2 元／CPC（点击成本）。

（3）植入软广告。企业品牌推广以社区帖子的软广告形式出现，用户不容易识别，不容易产生抗拒心理，从而达到广告的效果。

（4）短期曝光、爆发力强。贴吧中有大量对同一主题感兴趣的用户，投放与用户感兴趣的主题相匹配的企业品牌推广内容，能够吸引用户的眼球，提高关注量和转发量，达到爆发传播的效果。

（5）精准选择贴吧和智能推荐贴吧。在贴吧中，企业可以自助填选目标受众的筛选条件；此外，还可以智能筛选推荐投放的贴吧。

（6）帖子形式灵活多样。帖子可以是文字、图片、视频等，也可以采用"图文并茂＋站点链接＋活动视频"等方式。

### （六）论坛营销和贴吧营销的异同

论坛营销和贴吧营销非常相似。有人认为，贴吧营销是论坛营销的一种简单形式。编者从多个视角对二者进行了比较，表 5-2 体现了论坛营销和贴吧营销的异同。

表 5-2　论坛营销和贴吧营销的异同

| 异同 | 论坛营销 | 贴吧营销 |
| --- | --- | --- |
| 相同点 | 均是一种在线交流平台，以主帖和回帖为运作形式与手段，采用软广告植入方式 | |
| 功能不同 | 论坛会员之间的交流和互动 | 对同一主题感兴趣的用户之间的交流和互动 |
| 包含内容不同 | 丰富多样，有供求信息、交友信息、线上线下活动信息、新闻等 | 可涵盖娱乐、游戏、小说、地区、生活等各方面 |
| 注册与否不同 | 必须注册才能发言 | 不需要注册，发言限制相对较少 |
| 管理权限不同 | 有论坛的规章制度，管理较严格、限制多，只有管理员才有权限开设 | 由吧主管理和制定规则，较开放自由，每个人都可以建立 |
| 进入方式不同 | 以输入域名，或收藏夹直接访问，或主站目录导航的方式进入 | 无固定入口，多以捆绑入口或搜索入口为主 |
| 界面形式不同 | 以版面和栏目界面形式呈现 | 以关键词和主题界面形式呈现 |
| 访问诉求点不同 | 论坛有高质量内容和价值吸引力，可以发表作品和观点 | 话题和发言的帖子品质较低、频率较高、内容量极为庞大 |
| 用户构成不同 | 以特定用户为主，为会员关系 | 用户关系松散、复杂、流动性大 |
| 运营难度不同 | 较高 | 较低 |

**1. 论坛营销和贴吧营销的相同点**

论坛营销和贴吧营销的相同点主要表现在：它们都是一种在线交流平台，均以主帖和回帖为运作形式与手段，均采用软广告植入方式。

**2. 论坛营销的特点**

论坛营销在功能上以论坛会员之间的交流和互动为主；包含的内容丰富多样，有供求信息、交友信息、线上线下活动信息、新闻等；必须注册才能发言；在管理权限上，有论坛的规章制度，管理较严格、限制多，只有管理员才有权限开设；在进入方式上，以输入域名，或收藏夹直接访问，或主站目录导航的方式进入；以版面和栏目界面形式呈现；在访问诉求点上，论坛有高质量内容和价值吸引力，可以发表作品和观点；在用户构成上，以特定用户为主，为会员关系；论坛运营难度较高。

**3. 贴吧营销的特点**

贴吧营销在功能上以对同一主题感兴趣的用户之间的交流和互动为主；包含的内容可涵盖娱乐、游戏、小说、地区、生活等各方面；不需要注册，发言限制相对较少；在管理权限上，由吧主管理和制定规则，较开放自由，每个人都可以建立；在进入方式上，无固定入口，多以捆绑入口或搜索入口为主；以关键词和主题界面形式呈现；在访问诉求点上，话题和发言的帖子品质较低、频率较高、内容量极为庞大；在用户构成上，用户关系松散、复杂、流动性大；运营难度较低。

## 二、博客营销

### （一）博客的概念、发展和分类

#### 1. 博客和轻博客的概念

博客，是英文 Blog 或 Weblog 的音译，又可以音译为部落格或部落阁等，是指网络日记。博客是使用特定的软件，由个人管理在网络上出版、发表和张贴个人文章，结合文字、图像、其他博客或网站的链接及其他与主题相关的媒体，能够让读者以互动的方式留下意见的网络交流方式和网站。博客上的文章通常以网页形式出现，并根据张贴时间，以倒序排列，具备 RSS 订阅功能。博客是继 E-mail、BBS、IM 之后出现的第四种网络交流方式。它可专注于特定的主题、评论或新闻，也可以是个人的日记。其内容以文字为主，也可以加入艺术、摄影、视频、音乐、播客等各种主题。其中比较著名的有新浪等博客。

轻博客（Light Blogging）是一种介于博客与微博之间的网络服务。2007 年 4 月，David Karp 推出的 Tumblr（汤博乐）就是轻博客的典型代表。Tumblr 吸收了 Facebook 与 Twitter 的优点，还结合了博客的易表达以及微博（Micro Blogging）的社交和传播功能。与微博等展示形式相比，轻博客更加简洁、简单、便捷、个性化和丰富多样，可以采用图文视频、聊天、链接、自定义层叠样式表 CSS（Cascading Style Sheets）、简洁发布及丰富版式等形式展示。

#### 2. 博客的兴起与发展

（1）萌芽阶段（1993—1997 年）。

1993 年 6 月，NCSA 的 "What's New Page" 网页的出现标志着最古老的博客原型的形式，它在 Web 上罗列了网站的索引。1994 年 1 月，Justin Hall 开办其个人网页 "Justin's Home Page"，里面有其收集的各种其他链接，这是最早的博客网站之一。1997 年 4 月 1 日，Dave Winer 开始出版 Scripting News，被认为是最早的博客网站，由 1994 年 10 月 7 日创办的 Davenet 演变而来。

（2）正名及发展阶段（1997—2000 年）。

1997 年 12 月，Jorn Barger 最早用 "Weblog" 这个术语来描述那些有评论和链接，而且持续更新的个人网站。1998 年 5 月 7 日，Peter Merholz 开始在网站上记录自己的档案。1998 年 9 月 15 日，Memepool 开始出版，其最早的链接是 "Alex Chiu's Eternal Life Device"。1999 年，Peter Merholz 以缩略词 "blog" 来命名博客，这也成为今天最常用的术语。2000 年 10—11 月，Dave Winer 暗示他的 Scripting News 是最早的博客网站，其口号变成了："互联网上持续运行时间最长的博客网站"。2000 年 12 月 17 日，UserLand 发布 SuperOpenDirectory，希望其成为目录创建的工具。Peter Merholz 还将 "blog" 变成动词，后来更衍生出 "blogging" "blogger" "I blog" "blogsphere（博客世界）" 等说法。

（3）主流崛起和轻博客发展阶段（2001—2007 年）。

2001 年 9 月 11 日，美国纽约世界贸易中心和华盛顿五角大楼遭遇恐怖袭击，博客成为信息的重要来源，并正式进入主流社会的视野。2006 年，博客技术先驱、blogger.com 的创始人埃文·威廉姆斯（Evan Williams）创建的新兴公司 Obvious 推出了 Twitter 服务。

2007 年，一种介于传统博客和微博之间的全新媒体形态——Tumblr（汤博乐）诞生，它被称为轻博客网站的始祖，目前也是全球最大的轻博客网站。

（4）多种形式和微博发展阶段（2007 年至今）。

2007 年以后，博客、微博、轻博客在世界各地持续发展，特别是微博兴起后，受到大量自媒体用户的喜爱，成为新时代的主流自媒体之一。微博的内容见第五章第一节"三、微博营销"。

---

**知识拓展 5-1　　　　全球互联网口述历史的光荣与梦想**

方兴东是"互联网口述历史"项目的发起人，被称为"博客教父"。在项目简介中，有这样一段话：50 年，这是网络时代新文明的寻根问路之旅（见图 5-3）。500 人，这是世界各国最好的沟通桥梁。每一个国家都有自己的互联网故事，都有自己的精神领袖和灵魂人物。每一个能称之为关键的人物都是在关键的时刻起到关键的作用，都不辱时代赋予自身的历史使命。他们身上的精神气质和时代精神是最相通的。这既是一部展现个人特质和时代精神的鲜活的个人创新史，又是一部波澜壮阔的时代新文明史诗。

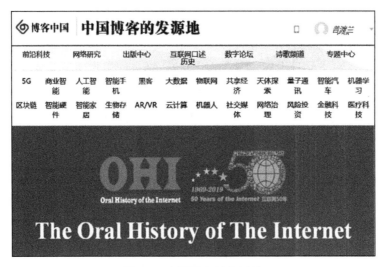

图 5-3　中国博客的发源地

资料来源：全球互联网口述历史的光荣与梦想。

---

3. 博客的分类

博客可以根据博客功能、博主的知名度和文章受欢迎的程度、内容的来源和版权、存在方式、博客用户等方面，划分为多个类别（见图 5-4）。

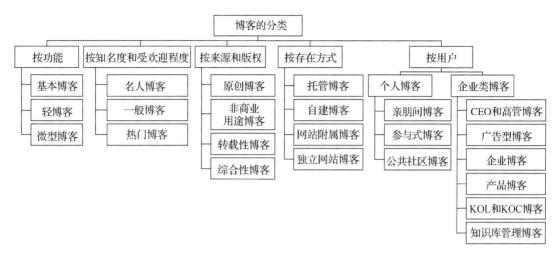

图 5-4　博客的分类

（1）按博客功能分类。

按功能分类，博客可以分为基本博客、轻博客和微型博客。其中，基本博客是最简单的博客形式，由个人博主对某一话题提供相关资源，发表简短的评论，话题可涉及人的所有领域。微型博客（微博）是目前全球最受欢迎的博客形式，如新浪微博、腾讯微博等，只需要博主撰写简单的文本，字数限制在 140 字以内。

（2）按博主的知名度和文章受欢迎的程度分类。

按照博主的知名度和文章受欢迎的程度，博客可分为名人博客、一般博客、热门博客等。

（3）按内容的来源和版权分类。

按照内容的来源和版权，博客可分为原创博客、非商业用途博客、转载性博客、综合性博客。

（4）按存在方式分类。

按照存在方式，博客可分为托管博客、自建博客、网站附属博客、独立网站博客等。

（5）按博客用户分类。

按照用户，博客可分为个人博客（亲朋间博客、参与式博客、公共社区博客）、企业类博客（CEO 和高管博客、广告型博客、企业博客、产品博客、KOL 和 KOC 博客、知识库管理博客）等。

## （二）博客和轻博客在中国的发展

### 1.博客在中国的发展

2000 年，博客进入中国后得到迅速发展。2003 年的"木子美"事件，让中国网民开始了解和使用博客。2005 年以后，国内各知名门户网站纷纷提供博客服务，出现了具有代表性的博客运营公司，如新浪博客、搜狐博客、腾讯博客、博客中国、中国博客网等，网民可以在这些博客网站上申请自己的博客网页。

### 2. 轻博客在中国的发展

轻博客在中国的发展时间较短，现在人们较少见到轻博客。点点网于 2011 年 2 月上线内测，同年 4 月 7 日开放注册，是中国第一个、也曾是中国最大的轻博客平台，是中国轻博客模式的创建者和领导者，拥有超过 600 万注册用户。2011 年，新浪 Qing、网易 Lofter、盛大推他等轻博客平台也纷纷出现。目前，许多轻博客网站如点点网、人人小站、盛大推他等已经关闭，现存的轻博客有新浪 Qing（http://blog.sina.com.cn/lm/z/SinaQing/）、网易 LOFTER（乐乎）(http://www.lofter.com/regurs?flag=actreg)。

### （三）博客营销的概念及其优势

#### 1. 博客营销的概念

博客营销是指利用互联网工具，或博客网站/论坛，在分享博客作者个人的知识、兴趣和生活体验时，把商品信息传递给浏览者、受众或目标用户的营销活动。博客营销是一种基于个人思想、体验等知识资源形式的网络商业信息传递、发布形式。越来越多的用户在阅读博客文章后开始写作和运营博客，为从事博客内容托管服务的网站提供了积聚人气和开展营销的条件。

博客营销的本质是以个体知识信息传播资源为基础和载体，通过在博客网站上增加企业品牌或产品信息，达到营销的目的一种内容营销模式。

#### 2. 博客营销的优势

博客营销与其他新媒体营销方式不同，有自己的优势。

（1）灵活的内容、题材和发布方式。博客营销中文章信息的内容、题材和发布方式均很灵活，可以由企业内部或外部撰写或转发相关的营销内容，且题材、发布方式和时间等均多样化，有利于企业和品牌的营销。

（2）传播的成本和费用低，性价比高。博客传播具有更大的自主性，不需要直接费用，或只需很少的费用。

（3）精准营销，可信度高。博客的用户一般具有关联性，且信息构成往往是博主的真实经历或想法，有较高的可信度。

（4）粉丝经济，互动传播性强。名人或明星的博客常常会带来粉丝经济的效果。在博客中，博主可以与粉丝们有较好的互动。企业如果能利用名人或明星的博客宣传企业品牌或产品，较能引起粉丝们的喜爱。

（5）容易搜索，能更好地拓展用户和渠道。博客可以在搜索引擎上通过主题或博主找到相关的信息，这种简单的接入方式，有利于企业产品和品牌的介入与宣传。

（6）有较强的影响力或引导网络营销舆论方向。博客的个性化特点使企业或个人博主可以运用博客网站来造势，能够对博客粉丝产生较大的影响或进行舆论引流。

### （四）博客营销的运营要点和运营模式

1.博客营销的运营要点

（1）在博客网站上直接发广告。

企业在其博客网站上，把企业品牌或产品或需要宣传的内容，以广告的形式直接在博客上发布。

（2）发表营销专业文章。

企业在博客网站上，以多种形式或明显或隐蔽地宣传和发布企业品牌或产品的专业文章，达到与用户更好地沟通的目的。

（3）打造专业博客团队。

企业可以设立专人或团队进行企业博客运营，特别是较大的公司，涉及的合作方较多，专业化的博客运营能够为企业带来较好的营销效果。此外，可以通过专业团队发布企业博客日记，并与主流媒体协作，使企业宣传报道与博客相辅相成。

（4）监测与分析博客网站的运营。

通过对博客网站的监测，能够关注和收集到用户的兴趣、需求和变化，及时调整企业博客营销策略，为企业把好"舆论关"。

⊙ 案例分享 5-6

**海尔如何处理"博客门"事件**

和讯博客上曾经发生了一起海尔"博客门"事件。一名顾客购买的海尔冰箱出现了质量问题，海尔三天后才予以调换，该顾客气愤之下在其和讯博客上撰文表达对海尔售后服务的不满。海尔售后部门在见到该博客文章后，迅速采取紧急措施，立即派遣服务人员以两个大西瓜作为礼物登门道歉，并与这位顾客认真地沟通了他们晚到的原因，以及为什么三天后才把冰箱送到的客观原因。在海尔做出迅速反馈之后，那位发表博客的顾客在事后的反馈中写到：他很感动……因为他的一篇帖子，海尔派人上门沟通，让他感觉很好，感到作为顾客受到重视。

资料来源："看海尔危机公关：如何处理'博客门'事件"，2018年1月18日。

2.博客营销的运营模式

博客营销的运营模式会因行业、企业和个人情况的不同，而有较大的差异。总体而言，常见的博客营销的运营模式有以下几种。

（1）企业自建博客网站运营模式。

企业可以根据自身的规模、条件、宣传重要性和费用情况，在资源允许的情况下，自建官方博客网站或专栏博客网站，可以组织团队或专人进行博客运营。企业博客分为面对企业内部博客和面对企业外部博客。这种运营模式适合大企业，如亚马逊 AWS 官方博客。

（2）第三方博客网站运营模式。

第三方博客网站运营模式可分为委托第三方为企业博客网站进行营销运营的模式，托管在第三方博客平台上自己运营的博客营销模式以及博客营销完全外包模式。这三种模式各有不同和优势。委托第三方为企业博客网站进行营销运营的模式，因网站由企业控制和管理，故对相关的运营结果反应会较灵敏，但博客平台需要有相应的技术条件。托管在第三方博客平台上自己运营的博客营销模式，是目前较多企业和个人采用的运营模式。用户可以在新浪博客、网易博客（2018 年 11 月 30 日停止，博客搬迁到网易轻博客 LOFTER）、天涯社区博客、51 博客、博客中国等注册申请开通博客网站，成功后即可进行营销运营。但是，随着微博经营的普遍性，有的博客网站如搜狐博客等已经关闭。

（3）个人独立博客网站运营模式。

个人独立博客网站运营模式是通过个人购买域名和空间创建独立的博客网站的模式。由于建立和运营博客网站需要有相关的技术、人员和经费支持，且网站内维护和营销推广也不容易，因此，个人独立博客网站运营模式一般只有一些著名人士可以运营。

（4）平台网站专栏式博客运营模式。

平台网站专栏式博客运营模式是在某平台网站上开辟企业的专栏博客，为企业的品牌、事件和各种营销活动进行宣传的模式。例如，在博客中国网站中有阿里巴巴专栏，主要介绍阿里巴巴各种事项和活动等内容。

（5）广告投放式博客运营模式。

广告投放式博客运营模式就是在企业、平台或个人的博客网站中，根据博客网站的受众和服务情况，投放或软插入企业相关的广告博客模式。例如，企业可以与明星合作，运用明星的博客进行产品广告的软植入，这会对受众产生一定的影响。

⊙ 案例分享 5-7

### 《够了！朕想静静》微博文章发布

2015 年 10 月 30 日，故宫淘宝官方微博发布《够了！朕想静静》的文章，以极具幽默调侃的语气介绍了"一个'悲伤逆流成河'的运气不太好的皇帝的故事"，而故事的主人公的原型是明朝最后一位皇帝朱由检。一开始，原本在画像中正襟危坐的崇祯皇帝突然画风一变，以手托额头，摆手作发愁状。然后，他变成了眼神有点"小邪恶"的"被害幻想症"患者，搭配一句台词"总有刁民想害朕"。随后，用户可以看到朱由检的身份证，在住址一栏任性地写着"北京紫禁城想住哪就住哪"。而接下来是一道求证"朱由检的心理阴影面积"的证明题。

故宫淘宝以调皮的文风搭配各种搞笑表情图，调侃了崇祯帝的人生故事，以此为铺垫，真正的目的是推销"新年转运必买的 2016 故宫福筒"。这是一种不易引发用户反感的高手段的广告形式。

资料来源："望海楼. 故宫博物院新媒体营销案例分析"，2019 年 7 月 16 日。

## 三、微博营销

### （一）微博的概念、发展和特征比较

1. 微博的概念

微博（Microblog/Microblogging）是指文章长度在 140 字以内的微型博客，是一个基于用户社交关系的信息分享、传播以及获取的公开平台。微博是博客的一种特殊形式，被网友戏称为"围脖"。

微博是一种在线传播媒体，它允许用户用诸如短句、单个图像或视频链接等内容的微小信息进行交流，它是一种流行的交流方式。与传统博客的不同之处在于，微博的内容文件一般都较小，这使微博十分受欢迎。

微博是指一种基于用户关系的信息关注、分享、转发、评论、私信、传播的实时简短信息的广播式网络平台和社交媒体。微博允许用户通过个人计算机、手机等多种移动终端及 Web、WAP、Mail、App、IM、SMS 软件接入，以文字、图片、音视频等多媒体形式，实现信息的即时分享、传播和互动。

微博提供隐私设置服务，用户能够通过隐私设置控制谁可以阅读自己的微博或其他发布条目方式等。微博的发布主题五花八门，发布形式包括文本消息、即时消息、电子邮件、数字音视频或网页等。后期还出现了推广网站、服务和产品的商业营销微博。

2. 微博的发展

（1）微博的起源。

最早的微博被称为"Tumblelogs"，可以翻译为微博客日志。2005 年 4 月 12 日，这个词在描述 Leah Neukirchen 的 Anarchaia 形式时被创造了出来。微博被描述为由博客变异而成的更简单的形式（可以是链接、AUD 游戏格式和视频等的变种），例如，Chris Neukirchen 的日记用链接、引用、闪烁等不同形式来表现博客。

（2）微博在国外的发展。

2006 年和 2007 年，"微博"一词被更广泛地用于指代提供相关服务的诸如 Tumblr 和 Twitter 等老牌网站。截至 2007 年 5 月，世界各国共有 111 个微博网站，其中最著名的服务网站是 Twitter、Tumblr、FriendFeed、Plurk、Jaiku 以及 identity.ca 等。微博的功能服务和软件的不同版本得到了开发。Plurk 整合视频和图片视图并共享到时间轴上。Flipter 是一个可以让人们发布话题并收集受众意见的微博平台。PingGadget 是一个位置定位的微博服务平台。由 Digg 创始人凯文·罗斯等人开发的 Pownce，整合了微博与文件共享和活动邀请。

其他社交网站如 Facebook、MySpace、LinkedIn、Diaspora、JudgIt、Yahoo Pulse、谷歌 Buzz、谷歌 + 以及 XING，也都有自己的微博功能和"更新状态"。微博不仅被认为是"网站"或"服务"，更是指所有短信息的活动。

（3）微博在中国的发展。

2007年5月，从校内网起家的王兴创建了中国第一家带有微博色彩的社交网络——饭否网。

2007年8月13日，腾讯滔滔上线。

2009年7月中旬，国内老牌微博如饭否、腾讯滔滔等停止运营。同时，一些新微博如叽歪、Follow5、9911等开始上线。2009年7月19日，孙楠在其大连演唱会上首次将微博引入大型演艺活动中。

2009年8月，新浪推出"新浪微博"内测版，成为门户网站中第一家提供微博服务的网站，并取名为"围脖"，开始在中国受到关注，随后广泛流行。2014年3月27日，在中国微博领域具有举足轻重地位的新浪微博宣布改名为"微博"，曾先后申请"微博""围脖""weibo"等商标字样，并推出了新的Logo（标识）。2011年，其域名更名为weibo.com。用户可以通过网页、移动端等发布文字、图片和链接视频，实现即时分享。

2010年，腾讯微博、网易微博、搜狐微博上线。2014年，网易微博退出微博业务。2020年9月28日，腾讯微博停止服务和运营。

---

**知识拓展5-2　　　　国家互联网信息办公室公布《微博客信息服务管理规定》**

2018年2月2日，国家互联网信息办公室公布《微博客信息服务管理规定》（以下简称《规定》）。《规定》自3月20日起施行。国家互联网信息办公室有关负责人表示，出台《规定》旨在促进微博客信息服务健康有序发展，保护公民、法人和其他组织的合法权益，维护国家安全和公共利益。

国家互联网信息办公室相关负责人介绍，《规定》由国家互联网信息办公室依据《中华人民共和国网络安全法》等相关法律法规制定。《规定》共十八条，包括微博客服务提供者主体责任、真实身份信息认证、分级分类管理、辟谣机制、行业自律、社会监督及行政管理等条款。国家互联网信息办公室相关负责人强调，微博客服务提供者应当按照《规定》要求，切实履行职责和义务，自觉接受社会公众和行业监督，积极营造清朗的网络空间。

《规定》明确，国家互联网信息办公室负责全国微博客信息服务的监督管理执法工作。地方互联网信息办公室依据职责负责本行政区域内的微博客信息服务的监督管理执法工作。《规定》强调，微博客服务提供者应当落实信息内容安全管理主体责任，建立健全各项管理制度，具有安全可控的技术保障和防范措施，配备与服务规模相适应的管理人员。《规定》提出，各级党政机关、企事业单位、人民团体和新闻媒体等组织机构对所开设的前台实名认证账号发布的信息内容及其跟帖评论负有管理责任。微博客服务提供者应当提供管理权限等必要支持。

资料来源：国家互联网信息办公室公布《微博客信息服务管理规定》[J]. 电子政务，2018，184（4）：31.

---

3. 微博、博客、轻博客的特征比较

微博、博客、轻博客在各自的特征上有一些差异（见表5-3）。

表 5-3　微博、博客、轻博客的特征比较

| 特征 | 微博 | 博客 | 轻博客 |
|---|---|---|---|
| 内容形式 | 文字、图片、链接、音视频、消息、电子邮件或网页 | 全部支持 | 文字、图片、链接、音视频、消息、电子邮件或网页 |
| 用户对等关系 | 用户之间多种关注形式，公开、对等、多向度的交流关系 | 粉丝关注，非公开、非对等交流 | 可互动关注，视觉和交互体验简单易用，更方便分享和维护 |
| 信息开放程度 | 公开扩散传播 | 有限制 | 公开扩散传播 |
| 用户群范围 | 低端用户多 | 企业或精英专业人士 | 普通大众 |
| 受众面 | 最广 | 很窄 | 较窄 |
| 展示界面 | 富媒体形式为主，运营简便 | 主题栏目众多，专业性较强 | 富媒体形式为主，维护方便 |
| 使用复杂度 | 最低，短小易用，高效便捷 | 高，难度较大 | 较低，简单易用 |
| 字数限制 | 140 个字 | 无，文章篇幅较长 | 无，文字篇幅较短 |

（1）内容形式不同。

博客包含所有的内容形式，但微博和轻博客的内容形式一般是文字、图片、链接、音视频、消息、电子邮件或网页等。

（2）用户对等关系不同。

微博上是公开、对等、多向度的交流关系，用户之间有多种关注形式，如全部关注、特别关注、悄悄关注等。轻博客可开放自由的创作空间，可以让用户专注兴趣和分享创作，允许展现微博不允许的个性，也比博客更简单，更方便分享和维护。在视觉和交互体验上，轻博客简单易用，发一张照片就可以是一条像模像样的轻博客，而博客需要主题。

（3）信息开放程度不同。

微博和轻博客是公开扩散传播，而博客有一定的限制。

（4）用户群范围和受众面不同。

微博用户群多为低端用户，受众面最广，人数最多。博客用户群主要为企业或精英专业人士，受众面很窄，目前用博客的企业和个人越来越少，运营博客的网站不容易持续经营。轻博客用户群为普通大众，受众面较窄，人数也在不断减少。

（5）其他特征不同。

微博的展示界面以富媒体形式为主，运营简便；使用复杂度最低，短小易用，高效便捷；微博文字受 140 个字的字数限制。博客的展示界面的主题栏目众多，专业性较强；使用复杂度高，难度较大；无字数限制，文章篇幅较长。轻博客的展示界面以富媒体形式为主，维护方便；使用复杂度较低，简单易用；无字数限制，文字篇幅较短。

知识拓展 5-3                     **你知道富媒体是什么吗**

　　富媒体，即 Rich Media 的英文直译，本身并不是一种具体的互联网媒体形式，而是指具有动画、声音、视频和/或交互性的信息传播方法。富媒体是包含流媒体、Flash、声音，以及 Java、Javascript、DHTML 等程序设计语言的一种或几种形式的组合。富媒体可应用于各种网络服务中，如网站设计、E-mail、Banner、Button、弹出式广告、插播式广告等。富媒体本身并不是信息，富媒体可以加强信息，当信息更准确地定向时，广告主会拥有更好的结果。

### （二）如何开通个人微博和官方微博

　　开通个人微博和官方微博虽然在流程步骤上基本相同，但在设置上有一些差异。下面以开通新浪微博为例，具体步骤如下。

　　1. 搜索新浪微博官网并注册

　　搜索新浪微博，打开新浪微博官网主页［见图 5-5a)］，点击"立即注册"。

　　2. 进行注册设置

　　（1）在进入注册页面后，选择"个人注册"选项，输入手机号、密码、生日、激活码等［见图 5-5b)］。

　　（2）在进入注册页面后，选择"官方注册"选项，操作设置为：使用邮箱或手机注册、设置密码、官方注册微博名、设置所在地（省、市）、输入验证码等［见图 5-5c)］。官方认证类型包括政府、企业、媒体、网站、应用、机构、公益、校园组织。昵称为防止恶意注册已被保护，需要先将昵称用字母代替或用下划线分隔进行注册，注册成功后提交认证资料申请企业认证。认证过程中会有专人联系并审核相关资料。若在注册设置微博昵称时被提示"包含被保护文字，请填写其他文字作为昵称并填写希望昵称，客服会协助修改"，是由于该昵称中包含被保护的词汇，建议使用该昵称的全拼或拼音首字母进行注册，注册并成功申请、通过认证后，则可使用。

a）新浪微博官网主页

图 5-5　新浪微博官网主页、个人注册页面及官方注册页面

b）微博个人注册页面　　　　　　　　　c）微博官方注册页面

图 5-5　新浪微博官网主页、个人注册页面及官方注册页面（续）

### 3.注册成功

完成上述步骤后，点击"立即注册"按钮，即注册成功。而后再返回主页面，点击"立即登录"按钮，即可进入个人微博。如果是"官方注册"，则需要通过认证才可使用。

## （三）微博营销的概念和分类

### 1.微博营销的概念

微博营销是指企业、个人基于微博平台而进行的网络营销活动，是指发现并满足用户的各类需求的商业行为方式，包括品牌信息传播、消费者互动、客户服务、公关服务、电子商务等。微博营销是指企业或非营利组织通过在微博上进行信息的快速传播、分享、反馈、互动，从而实现市场调研、产品推介、客户关系管理、品牌传播、危机公关等的营销行为。

在微博营销中，企业以微博为营销平台，以受众和粉丝为潜在的营销对象，利用微博内容向网友传播、发布企业和产品信息或其感兴趣的话题，以树立良好的企业和产品形象，达到企业的营销目的和效果。

微博营销通过注重传递价值、互动内容、布局系统、定位准确、方式创新等方面，取得显著的营销效果。微博营销包括认证、有效粉丝、朋友、话题、名博、开放平台、整体运营等范围。2012 年 12 月，新浪微博推出企业服务商平台，为企业的微博营销提供了许多帮助。

### 2.微博营销的分类

从运营者的角度，微博营销可分为：平台微博营销、组织微博营销和个人微博营销。

（1）平台微博营销。

平台微博营销就是提供微博营销平台的网站，可以在自己或入驻的平台或网站中植入营销信息和广告，或代理经营相关营销信息、文章和广告等。例如，在新浪微博平台上，有大量的微博营销信息出现在微博网站主推页面上。

（2）组织微博营销。

组织微博营销就是组织单位或企业运营者，在微博上进行组织单位或企业品牌和产品的宣传和信息分享等营销活动。组织微博营销可再分为组织或企业官方微博营销、组织或企业领导人微博营销，组织或企业员工工作微博营销三大类。

①组织或企业官方微博营销。

组织或企业官方微博营销就是组织或企业单位中，专门组织相关人员或团队负责单位的相关微博营销运营、维护和管理，对组织或企业单位产品信息、组织或企业文化、单位形象、产品促销运营、危机公关处理等有重要的作用和影响。目前，国内许多较大型的组织或企业会设立自己单位的微博营销网站，这对组织单位或企业的营销信息发布、品牌形象提升、与相关客户或消费者互动、用户信息收集、舆论造势和战略实施等方面会产生重要的影响。

⊙ **案例分享 5-8**

### 故宫博物院官方微博

故宫博物院官方微博的主要内容包括常设展览和特展信息、文物介绍、故宫景色、故宫壁纸、故宫与人的故事等，还有一些关于讲座和志愿招聘的信息。图文内容基本以原创为主。另外有故宫淘宝的官方微博，塑造了极强的账号性格，在用户心中留下了深刻印象。

资料来源：故宫博物院官方网站资料。

②组织或企业领导人微博营销。

组织或企业领导人微博营销是指通过建立组织单位或企业领导人微博网站，作为组织单位或企业的代表或发言人进行微博营销。这类微博营销有的可以发挥 KOL 的引领作用，一般由该企业中管理者的微博组成，同样需要实名认证，企业领导人微博既是其自身形象的展示，又是企业形象的重要代表。

⊙ **案例分享 5-9**

### 小米公司为何能登上微博热搜榜

小米公司在微博内容的生产运作方面很娴熟，公司创始人的个人微博与小米手机官方微博粉丝数量均突破 2 000 万。2019 年，小米公司准备在 2 月底发布旗舰手机——小米 9，公司微博运营团队每天在创始人微博上预热曝光小米 9 的相关特性，配以精美的真机效果图，掀起了微博讨论热潮，其相关话题多次登上微博热搜榜。在此期间，创始人微博日均阅读量维持在 1 000 万以上，使手机在发布前持续保持较高的热度和关注度，在发售后热度依然居高不下，首批现货迅速售罄。小米公司实现了一次成功的微博营销。

资料来源：田野，刘昱．"互联网＋"背景下微博营销的特点和策略分析 [J]．电子商务，2020（7）：70-72.

③组织或企业员工工作微博营销。

组织或企业员工工作微博营销是组织或企业单位授权单位员工设立个人微博营销网站来开展工作，属于工作或职业微博营销，可以由企业提供技术支持，但是由员工个人来管理和维护微博营销活动。员工工作微博营销仅用于员工从事企业的产品或品牌的信息宣传工作，或与用户互动等相关的工作和营销内容，代表单位或企业或其相关部门。

⊙ **案例分享 5-10**

### "谁是碧浪姐？"

谁是碧浪姐？整个微博圈都不约而同地发出这样的疑问。还有网友发出了"连碧浪姐都不认识，不时尚！""洗衣不识碧浪姐，纵做时尚也枉然"的感慨。2011 年 12 月 15 日凌晨，碧浪评论回复了《周末画报》城市版总监的一条美食微博，在简单的卖萌和交流之后，这条微博被《东方壹周》（The Week）的编辑总监、作家转发，碧浪也以风趣幽默的回复迅速做出了反应。众多网友随即开始逗趣碧浪官微。这个媒体事件还被尚道微营销运营总监评价为"微博十大经典案例"之一。

资料来源：姜炜．企业微博营销传播探究 [D]．上海：上海外国语大学，2013.

（3）个人微博营销。

个人微博营销就是个人在微博平台上申请注册微博网站后，在个人微博网站上发布相关的营销信息，可以是自己经营的产品或品牌，或需要宣传分享的内容信息，或提升自身形象的信息，也可以帮助亲朋转发和评论，并在微博网站上与其他用户交流互动、沟通感情，以产生 KOL 或 KOC 的效果。个人微博营销受到明星、网红、名人、企业家、成功商人、社会成功人士或特殊人员等的喜爱。他们通过微博营销经营，可以吸引到更多粉丝关注、评论、点赞、转发，进而让粉丝更了解和喜欢自己，从而达到最佳的营销效果。此外，每个人都可以申请注册成为微博网站的一员。

### （四）微博营销的运营策略

#### 1. 微博营销的内容运营策略

微博营销的内容运营策略就是微博运营者以文字、图片、音视频等形式，通过原创、转发、与网友评论及交流等形式，在微博上设计和发布能吸引用户产生共鸣、激发购买行为的产品、服务或品牌等营销信息内容的一种策略。

微博营销的具体内容不仅可以是与单位或企业相关的新闻资讯、产品信息、宣传活动信息、企业文化和宣传信息、与业务相关的百科知识等，还可以是与行业、产业和专业领域相关的信息，如行业动态、企业动态、人物动态、文字和图片新闻等内容。

微博营销的内容运营策略有以下几种。

（1）微博营销在内容生产上做到图文并茂、吸引眼球，生产高曝光度、高流量的内容。

（2）吸引优质自媒体内容生产者进入赛道。

（3）选择微博营销的产品类型和内容场景。例如，淘宝把产品内容设计成四种，即推荐导购型产品、搜索型产品、私域型产品、互动型产品，每种产品适用和满足不同的场景及用户需求。

2.微博营销的发布策略

微博营销的发布策略对微博营销有重要的影响，应根据企业的产品特性、业务量和内容的情况做出合适的选择，把握营销内容的设计和发布的时间节奏及效率。微博营销的发布策略主要有发布频率策略、发布时间策略、发布形式策略。

（1）选择合适的微博营销发布频率。

微博营销的发布频率过高，容易引起用户和粉丝的反感，降低其对该微博的兴趣，甚至会取消微博好友关注。若发布频率过低，则容易让用户或粉丝感受不到关注，使黏度和兴趣不足。一般而言，发布微博的数量每天在25条以内比较合适。

（2）选择合适的微博营销发布时间。

微博营销的发布时间对微博营销的效果有重要影响。速途研究院分析师曾选取新浪微博中七大热门的企业官方微博进行跟踪、记录和分析。研究发现，在9:00、10:00、14:00、16:00、17:00、19:00六个时间点上，微博转发量大，其中，上午的转发高峰期是10:00，下午的转发高峰期是17:00，这也是企业发布微博的最佳时间。

（3）多层次、多形式发布和传播。

微博营销在内容传播和促销上，可以多层次、多形式发布和传播营销信息及内容：一是可以搭配多种多样的信息表现方式，丰富微博内容，可以组合搭配"文＋图＋音视频＋文件"等。二是在区分专题、标题和内容上，可以用各种不同的标点符号、表情符号等拼成不同的图案，增加微博的趣味性，吸引网民的注意，如纯表情符号的经典热门微博。三是在发布形式上，可以结合市场营销学中的各种促销方法和内容进行，如折扣、活动抽奖、点赞、链接等。

⊙ **案例分享 5-11**

**奥运期间中国社交媒体价值应用——以微博为例**

2021年东京奥运会受到了新冠疫情的冲击，虽经波折，但开幕后依然热点频发。伴随技术驱动下的奥运新宣传方式变革，其传播媒介从纸质媒介时代逐渐发展到移动网络时代，新型传播媒介在本次奥运会中的价值不断提高，观众们得以用更多元丰富的方式表达着对奥运赛事的热爱，其中社交媒体因其平台的及时性、多角度、高互动性等特点，在奥运传播中发挥了重要作用。1896—2021 年奥运会宣传方式的演变情况如图 5-6 所示。

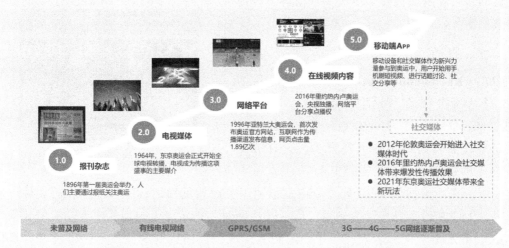

图 5-6　1896—2021 年奥运会宣传方式的演变情况

微博作为我国具有重要影响力的社交媒体之一，因其人人参与（"PGC+UGC"，低内容输出门槛）、及时性强（"博文＋热搜机制＋互动评论"）和互动性强（"强互动氛围＋直播连麦"等互动机制，打造"热点奥论场""人间造梗机器"的平台特色）等差异化社交属性，在奥运会传播中发挥了重要作用。微博逐渐成为洞察奥运赛事及体育产业的重要窗口，成为观众参与奥运的重要途径。报告表明，其传播声量相较里约奥运会大大增强，其中奥运相关话题的总阅读量增加达 310%，奥运相关话题总讨论量增加达 518%，全网互动量增加达 73%，微博已然成为奥运传播的重要力量，集中体现了"全民奥运的高参与度、UGC 深度互动、情感化传播加速、多元关注维度、更加开放包容的体育态度"等内容及用户行为特征。

资料来源："艾瑞咨询.奥运期间中国社交媒体价值分析报告：以微博为例"，2021 年 11 月。

### 3.微博的话题营销策略

微博的话题营销策略就是依据在微博上当前热议、关注的话题，构思设计新奇、有趣、好玩、有创意的主题微博内容，从而引发较大的关注和共鸣。例如，某火锅店发布"春节假期结束，火锅店又开始新的'爆肝'啦"，戳中了吃货的心理。

在微博上，设有"微博热门""热门榜单""话题榜（超话）""热搜榜"以及"微博热搜"等话题栏目，可以在合适的内容中植入企业、产品，以及品牌信息、品牌关系、品牌行为等话题，达到营销的效果。

例如，借助北京冬奥会这一社会热点事件，巧妙地发布电竞相关话题，引起许多人的讨论和交流（见图 5-7）。

#### 4.微博的整合营销策略

微博的整合营销策略就是指在微博上打造企业、品牌、产品、信息、用户和消费者等的全方位、多平台、多账号的组合互动立体式营销策略。目前的微博账号可以关联博客、轻博客及其他平台。

图 5-7    北京冬奥会热点植入电竞

#### 5.微博的 KOL 营销策略

KOL（Key Opinion Leader），中文翻译为"关键意见领袖"，在营销学上通常指：拥有更多的信息、资源和能力，能被某种群体的人接受或信任，其言谈举止和消费行为、爱好等能对该群体的思想、想法、态度和行为产生较大程度影响的人。微博的 KOL 营销策略是指利用关键意见领袖在微博上的较高关注度和影响力，面向其粉丝分享营销信息，使粉丝最终对某产品产生兴趣并实现购买转化的策略。KOL 常常由专家、名人、明星、网红等构成，营销运营的往往是公域流量，可以通过产品营销后的粉丝数、微博评论数、微博转发数三个指标来评价 KOL 营销策略的效果。

### （五）微博营销的目标新客户寻找策略

#### 1.通过微博搜索寻找新客户

运营者通过在微博上搜索，发现对企业、产品、行业、品牌等感兴趣的用户后，可以关注或联系或私信成为其好友，从而找到新的客户。例如，对体育及体育用品感兴趣的人，则是体育用品产品的潜在客户。

#### 2.通过微博用户标签找客户

在微博上，用户会根据自己的特点、偏好、年龄、身份、职业等，在自己的昵称和简介上启用不同的标签。运营者可以依据用户的标签和特点，找到与自己较匹配的目标客户。例如，使用"×××厨房"昵称的用户，则是食品制作或食材的潜在客户。

#### 3.通过微博用户撰写或推荐的兴趣话题找客户

在微博上，用户一般会撰写或推荐自己喜爱和感兴趣的话题，通过对某话题的讨论、交流与转发，运营者可以发现微博上的热点话题，而该话题的活跃用户就是可以寻找的潜在客户。

#### 4.通过微博关注好友圈、群微博找客户

微博中的好友圈、群微博是一群有相同爱好或标签的好友，他们志趣相投，在微博上有较多的交流。运营者可以通过相关的产品好友圈、群微博，获得自己的目标客户。

**训练 5-2**

### 微博实操训练

1.选择微博平台，注册微博个人账号，选择并设计小组主题，在微博上发布，过一段时间后查看微博营销的效果。

2.选择轻博客平台，注册轻博客账号，了解轻博客营销的重点和方式。

3.熟悉博客营销和微博营销的平台资源，试分析如何选用平台才能让营销效果最大化。

# 第二节　QQ 营销和微信营销

## 一、QQ 营销

### （一）QQ 营销、营销 QQ、企业 QQ 和企点营销

#### 1. QQ 营销概述

（1）QQ 营销的含义。

QQ 营销有以下两种含义。

QQ 营销（软件），是指按企业需求定制的在线客服与网络营销软件工具，通过 QQ 用户帮助企业拓展并沉淀新客户，帮助企业提高在线沟通效率、拓展更多商机。

QQ 营销（手段），是指营销者在 QQ 软件上发布企业产品信息，或促销信息，或直接发布广告，并在线与 QQ 群内的用户交流而产生收益的一种营销手段。这是大家通常所理解的含义。

（2）QQ 营销运营的注意事项。

在 QQ 群中有大量的潜在客户，如果做好 QQ 营销，可以达到较好的效果。

①要注意 QQ 群中目标客户的类型、特点、人数、活跃度、地域的不同，并据此采用不同的 QQ 营销策略和发布手段开展营销活动。

②对 QQ 群中感兴趣的目标客户，可以采用邮件，或加好友私聊，或通过讨论组群聊等方式与用户建立联系，建立一定的沟通感情基础后再进行营销推广。

③在 QQ 群中采用软文、软植入广告或软营销方式，效果可能会更好。

④可以采用 O2O 形式，通过"线上宣传＋线下营销"来促进营销活动的实施。

QQ 营销的平台可以是 QQ 群、QQ 浏览器、QQ 音乐或其他 QQ 产品。

#### 2. 营销 QQ、企业 QQ 和企点营销

（1）营销 QQ 和企业 QQ。

营销 QQ 和企业 QQ 是腾讯公司专门为企业打造和服务的两种付费的 QQ 软件产品，

是企业开展内部管理和营销活动的有效工具。有多种产品和价格来满足大中型企业和中小型企业的对内与对外的交流需求。营销 QQ 是腾讯公司在 QQ 即时通信的平台基础上，专为企业用户量身定制的纯商务办公、无娱乐功能的办公软件，是企业为用户打造的在线客服与营销办公平台。它基于 QQ 海量用户平台，致力于搭建客户与企业之间的沟通桥梁，充分满足企业客服稳定、安全、快捷的办公需求，为企业实现客户服务和客户关系管理提供解决方案。企业 QQ 是腾讯公司为帮助企业强化内外部沟通和办公管理，专为中小企业开发的即时通信工具。企业 QQ 的营销是利用企业 QQ 平台进行的内外部沟通和营销管理。

2022 年 1 月 31 日，企业 QQ 和营销 QQ 全面停止服务和运营，全面升级为腾讯企点。腾讯企点营销的启动，标志着企业营销管理进入一个新的时代。

（2）企点营销。

1）企点营销的业务特点。

腾讯企点营销可以助力企业实现全场景数字化获客，全生命周期客户管理，全旅程自动化营销，全链路数据洞察和私域运营，引领企业业务持续和数字化增长。企点营销的业务特点主要有以下几个。

①全渠道、全流程数据接入。

沉淀用户全生命周期中产生的数据，实现各渠道、各触点数据互联互通，打破企业数据"孤岛"局面。包括：全链路数据采集，跨平台全触点采集，整合企业数据，积累企业数据资产；对象属性管理，灵活的自定义对象能力，实现以用户为中心的多种业务数据管理，满足多样化的业务需求；用户识别，打通各通路来源的用户身份 ID，构建统一用户标识，完成业务数据融合，实现精细化数据治理；海量数据实时处理，毫秒级响应支撑个性化推荐、A/B test、自动化营销等业务场景。

②深度洞察分析用户。

全链路打通用户数据，挖掘用户偏好，建立对用户的全面认知。包括：体系化标签管理，多种标签引擎，建立体系化标签方案，覆盖丰富的行业场景，全面助力精准营销；个性化用户分群，支持灵活强大的用户细分维度、自定义组合逻辑和手动导入，智能化圈层分群；用户 360 度视图，深度洞察个体用户信息，助力用户价值甄别，为个性化运营服务夯实基础；用户群体画像，多维度数据和指标构建，形成全面精准的用户群体画像。

③全场景数据可视化分析。

以强大的运算能力为基础，通过多种分析模型满足多样化的业务需求，助力科学决策。包括：用户分析，特征行为分析、RFM 等多种经典模型，帮助实时、灵活地分析用户行为；转化分析，留存分析、漏斗分析模型，助力企业从活跃度和转化率等多维度分析业务价值；BI 分析，丰富的可视化组件，灵活的拖拽式操作，将数据图表化，进一步提升分析能力和汇报效率；数据看板，通过报告引擎呈现全局数据，实现可视化数据洞察，全面掌握业务情况。

④融合算法模型助力数据智能。

覆盖视听说等多场景的智能技术和算法能力，能提升企业数据价值。包括：NLP标签，基于自然语言处理技术，在各类沟通场景中自动提取智能标签；潜在客户识别，基于历史数据建模预测用户价值，帮助销售部门优先跟进高价值的用户；智能推荐，人工配置规则，结合先进的AI算法能力，打造"千人千面"的个性化推荐。

⑤客户营销旅程自动化。

自动化营销引擎助力精准营销策略执行，实时监测数据，提升用户运营转化效率。包括：营销情况概览，可视化营销画布，活动情况一目了然，组件化快速设计自动化营销策略；用户行为触发式营销，全方位采集行为数据，基于用户行为自动触发精细化营销；全通道精准触达，公众号图文、客服消息、短信、邮件等全渠道通路触达用户，实现有效互动；实时动态业务流，实时监测工作流状态，轻松量化营销效果。

⑥开放共赢的生态合作体系。

为企业提供数字化转型及业务增长所需的咨询、产品、技术、运营等服务。包括：专业深度的咨询服务，领域内专家为企业评估数字化成熟度，帮助企业建立个性化业务指标体系，实施落地方案，追踪与衡量数字化转型效果；全链路闭环的产品矩阵，客户数据平台作为数据基座与企点各个产品打通，最大化提升产品协同效率和数据价值；安全可靠的技术服务，信息安全管理体系和信息安全控制使用规则符合ISO/IEC标准，完善的数据防护方案，让企业用得安心且放心；管家式的运营服务，企点链接用户超7.5亿，覆盖行业超80个，提供营销策略制定、营销自动化执行、数据监测分析等多场景下的服务。

2）企点营销的优势。

企点营销能够为企业提供一站式数据智能解决方案，其优势如下。

①全渠道数据采集。

集结会员、直播、电商、CEM、客服系统等多种企业应用系统，打通来自网站、App、小程序、短信、邮件、广告等线上线下通路的数据触点，实现客户全生命周期数据资产的统一管理。

②用户One-ID体系。

自动合并来自不同应用系统的用户ID，遵循个性化合并规则，建立统一身份识别的One-ID体系，避免数据冗余和重复触达。

③用户标签体系。

构建体系化、智能化标签系统，多维度聚类分层用户数据，满足广泛的行业需求和业务场景要求。

④用户分群。

将标签、属性、行为事件、已有的人群包等多维度作为组合条件，自定义配置或逻辑关系来对用户分组打包，使营销活动精确触达自定义的用户群体。

⑤用户360度画像。

通过属性、行为会话轨迹、标签、人群包、核心指标等，对单个用户形成精准360度画像，有效支持"千人千面"的个性化精准营销。

⑥用户群体画像洞察。

还原用户群体的真实面貌，清晰准确地了解其时空分布，洞察不同用户群体的互动状态、人群特征和行为偏好。

⑦可视化分析模型。

可视化数据呈现能帮助掌握业务概况。七类分析模型助力分析用户留存，深入洞察不同营销手段的转化效果、功能迭代的实施效果，挖掘核心及长尾用户的行为频次、特征偏好和行为动机。

⑧开放平台。

提供强大丰富的应用套件，不仅包含审批、考勤等OA类应用，还有面向B2B的专属行业应用，满足企业的个性化需求。

⑨营销自动化。

自动化引擎支持营销流程高效运行，24小时不间断，降低营销成本。可添加多维度条件筛选，实现个性化精准触达。基于用户旅程的可视化画布搭建，可以支持运营、优化、预测和决策。

### （二）QQ基本信息设置的营销技巧

#### 1. 昵称设置："公司名＋姓名"

有的QQ账号是专门为营销工作而设立的，在QQ基本信息设置上就可以突出需要营销的单位或公司或个人姓名，方便客户产生记忆。例如，可以设置昵称为"××公司张三""××公司李四"。

#### 2. 头像设置：公司Logo或产品或需要营销的内容

在头像设置上，可以采用公司Logo或产品或需要营销的内容，也可以是与自己工作相关的照片或其他内容。头像设置能够让人很容易明白公司名称和行业，或目前要推广的相关营销产品。例如，出版一本书后，就以书的封面为头像，以达到宣传营销的目的。

#### 3. QQ签名设置："公司简介＋公司官方网站链接"

在QQ签名设置上，可以用"公司简介＋公司官方网站链接"，方便用户更多地了解公司。

#### 4. 个人资料设置：真实可信

在QQ个人资料设置上，以真实可信为宜，这样可以增加用户的信任程度，对开展营销工作有利。

### （三）QQ群营销推广

在QQ群界面上，有群聊天、公告、相册、文件、应用等，在应用中还有精华消息等。这些都可以用作营销宣传与推广。

### 1. QQ 群公告推广

作为 QQ 群的管理者，可以用 QQ 群公告进行推广，在 QQ 群公告上发布公司的重要宣传信息。

### 2. QQ 群发信息推广

管理者在 QQ 群中可以群发需要营销宣传的信息，特别是在一些上千人的 QQ 大群中，群发的信息到达人数会很多，效果比较好。此外，在 QQ 群发消息时，也可以选择创建群聊、面对面快传等方式进行群营销，还可以在一对一聊天窗口的右上角打开"发起聊群"对话框，然后选择群发消息的接收联系人。

### 3. QQ 群营销的其他方式

在 QQ 群进行营销活动时，还可以采用下列几种方式。

（1）群名片广告。

在 QQ 群中，直接把自己的群名片改成广告信息的内容。

（2）加好友宣传。

在 QQ 群聊天时，如果发现群友中有较合适的潜在用户或合适的宣传对象，可添加好友，达到较深入的交流及营销的效果。

（3）高质量信息和内容宣传。

在 QQ 群中发布一些来源独特的相关信息或高质量内容，能引起群友的关注和兴趣，达到宣传自己或公司的目的。

（4）通过在群中答疑或助人来宣传。

通过在 QQ 群中较长时间地答疑，或帮助需要帮助的人，使人产生信任感，从而达到宣传的目的。

（5）运用群文件或邮件功能营销。

在 QQ 群中，可以通过发布带有营销内容的群文件或群邮件，以达到更深入了解的目的。

### 4. QQ 群营销的注意事项

（1）监测营销发布的内容是否合法合规。需要注意的是，QQ 群发信息推广时，如信息中有图片、链接、QQ 号码及其他的敏感信息，或者在多个 QQ 群重复发布相同的信息内容，腾讯公司会进行监测并屏蔽相关的内容，甚至冻结 QQ 账号，需要重新申请并通过审核程序才能要回 QQ 账号。

（2）对新加入的群，要注意"先建感情，后推广"。

（3）发布广告频率宜合适，不可滥发。

（4）利用 QQ 群的各种工具和功能。

（5）争取申请成为 QQ 群的管理员。

### （四）QQ 空间营销

QQ 空间是 QQ 软件中一个重要的信息交流和分享平台，它的功能强大，很受年轻人的喜爱。QQ 空间拥有活跃用户 5.68 亿，6 成以上的用户为 90 后年轻用户。因此，在 QQ 空间上让信息流广告以天然、无违和感的形式出现在用户的好友动态中以引起用户的关注，是一种非常适合品牌在社交场景中与年轻人沟通的形式。QQ 空间广告是一种融入用户 UGC 中的原生态社交广告，可以利用 QQ 软件的特点进行营销活动。QQ 空间营销广告的重点可以从以下几个方面进行设计和发布。

#### 1. 运用信息流运营广告

（1）品牌页卡广告。品牌主在 QQ 空间设置独有的为用户私人订制的品牌页卡，可拉近品牌与用户间的距离。系统自动调用用户昵称，实现品牌广告与用户直接对话，支持单图文、视频等多种广告形态。

（2）视频故事广告。视频故事广告打破了 15 秒时长限制，可以更自由地展示品牌 TVC 及产品细节，讲述完整精彩的品牌故事。通过"赞、转、评"拉动用户社交参与，帮助品牌实现内容完整传播与扩散。

（3）随心互动广告。只需提供两张图片素材，即可制作三种不同动画样式的广告。当用户滑动空间信息流时，广告图片随之切换，其动态效果能帮助广告充分吸引用户注意力，同时提升广告的趣味性和体验感，增强用户的品牌好感度。

（4）全景交互广告。Canvas 全景交互广告由外层广告（支持视频和图文）和内层 Canvas 画布两部分组成，外层自然融入空间好友动态信息流，用户点击后支持客户端极速加载，直达品牌故事或细节页面，从而实现沉浸式全屏体验。

#### 2. 运用黄金位设置广告

（1）多图轮播广告。通过多图展示，承载更丰富的创意，带来更灵活的品牌内容或商品展示，同时支持动态拉取客户商品库和多链接跳转，实现"千人千面"的展示效果，提升广告转化率。

（2）图文广告。支持点击跳转至目标落地页面，单图文广告用简单的操作带来直接有效的广告效果。

（3）本地广告。基于地理位置，定向城市和商圈，智能覆盖门店周边的潜力消费群体，连接用户兴趣和线下购买场景，助力建设 O2O 转化生态闭环。

#### 3. 运用沉浸视频流运营广告

（1）视频广告。用户通过动态信息流点击任意视频，即可进入沉浸视频流场景。广告位于用户兴趣的原生视频流中，自动上滑播放，以视频内容形式出现，提供观看体验。

（2）随播图文广告。广告位位于视频内容下方，一般在视频播放 7 秒后出现。

#### 4. 设置桌面端广告

（1）运营个人中心广告位。进入空间 PC 端个人中心区，多个图文广告占据首屏位置，大尺寸展现广告信息，达成广告强势曝光的目的。可以设置为右上角热词、右上角Banner、左下角擎天柱的形式。

（2）好友动态信息流广告。可利用空间 PC 端的首页好友动态信息流，增大展示曝光面积，在快速抓住用户眼球的同时，友好地传递品牌信息。

## 二、微信营销

### （一）微信的起源及其功能

1. 微信的起源

2011 年 1 月 21 日，已具备强大技术实力的腾讯公司，向外界发布了针对苹果手机用户的 1.0 测试版语音社交产品——微信，这标志着微信正式在中国诞生。微信是一个功能强大的手机即时通信社交平台，拥有庞大的用户群体，具有即时性、便捷性、零资费、时平台、私密性、高速度、高曝光及高精准等特点，微信营销对各行各业都有很强的吸引力，其商业价值越来越受到重视。

例如，2018 年春节期间微信首次突破 10 亿全球月活用户大关，有超 8 亿社交微信红包月活用户。《2018 微信年度数据报告》显示，2018 年，每天登录微信的用户有 10.1 亿，日发送 450 亿条微信消息，每天音视频通话次数达 4.1 亿次。

2. 微信的功能发展历程

（1）微信基本功能阶段。

2011 年年初，微信推出的 1.0 版本实现了简单的文字、图片交流功能。2011 年 5 月推出的微信 2.0 版本，可支持语音通话、多人对讲的用户即时通信功能。2011 年 10 月推出的微信 3.0 版本，增加了两个特色交友功能"摇一摇"和"漂流瓶"，语言界面支持繁体中文，还增加了网络媒体信息如微博精选、腾讯新闻等。随后更新的 3.0+ 版本还支持英文语言界面和 l00 多个国家的短信注册，意味着微信开始走向国际化。

（2）微信提升社交功能阶段。

2012 年 4 月，微信发布了 4.0 版本，增加了相册和朋友圈功能，提升了微信的用户黏性。随后的 4.0+ 版本还增加了位置定位和群发等功能，微信以"WeChat"为英文名进入国际市场。

（3）微信生活支付和营销多功能阶段。

2013 年 8 月，微信 5.0 版本上线，增加了表情商店、"扫一扫"、公众平台、游戏中心、移动支付等功能，以及生活服务板块。更新后的 5.0+ 版本实现了跨平台合作，微信改变了人们的生活。2014 年 9 月发布的微信 6.0 版本更新了小视频、微信卡包等功能，全面改版游戏中心，后期更新的 6.0+ 版本可满足用户的更多需求和要求，如增加了微信红包、朋友圈广告等。微信成为营销的一个重要手段。

（4）微信拓展企业应用功能阶段。

2016 年 4 月，腾讯拓展功能领域，推出了企业微信的第三方应用软件，为企业打造专属的内外沟通和管理工具，范围涉及移动办公、客户关系、团队协同、文化建设等多个领域。

### 3. 微信的主要服务功能

（1）基本服务功能。微信有聊天、添加好友、语音留言、实时对讲、流量查询等功能。

（2）生活服务功能。微信集成了多种生活服务功能，如即时通信、社交分享、生活服务、资讯订阅、电子商务以及自媒体运营等，可满足人们的各种生活和服务的需要。

（3）企业服务营销功能。微信可实现企业与客户、员工的沟通和交流，通过微信的企业品牌、产品或服务的推广营销，可打造企业品牌形象，获取精准的客户群，拓宽企业的营销领域。

## （二）微信营销的概念和特点

### 1. 微信营销的概念

微信营销是网络经济时代企业或个人的一种营销模式或方式。微信不存在距离的限制，用户注册微信，并与周围同样注册的微信朋友相互添加确认后，即可形成一种联系。

微信营销是指基于微信平台进行的营销活动。其营销主体可以是企业或个人，主要起到展示宣传和推广销售的作用，不受时间与空间的限制，能实现点对点营销。

总的来说，微信营销是企业或个人运营者在微信平台上，运用微信上的不同营销方式，对企业、品牌和产品等信息进行宣传展示和销售推广的营销行为与活动。微信营销是一种受众广泛的营销方式，可以实现不受时间与空间限制的一对一或一对多的营销。

### 2. 微信营销的特点

与其他平台相比，微信营销具有以下特点。

（1）点对点精准营销。

每个微信群最大的用户上限数为 500 人，用户数量庞大，每推送一个营销信息，微信群内的所有人均可接收并看到信息。因此，微信营销的机会有很多，主要是看商家如何运用微信实现点对点的精准营销。

（2）营销信息来源和平台多样化。

微信软件上有各种营销信息来源，用户可以订阅自己所需的营销信息，也可以获取商家发布到微信群中的信息，或者在朋友圈、金融理财、生活服务、交通出行及购物消费等方面获得营销信息。此外，微信营销还有其他许多渠道可以获得营销信息，这为运营者提供了多种营销渠道平台和机会。

（3）营销信息的表现形式丰富多样。

由于微信平台和功能多种多样，在发送营销信息时可采用的表现形式也丰富多彩。例如，发布信息时可以采用推送文本、文件、图片、语音、音视频、链接、表情及定位，或它们的综合体的方式，也可以通过拍摄照片或从相册中选取照片的方式，还可以通过红包、我的收藏、位置等，使推送和获得的信息更加灵活、多样化和人性化。此外，还有搜一搜、附近、摇一摇、扫一扫、二维码、订阅号、支付、朋友圈广告、小程序、公众号等功能，可以为企业或运营者提供更多的营销途径和传播方式。

（4）强黏性关系和良好的互动效果。

在微信关系中，企业与用户之间、用户与用户之间的关系黏性总体较强。由于用户可以在微信中较好地进行交流或互动，沟通效果也较好，因此，运营者可以利用这种强黏性关系和良好的互动效果，来促进营销宣传和交易活动的达成。

（5）用户自主性强，信息强制到达。

微信的用户自主性较高，一般需要自愿下载软件、注册、主动添加为好友才能进行会话或互动。如果对某些群或某些人不满意，也可以主动退出该群或屏蔽相关的人员。微信的信息会强制到达某群中或某人的终端上，一般情况下，用户均会打开查看信息的内容，因此营销信息的到达率较高。

### （三）微信营销的模式

微信营销的模式主要有以下五种（见图 5-8）。

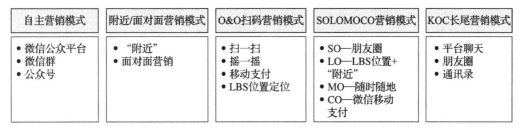

图 5-8　微信营销的模式

1. 自主营销模式：微信公众平台 + 微信群 + 公众号

微信的自主营销模式可以依靠"微信公众平台 + 微信群 + 公众号"来实现。微信的运营商或用户可以自行创作和设计要发布与接收的营销信息及内容，自主选择营销信息的发布平台、发布时间、发布的内容和形式。对于喜欢或重要的群或人可以多聊天互动，设置为"置顶聊天"或"提醒"；若不喜欢被打扰，可以把某个群或某个人设置成"消息免打扰"。用户也可以设置朋友权限，权限可以设置成聊天、朋友圈、微信运动等，或仅聊天，或不让他看，或不看他。因此，虽然在微信上向个人营销有一定的壁垒限制，但大部分的群还是可以推进营销活动的。

2. 附近 / 面对面营销模式："附近" + 面对面营销

附近 / 面对面营销模式就是营销运营者可以与用户，或用户与用户之间，通过附近 / 面对面添加，成为好友后即可从事信息宣传活动。面对面（Face to Face，F2F）营销是指在微信群中可以采用一对一的营销或直接语言、视频营销等方式。目前，直播营销是一种很流行的面对面营销方式。微信公众号有更加丰富的面对面营销形式，能让用户有更好的互动体验，从而增加品牌吸引力与用户黏性。

### 3. O&O 扫码营销模式："扫一扫" + "摇一摇" + 移动支付 +LBS 位置定位

O2O 是 Online to Offline 的缩写，意思为线上对线下进行交易，具体指线上营销、线上购买或预订（预约）带动线下经营和线下消费。O&O 营销模式是 Online and Offline 的缩写，意思为线上线下融合交易、支付和消费。在微信中，O&O 营销模式也可以通过线下购买或微信"扫一扫"功能实现支付交易。微信的扫码支付功能使人们不用带钱包就可以完成购买，极大地促进了金融数字化。

微信的扫描二维码功能也得到了拓展。可以先把文字、图片、声音及视频等信息转化为二维码，再通过"扫一扫"提取和阅读。升级版的微信还有扫描商品的条码、图书的封面、街景、翻译等功能。

微信的"摇一摇"、LBS 位置定位服务、自定义菜单等功能，实现了本地化营销的目的。例如，2015 年五一期间，微信联合全国 40 多家 5A 级景区，两场顶级体育赛事，以及多个优质品牌的数千家门店开展了"摇一摇"活动。在微信上还有"抢红包""集点赞"等功能。

### 4. SOLOMOCO 营销模式：开放平台（公众号）+ 朋友圈等

微信开放平台是微信营销的重要平台，主要有微信公众号运营等营销模式。微信公众号运营的详细介绍见第十章。

（1）SOLOMOCO 营销模式的起源。

SOLOMOCO 营销模式，是指由" Social（社交化）+ Local（本地化）+ Mobile（移动化）+ Commerce（商业化）"整合构成的一种新型市场营销模式。SOLOMO 是由 Kleiner Perkins Caufield & Byer 风险投资公司的 John Doerr 提出的。后来 Tim Reis 在 The Future is SoLoMoCo: 5 Predictions for Digital Marketing 中提出了 SOLOMOCO 的概念。

（2）SOLOMOCO 营销模式的含义。

① Social（社交化营销）——"朋友圈"营销。

Social（社交化营销）可以通过微信的"朋友圈"实现其营销功能。在微信"朋友圈"中，能看到大量的营销硬广告和软广告。此外，在微信"朋友圈"上还可以看到用户朋友圈以往的信息，方便营销运营者使用。例如，在 2020 年年初疫情期间，微信"朋友圈"有大量的口罩购买信息。微信"朋友圈"可以通过朋友圈查看、链接分享、广告等形式，成为营销的一个主要阵地。

② Local（本地化营销）——LBS 位置 + "附近"营销。

Local（本地化营销）是通过微信的"LBS 位置 + '附近'营销"来实现的：通过 LBS 位置和签名可以快速了解潜在客户所在的地理位置，可以有针对性地推广与传播相关的营销信息给本地目标用户；通过"附近"功能，能够对本地用户进行有针对性的营销活动。

③ Mobile（移动化营销）——"随时随地"的服务。

Mobile（移动化营销）是基于移动智能终端手机、iPad 等移动设备，在微信上可以"随时随地"地进行相关的营销服务和互动交流活动。

④ Commerce（商业化营销）——微信移动支付功能。

Commerce（商业化营销）是企业运营者或个人在微信平台上进行移动交易和支付的功能，是商业营销的一个大跨越。微信商业化营销打通了从企业品牌和产品的推广宣传，到产品购买交易支付，再到最后实现消费价值的一系列过程。

5. KOC 长尾营销模式：平台聊天 + 朋友圈 + 通讯录

KOC 是 Key Opinion Consumer 的简称，中文翻译为"关键意见消费者"，一般是指能在一定范围内影响自己身边的亲戚、朋友、粉丝和接触到的人，使其接受相关的产品和宣传的信息，并产生消费或购买行为的消费者。微信的 KOC 营销十分普遍，营销运营主要来自私域流量，对某些日常的产品而言，KOC 有一定的长尾市场效果。长尾市场是指通过对市场的细分，企业集中力量于某个特定的目标市场，或严格针对一个细分市场，或重点经营一个产品和服务，以创造出产品和服务的优势。例如，看似需求极低的产品，只要有人卖，都可能会有人买。这些需求和销量不高的产品所占据的市场份额加在一起，可以与主流产品的市场份额持平，甚至更大，即众多小市场汇聚成可与主流大市场相匹敌的市场能量。

 训练 5-3

**QQ 和微信营销实操训练**

1. 选择 QQ 和微信平台，找一个自己感兴趣的广告作品，在 QQ 和微信上进行发布，过一段时间查看营销的效果。

2. 选择 QQ 和微信平台，设定一个时间（如三天），统计 QQ 和微信平台上的广告及其营销效果。

# 第三节　SNS 营销和 IM 营销

## 一、SNS 营销

### （一）SNS 的含义

SNS（Social Network Service）是指社会性网络服务或社会化网络服务，专指支持和帮助人们建立社会性网络的互联网应用服务。

SNS 有三层含义：一是 Social Network Service，即社会性网络服务；二是 Social

Network Software，即社会性网络软件；三是 Social Networking Site，即社会性网络站点。SNS 是一种具有个性化、互动性、虚拟性及社会性等重要特征的新兴电子商务模式，在 SNS 上可以与其他网友交流、分享信息。SNS 营销就是利用 SNS 的社交功能将产品营销出去，利用平台的人际交流功能进行产品品牌的宣传。从上述内容可以看出，SNS 的内涵是：在网络上的社会和社交、互动和交流、宣传促销的一种新形式。

## （二）SNS 营销的含义

SNS 营销是指利用用户特征和 SNS 表现形式对企业产品进行营销的活动，其中用户特征是精英、草根和个性化，表现形式为 BBS、博客、社交网站、微博以及微信等。

SNS 营销是指社会化网络营销，在社交网站上通过企业或品牌的广告、口碑传播等进行产品和服务的推广等活动。它是为了让产品和服务传播得更深入，利用 SNS 网站的共享和分享功能，在时间、地域、受众、轨迹（触点）、场景、频次等六维理论基础上实现的一种营销传播手段。

---

**知识拓展 5-4　　　　　　　什么是六维定向理论**

六维是指时间、地域、受众、轨迹（触点）、场景、频次六大要素。六维定向理论的创建者是传漾科技（AdSame）的徐鹏，目的是使高效沟通、精准定向理念更好地应用于互联网。六维定向理论是指通过受众群体的上网行为触点，在足够的媒体群覆盖面所形成的轨迹下，在不同的时间、地域，不同的场景下展现有效频次的广告信息，形成受众群细分下的深入影响和定向传达。

（1）轨迹（触点）定向。轨迹是由连续多个触点如信息渠道、沟通、娱乐及生活助手的用户主要行为应用轨迹等特征组成的，是重要的横向跨媒体链接的维度。例如，相同兴趣爱好的受众在网上的浏览行为的各触点集合就形成了一条有价值的精准营销轨迹。

（2）时间、地域定向。通过用户的上网时间、地点、事件（起因、经过、结果）等核心维度形成营销触点和轨迹定向，使运营者更清楚用户的地理信息，从而更有针对性地进行营销。

（3）受众（用户）定向。广告信息传达的主体和目标定向是受众（用户或消费者），是营销广告的诉求起点和信息传达的终点。

（4）场景定向。相同信息要素在不同的场景里进行传播的广告效果不同。场景定向一般有办公场所、公共场所、社区、网吧、超市、家庭、学校等场景。因此，在进行营销信息传播时要注意根据受众的特点和偏好，选择合适的环境和氛围、恰当的时间和地点，把场景融入广告创意中，可以结合沉浸技术，让受众得到沉浸体验和满足。

（5）频次（频度、频率）定向。它是指对单个媒体广告的频次进行限定、监测和控制，从而提升广告传播的有效到达频次。此外，还需要监测用户上网轨迹行为的跨媒体频次。频次（频度、频率）定向可以是广告主，也可以是上网用户，这是一个非常重要的维度。

### （三）SNS 营销的发展阶段

从用户视角，SNS 营销发展可以分为探索期、成长期、创新期三个阶段。

#### 1. SNS 营销的探索期

探索期就是在早期的社交网站如论坛 BBS、虚拟社区、搜索引擎、博客等平台上，探索满足草根用户单品种、个性化需求和多品种、小批量需求的网络社交营销阶段。

#### 2. SNS 营销的成长期

成长期就是在轻博客、微博、微信等平台上，以满足用户的多品种、个性化需求和建立与用户之间的黏性关系为营销目标的社交营销阶段。

#### 3. SNS 营销的创新期

创新期就是在抖音、B 站、直播等创新平台上，结合营销平台及新技术运用，满足用户个性化、创新性需求的社交营销时期。

### （四）SNS 营销策略

#### 1. 游戏场景营销策略

游戏场景营销策略是指依托 SNS 软件和网站，把企业产品、品牌及服务等营销内容，以视觉符号和游戏场景的方式表现出来，达到营销目的和效果。

例如，在 QQ 空间等抢车位的游戏中，依托 SNS 在停车位上放置各种汽车广告，可以与现实中的汽车品牌相结合，把产品的外形、定位、价格等植入 SNS 的具体游戏中，产生较好的产品广告效应。此外，此类 SNS 营销策略还可在经营类虚拟游戏中内置各种房产、衣服、饮食等商品广告。

#### 2. 虚拟礼物营销植入策略

虚拟礼物营销植入策略就是在 SNS 网站上为宣传企业的产品、品牌或塑造其良好形象，以互相赠送虚拟礼物的方式，让用户体验到产品或品牌带来的愉悦感受的一种营销策略。可以通过设置奖励和激励措施，与线下真实产品的赠送形成联动机制。例如，在 SNS 平台上，当用户发出或收到一定量的虚拟礼物时可获得免费赠送的真实产品，从而达到良好的营销效果。

#### 3. 共享创意营销策略

因 SNS 营销的互动性强，所以在进行 SNS 营销时，可以通过对企业品牌和产品的个性营销创意，达到推广企业品牌、宣传产品、交流创意和思想、共享和参与的营销效果。例如，在众包平台上，运营者可以提出问题和要求，个体或团体用户可以设计和制作相关品牌的创意，在共享创意的过程中达到营销的目的。

⊙ **案例分享 5-12**

### 小米有品有鱼

　　2022 年对于大多数公司来说，是一个崭新的开始。但遗憾的是，1 月还没过完，就接连有两家电商公司宣布即将关停，其中一家便是小米的有品有鱼。1 月 17 日，小米有品有鱼对外宣布因业务调整，该平台将于 3 月 17 日 10 时终止运营。公开资料显示：小米有品有鱼是于 2019 年 4 月 18 日上线的小米有品旗下的新国货会员制电商平台，提供家居、餐厨、饮食、日用、服饰、婴童、箱包、影音等生活消费品品类，包括小米自营产品、小米生态链产品以及第三方商家优质产品。平台采用 S2B2C（S 大供货商、B 渠道商、C 顾客）运营模式，面向女性客群。用户花费 396 元注册成为会员后，可享受商品券后价、3% 至 15% 的自购返利；产生了购买与分享行为后，可获得更高比例的推广服务费、返佣及返利。这种"自购省钱、分享赚钱"的模式，与大多数分销型社交电商类似。

　　此前，小米有品有鱼被寄予厚望，小米集团联合创始人、首席战略官王川是该项目的负责人。背靠大树，又恰逢社交电商的风口，该平台正式运营后不久，单月 GMV 破亿。有一年"双十一"的全天销售额超过 5 000 万元；"双十二"开场半小时，突破 600 万元的交易额。

　　在 2021 年渠道大会上，小米有品有鱼正式宣布升级成为一个多元化社交营销网络平台，同时发布"银河计划""繁星计划"。9 月，小米有品有鱼与宝能合作，举办"宝能·第一空间有品有鱼智能全屋体验馆"的开业仪式。

　　此番小米有品有鱼突然停止运营，业内人士认为，其营收不理想是最直接的原因，也有避险意味。该平台此前因"入门费""拉人头""多层级计酬"等运营方式已陷入"涉传"风波。

　　**思考：** 试分析该公司倒闭的原因是什么？有哪些启示？

　　资料来源：新潮商评论，2022 年刚开始，就有两家公司宣布倒下，2022 年 1 月 24 日。

## 二、IM 营销

### （一）IM 营销概述

#### 1. IM 的概念

　　IM 是 Instant Messaging 的简称，中文翻译为即时通信，是指即时通信聊天软件和工具。IM 是依托网络终端平台和移动通信平台技术，实现多平台与多终端同时传播文字、图片、文件、声音、对话、音视频、链接、表情、直播等即时通信的信息交流和互动软件工具。1998 年 11 月，腾讯首次推出 QQ 产品，促进了即时通信在中国的起步和发展。目前，主要的即时通信软件有 QQ、微信、飞信、百度 HI、易信、钉钉、阿里旺旺、京东咚咚等。

## 2. IM 的分类

按照使用的对象来分类，IM 主要有以下几种类型（见图 5-9）。

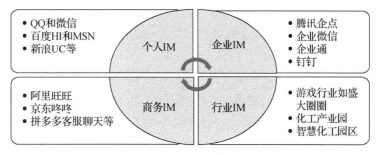

图 5-9　IM 的分类

（1）个人 IM。

个人 IM 是指利用 IM 软件在个人用户之间聊天、交友、娱乐和营销等传递即时信息通信的行为。具有代表性的个人 IM 软件有 QQ、微信、百度 HI、MSN、Skype、新浪 UC、雅虎通、网易 POPO、移动飞信（PC 版）等。

（2）商务 IM。

商务 IM 是以寻找客户资源、进行商务交易、与客户开展商务联系或交流为目的的商务运营软件和行为。商务 IM 的代表有阿里旺旺、京东咚咚、拼多多客服聊天等。

（3）企业 IM。

企业 IM 是指作为企业内外部办公用途、员工和客户交流平台的即时通信软件。例如，腾讯企点（企业 QQ 和营销 QQ 合并升级而成）、企业微信、企业通、钉钉（Ding Talk，阿里巴巴集团打造的企业级智能移动办公平台）等。

（4）行业 IM。

行业 IM 是指在某些行业或领域的网站中使用和交流的即时通信软件，依赖于行业部门或单位购买或定制的软件。其只为行业内部人员所使用，大众不太了解。例如，化工产业园、智慧化工园区软件主要是为了解决政府人员分散移动办公的问题，以及方便政府、公众、企业快速地浏览新闻。

### 3. IM 营销的概念

IM 营销又称为即时通信营销，是指企业运用互联网即时聊天和通信工具软件，推广与宣传企业产品和品牌，并进行网上交易，以实现目标客户挖掘和转化的网络营销方式。

## （二）IM 营销的方式和优势

### 1. IM 营销的方式

IM 营销的主要方式有 IM 在线交流营销和发布广告信息。

（1）IM 在线交流营销。在 IM 聊天平台上，商家可以在群里聊一些产品或服务的信息，从而发现潜在和感兴趣的客户，并有针对性地进行互动交流，达到营销和销售产品的效果。

（2）发布广告信息。在 IM 聊天平台上，有的商家会直接或间接地发布广告信息，特别是以软文、软广告等方式来达到广告的目的。

2. IM 营销的优势

IM 营销与其他营销平台相比，有自己的优势。

（1）用户多、流量大。

IM 营销软件工具一般是比较受欢迎的软件，如 QQ、微信、Skype 等。企业微信 2022 新品发布会上发布的数据显示，企业微信上的真实企业与组织数超 1 000 万，活跃用户数超 1.8 亿，连接微信活跃用户数超过 5 亿。腾讯 2022 年 Q1 财报数据显示，截至 2022 年 3 月 31 日，微信及 WeChat 的合并月活跃账户数增至 12.883 亿。由此可见，在 IM 平台上用户数量巨大，带来的营销用户资源和流量也十分巨大，运营者要充分利用 IM 营销以达到良好的营销效果。

⊙ 案例分享 5-13

### 腾讯生态和产品有哪些?

腾讯是一家世界领先的互联网科技公司，用创新的产品和服务提升全球各地人们的生活品质。腾讯成立于 1998 年，总部位于中国深圳。公司一直秉承科技向善的宗旨。在通信和社交服务方面连接全球逾 10 亿人，帮助人们与亲友联系，畅享便捷的出行、支付和娱乐生活。腾讯发行多款风靡全球的电子游戏及其他优质数字内容，为全球用户带来丰富的互动娱乐体验。腾讯还提供云计算、广告、金融科技等一系列企业服务，支持合作伙伴实现数字化转型，促进业务发展。腾讯生态和产品从连接人、服务及设备，到连接企业及未来科技，形成了共赢的产业生态和产品。

（1）通信与社交。腾讯从连接人与人出发，开发和提供功能丰富、易于使用的即时通信和社交平台，以创新的方式让沟通、分享和交流变得更便捷、生动和个性化，丰富人们的生活。目前，通信与社交产品主要有 QQ、微信、QQ 空间。

（2）数字内容产品。腾讯不断探索更适合未来发展趋势的多元化社交娱乐融合体。基于优质内容，以技术为驱动引擎，不断探索社交和内容融合的下一代形态。通过跨屏幕、多平台、多形态的模式，为互联网用户提供多元化、多维度的内容，以满足用户的不同娱乐体验。腾讯深知版权及 IP 对创意产业发展的重要性。在尊重版权的基础上，不断在内容业务生态体系内发掘有潜质的 IP，助力其成长。目前，数字内容产品主要有腾讯游戏、腾讯视频、腾讯影业、微视、腾讯新闻、腾讯体育、腾讯动漫、腾讯音乐娱乐、阅文集团、腾讯电竞、腾讯看点［见图 5-10a］。

（3）金融科技服务。秉承合规、精品、风控、开放、"有所为有所不为"的发展理念，腾讯金融科技以微信支付和 QQ 钱包两大平台为基础，致力于连接人与金融，构建金融生态，与合作伙伴携手为全球用户提供移动支付、财富管理、信贷服务、证券投资等创新金融服务。金融科技服务主要有微信支付、QQ钱包、理财通、信用卡还款、手机充值、乘车码、微信香港钱包、微信马来西亚钱包、腾讯区块链、腾讯自选股、退税通、财付通商企付等［见图5-10b）］。

（4）工具。腾讯为用户提供多种工具性软件，帮助用户快速直接地解决网络安全管理、快捷浏览、定位出行、应用管理、电子邮件等具体需求。腾讯工具主要有腾讯手机管家、腾讯电脑管家、QQ浏览器、腾讯地图、应用宝、QQ邮箱、微信小程序。

a）数字内容产品　　　　　　　　　　　b）金融科技服务

图 5-10　数字内容产品和金融科技服务

资料来源：腾讯官网资料。

（2）成本低、效果好。

IM营销软件工具基本上是用户可以免费下载和使用的，受到广大用户的喜爱。在中国，几乎人人每天都离不开微信、QQ等IM工具。无论是个人交流，还是工作，IM是首选。运营者可以采用有效的营销策略、手段和方法，实现成本低、营销效果好的目标。

（3）传播范围广、互动性强。

IM工具已经成为人们日常生活、工作中广泛使用的沟通交流工具，群众基础非常好，用户之间、好友之间的关系具有较强的信任度，对相同的信息认可度高。此外，在IM上，运营者可以就相关的问题，与目标或潜在用户进行互动和答疑解惑，为用户提供更好的服务。

（4）定位精准、效率高。

因IM的用户群一般有共同的工作、话题、兴趣，或是用户自己的亲友群，运营人员对用户的需要及其注册信息（如年龄、职业、性别、地区、爱好等）比较了解，因而能够有针对性地对目标用户进行产品等定位精准的营销宣传和推荐，从而提高营销效率。

训练 5-4

请针对某一企业的实际情况，选择一个主题，为其策划一个社会化新媒体营销活动。

⊙ 案例分享 5-14

### 阿里云智能供应链解决方案

阿里云智能供应链解决方案可以为企业解决销售预测不准确，订单处理效率低，排产准确率低、待细化，布局与物流成本高、效率低等情况。有 IoT 与人工智能的技术支持，云计算与双平台为业务创新提供技术支撑，运用数字技术深挖数据潜能，实现更智能高效的客户服务、全链路可视化、一站式协同优化，让企业供应链更高效、快速和准确（见图 5-11）。

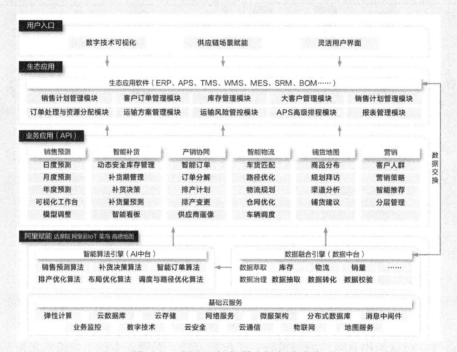

图 5-11　阿里云智能供应链解决方案

赋能的核心技术主要有以下几种。

（1）IoT：优化了数据收集，并让人机互动更丰富。

（2）数字技术：企业核心资源，需要更快速迭代发展。

（3）云计算：让企业管理和计算实现质的飞跃。

（4）智能算法：让商业智能成为可能。

（5）"数据中台 + 业务中台"：赋予用户更高的灵活性，让新技术更易应用与升级。

资料来源：阿里云官方网站"智能供应链解决方案"。

### 训练 5-5

### SNS 营销和 IM 营销实操训练

1. 请选择某一个 SNS 营销和 IM 营销平台，找一个自己感兴趣的广告作品，在 SNS 营销和 IM 营销平台上进行发布，过一段时间查看营销的效果。

2. 请选择 SNS 营销和 IM 营销平台，设定一个时间（如三天），统计平台上的广告及其营销效果。

# 第四节　第三方平台营销

## 一、第三方平台的概念和分类

### （一）第三方平台的概念

第三方平台是指第三方电子商务平台，也称第三方电子商务企业，是独立于企业产品或服务的提供者和需求者的第三方网络运营 SaaS（软件＋服务）机构。它是按照企业和单位的需要、特定的交易与服务规范，为供求或买卖双方提供及发布供求信息、搜索商品信息、网络交易和交流、支付货款、物流配送等技术支持的"云"服务平台。第三平台是一种 B2B 的业务平台。

目前主要的第三方电子商务平台有百度营销平台、腾讯会议/课堂、阿里巴巴电商平台等。此外，还有百度云、腾讯云、阿里云等各种第三方平台服务。近年来，各地政府部门出台政策法规，积极推动企业数字化转型和"云"上平台，进一步推动第三方平台的快速发展。

第三方电子商务平台是一个独立的平台，不受供求双方的控制和约束，能够更好地为双方服务，具有保持中立、高效运营、服务全面、专业性强、成本低、规模化等运营特点，深受供求双方的欢迎。例如，阿里巴巴的天猫和淘宝、京东商城等。

⊙ **案例分享 5-15**

**认养一头牛：利用第三方平台"种草"引流**

2020 年 9 月 7 日 12 点 02 分，认养一头牛天猫旗舰店粉丝量突破 500 万，一举拿下天猫乳制品行业旗舰店粉丝量第一，成为天猫乳制品行业首家粉丝破 500 万的品牌。认养一头牛重新定义了乳业供应链，从源头甄选，获取"信赖的能量"。认养一头牛在天猫亿元俱乐部等多平台乳制品旗舰店实现"双十一"销量第一，成为新锐乳业品牌中迅速崛起的头部玩家，这离不开它对线上第三方平台渠道的重视。认养一头牛根据年轻用户的线上消费习惯，将线上销售渠道作为切入点，陆续入驻天猫、京东、网易严选等电商平台，给用户提供高效便捷的购买服务，成功累积了千万级粉丝。

资料来源："谢进凯. 网红品牌'认养一头牛'，用数字化链接用户实现行业出圈"，2021 年 11 月 3 日。

### （二）第三方平台的分类

第三方电子商务平台可以按照不同的标准进行分类。常见的分类方法如下（见图 5-12）。

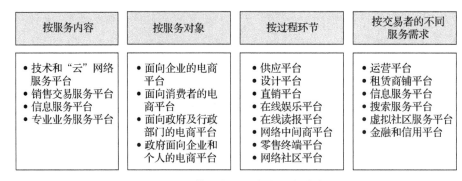

图 5-12　第三方电子商务平台分类

### 1. 按服务内容分类

根据服务内容的不同，第三方电子商务平台可分为：第三方电子商务技术和"云"网络服务平台、第三方电子商务销售交易服务平台、第三方电子商务信息服务平台、第三方电子商务专业业务服务平台。

（1）第三方电子商务技术和"云"网络服务平台。

第三方电子商务技术和"云"网络服务平台，为企业和客户提供各种网络技术支持与"云"网络服务环境，或提供外包技术。例如，阿里云打造出技术服务平台，可以帮助企业进行应用系统的设计和运营、信息处理、数据托管和分析等。该技术服务平台既可以为企业提供全系统技术支持，也可以提供外包部分技术支持。

（2）第三方电子商务销售交易服务平台。

第三方电子商务销售交易服务平台，为企业和客户提供网络交易服务支持和销售运营环境。供应方可以入驻第三方电子商务销售交易服务平台开店，或把产品直接挂在平台上进行销售交易。例如，淘宝平台是众多网店的第三方电子商务销售交易提供者，消费者可以登录淘宝网站平台，选择自己需要的产品进行交易。

（3）第三方电子商务信息服务平台。

第三方电子商务信息服务平台，为企业和客户提供网络信息服务支持。例如，各类搜索引擎提供的网络信息服务就属于这种类型，供求双方可以在这些平台上提供并搜索需要的信息服务。

（4）第三方电子商务专业业务服务平台。

第三方电子商务专业业务服务平台，为企业和客户提供网络专业业务服务支持，特别是在旅游、保险、医疗、程序研发、生产制造、物流配送、采购、销售、财务、教育培训、人力资源管理、咨询等方面。例如，携程、飞猪等平台专注于旅游和机票购买业务。

### 2. 按服务对象分类

第三方电子商务平台也叫电子商务模式，因其服务对象多种多样，故电子商务模式也各有不同，有 B2C、B2B、C2B、C2C、B2G、G2B、C2M、BMC 等，以及 B2B2C 等复合型的电子商务模式。目前，按服务对象分类，第三方电子商务平台可分为面向企业、面向消费者、面向政府及行政部门、政府面向企业和个人四种平台类型。

（1）面向企业的第三方电子商务平台。

面向企业的第三方电子商务平台，是指第三方电子商务平台专为企业的经营和管理打造网络技术与业务的运营平台，包括企业对企业（Business to Business，B2B）、消费者对企业（Consumer to Business，C2B）、政府对企业（Government to Business，G2B）以及消费者对工厂（Consumer to Manufacturer，C2M）几种类型。其中，C2M就是第三方平台或销售端向上游工厂输送消费者大数据，向其提供消费者偏好的品类、款式、数量等信息，然后工厂根据反馈信息（同时也可结合自身情况）设计并生产出相应的商品。

目前，面向企业的第三方电子商务平台有腾讯企点网，京东零售云、Ueeshop 外贸批发网站平台（可批发建站和零售建站）、百度爱采购平台、1688 阿里巴巴采购批发网、中国制造网、慧聪网、中国政企网、环球资源网、万国企业网等。

⊙ **案例分享 5-16**

### C2M 平台代表：犀牛工厂

2017 年 8 月，阿里巴巴打造了犀牛工厂——专为中小企业服务的数字化、智能化制造平台，并选择以服装行业为切入点开始对新制造进行探索。

首先，犀牛工厂新制造成员对硬件有要求：硬件要可以嫁接云计算、物联网、人工智能等新技术，可以实现柔性化生产。其中，柔性体现在两个方面：从小的方面说，可智能匹配用多少物料、多少人工，上哪条生产线；从大的方面说，可跨工厂调度，智能分工，形成群体协同。批次达到 100 件衣服就能发起生产，一条生产线能同时处理几类不同的订单。过去需要 5 分钟生产 2 000 件同样的衣服，现在可以做到 5 分钟生产 2 000 件不同的衣服。

其次，犀牛工厂的生产起点来源于客户零售端（淘宝、天猫等数字零售平台）的数据分析结果，通过预测流行趋势，迅速研发"爆款"，以销定产，反向制订生产计划，控制库存。新制造成员的业务系统、设备、管理、运营等全流程在线，完全上"云"，从消费端到生产端可真正实现在线协同。

犀牛工厂具有小单快反的生产制造能力，以及与淘宝、天猫这样的超级数字零售平台的协同的特征，有效地解决了客户最关注的快速上新的成本、交货周期及品质三个问题。这也是犀牛工厂对传统制造业本质上的跨越，换而言之，就是犀牛工厂智造平台运用阿里巴巴的云计算、IoT、人工智能技术，赋予工厂"智慧大脑"，连通 ABOS 洞察消费趋势，完成销售预测和弹性生产的结合，从而构建"云、端、智、造"融合的新制造体系，实现中国服装制造业智能化、个性化、定制化的升级。

思考：你认为阿里巴巴的犀牛工厂有哪些优势？

资料来源：肖利华，田野，洪东盈，等. 数智驱动新增长 [M]. 北京：电子工业出版社，2021.

（2）面向消费者的第三方电子商务平台。

面向消费者的第三方电子商务平台，是指专为消费者提供购买和服务的网络电子商务运营平台，包括企业对消费者（Business to Consumer，B2C）、消费者对消费者（Consumer to Consumer，C2C）等类型。

目前，面向消费者的第三方电子商务平台主要有淘宝网、京东、拼多多、易趣全球集市网、美团网、好派多网上菜场等。

（3）面向政府及行政部门提供的第三方电子商务平台。

面向政府及行政部门提供的第三方电子商务平台，就是由政府或企业打造，提供给政府采购办公、办事和管理等所需要物品的电子商务网站平台或服务办理平台，包括企业对政府电子商务平台（Business to Government，B2G）。

目前，面向政府及行政部门提供的第三方电子商务平台主要有政采商城、中央政府采购平台、中直电商采购平台（协议供货电子商城）、政府采购机票管理网站。

（4）政府面向企业和个人提供的第三方电子商务平台。

政府面向企业和个人提供的第三方电子商务平台是指依托各级、各地政府的门户网站，例如，代表中央人民政府的门户网站——中国政府网（https://www.gov.cn/），为企业、个人等提供各种办事服务，向企业和个人提供商务办理服务的平台（Government to Business，G2B）。

3. 按过程环节分类

按过程环节分类，第三方电子商务平台可分为第三方供应平台、第三方设计平台、第三方直销平台、第三方在线娱乐平台、第三方在线读报平台、第三方网络中间商、第三方零售终端平台、第三方网络社区平台等。其代表案例如表 5-4 所示。

表 5-4　第三方电子商务平台案例（按过程环节分类）

| 类型 | 案例 | 简介 |
| --- | --- | --- |
| 第三方供应平台 | 易链网 | 易链网是一个第三方供应链协同服务平台，基于互联网、大数据等技术，打造"供应链协同生态圈" |
| 第三方设计平台 | 稿定设计 | 稿定设计是一个聚焦商业设计的多场景在线设计平台，能满足中小型企业、自媒体、学生、电商、个体经营者的图片及视频模板设计需求 |
| | 威客网 | 威客网是一站式软件开发众包服务平台，其服务品类涵盖网站建设、App 开发、微信开发、UI 设计、软件开发等 |
| 第三方直销平台 | 直销网 | 给国内外直销企业、直销商（或经销商）、终端用户建立和维护一个良好的信息交换、沟通的资讯平台，以促进中国直销行业市场的良性发展 |
| 第三方在线娱乐平台 | 盛趣游戏在线 | 可以在线购买、充值网络游戏。 |
| 第三方在线读报平台 | Eolink 产品官网，报纸导航 dx286.com | 可在线看全国各地报纸的电子版 |

（续）

| 类型 | 案例 | 简介 |
|---|---|---|
| 第三方网络中间商 | 阿里拍卖 | 阿里拍卖是阿里巴巴旗下的拍卖平台（原淘宝拍卖），号称"全国最大最全最真"的网络拍卖平台 |
| | 全球代理网 | 全球代理网（原中国代理网），为创业投资者提供最新产品代理、品牌代理、连锁加盟、微商代理等商品招商信息和各品牌加盟代理商在线交流平台 |
| 第三方零售终端平台 | 阿里巴巴、天猫、淘宝、盒马 | 阿里巴巴、天猫、淘宝、盒马都属于线上虚拟商场 |
| | 亚马逊 | 网上购物商城 |
| 第三方网络社区平台 | QQ、MSN、BBS 等 | 聊天工具 |

#### 4. 按交易者的不同服务需求分类

按交易者的不同服务需求，第三方电子商务平台可分为第三方电子商务运营平台、租赁商铺平台、信息服务平台、搜索服务平台、虚拟社区服务平台、金融和信用平台等。

## 二、第三方平台营销的盈利模式和运营管理

### （一）第三方平台营销的盈利模式

在当前的电子商务市场，第三方电子商务平台基本的收费模式包括基本功能免费、增值服务收费、企业认证和注册收费、交易运营过程收费以及提供第三方拓展项目收费等。

#### 1. 基本功能免费

许多第三方电子商务平台前期为了增加客户量，采用免费使用 SaaS 服务平台模式，等平台产生一定流量后，则通过提供其他衍生产品和服务来获得盈利。例如，微信、QQ、抖音、快手等平台，使用其基本功能时除流量费外不另外收费。

#### 2. 增值服务收费

第三方电子商务平台往往通过提供增值服务来获得利益，使其能够持续经营。第三方平台提供的增值服务如下。

（1）面向企业的增值服务，包括网站独立域名、行业数据信息和报告、网站搜索引擎优化、网站数据分析报告等。

（2）面向客户或用户的增值服务，包括数据和资料下载收费、在线专家或服务咨询、提供资讯服务等。

#### 3. 企业认证和注册收费

第三方电子商务平台特别是专业性和商务性平台，可以通过提供企业认证加盟和注册会员收费服务获得利益。例如，阿里巴巴电子商务平台早期不向在其平台上开店的商

家收取费用，后来则收取入驻费用。

### 4. 交易运营过程收费

交易运营过程收费包括：各种形式的广告收费，网站页面和搜索竞价排名收费，交易各环节的服务、佣金、拍卖、物流等收费。

### 5. 提供第三方拓展项目收费

第三方电子商务平台可以通过提供第三方拓展项目收费，主要有：网络和软件技术研发服务，企业网站运营和管理收费，构建高级商友俱乐部并收服务费，提供线下展会或研讨会等收费服务，与其他单位或网站合作（如广告联盟）等收费。

## （二）第三方平台营销的运营管理

随着新技术的发展，第三方平台营销模式由单一业务在线到全面业务在线，衍生出业务中台化。业务中台的建设就是对第三方平台营销中各业务功能需求进行抽象建模。例如，服饰零售企业对中台的功能需求是支持企业的数据管理、营销管理、商品管理、订单管理、会员管理、物流管理、组织管理、财务管理等。

### 1. 打造第三方平台营销运营的前台、后台和中台

打造第三方平台营销运营的前台、后台和中台，是第三方平台企业运营的关键要素。第三方平台营销的前台是指直接为用户提供服务的网络交互界面，包括各个业务服务功能如网站首页、订单、商品查询、个人信息等，以及提供交易购买途径。后台是面向运营人员、行政人员，对用户信息和商品进行管理，为前台提供配置和支持。中台就是把各个业务中公用的部分沉淀形成一个个通用的网络服务平台，如用户中心、订单中心、营销中心、结算中心、商品中心、库存中心等。

### 2. 做好第三方平台营销业务中台的顶层设计

第三方平台业务中台，是指用来优化业务流程的系统，就是把前台业务的公共部分分离出来，并进行抽象化、标准化，形成通用的业务模块，优化资源配置，以提高研发成果利用率。

例如，2015 年，阿里巴巴已经拥有了规模庞大的个人会员和企业会员群体，淘宝、天猫、1688、速卖通、飞猪等各个业务线之间相互依赖，团队众多，但不能及时响应业务的需求。在这样的背景下，阿里巴巴决定对组织架构全面升级，将淘宝、天猫、聚划算的订单、交易、商品管理、购物车等共性模块沉淀出来，形成了专为电商领域服务的业务中台。阿里巴巴整合产品技术和数据能力，建立"大中台，小前台"的组织和业务体制，实现管理模式创新。

### 3. 第三方平台营销的新客、新品、新组织策略

（1）全域获取第三方平台营销的新客。

第三方平台营销的新客，就是指在全域线上线下的情况下，只要有流量，任何平台

和场景均能产生新客消费者。消费者无处不在、无时不在。第三方平台上的地图、资讯、社交、视频、直播等，甚至线下店等，都能触达消费者。因此，运营者要有"全域获客"的思想理念，及时洞察与影响新增消费者，全面熟悉消费者的年龄、生活环境、地域、产品认知、品牌喜好等变化，通过数字化营销、人群标签技术（DMP），高效、精准获客。

例如，阿里巴巴商业操作系统聚合了"一云多端五中台"TV行业应用，通过"天猫旗舰店2.0/淘宝直播/轻店/同城购/支付宝＋业务中台＋数据中台＋触点数字化AIoT中台＋财务中台＋组织中台（钉钉）＋阿里云"，为企业打造了跨场景、多端运营的基础平台，触达企业服务消费者并实现全覆盖。在天猫、淘宝、盒马、饿了么、淘鲜达、支付宝等端口，企业品牌可通过建立线上线下融合的会员体系来触达有多元化需求的消费者。

（2）打造第三方平台营销的新品和"爆品"。

打造第三方平台营销的新品和"爆品"，就是在第三方平台上，打造、选择能够满足消费者需求的新产品，提升新品和"爆品"的创新力与运营力，提升企业的核心竞争力。例如，2018年，在淘宝上诞生的销售额过千万元的淘品牌达2 000个；截至2019年9月，天猫上共发布了新品9 000万个，C2M产业带定制新品同比增长7倍。

---

**知识拓展 5-5　　　　如何打造新品和"爆品"**

打造新品和"爆品"的方法如下。

①精准定位，提高预测能力，运用全景数据洞察工具。例如，阿里借助生意参谋、Databricks数据洞察和大数据分析等，对产品与品牌进行准确的定位，提升预测准确度。

②做好商品企划。根据平台历史销售、库存、行业、市场等数据，进行多方法、多维分析，再结合人员调研数据和分析，发现市场机会和空白点，启发团队产生新品创意，进行系统商品企划。

③有针对性的产品开发和销售测试。根据商品企划方案，结合往年流行和"爆款"趋势，对新品创意、概念和模型进行验证和销售测试，优化和整合产品开发，在新品上市前制订人群精准定位、优化价格、优化沟通等辅助策略。

④结合推拉策略打造"爆款"。在新品进入投放市场孵化阶段和上市策略阶段，可借助品牌增长路径GROW模型（详见本书第十二章第二节）分析新产品竞争力。通过新品上市追踪工具，快速追踪新品表现，制订和调整市场策略等。例如，企业可在阿里巴巴商业操作系统中，对天猫、淘宝等平台上的新产品进行试销售、反馈和分析，通过派样、公测、看数字、评价、反馈等，不断优化、调校新产品，直至打造出"爆款"新品。

⑤产销平衡的柔性供应。柔性供应能力的核心是"按需生产"和"以销定产"，保持产销平衡状态，实现C2M的消费者定制生产模式。例如，淘工厂和犀牛工厂是阿里巴巴

为企业打造的柔性供应链生产平台。以阿里巴巴服装智造犀牛工厂为例，犀牛工厂的产品方案设计端与制造端相连接，用户下单数据市场端与生产供应端相连接，并能迅速反馈到生产制作端，配套有高度柔性的硬件生产线设备设施，实现高速的定制化生产。

资料来源：肖利华，田野，洪东盈，等. 数智驱动新增长 [M]. 北京：电子工业出版社，2021.

（3）第三方平台营销的新组织数据化决策管理。

第三方平台营销的新组织数据化决策管理，是为企业赋能使其获得新客、新品收益和可持续发展的关键因素。

例如，2020年2月1日，鞋服品牌红蜻蜓开始推出"蜻蜓大作战"项目，线上培训全员销售，红蜻蜓借助和阿里云合作构建的中台项目，组织200多个群进行离店销售，通过"手淘＋钉钉"平台快速将线下业务搬到线上平台，离店销售额日均增长率约30%。此前红蜻蜓每季度设计开发1 500～2 000个款式，但红蜻蜓高管层主动通过线上数据和消费者洞察，精准了解消费者的需求和偏好，将新季度的设计量缩减到500款，销售量反而得到了提升。

4. 上下多方协同促进高效运营

在数智时代，企业需要以消费者和用户为中心，运用IT部门的新技术、新工具，以运营和业务为驱动，以战略高管层为支撑，打造、创新设计思维的业务端，自上而下形成共识和目标，并高效协同，才能完成项目的运营。

例如，截至2020年，阿里巴巴商业操作系统给中国企业带来了颇具成效的组织升级力量。超1 000万家企业通过钉钉实现了数字化转型。约200万个商家建立了智能客服新组织，4 000个商家具备了虚拟消费者洞察服务的组织能力，500个天猫商家成立"互联网新品部"。以宝岛眼镜为例，从2019年"618"到"双11"，宝岛眼镜全国1 200多家门店的5 000多名门店导购，以及总部和经销商的2 000多名工作人员共计7 000余人，全部开通了钉钉导购分享及分销功能，借助平台的"导购分佣"产品能力，宝岛眼镜额外为导购分销促成的交易支付"导购员成交"佣金，极大地刺激了导购分销的积极性。

 训练 5-6

**第三方平台营销实操训练**

1. 选择某一个第三方营销平台，找一个自己感兴趣的广告作品，在第三方营销平台上进行发布，过一段时间查看营销的效果。

2. 选择某一个第三方营销平台，设定一个时间（如三天），统计平台上的广告及其营销效果。

## 思考题

1. 请了解并掌握以下基本概念。

论坛，论坛营销，博客，轻博客，博客营销，微博，微博营销，QQ 营销，微信营销，SNS 和 SNS 营销，IM 和 IM 营销，第三方平台

2. 上述每个概念的含义是什么？

3. 论坛 / 贴吧营销、博客营销、微博营销各有哪些分类和要点？

4. QQ 营销有哪些优势和技巧？微信营销有哪些特点和模式？

5. SNS 营销策略和 IM 营销各有哪些优势？

6. 第三方平台营销的分类、盈利模式和策略有哪些？

## 实践训练

【目标】

结合实际内容，深刻了解社交新媒体营销的基本概念。

【内容要求】

了解和掌握论坛 / 贴吧营销、博客营销、微博营销、QQ 营销、微信营销、SNS 营销和 IM 营销、第三方平台营销的基本内容和工具。

【训练】

训练 1：请选择几个论坛，研究其论坛规则，再结合各论坛的特性、所面向的网民群体，谈谈其相同点和不同点。

训练 2：请选择一个论坛，或博客和微博，或 QQ 和微信，或 SNS 和 IM，注册一个账号，并设置营销信息。

训练 3：请以你所在的大学市场营销专业为主题，策划一次论坛，或博客和微博，或 QQ 和微信营销活动，设计好发布的标题和内容，并进行简单的试运营。

## 参考文献

[1] 秋叶，刘勇 . 新媒体营销概论 [M]. 北京：人民邮电出版社，2017.

[2] 张文锋，黄露 . 新媒体营销实务 [M]. 北京：清华大学出版社，2018.

[3] 肖凭，文艳霞 . 新媒体营销 [M]. 北京：北京大学出版社，2014.

[4] 杨心强 . 数据通信与计算机网络教程 [M]. 北京：清华大学出版社，2013.

[5] 富欣 . 轻博客：博客未来？[J]. IT 经理世界，2011（13）：58.

[6] 杨漾，徐迪，李海英 . 商业博客营销与写作 [M]. 武汉：武汉大学出版社，2010.

[7] 谢耘耕，徐颖 . 微博的历史、现状与发展趋势 [J]. 现代传播（中国传媒大学学报），2011（4）：75-80.

[8] 常昕 . 传统媒体的微博营销：以 @ 新周刊新浪微博为例 [D]. 成都：西南交通大学，2014.

[9] 姜炜 . 企业微博营销传播探究 [D]. 上海：上海外国语大学，2013.

[10] 季芳 . 中小企业实施微博营销策略分析 [J]. 四川职业技术学院学报，2013，23（5）：37-40.

[11] 陈钦兰，苏朝晖，胡劲，等 . 市场营销

学 [M]. 2 版 . 北京：清华大学出版社，2017.

[12] 刘宪立，杨蔚 . 我国 SNS 营销发展阶段特点分析 [J]. 嘉应学院学报，2016，34（10）：41-45.

[13] 李荀 . 网络营销新平台：SNS 营销 [J]. 中国市场，2014（26）：10-11.

[14] 毛庆彬 . 第三方电子商务平台的营销策略研究 [D]. 天津：天津财经大学，2009.

[15] 唐雨薇 . 第三方电子商务大数据分析平台的构建与应用分析 [J]. 技术与市场，2021，28（9）：96-97.

[16] 肖利华，田野，洪东盈，等 . 数智驱动新增长 [M]. 北京：电子工业出版社，2021.

# 第六章
# 移动媒体和户外营销

## 学习目标

手机媒体的营销模式

手机短信营销的分类和策略

App 营销广告模式、应用广告类型和策略

手机二维码营销的应用场景

手机报的盈利模式、分成方法和实施策略

移动车载媒体营销的传播模式和运营策略

户外 LED 营销的核心价值和营销策略

楼宇电梯营销的传播特点和营销策略

## ⊙【案例导读】　　　三一手机客户端上线，开启品牌宣传新时代

2013 年 9 月 23 日，三一集团上线了三一手机客户端，其首日安装量突破 700 人。

该客户端为其原手机报的升级版，能更加准确地提供给读者三一最新的动态，及时追踪热点话题，透析行业趋势，实现互动阅读。客户端分为要闻、资讯、故事、行业四大板块，各板块图文并茂、简洁生动，方便读者进行掌上阅读。

思考：如何利用移动媒体或手机进行营销活动？

资料来源："中国工程机械商贸网．三一手机客户端上线，开启品牌宣传新时代"，2013 年 9 月 23 日。

## 第一节　手机媒体营销

手机已成为现代人必备的工具，是人与人交流、传递信息的重要手段。手机终端作为一种新媒体，随着其软件应用和功能变得越来越强大，利用手机媒体进行各种营销活动愈发受到企业、单位和个人经营者的重视。手机媒体营销主要包括手机 App、短信、二维码、手机报等新媒体平台的营销活动。

⊙ 案例分享 6-1

### 手机淘宝的全渠道分发

　　手机淘宝为淘宝用户提供了 25 种渠道分类，如淘宝头条、淘宝直播、聚划算、有好货、今日爆款、微淘等渠道，覆盖淘宝界面黄金位置，为用户带来便利。淘宝平台为每个渠道打造了一个内容池、商品池、商家池，符合该内容的商品和商家进入该渠道经营。淘宝根据不同的目标产品形态，经过分类和包装形成内容池与商品池，根据不同的目标用户和产品形态，圈定不同的商品池、内容池、商家池，最后根据大数据算法，精准推荐给消费者。

　　手机淘宝除了推出淘宝头条、淘宝直播、聚划算、有好货、今日爆款等 UGC 和 PGC 内容外，自 2013 年起，聚合第三方的微博、优酷土豆、UC 头条、UC 浏览器、影视公司等内容领域，打造从内容生产到传播、消费的生态产业链体系。

　　资料来源：黄穗绮琳. 移动电商平台内容营销策略探究 [D]. 武汉：武汉大学，2018.

# 一、手机媒体营销概述

## （一）手机的起源与发展

### 1. 手机的概念

　　手机全称为移动电话或无线电话，早期俗称"大哥大"，是一种可以随身携带、无电话线路限制、随时随地使用的电话终端通信工具。

　　手机是当今世上最先进，也是最重要的通信工具之一，是为人类生活带来最大变化的无线电通信发明之一。手机改变了人们的生活、工作和出行方式，手机已经成为人们生活的必需用品和工具。

### 2. 手机的起源

（1）手机发明的环境。

　　20 世纪 20 年代，步话机、对讲机等首先出现。1940 年，美国贝尔实验室制造出战地移动电话机。20 世纪 60 年代，随着晶体管的发明，出现了大量专用无线电话系统，并在公安、消防、出租车等行业中应用。20 世纪 60 年代后，移动通信开始从专用移动网过渡到公用移动网。

（2）马丁·库帕发明手机。

　　1973 年 4 月的一天，一名男子站在纽约街头，掏出一个约有两块砖头大的无线电话，自顾自地通话，引得路人纷纷驻足观看。打电话的人说："乔治，我现在正在用一部便携式无线电话跟您通话。"电话那端的人是当年把马丁·库帕拒之门外的无线电通信技术领域的著名人物乔治。而打电话的人正是发明第一部手机的美国著名的摩托罗拉公司的工程技术人员马丁·库帕（Martin Lawrence Cooper）。

在库帕的不断努力下，无线电话的体积越来越小，到 1987 年，无线电话成为所谓的"大哥大"，发展越来越迅速。到 1991 年，手机的重量为 250 克左右，到 1996 年秋，摩托罗拉公司的无线电话重量已减小到了 100 克，手机开始得到人们的喜爱而广泛使用。

3. 手机的发展及其营销应用

20 世纪 90 年代，手机开始被人们广泛接受和应用。目前，随着手机技术的发展，手机已经从 1G 发展到 5G 时代。

第一代模拟手机（1st Generation，1G），"大哥大"时代，是以不同的频率来区别不同用户的手机。当库帕打世界第一通移动电话时，他可以使用任意的电磁频段，其用途是打电话。

第二代 GSM 手机（2G），GSM 是指全球移动通信系统（Global System for Mobile Communications），以微小的时差来区分用户。因手机用户呈几何级数迅速增长，故频率资源明显不足。GSM 是由欧洲电信标准化协会（ETSI）制定的一个数字移动通信标准。自 20 世纪 90 年代中期投入商用以来，被全球超过 100 个国家采用，其用途是打电话、发短信。电话和短信营销开始发展。

第三代 CDMA 手机（3G），靠编码的不同来区别不同手机的系统技术。美国 CDMA（Code Division Multiple Access）提供语音编码技术，通话品质比 GSM 好、更清晰，且防盗听，安全性能更强，辐射减少，在全球范围内得到了广泛使用。国际上 3G 手机（3G handsets）有 3 种制式标准：欧洲的 WCDMA 标准、美国的 CDMA2000 标准和由中国科学家提出的 TD-SCDMA 标准。其用途是打电话、发短信、语音通信、无线应用协议等。手机营销得到企业的重视，企业开始从事手机专业营销活动。

第四代智能手机（4G），是以 WLAN 数字技术为基础的移动通信手机。4G 网络通信理论上达到 100Mbps 的传输速率，在通信带宽上比 3G 网络的蜂窝系统高出许多。4G 通信在图片、视频传输上能够实现原图、原视频高清传输，软件、文件、图片、音视频的下载和上传速度最高可达到每秒几十兆，相当于 WCDMA 3G 网络的 20 倍。除了打电话、发短信、语音通信、无线应用协议等典型的电话功能外，还包含了个人数字助理（Personal Digital Assistant，PDA）、游戏机、MP3、照相机、摄影、录音、GPS、上网等多种数字功能。可以运用手机的各种功能开展营销活动，如微信营销、短信营销、手机报营销等。

第五代智慧手机（5G），采用比特流传输技术。5G 移动网络是数字蜂窝网络，供应商覆盖的服务区域被划分成称为"蜂窝"的小地理区域，所有 5G 无线设备通过无线电波与蜂窝中的本地天线阵和低功率自动收发器（发射机和接收机）进行通信。收发器从公共频率池分配频道，这些频道在地理上分离的蜂窝中可以重复使用。在电话网络和互联网连接，当用户从一个蜂窝穿越到另一个蜂窝时，移动设备将自动"切换"到新蜂窝中的天线。智慧手机（5G）超越了第四代智能手机（4G）的基本功能，在速度、范围、运用深度上有较大的突破。

### （二）手机的分类

1. 按性能分类

（1）非智能手机。

非智能手机（Feature Phone）。就是从"1G"到"3G"的手机，以模拟手机、GSM手机、CDMA手机为标准，具有稳定的通话质量和合适的待机时间，能支持短信、彩信业务的GPRS（General Packet Radio Service，通用无线分组业务）和上网业务的WAP服务，以及各式各样的Java程序等。其特点是主频比较低、运行速度比较慢。

（2）智能手机。

智能手机（Smart Phone），是指像个人电脑一样，具有独立的操作系统，可由用户自行安装由第三方服务商提供的程序、软件、游戏等，为触摸屏的大屏机，是能不断扩充功能并接入移动通信网络和无线网络的终端手机。其特点是智能手机为触摸电容屏大屏机，功能强大，运行速度快，实用性高，处理程序任务快速。智能手机不仅具备手机的通话、收发短信、上网等基本功能，还具备个人数字助理（PDA）的大部分功能，如个人信息管理、无线数据通信浏览器和电子邮件功能。此外，它还提供很多增值业务、软件运行和内容服务，如新闻、天气、交通、股票、商品、游戏下载、应用程序下载、音乐图片下载、移动支付、扫一扫等。智能手机能满足用户的生活、工作和情感等需要。

2. 按操作系统分类

目前，手机的操作系统主要有以下几种。

（1）iOS系统。iOS是由苹果公司为iPhone、iPod touch以及iPad开发的闭源操作系统。该操作系统具有不同的系统应用程序和用户标准系统服务，有自己的系统框架和语言支持。它的生产商是苹果。

（2）Android系统。Android（安卓）是谷歌开发的基于Linux平台的开源手机操作系统。它包括移动电话工作所需的全部软件、操作系统、用户界面和应用程序。谷歌与开放手机联盟合作开发了Android，由包括中国移动、摩托罗拉、高通、宏达和T-Mobile在内的30多家技术和无线应用的领军企业组成。它的支持生产商包括三星、小米、华为、魅族、中兴、摩托罗拉、HTC、LG、索尼。

（3）Symbian系统。它是Symbian公司为手机设计的操作系统，包含联合的数据库、使用者界面架构和公共工具的参考实现，其前身是Psion的EPOC。2008年12月被诺基亚收购。它的支持生产商是诺基亚、索尼。

（4）Windows Phone系统。Windows Phone是微软公司开发的一款手机操作系统，能把Windows桌面系统扩展到个人手持设备上。2010年10月11日晚上9点30分，微软公司正式发布了智能手机操作系统Windows Phone，同时将谷歌的Android和苹果的iOS列为主要竞争对手。2012年3月21日，Windows Phone 7.5登陆中国。它的支持生产商是诺基亚。

（5）Firefox OS（火狐操作系统）。它是Mozilla公司推出的移动操作系统，是一款基于 HTML5 技术，完全开源并免费的移动平台。该系统最大的创新在于 HTML5。火狐操作系统手机采用高通 Snapdragon 处理器。其运营商主要有：Sprint 和西班牙电信、德国电信、意大利电信、Telenor、Etisalat 和 Smart，以及数家手机厂商包括 TCL 和中兴等。

（6）MeeGo 系统。MeeGo 的中文昵称是"米狗"，它是诺基亚和英特尔推出的一个免费的基于 Linux 平台的操作系统。该操作系统可运行于智能手机、笔记本电脑和电视等多种电子设备，并有助于实现无缝集成。其支持厂商有诺基亚。

### （三）手机媒体营销的概念和特点

#### 1. 手机媒体营销的概念

手机媒体营销就是以手机移动工具或软件为终端平台，以上网、传递信息和视听等功能为媒介，为企业的产品或品牌等所进行的各种个性化信息传播营销活动。手机媒体营销的受众是个体受众。手机有各种功能和软件，是组织营销不可忽视的力量。

#### 2. 手机媒体营销的特点

手机媒体与其他媒体相比，有其自身的营销特点。

（1）便捷移动性。手机是随身携带物品，已成为人们最重要且必备的移动设备。手机作为营销媒体，也呈现出不受时间和空间限制的特点。运营者可以依据此特性和产品的特点，选择合适的时间进行营销活动。例如，在 2007 年后，在全国各地如重庆、昆明等城市，用手机购买电影票成为一种流行时尚。2009 年，手机已有支付、宣传、视听终端等领域的用途。手机成为一个新的营销媒体平台和必备工具。

（2）庞大的用户。中国互联网络信息中心（CNNIC）发布的第 51 次《中国互联网络发展状况统计报告》显示，截至 2022 年 12 月，我国手机网民规模达 10.67 亿，较 2021 年 12 月增长 3 549 万，网民使用手机上网的比例为 99.6%，与 2020 年 12 月基本持平。庞大的手机媒体用户包含了从上到下、从高到低、从富到贫等各类用户和群体，是开展手机媒体营销的基础，为企业运用手机精准营销、互动营销和忠诚营销提供了条件。

（3）广泛的主题内容。手机媒体营销的主题内容十分广泛，几乎包括人们工作和生活的大部分内容和主题。广泛的主题内容为手机运营者提供了极大的营销机会和空间。

（4）强制性营销。手机运营商对用户进行的营销活动有很强的强制性，用户时常被动接收电话、短信及其他各种广告信息。手机强大的功能、软件和定位等，可以帮助运营者实现营销的目标，达到宣传和推荐企业产品或品牌的效果。

### （四）手机媒体营销模式

#### 1. 多媒体融合营销模式

手机媒体是能够在手机上使用的各种媒体的综合，如在手机上有微信、短信、手机报、QQ、公众号、小程序等各种媒体，运营者设计制作的宣传和传播信息，可以通过手机多媒体进行传播和宣传。此外，也可以在传统媒体与新媒体上进行融合营销。例如，要发布一个产品广告，运营者可以在手机的微信或 QQ 上进行发布和宣传，也可以结合网络其他媒体进行宣传。

### 2. 打造原创精品内容模式

在进行手机媒体营销时，打造原创精品内容是手机媒体营销的关键。因手机媒体有各自的特性，所以在设计原创精品内容时，需要注意宣传产品的内容格式、字数、图文等，使其与手机各媒体相匹配。例如，在进行手机报精品营销时，就要将作品设计得短小精悍，吸引用户的眼球。

### 3. 媒体社区互动营销模式

手机媒体的最大特性是能在各媒体上与用户进行互动交流。运营者在设计产品或品牌的宣传信息时，需要加入一定的互动元素，引起用户的关注和兴趣，通过互动交流如点赞、投票、抽奖等手段达到营销的效果。此外，通过分析网络互动营销信息，可以分析并跟踪每个用户的消费习惯和偏好，从而及时准确地为用户推荐相关产品；还可以通过发布产品和品牌广告、互发短信息、发送电子邮件和回复等形式，与用户进行沟通交流和互动，达到手机媒体用户裂变与链状传播效应和效果。

### 4. 精准服务营销模式

精准服务营销就是在精准定位用户的个人信息和手机营销及其需求的基础上，运用现代信息技术和大数据分析手段，构建手机运营的个性化用户沟通服务体系，为手机受众群体提供精准推送营销信息的服务，实现企业可度量的投资回报运营模式。

## 二、短信营销

### （一）短信和短信营销的概念

#### 1. 短信的概念

短信，英文是 Short Message Service，简称为 SMS，是用户通过手机或其他电信终端直接发送或接收的 160 个英文或 70 个中文的文字、数字字符或语音信息。1992 年，世界上第一条短信在英国沃尔丰的 GSM 网络上通过 PC 向移动电话发送成功，内容是"圣诞快乐"。此后，世界各国的电信运营商纷纷推出廉价的文本信息短信服务，极大地受到了人们的欢迎。后期出现语音短信服务，主要有信息的接收、转发、查询、回复和语音短信点播等。2021 年 12 月 21 日，世界上第一条短信以非同质化代币（NFT）作品形式在法国首都巴黎拍出 10.7 万欧元，连同佣金等费用，总成交价为 13.268 万欧元（约合 95.4 万元人民币）。2020 年 4 月 8 日，中国电信、中国移动、中国联通联合发布《5G 消息白皮书》，我国基础短信业务进入全面升级通道，传统短信将被 5G 消息（RCS 业务）逐步取代。

### 2. 短信营销的概念

短信营销（SMS Marketing）就是利用手机或其他电信终端把企业的产品或品牌等需要宣传的信息以短信的方式发送给手机用户的营销手段。短信营销可以由运营商的短信平台或个人用户手机或终端发送，目前主要有短信广告、彩短信广告、短信客服、短信服务信息等服务内容，可以实现广告宣传、与客户互动交流、收集客户信息资料等营销效果。

短信营销可以由移动通信或手机终端发送或转发，也可由移动网络运营商的短信平台服务器始发，还可由与移动运营商短信平台互联的网络业务提供商SP（包括ICP、ISP等）始发。因此，短信营销也受到企业的喜爱。

---

知识拓展6-1　　　　　　　　**你可以随意发送短信吗？**

2021年10月25日，工信部召开行政指导会，规范电商平台短信营销行为。近年来，"双十一"促销期间的营销类垃圾短信投诉呈现集中爆发特点，电商平台的相关投诉占比高达九成，且衍生出大量相关消费金融类垃圾信息投诉。特别是平台"默认"注册用户同意直接发送促销信息，平台商家利用平台规则漏洞发送营销短信等问题较为突出，对消费者权益造成了明显侵害。

会议要求：（1）电商平台要立即全面自查自纠零售、金融等相关产品的短信营销行为，不得未经消费者同意或请求擅自发送营销短信，完善现有短信营销预案，及时向行业主管部门报告阶段工作进展情况。（2）相关基础电信企业和短信息服务企业要立即完善管理制度和技术手段，加强短信端口接入管理，规范短信签名使用，不得接入违规转租资源，不得扩大签名使用范围，通过"回头看"，推动常态化治理。（3）12321网络不良与垃圾信息举报受理中心要加强垃圾信息投诉受理、线索转办及监测分析等工作，发挥"风向标"作用，发现苗头性问题要及时报告。

资料来源：光明网，工信部将规范双十一短信营销行为：不得未经消费者同意或请求擅自发送营销短信，2021年10月27日。

---

### （二）手机短信的分类

手机短信可以根据接收或发送的时间节日、对象、活动事件、目的等的不同来分类。

### 1. 依据时间节日来分类

在各种节日发送的祝贺、祝福类短信，如春节、元宵节、元旦、妇女节、劳动节、中秋、国庆等，母亲节、父亲节、情人节、教师节、结婚、开业、生日等。

### 2. 依据接收或发送的对象来分类

可以针对不同的对象，如父母、子女、朋友、同学、恋人等，发送表达思念等相关感情的信息。

### 3.依据活动事件来分类

短信可以结合国内外重大事件和重大活动进行发送，相关的企业可以结合事件进行营销活动。例如，庆祝申奥成功或北京冬季奥运会成功举办等。

### 4.依据目的来分类

（1）工作或商务交往目的的短信，如通知、开会、洽谈、致谢等内容的短信。

（2）广告宣传目的的短信，如汽车、地产、商场、美容美发、教育、金融等各种广告宣传目的的短信。

（3）其他目的的短信，如搞笑、娱乐、幽默等短信。

## （三）手机短信营销的优势

### 1.信息发送的便利性

短信营销的信息发送者可以是企业、运营商平台或用户个人，对短信营销运营者来说十分便利。进行短信营销时，需要注意按国家的规定执行。

### 2.信息接收的强制性

短信营销的信息接收不受时间、地点、个人等限制，有强制到达用户终端和强制阅读的倾向。无论用户是否有意愿，均可能接收到短信，也可以留存，供后期阅读和使用。

### 3.成本低

自 2009 年 1 月 15 日起，各运营商用户之间互发短信统一收取 0.1 元 / 条，短信营销的信息费用低廉。用户每次能接收和发送短信的字符数，若超过 160 个英文或数字字符，或者 70 个中文字符，系统会分条发送，按实际发送条数收费。

### 4.传播到达率高

手机短信具有强制到达的特点，此前用户需要阅读手机短信后才能删除短信。因此，手机短信的传播和阅读率高，这是其他媒体无法做到的。

### 5.信息群发功能强大

企业可以通过平台群发营销短信息，特别是结合节假日和庆典活动信息进行发布。例如，现在许多企业或单位会发送以"106"开头的信息或群发信息，达到宣传推荐的效果。

## （四）手机短信营销的策略

2021 年 10 月 25 日，工信部对电商平台短信营销行为进行了规范管理。目前，短信营销较多是运营商和企业在使用，个人短信广告营销业务受到限制。运营商和企业的短信营销业务可以采用以下策略。

### 1.加强短信营销平台资源库建设

运营商和企业在使用短信营销平台时，可以设置专人定期负责短信资源库建设和更新，收集与整合有吸引力的短信内容资源，为提升短信营销的效果提供资源和条件。

### 2. 采用短信营销组合策略

在进行短信营销时，可以采用营销组合方式和策略来满足现有客户与潜在客户在信息宣传方面的需求。

（1）定期开展特殊短信和彩信活动。以节假日、重大事件、惠民、惠农为契机进行短信营销和宣传。例如，在发布新潮电子产品时，结合重大国内事件等发布相关的短信营销信息，不仅不容易引起用户反感，可能还会引起用户关注。

（2）鼓励用户有奖转发短信策略。运营商或企业可以开展转发短信有奖活动，对转发短信的用户给予奖励，运营商制定奖励规则。例如，对转发"惠农"种子短信或转发帮助当地农民售卖农产品的短信等的用户，运营商或企业可以给予一定的话费和现金奖励。

（3）开展趣味和特色短信营销活动。运营商或企业可以开展短信信息投票有奖、互动答题、编"圈"织"网"等趣味和特色短信营销活动。例如，运营商或企业可以根据现有客户俱乐部圈子的成员，或虚拟 V 网成员（也称集团网成员，V 网一般指 VPMN 虚拟网，网下加入的成员可以享受短号拨打、智能网内分钟数等优惠）的情况，制订种子短信并在"圈"和"网"内转发等，通过这些有趣味和特色的相关营销短信，促进短信营销业务活动的开展。

### 3. 采用用户及其关系圈层自传播策略

（1）分析和锁定客户及其关系圈层的短信行为偏好。企业可以通过运营商平台大数据对客户短信行为及其偏好进行分析，了解客户及其关系圈属性并进行分类，有针对性地进行短信营销活动。

（2）精品短信推送。深度分析用户对短信信息的喜爱类型和内容主题，有针对性地设计精品短信宣传信息，向目标用户进行推荐，同时采取措施促使用户看到满意的精品短信并转发。

（3）鼓励用户自发转发信息。可以采取赠送话费、积分、物品，以及返还现金等奖励措施，凭借短信俱乐部和营销平台的资源，激励目标客户自发转发短信，达到深度传播的效果。

### 4. 对接短信营销触点

运营商可以把短信回执内容中附的种子精品短信网址（短信俱乐部深度营销平台的短信资源库）开放给目标客户，进行触点对接，使目标客户获取种子短信内容。例如，客户拨打 10086、12580 挂机后，运营商可发送致谢短信并附种子精品短信网址给客户，也可附发 139 邮箱、飞信机器人、企信通等移动互联网业务的宣传介绍信息。

### 5. 创新短信营销资费和套餐模式

运营商可调整现有的短信营销资费模式，可采用各种组合套餐，使短信营销被更多人接受并使用。例如，英国虚拟运营商 Virgin Mobile 创新跨业务套餐计费模式，推出

"1分钟语音 =1 条短信"的语音 / 短信混搭套餐业务，用户反馈很好。此外，运营商也可针对校园短信的年轻目标用户群体，推出"当月套餐内话音资源剩余量，次月自动等比置换为短信资源"的资费或促销活动，促进话音和短信资源的整合发展。

### 6. 聚焦于企业用户开发办公管理工作平台

因大中型企业的办公管理涉及的人数众多，故短信营销在办公管理工作平台的应用上有独到的作用，主要可应用于：①企业工作通知、信息收集等办公管理；②管理层以定对象、定时间、定内容等方式，将相关信息以短信形式发送，实时掌握运营情况；③查询采购信息、招标信息等的供应商管理；④销售队伍管理、渠道商管理、终端销售数据查询等的销售管理；⑤用户购后致谢、客户节日问候等的客户服务管理；等等。

短信营销办公管理工作平台的潜在刚需客户有大型商务网站、零售连锁行业、房地产行业、金融保险行业、交通旅游行业等。

例如，在交通旅游行业，短信信息可应用的场景如下。

（1）出租车公司对公司司机等外勤人员的信息通知。

（2）旅行前中后的各事项通知，如通知游客上车地点、车牌号码、导游电话等。

（3）旅行团运作中组团和外联、内部线路报价等信息的发送与交流。

（4）游客的旅游信息咨询或反馈，向游客发布旅游线路、报价单广告等信息。

（5）向游客亲友报平安短信，如旅行团（尤其是国际团）每日向在家亲友报平安的短信通知。

（6）接受游客咨询与投诉信息。

（7）酒店、火车票、飞机票预订等的短信确认与提醒等信息。

## 三、App 营销

### （一）App 营销概述

#### 1. App 的含义、格式和类型

（1）App 的含义。

App 是英文 Application 的缩写，是指智能移动终端的第三方应用程序，可以由手机系统原生平台自带，也可以通过应用商店平台进行下载。比较著名的 App 商店有以下几种。

①国外的手机商原生平台自带的 App 商店，包括：苹果公司的 App Store，Android 系统的 Google Play Store，诺基亚的 Ovi Store，以及微软应用商城。

②国内的手机商预装的应用商店，包括：华为应用市场、小米应用商店、OPPO 软件商店、vivo 应用商店等。

③手机运营商的应用商店，如中国移动应用商场（Mobile Market，MM）等。

④其他第三方应用商店提供的各种 App 程序，如腾讯应用中心、360 手机助手应用

市场、豌豆荚、阿里巴巴旗下的官方应用市场 PP 助手、应用宝等。

⑤其他软件下载网站，如天空下载、华军软件下载、太平洋下载等。

（2）App 的格式。

苹果的 iOS 系统的 App 格式有 ipa，pxl，deb；Android 系统的 App 格式为 apk；诺基亚的 S60 系统的 App 格式为 sis，sisx；微软的 Windows Mobile 系统的 App 格式为 xap。

（3）App 的类型。

按收费模式分类，App 可以分为免费模式、收费模式、"免费 + 收费"模式（部分免费、部分收费）。

按内容功能分类，App 可以分为社交通信类、新闻资讯类、娱乐游戏类、实用生活类、金融理财类、办公工具类等大类，包含了用户在生活中多种多样的需求，涵盖社交、工具，新闻、杂志，音乐、游戏、娱乐、摄影、图书，导航、参考、天气、财务，生活、健康、教育、旅行、医疗、体育，商业、品牌等各种场景。

①社交通信类 App。它是拥有网上聊天、社交、婚恋、社区等传媒即时通信网络功能的 APP，可以满足用户的社交分享、聊天通信需求，如新浪微博、Meta（原名 Facebook，脸书）、微信、QQ 等。

②新闻资讯类 App。这类应用程序具有向用户传播新闻资讯信息的功能，是一种网络新媒体形式。例如，今日头条、搜狐新闻、一点资讯、腾讯新闻、凤凰新闻、网易新闻等。

③娱乐游戏类 App。该类 App 可为用户提供各种娱乐休闲方式、搞笑段子、网络游戏、星座运程、表情等，包括视频、音乐、铃声、电台 FM、播放器、直播、K 歌等方式，能够为智能手机上的用户带来愉悦和释放压力的体验。这类 App 应用包括：各种游戏 App，如愤怒的小鸟、开心消消乐、英雄联盟、疯狂跑酷、QQ 游戏等；各种影音直播类 App，如快手、抖音、哔哩哔哩、优酷、腾讯视频等；各种视听音乐类 App，如酷我音乐、QQ 音乐、喜马拉雅、全民 K 歌等。

④实用生活类 App。该类 App 能为用户提供吃、住、用、行、购等各类生活服务的小程序工具，包括：基本生活工具 App，如生活服务、美食、天气、日历、实用工具、手电筒等；生活服务类 App，如美团、饿了么、大众点评等饮食服务类 App，58 同城、安居客等售租房 App，携程、去哪儿、飞猪等旅行类 App，淘宝、京东、当当网、唯品会等购物类 App，高德地图、百度地图等导航类 App，等等。此外，还有健康、教育、医疗、图书、生活、体育等各类 App。

⑤金融理财类 App。它是能在手机上为移动用户提供支付、银行服务应用、证券服务应用、投资理财、保险服务、网络借贷等金融服务的 App，主要有支付宝、微信支付等装机必备类 App，基金、银行等 App，同花顺、腾讯操盘手等理财类 App。

⑥办公工具类 App。它是能为用户提供移动办公、线上处理工作的条件和工具的 App，包括：移动办公类 App，如线上笔记、办公工具、办公软件、网盘存储、WPS、Office、钉钉、腾讯会议、腾讯课堂等；照片、图片和音视频处理类 App，如美颜相机、

美图秀秀、天天P图、PS、PR、剪映等，以及各企业单位系统为办公需要所定制的各类App，如各单位的企业微信等。

---

知识拓展 6-2　　　　　**2021年全球移动App的应用与发展**

在针对17个行业和30个市场进行深入分析后，知名数据调研机构App Annie发布了《2021年移动市场报告》。该报告指出：2021年，在移动设备用户使用时长中，平均每10分钟就有7分钟花在了"社交"与"照片和视频"两大类App上，社交和通信活动仍占主导地位。全球社交应用使用时长在2018年第四季度到2021年第四季度这一区间增加了35%（从3 060亿小时到4 120亿小时）。与此同时，照片和视频应用的使用时长增加了90%（从1 290亿小时至2 440亿小时）。2021年第四季度，全球消费者在Android手机上花费的时间总共约为9 500亿小时。在社交/通信和照片/视频产品上的时间约为6 500亿小时，与2018年第四季度的4 350亿小时相比，其增幅高达50%。

2021年是创造纪录的一年，消费者继续采用移动生活方式。在十大移动市场中，用户平均每天使用移动设备4.8小时，令人惊叹。移动应用App的用户支出达到1 700亿美元，与去年相比有19%的提高。下载量以同比5%的速度不断增长，达到2 300亿次。报告显示，智能手机深刻改变了移动用户的行为和生活习惯，触及人们生活的各个方面，成为信息收集、购物、理财的工具。游戏、金融科技、零售、社交、视频等领域的宏观趋势，将助力品牌、发行商未来在移动领域的发展。

2021年，消费者在移动设备上产生了更多的娱乐和游戏消费，有233款应用和游戏的年收入超过1亿美元，其中有13款更是超过10亿美元大关。在线视频和直播应用也是赢家，全球25个在线视频直播App的移动经济达到了38亿美元，同比增长了57%。出人意料的是，2021年在全球社交应用用户支出榜上，排名第一的应用是来自新加坡的Bigo LIVE，以此为代表的新进入者正在挑战旧时代的巨头们。

报告同时指出，2021年，前几年火爆的ZEPETO（崽崽）的全球下载量同比增长了160%，极有可能创造出新一代的虚拟网红。社交应用的未来可能是元宇宙和虚拟人物，分析师预计元宇宙游戏在2022年的应用商店年用户支出将超过31亿美元。

资料来源："Annie App. 2021年移动市场报告"，2022年1月17日。

---

**2. App营销的概念和特征**

（1）App营销的概念。

App营销是移动营销的核心，指某一组织为满足顾客需求，利用智能手机、平板电脑等移动终端上安装的App应用程序，或下载应用商店中的产品类App而从事的一系列营销活动。

App营销指的是应用程序营销，是指通过特制手机、社区、SNS等平台上运行的应用程序来开展营销活动。

（2）App 营销的特征。

App 营销因网络技术的成熟和手机终端的普及而得到广泛使用。由于 App 营销的类型众多，故 App 营销也呈现出多样化的特征，主要包括：广泛且精准的用户群体、传播方便快捷、无时空限制、营销电商闭环交易、平台互动交流便利、营销内容形式丰富多样等。

3. App 营销的评估标准

一款 App 在营销中是否成功，App 的设计、内容等对用户体验有重要的作用。评价一款 App 营销价值的指标主要有用途、保留率、活跃用户、使用时间、用户体验、用户获取。

（1）用途。它是指一款 App 的基本功能及其应用范围，能否为用户解决相关的问题或满足用户的某些需求，是用户判断 App 是否值得下载、安装、使用的首要因素。例如，百度地图 App 主要是满足用户查找位置的需要。

（2）保留率。它是指一款 App 被用户下载、安装后，在用户手机中被保留的时间长短的比率。用户对自己喜爱或经常使用的 App，一般会长时间保留，忠诚度高。有的App 不能满足用户的营销需要，则会被卸载。

（3）活跃用户。它是指安装有某一款 App 的用户中频繁使用该 App 的用户。活跃用户数量代表着 App 的受用户欢迎的程度。

（4）使用时间。它是指用户打开某一款 App 并持续使用的时间，代表着用户对 App的黏性。

（5）用户体验。它是指用户在使用 App 的过程中，界面是否美化、操作是否便捷、反应是否迅速、广告是否太多等，会直接影响 App 的保留率。

（6）用户获取。它是指目标用户了解、触及并获取 App 的途径和来源，用户是否知道如何寻找该款 App，并在第一时间下载、安装和使用。

⊙ 案例分享 6-2

### 京东京喜大撤退

2020 年以来，社区团购呈现出巨大的市场诱导力，大量"热钱"疯狂涌入，美团、拼多多、阿里、京东等头部企业扎堆入局，纷纷通过成立事业部或投资的方式参与角逐，投融资布局不断。

随着社区团购几轮大洗牌，京东旗下的社区团购业务京喜拼拼于 2022 年 3 月 21 日下午全部被裁。结合新浪科技、"六哥调研"各平台发布的最新信息，京喜拼拼在四川、江西、海南、广东等地退市及裁员的消息确凿。京喜拼拼的收缩在各个环节均有所体现：据广东一位供应商反映，21 日京喜拼拼突然停止送货；业务渠道则于 3 月 25 日停止运营，且开始大面积裁人，并向员工赔付两个月薪资，对于已发 Offer 全部收回。内部员工则表示退市消息很突然。

资料来源："零售商业财经. 京东京喜大撤退"。

### （二）App 营销广告模式

不同的应用类别需要不同的 App 模式。主要的 App 营销模式有 App 广告植入模式、App 用户营销模式、网站迁移式 App 营销模式以及合作式 App 营销模式（见图 6-1）。

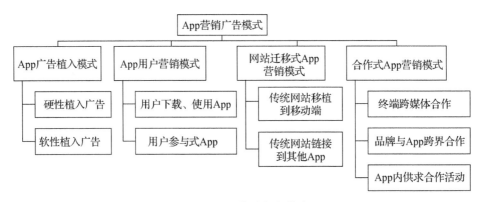

图 6-1　App 营销广告模式

#### 1. App 广告植入模式

App 广告植入模式又称植入广告或 In-App 广告营销模式，就是广告主或运营商在热门的，或与产品和受众相关的应用程序中，如在功能性和游戏类应用程序中，植入相关的广告内容、动态或链接等的营销模式。

App 广告植入模式可以分为硬性植入广告营销模式和软性植入广告营销模式。

（1）硬性植入广告营销模式。它就是把需要广告的产品、品牌或信息直接嵌入或植入 App 程序或节目或游戏中的营销模式。

（2）软性植入广告营销模式。它就是在 App 应用程序中，将企业的产品、品牌或要宣传的信息，通过人物的语言或趣味活动等方式让受众了解和体验到，以达到广告营销的效果。

#### 2. App 用户营销模式

App 用户营销模式就是通过用户使用或参与到 App 应用程序中，以达到营销产品目的的模式。

（1）用户下载、使用 App。企业依据自身的定位和用户的需求，把企业的产品制作成新奇、有创意的 App 应用，并发布到应用商店内，供用户下载、使用，成为用户的生活或工作工具，能够让用户对企业及其产品的信息有更好的了解和运用。

（2）用户参与式 App。用户参与式 App 是运营商为用户开发出他（她）感兴趣的 App，让用户把自己使用产品或品牌的体验以案例的方式进行社交分享，使其他用户注意、使用、再分享，以达到营销的目的。

#### 3. 网站迁移式 App 营销模式

网站迁移式 App 营销模式如下。

（1）传统网站移植到移动端。它是指企业将成熟的传统营销网站移植到移动智能终端平台的 App 应用上，以供用户下载到手机终端使用的营销模式。这种模式常见于大型公司或购物网站，如淘宝 App、京东 App、抖音、小红书等。

（2）传统网站链接到其他 App。它是指企业将成熟的传统营销网站地址链接到其他成熟的 App 应用上，以供用户下载和使用，增加 App 的下载机会和营销效率。

### 4. 合作式 App 营销模式

合作式 App 营销模式，是指企业产品、品牌和服务跨媒体、跨界，或在 App 内部之间合作的营销模式。它包括以下几种形式。

（1）终端跨媒体合作。App 营销可以实现在移动端和 PC 端（电脑端）上的跨媒体合作与整合。例如，启航教育 App、小米笔记 App 等在电脑端和移动端上的整合和合作。

（2）品牌与 App 跨界合作。运营商或企业可把企业品牌、产品和服务与热门 App 之间进行跨界联合，实现品牌、产品和服务的合作推广。

（3）App 内供求合作活动。在 App 内开展供求或多品牌合作营销活动因 App 的用户群体数量庞大且专业层次多种多样，可以在 App 内开展供求或多品牌合作营销活动，达到创造需求、满足需求的效果。

---

⊙ **案例分享 6-3**

#### 讯飞输入法和 B 站的品牌合作推广活动

讯飞输入法（安卓版本）于 2020 年 4 月首先推出分类全、数量多的颜文字表情，并且支持用户自定义。除了在自有平台进行宣传，讯飞输入法计划在颜文字受众群聚集地做定向推广。

讯飞输入法的宣传思路是：二次元通常在 App 中做置换资源位（Banner/ 开屏），如布卡漫画、有妖气等，这种方式或许可以让用户对讯飞输入法的颜文字有所感知。

品牌合作推广活动的流程如下。

（1）寻找合作方。通过调研，讯飞输入法确定 B 站为潜在合作方，且二者有合作基础。B 站作为二次元聚集地，用户群体在表达过程中对颜文字表情有较高的需求。此外，讯飞输入法本身也聚集了一批二次元用户，其颜文字表情日均调用次数近 400 万次，因此也满足在 B 站做深入的品牌渗透、宣传的条件。

（2）确定合作方案。其方案主要有：策划颜文字补全的联合活动方案，让 B 站用户自定义颜文字，有选择地收录至讯飞输入法客户端；B 站提供颜文字 PC 版的 Banner 位给联合活动，并以此导流；讯飞输入法在 B 站提供定制版本安装包，同时还上线 B 站专属皮肤跟颜文字分类等产品。

（3）分析活动效果。讯飞输入法的直接活动页面在 B 站用户群体中的浏览次数曝光量超过 20 万次。通过将定制版本的二维码放置于 B 站活动页面，讯飞输入法获得新增用户近 1 万人。从后台系统反馈可以看出，该定制版本留存率高于普通版本。此外，B 站专属皮肤下载量累计超过 70 万次，B 站专属颜文字日均调用次数更是超过百万，且用户自发在微博上持续不断地进行宣传。

总的来说，即使是投入和推广零预算的品牌合作推广活动，也可以获得超出预期的成果；为实现品牌传播及激活转化，比起资源置换有更好的合作方式；品牌合作的活动策划要考虑双方利益，才能促成合作双赢。

资料来源："知乎 . App 品牌推广怎么做：品牌合作带来双赢"，2020 年 10 月 23 日。

### （三）App 应用中植入广告的操作手法

#### 1. App 应用中植入广告内容

App 应用中植入广告内容就是在 App 应用程序中把企业产品、品牌、商标等广告内容直接嵌入或植入 App 的场景中的广告方式。电影、游戏等娱乐 App 应用程序是植入广告内容的最佳平台。例如，Nike、IKEA 在"疯狂猜图"游戏中融入其品牌广告内容，在不影响用户玩游戏及乐趣的情况下，悄悄地实现了企业广告宣传的效果。

#### 2. App 应用中植入广告道具

App 应用中植入广告道具就是在 App 应用程序中把企业产品、品牌等广告道具嵌入或植入在 App 的场景中的广告方式。例如，在人人餐厅 App 游戏中，伊利舒化奶被植入游戏中成为一个道具，玩家在玩游戏时对伊利舒化奶及伊利品牌产生了认识，加深了记忆，对提升企业产品或品牌知名度有很大帮助。

#### 3. App 应用背景中植入广告或奖励广告

App 应用背景中植入广告或奖励广告就是把企业产品、品牌、商标或 Logo，或奖励性活动等广告信息嵌入或植入 App 应用程序的背景中的广告方式。例如，在抢车位游戏中，停车位的背景图标是 MOTO 手机广告，提升了 MOTO 品牌形象；在游戏中还显示了奖励性广告，即"用 MOTO 手机车位背景，每天可得 100 金钱"，激励游戏玩家使用该背景从而获得真实的奖励，加强玩家对广告品牌的记忆。

#### 4. App 应用中植入动态广告栏链接

在 App 应用中，可以把企业广告做成动态广告栏链接形式进行广告植入。当点击广告栏链接时，用户会进入企业广告指定的界面或链接详情，较详细地了解广告内容并参与宣传活动。此种做法操作简单、用户范围广，能起到良好的广告传播效果。

### （四）App 中的应用广告类型

#### 1. 横幅广告

横幅（Banner）广告，又叫通栏广告、广告条，在 App 内以静态图、GIF 图、文字链等形式出现，一般在屏幕的顶部、底部位置（见图 6-2 下方广告）。其优点是直观展示，能快速吸引用户注意；缺点是对内容观看会造成一定的遮挡，影响用户观看，易造成用户反感。

### 2. 广播公告广告

在电商类 App 上，可以通过消息广播公告的形式向用户传播有关信息（见图 6-2 右下方小方框）。广播公告广告一般出现在首页位置。其优点是直观简洁，占用的地方小；缺点是只能起提示作用，较难诱导用户直接点击。

### 3. 启动页 / 全屏广告

启动页广告，又称全屏广告（Full Screen Ads）[见图 6-3a)]。用户打开某一 App 时，在等待 App 加载时会出现图片、视频、Flash 等形式的全屏广告，一般持续时间为 3 秒，用户可以点击"跳过"。其优点是利用等待 App 加载时呈现广告，合理利用资源；当用户打开 App 启动页时，先出现广告内容，能够刺激用户更好地记忆。其缺点是部分 Flash 安装包程序加载缓慢，会影响用户体验。

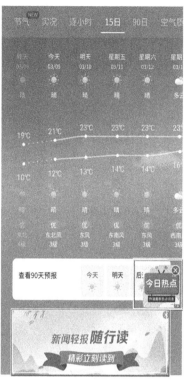

图 6-2　横幅与广播公告广告

### 4. 插屏广告

在 App 中，当用户第一次点击某个功能时，页面上会自动弹出或插入插屏广告来显示需要提示的具体内容。可以控制广告展现的时间，常出现在首页、未点击的功能页的位置 [见图 6-3b)]。其优点是定位精准，用户视觉冲击力强；缺点是突然插入广告，会打断用户操作行为，让用户很反感。

### 5. 竞价排名广告

竞价排名广告就是在 App 内的推广信息按竞价结果出现在靠前或靠后的搜索结果页面中，如果用户点击，则收取推广费 [见图 6-3c)]。其优点是竞价产品与用户检索内容相关度较高，排名靠前的广告效果好；缺点是搜索结果排名受竞价资金影响，可能无法满足用户的搜索意愿。

### 6. 下拉刷新广告

当用户在 App 内浏览内容时，会出现下拉刷新广告 [见图 6-3d)的小方框]。列表中的广告会不断自动刷新，有的广告页面会把"下拉刷新"折叠隐藏起来，需要下拉广告才能看见，通过让用户点击感兴趣的内容和广告，可以达到传播效果。其优点是下拉广告自动刷新，不影响用户体验；缺点是广告出现时间过短，不容易引起用户注意。

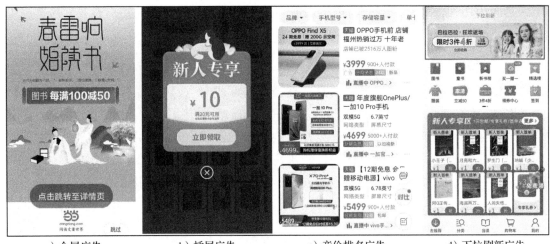

a）全屏广告　　　　b）插屏广告　　　　c）竞价排名广告　　　　d）下拉刷新广告

图 6-3　几种常见的应用广告类型

### 7. 信息流广告

信息流广告（Feed Ads），也称为 Feed 广告，是一种穿插在内容流中的广告，就是用户在社交媒体如 QQ 好友动态、微博，或资讯媒体和视听媒体上浏览信息内容流时其周围出现的广告，一般在右上角或左上角会有"推广"或"广告"的字样（见图 6-4）。信息流广告有图片、图文、视频等形式，由 Facebook 于 2006 年首先推出。其优点是容易让用户以为是普通信息而点击阅读，扩大宣传效果；可通过标签的自然、地理、人群、年龄及自定义等属性进行广告定向投放。其缺点是占用用户屏幕位置，容易使用户产生反感。

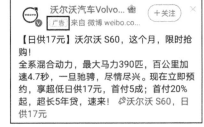

图 6-4　信息流广告

### 8. H5 广告

H5 广告是指在手机和平板电脑等移动端中，利用 HTML5 编码技术制作的，以文字、图片、动效、声音等为表现形式的数字广告（详见第九章第二节的内容），常见于微信小程序 App 中。其优点是广告以 H5 为表现形式，有很强的互动性，易得到受众喜爱；缺点是广告加载效果、互动活动受网络信号影响大。

### 9. 视频广告

在打开播放类 App 内容时，会出现视频广告。用户群体有 VIP 用户和普通用户，Vip 用户可直接跳过广告观看内容，普通用户则需要先看完广告才能看后面的内容。视频广告可以通过会员业务方式获得收入。其优点是属于内嵌的植入广告形式，用户打开视频就能看到广告；缺点是广告内容较长，普通用户可能会没耐心持续观看广告。例如，在抖音播放视频时，会出现各种视频广告。

### 10. 积分广告

积分广告是通过下载、注册或签到赢取部分积分或优惠，以流量导流方式把一部分用户的流量导向目标 App，实现流量变现的广告形式。它常出现在部分移动端游戏中和应用商店 App 上。其优点是通过积分实现买卖双方互利共赢，对留存用户有帮助；缺点是积分或优惠的兑现时间长短和产品情况，会影响用户的持续购买和使用。例如，在各平台上有连续签到积分或优惠活动，积分达到一定数量时可以兑换物品或抵换物品。

### 11. 消息通知广告

把商品信息以消息或通知的广告形式发送给用户，用户可通过查看私信消息功能了解商品详情。其优点是可依据用户偏好分析，精准发送特定商品信息；缺点是用户不太关注消息通知，会错过推送的广告信息。例如，进入淘宝的个人账户后，在下方有一个"消息"栏，会把服务通知、交易物流、专营店、活动优惠等信息以消息通知的形式呈现给用户，方便用户的使用。

## （五）App 营销策略

### 1. App 营销功能弹性组合策略

App 营销功能弹性组合策略，就是企业在运营 App 的过程中，可根据用户的需求、层次以及对产品功能的要求的不同，对 App 的某些功能进行弹性化组合，以满足用户的需要。例如，闪电 App 的核心功能是传播信息，新闻媒体不仅可采用文字、图片等方式进行传统媒体传播，也可采用音视频和数字等方式进行现代媒体传播。

### 2. App 营销附加价值创新策略

App 营销附加价值创新策略，就是企业在运营 App 时，不仅要做好 App 产品基本功能的设置，还要提升和创新产品的附加价值的营销策略。App 营销附加价值创新策略包括以下几个方面。

（1）技术创新，提升 App 附加价值。吸收或采用最新的前沿技术，设计、制作和管理 App 系统，整体提升 App 产品的附加价值。具体包括：实时更新客户端的 App 功能，设置用户一键分享功能，增加用户区域自动定位功能，等等。例如，闪电 App 要求 24 小时内实现更新，24 小时有编辑值班，确保能够及时推送各种新闻资讯、采播原创报道、整合各个平台和区域的新闻资讯等业务。

（2）内容过程创新，提升 App 附加价值。主要是在 App 的内容和产品设计、制作、表现形式，以及产品传播途径、发布时间节点等方面进行创新，提升产品内容的亮点和触点，吸引用户关注、点击，进而实现购买转化。

（3）打造、创新 App 的品牌形象，提升影响力。通过打造、创新 App 及产品的品牌形象，提升其影响力，更好地满足用户的需求，增加用户对 App 产品附加价值的利益感受，提升用户的获得感。

### 3. App 营销共鸣策略

App 营销共鸣策略，就是指企业运用创新技术和客户端功能，在技术使用、内容、产品和服务等的设计和运作方面，全方位地满足用户的需要，为用户创造产品新价值，使用户不仅受益于产品，而且在效益、需求、价值、情感和精神方面与运营商或产品产生共情、共鸣和分享的需要。例如，2020 年，山东广播电视台联合快手举办"百城县长直播助农"活动，闪电 App 对此活动进行全程直播。在活动的 6 场直播中，有 4 000 多万人观看，累计 500 多万次的点赞。借助县长的影响力及多元化的直播方式帮助农户销售地方特色农产品，取得了良好的效果。

### 4. App 营销差异化策略

App 营销差异化策略，就是指企业在 App 营销的战略制定、市场定位、产品和服务内容运作、用户数据分析、广告运营商合作等方面，可以跳出普通 App 营销的路子，实行差异化经营策略。企业可以"内容为王"，进行时政新闻和移动新闻的运营。例如，2019 年，山东广播电台推出大型融媒体节目《问政山东》，闪电 App 在其平台上为该节目设立了专区，推出"网络问政"平台，且联合 18 个网络平台对此事件进行同步直播。节目播出后，在当地取得了良好的效果。

## 四、手机二维码营销

### （一）手机二维码概述

#### 1. 手机二维码的基本概念

二维码，又称二维条码（2-Dimensional Bar Code）或二维条形码，是指用按一定规律在平面分布的黑白相间的图形，来记录数据符号信息。二维码简称 QR（Quick Response）Code，是一种在移动设备上的编码方式，能比传统的条形码（Bar Code）存储更多的数据类型和信息。二维码可以在横向和纵向两个方位同时表达信息，因此能在很小的面积内表达大量的信息。

国外对二维码技术的研究始于 20 世纪 80 年代末。手机二维码最早于 1998 年出现在日本。二维码是一种全新的信息存储、传递和识别技术，自诞生之日起就得到许多国家的关注。中国对二维码技术的研究开始于 1993 年。

#### 2. 手机二维码的载体和功能

手机二维码是将需要访问、使用的信息编辑成二维码，打开手机"扫一扫"功能，利用手机摄像头识读二维码，完成二维码到手机应用的转换。

（1）手机二维码的载体。

手机二维码可以印刷在多种多样的载体上，如户外媒介、杂志、报纸、图书、广告、包装以及个人名片等，用户通过手机"扫一扫"功能扫描或识别二维码，或输入二维码下面的号码、关键字，就能够快速打开网页，了解企业产品信息等，或下载图文、音乐、视频，或获取优惠券、参与抽奖等活动。例如，超市、便利店、专业商店和个体经营者会把自己的电子收款路径制作成二维码，并设置二维码的应用反应条件，引导想获得优惠的顾客在特定的时间段购物，达到集聚人气的目的。

（2）手机二维码的功能。

①获取信息：可以把名片、地图、WIFI 密码、资料等制作成二维码。

②跳转网站：手机二维码能实现跳转到微博、手机网站等功能。

③推送广告：用户扫码后，可以直接浏览商家推送的文本、图片、视频、音频广告等信息。

④手机电商：用户通过扫码，可用手机直接下单购物并完成交易。

⑤溯源防伪：用户扫码后可查看企业产品的生产地，后台可以获取消费者的最终消费地。

⑥促销优惠：用户扫码后可以下载电子优惠券，或抽奖。

⑦管理会员：用户通过手机获取电子会员信息、VIP 服务等，企业通过手机二维码管理用户。

⑧手机支付：扫描二维码，通过关联银行或第三方支付的手机端完成支付。例如，用户可以用微信支付或支付宝扫二维码支付。

⑨登录账号：扫描二维码可进入各个网站或软件的登录页面。

## （二）手机二维码营销的概念和特点

### 1. 手机二维码营销的概念

手机二维码营销，是指企业或运营商把产品、品牌和服务的营销信息或促销活动等信息，以视频、文字、图片、促销活动、链接等形式制作成二维码，可选择投放到网站平台、名片、宣传单、报刊、展会名录、户外、公交站牌、地铁墙壁、公交车身等平台或平面上，用户利用手机扫二维码能够打开浏览、查询、支付等相关信息和活动链接，从而满足商家和用户的需要。

目前，手机二维码已经成为人们生活中获取信息、进行交易、完成支付等的重要手段和工具，已经涉及各行各业。常见的使用二维码营销的行业有餐饮、美容护肤品、健康、家用品、汽车、电子商务、销售、宣传促销、付款、信息获取以及时尚行业等。

### 2. 手机二维码营销的特点

手机二维码是企业和商家开展营销活动的重要工具，不仅能满足企业和商家发布信息、宣传广告、开展促销活动等不同营销需求，还可以实现交易和产品价值。手机二维码营销的主要特点如下。

（1）营销信息供求的全面性、移动性和便利性。手机二维码对于营销供应者而言，能够较全面地把营销信息做成二维码，简单实用；对于用户而言，只要通过手机扫描二维码，即可登录网站或获取所需要的营销信息，十分便利，且可以应用于各种移动场景。

例如，现在许多小摊贩、网络微商，甚至出租车司机，都能够支持用扫二维码的形式支付费用。

（2）营销应用场景众多。手机二维码可以批量印刷，或复制，或出示，或贴在各种营销应用场景和介质中，包括在网站、产品、包装、宣传海报、户外广告、名片及其他需要的地方，手机用户都能获得和使用营销信息。例如，在餐饮业中，用户扫二维码点餐。

（3）打通线上与线下营销路径。手机二维码营销让线上和线下营销业务融为一体，用户可以通过手机扫二维码实现线下购买、线上支付交易，或通过线下扫二维码关注企业的线上营销信息和活动，为企业引导客流量和带动销售量发挥促进作用。

（4）可监测与追踪用户营销信息。通过设置二维码的高级功能，可准确跟踪、了解和分析手机二维码营销访问者的使用区域、手机机型、话费类型、访问时间和地点、访问方式及访问总量等记录；也可监测企业物品的进出和营销状态，方便运营者进行营销管理。

### （三）手机营销二维码的制作

1. 手机营销二维码的制作方法

（1）准备、编辑、制作、排版好要生成二维码的内容，并保存在文档中。

（2）选择免费的在线二维码编辑器，如草料二维码生成器、联图网二维码生成器。

（3）编辑生成二维码。在二维码编辑器的编辑框中，把之前编辑好的文本、网址、文件、图片、音视频、名片、微信、表单等内容复制到文本框中，点击生成二维码。

（4）美化二维码（选用）。运用二维码美化器，在二维码图案上添加 Logo、文字，修改二维码图案颜色、码眼等，可以直接选用预制的美化样式，或自定义美化样式，生成二维码。

（5）复制和运用二维码。把生成好的二维码复制或下载下来，再应用于合适的场景。

2. 免费在线编辑器

（1）草料二维码生成器。

1）简介。

草料二维码生成器是一款简单、易操作的免费在线专业二维码编辑生成管理工具，二维码的基础功能可以长期免费有效使用，但二维码的其他高级功能收费。它有基础生码功能、文本码、网址码、小程序参数码、生码知识库、微信官方二维码、App 下载二维码、支付类二维码、公众号参数码，可以通过输入文本、网址、文件、图片、音视频、名片、微信、表单等生成二维码。

2）网址静态码和网址跳转活码。

草料二维码生成器有网址静态码和网址跳转活码。网址静态码，是把输入的网址直接编码成为二维码，生成后无法修改网址，不能统计扫码量，适用于网址无须变更的情况。网址跳转活码，是草料二维码生成器自动分配一个短网址，用来跳转输入的目标网址并生成二维码，扫码后可以实时跳转到目标网址并记录访问数据。后期修改目标网址时，因并未改变短网址，所以二维码图案不变。

3）作用。

①可制作一物一码标签。通过提供标签批量生成、排版的整套自助工具和打印部署，快速制作一批标签贴在不同的物品上。

②展示丰富的内容。灵活组合和自由排版文件、图片、音视频等内容，二维码可以添加配色、样式等多样信息，让内容展示更美观。

③随时修改内容，长期有效。生成后还可随时更改，二维码图案不变，生成数量、扫描次数、使用时间都不限。

④方便记录营销和经营数据。在简单应用方面，纸质表格电子化，方便统计；在二维码中关联表单，可以扫码快速填写；适用于出入登记、签到、报名等应用场景。在高级应用方面，可扫码填写表单，自动记录动态信息；可按需组合使用，有权限协作、防作假、审核提醒等功能；成本低，使用人员无须培训，微信扫码就能用；适用于设备巡检、维保、区域巡查等应用场景。

⑤可搭建或融合到自己的二维码管理信息系统中。有不需要企业自己开发的企业专属小程序，支持企业或运营者自定义主页和关联公众号；可对接数据 API，将表单数据和已有的系统对接，或推送到数据库中；拥有独立的数据库，为每个用户提供独立的云数据库，可连接第三方工具。

⑥可监测物品和营销状态。可以用二维码状态来标识设备运行情况、货物流转进度、图书借还及用户情况等各种动态信息。可根据实际需求设置变更规则，可查看和掌握整体状况及详情，用来辅助管理。

（2）联图网二维码生成器。

联图网二维码生成器是一款由厦门联图网络科技有限公司出品的简单、易操作的免费在线专业二维码编辑生成工具。拥有二维码生成（含有矢量二维码）、电商码、商品条码等二维码生成功能，原有的查询活码、平台码、浏览器插件等功能已经停用。

其中，电商码是一款针对电商和微商的二维码工具，能把商品图片、商品价格、商品介绍、商品地址快速融合为一张图片，方便在朋友圈、微博、微信等社交媒体上进行营销推广和传播（见图 6-5）。企业通过上传商品图片、输入商品链接地址、编辑价格等即可得到

图 6-5　电商码制作和显示效果

电商码。使用者可以在视图中任意移动元素位置及调整大小，有"所见即所得"的效果；也可以勾选名称前的复选框，选择是否显示该元素。使用者点击"下载图片"即可保存电商码。企业可以用商品地址制作电商码，如淘宝商品地址、天猫商品地址、京东商品地址、赞友商城地址、微信公众号地址、个人微信号地址或者其他网站地址。

### （四）手机二维码营销的应用场景

手机二维码已经运用到我们日常生活和工作的各个方面，其应用场景有很多，企业或运营者可以根据需要选择或运营。手机二维码主要应用于以下场景。

#### 1. 产品营销宣传管理场景

手机二维码可应用于产品宣传展示、产品画册、产品说明书、产品维保记录、在线促销等宣传和营销活动。例如，在红包扫码营销中，用户可扫描商品二维码以领取电子红包，品牌商或运营商可通过大数据找到目标客户，包括扫码时间、性别、微信昵称、地区、红包金额、活动产品等。

#### 2. 移动电商营销和运营场景

手机二维码可应用于手机购物、移动支付、电子票务、识读应用、防伪功能、抢票活动、兑换商品、商品构成、库存管理、配送管理、出入库管理及顾客管理等系统。例如，在电商社交互动功能平台上，可运用二维码进行问卷调查、积分功能、评论和留言、聊天室、在线抽奖等操作；在营销运营功能平台上，可运用二维码进行电话营销、在线订购、销售跟踪、用户关怀、数据库营销、精确营销等操作；在商品构成上，可运用于销售实物、虚拟商品和票券、礼品卡、礼品派发等；在库存管理上，可运用于自有、寄售、转单和聚单等。

#### 3. 产品、物品等标签管理场景

手机二维码可应用于物品资产标签、通用资产标签、设备标牌、固定资产标签、车辆管理、产品标签、通用产品标签等标签管理场景。

#### 4. 人员信息和签到类管理场景

手机二维码可应用于人员信息卡、劳务人员实名制、员工上岗证、党员挂牌公示、其他人员信息卡、无纸化登记、会议签到、预约报名、出入登记、留言建议、物品领用登记及其他登记类管理场景。

#### 5. 专业教学培训场景

手机二维码可应用于教学培训、有声图书、课件资料、学习培训记录及其他教学培训场景。

#### 6. 其他配套管理场景

手机二维码还可应用于疫情防控、身份识别、安全生产教育、实测实量、工序流转、设备巡检和维保、通用设备巡检、生产设备点检、工程设备巡检、能源电力设备巡检、

消防设施巡检、医疗设备管理、区域巡查、区域安全巡查、巡逻巡更、管道线路巡查、隐患排查等配套管理场景。

## 五、手机报营销

### （一）手机报的定义、发展和分类

#### 1. 手机报的定义

手机报（Mobile Newspaper）是依托手机媒介，由报纸、移动通信商和网络运营商联手搭建的新闻信息传播平台，用户可以通过手机浏览当天或以往发生的新闻，手机报也被称为"拇指媒体"。手机报是运用电信和数字新技术，以短信、彩信、WAP网络新闻等方式，把媒体新闻内容发送给手机用户的报纸式增值业务产品和服务，是新闻报业一种特殊的新媒体形式。手机报具有发送新闻、图片、广告等功能，能为企业和运营者发送大容量的多媒体宣传信息，包括长达1 000字的文章、50K的图片等。3G以上手机报主要应用于政府单位、企业、学校或个人建设的政务手机报、行业手机报、企业内刊手机报、客户手机报等，如浙江文旅手机报（见图6-6）。

图6-6　浙江文旅手机报

#### 2. 手机报的发展阶段

手机报业务的发展历经了萌芽诞生时期、高速成长和监管时期、进入主流媒体行列时期、成熟发展时期四大阶段，并在一段时期内成为移动通信的新热点。2020年至今，手机报已进入5G融媒发展时期。

（1）萌芽诞生时期（2000—2004年）。

2000年6月19日，《人民日报》的日文版、英文版的I-mode手机网站在日本正式开通，标志着手机新闻的出现。在萌芽时期，传统出版业的报社开始尝试用手机短信推送新闻。2002年，中国移动率先推出手机彩信业务，可以在手机端发送文字、图片、视频等多媒体数据包，为彩信手机报的产生提供了基础条件和平台。发送手机短信、彩信新闻信息，是手机报萌芽的最初形态。2004年7月18日，《中国妇女报》和中国移动联合推出《中国妇女报·彩信版》，标志着中国国内第一个彩信版手机报正式诞生。同年，《重庆日报》报业集团携手重庆移动和重庆联通共同开发推出的WAP版手机报——《重庆晨报》《重庆晚报》《热报》，标志着国内WAP版手机报正式诞生和运营。

（2）高速成长和监管时期（2005—2006年）。

自手机报正式诞生后，国内各报业集团和单位纷纷着手开拓手机报业务和市场，呈现出快速发展的状态。2005年，浙江日报报业集团、浙江移动通信有限公司和浙江在线新闻网站联手，共同开发了国内首张省级手机报——《浙江手机报》。此后，浙江日报、浙江文旅、宁波日报、温州日报、南方日报、广州日报和羊城晚报等报业集团及瑞丽等平面媒体集团先后推出手机报。全国各地新闻业纷纷创办和开展手机报业务。中国移动开始自主研发自己的手机报业务。截至 2005 年年底，全国手机报用户达到 100 万。

为了更好地监管手机报业务，2006 年，贵州省出台了国内第一个手机报业务的地方管理暂行办法——《贵州省手机报管理暂行办法》，同时颁布的还有《贵州省手机报质量审读评估标准（试行）》，为手机报业务的健康发展提供保障。

（3）进入主流媒体行列时期（2007—2008 年）。

经过前两个阶段的发展，手机报业务受到人们及各级报业单位的关注。新华社、人民日报等媒体整合各自旗下的优势品牌，与移动运营商联手分别推出手机报，意味着手机报进入国家级主流媒体行列。国内的大事开始采用手机报新型媒体进行传播。

例如，2007 年中共十七大、2008 年汶川大地震、2008 年北京奥运会等新闻播报，都有手机报的身影。截至 2007 年年底，全国手机报用户超过 3 000 万；2008 年年底，全国手机报用户接近 5 000 万，每月订阅费用收入超过亿元。

（4）成熟发展时期（2009 年）。

经过多年的发展，手机报业务已经成熟，且向广度和深度发展，在技术开发、新闻内容、制作发送单位等方面，已经进入一个稳定发展时期。从技术开发来看，手机报不仅是多媒体终端产品，还是 WAP 技术网络融合的一项重要业务。从新闻内容来看，手机报不仅可以吸收传统采访编辑精细内容的优势，还可以通过彩信、彩色图片、音视频等手法更好地宣传新闻内容，达到良好的传播效果。从制作发送单位来看，手机报制作发送单位可以是中国移动、中国电信、中国联通等移动运营商，也可以是各大报业集团或各大网络平台集团，共同促进手机报业务的发展。

易观国际发布的《2009 年第三季度中国手机阅读市场季度监测》数据显示，2009 年第三季度我国的手机阅读市场活跃用户达 1.49 亿，开办手机报的新闻机构已有 100 多家，全国手机报总数突破 1 500 种。

---

**知识拓展 6-3　　　　你知道什么是"杀手级应用"吗?**

《中国传媒科技》总编辑韩志国认为，手机报是传统媒体与最新电信增值业务结合的信息技术产物，具有个人化、移动性、即时性等特点，符合现代人的快节奏生活，有巨大的潜能，对传统的广播、电视及印刷媒体会形成强烈冲击。随着订阅用户数量增至近 1 亿，手机报成为无线增值"杀手级"的新应用。

"杀手级应用"的英文是 Killer Application，指企业通过技术创新和商业模式扩大甚至创造一个新市场，从而建立起能够改变整个产业的全新游戏规则。在移动通信领域，手机短信堪称最典型的"杀手级应用"，短信造就了巨大的增值业务市场，改变了移动通信市场的运营规则，带来了"短信文化"。

3G 时代的手机报，成为继短信之后的又一个"杀手级应用"。"杀手级应用"的核心指标是用户普及率和接受度。中国互联网络信息中心（CNNIC）发布的《中国手机媒体研究报告》显示，我国手机报的普及率已达 39.6%；有 67.5% 的用户认为手机报是传统报纸的补充，19.4% 的用户认为，手机报与纸质报纸同样重要。用户自愿为"杀手级应用"掏腰包是另一个关键指标。据 CNNIC 研究报告，截至 2009 年年底，手机报有超过 8 000 万的付费用户，订阅费用收入达 40 亿元。

资料来源：经济参考报，手机报井喷发展成为数字出版新亮点，2009 年 12 月 7 日。

（5）5G 融媒发展时期（2020 年至今）。

随着 5G 技术日趋成熟，中国移动咪咕公司不断在数字和数媒阅读领域的内容生产与聚合方面发力，探索技术创新升级，通过"文化＋科技"为数字阅读产业注入 5G 动能。自 2020 年 7 月以来，中国移动咪咕公司联合人民日报、中央电视台、新华社、环球时报、浙江日报、山东日报等合作伙伴，完成了"5G 融媒手机报"的试点升级，总体覆盖用户超过千万。中国移动 5G 融媒手机报开创了 5G 技术融媒发展新时期，展现了中国移动"5G+ 商用""5G+ 数字化"战略创新成果。2021 年，中国移动咪咕数媒"5G 融媒手机报"投入了不低于 1 个亿的研发费用，5G 融媒体技术平台得到持续完善，内容服务得到优化，产品品质得到提升，助力 50 家传统主流媒体融媒转型，预计新增覆盖 3 000 万用户。

3. 手机报的分类

手机报是数字报的一种形式，根据手机报的技术手段和形式，可划分为下列几种类型。

（1）短信手机报——以文字为主。

短信手机报，就是移动运营商与报业单位联合把新闻资讯以短信的方式发送给手机报订阅用户，以实现移动短信服务业务。因其费用较低，所以很受欢迎。短信手机报以文字为主，依赖第一代的复制移动网络，是手机报的第一阶段。

（2）彩信和彩 E 手机报——以图文或动漫等多形式为主。

彩信手机报是指移动运营商与报业单位联合通过彩信平台把新闻资讯以短信的方式发送给手机报用户，用户可不在线进行新闻阅读，主要内容有新闻缩影或短篇。彩信和彩 E 手机报以图文、动漫、音频、视频等多种形式为主，依赖 GPRS 和 CDMA 网络运营，实现手机用户在手机与手机、手机与互联网之间互传信息和邮件传送，是手机报的第二阶段。彩 E 是中国联通推出的移动多媒体邮件业务。

⊙ **案例分享 6-4**

**中国移动手机报**

作为中国移动与国内主流媒体单位合作的一项自有增值业务，中国移动手机报以彩信通信方式为主，以 WAP 方式辅助浏览，向用户提供包括新闻时事、财经、体育、文娱等在内的 12 大类别的即时资讯服务。

中国移动手机报的功能特点包括：（1）轻松便捷的资讯服务。手机报与 WAP 浏览不同，采用无线多媒体传播技术，无须在线即可瞬间接收"报纸"全部内容。（2）即时好看的内容特色。彩信手机报以图片、文本、音频等多媒体形式，全面覆盖 4 开 8 版报纸的全部内容，为用户提供第一手信息资讯。（3）全面详尽的辅助浏览。用户若想满足更深入详细的信息需求，则可通过 WAP（手机报天下网）形式，免费浏览各具体报刊的现期和往期刊物。

中国移动手机报的业务资费的情况是：（1）信息费：月度收费，每月 3～12 元；按条收费，每条 0.2～0.6 元。（2）通信费：使用手机报业务产生的通信费（如短信上行费用、GPRS 通信费等）按现有资费标准执行；免收 WAP 方式浏览产生的 GPRS 流量费、信息费。

中国移动手机报的使用方法是：（1）彩信方式：手机报各产品的发送频率和时间相对固定，客户只需使用具有彩信功能的手机成功接收即可打开阅读。（2）WAP 方式：浏览免收 GPRS 流量费、信息费。

（3）WAP 版手机报——流媒体形式。

WAP（Wireless Application Protocol），即无线应用协议，是指一种实现移动电话与互联网结合的全球性移动设备上网应用协议标准和技术标准，WAP 网站主要用于手机访问。WAP 版手机报以流媒体形式为主，高视频清晰度，依托 WAP 手机标准协议接入互联网上网，用户可以在手机上在线、实时浏览资讯信息和运用互联网的丰富应用服务。其优点是占用内存小，较少受到移动网络传输速率低的限制。

（4）3G 手机报——可看、可听的新闻浏览形式。

3G（3rd Generation）通信，是指第三代数字通信。伴随着第三代移动通信技术的发展，手机报业务在传输声音和数据速度上得到提升，可以采用图像、音乐、视频流等多种媒体形式，提供网页浏览、电话会议、电子商务等多种信息服务。因此，3G 手机报是一种可看和可听的新闻浏览形式（见图 6-7）。

（5）IVR 手机报——互动式语音应答形式。

IVR（Interactive Voice Response），即互动式语音应答，是指手机无线语音增值业务。用户按电话的按键，可以听到自己想要的资讯信息，还可以聊天交友等。IVR 是移动运营商于 2002 年启动的业务，中国移动的 IVR 有音信互动和娱音在线，中国联通的 IVR 为联通音。手机报可以结合 IVR 的业务，如语音点歌、语音聊天交友、手机杂志、电子贺卡、客服中心、交互式语音等进行资讯传播。IVR 业务的缺点是资费过高、认知度和普及度较低。IVR 用户可拨打相关号码并根据操作提示，

图 6-7    3G 手机报

收听、点送所需语音信息或享受聊天、交友等互动式服务。例如，用户拨打 10010 后，自助语音服务选 1 号键（一般是查询余额、当前话费、本机号码、缴费记录、历史话费等），宽带业务办理选 2 号键，3G、4G 业务选 3 号键（进入后可选择按键，一般是介绍套餐资费与可定制的增值业务），故障申告选 4 号键（固话、宽带申报障碍），话费流量及套餐查询选 5 号键。

（6）5G 融媒手机报——看视频、听语音、读图文的互动体验。

5G 融媒手机报是中国移动手机报拥抱 5G 时代的科技和数字化革新发展的融媒体应用的全面升级，汇聚权威媒体的精品内容，创新打造集 "5G 超高清视频头条新闻 + AI 语音 + 大数据 + 内容精编 / 特色定制" 于一体的沉浸式阅读体验的资讯服务融媒体产品。5G 融媒手机报用户无须下载 App，通过手机收件箱就能看新闻头条，感受 "看视频、听语音、读图文" 随意转换的融媒资讯及 "转、评、赞" 一体的沉浸式互动体验。

---

**知识拓展 6-4** **你认识 5G 融媒手机报吗**

面向移动用户，主打本地化标签，5G 融媒手机报的显著特点是融合个性化本地内容和用户生活权益。通过大数据 AI 以及联合优质内容合作伙伴，5G 融媒手机报从服务社会视角对内容开展精细化运营，践行国家新媒体的责任与使命，传递权威声音，正确引导舆论，助力业务发展，创新 "双效益双增长" 模式。5G 融媒手机报围绕服务用户，聚焦新用户流量，打造新闻资讯新入口，开创 "用户免费、后向收费" 新模式。它凭借短信收件箱，就能让用户免费浏览精选的各类权威头条新闻。例如，疫情期间，5G 融媒手机报与人民日报社合作了特刊，覆盖 2 亿移动用户，既减少人民群众对新型冠状病毒的恐慌，又能够使其增强防护意识和宣传防护方法。

为促进中国移动手机报与优质媒体伙伴合作，本论坛公布的 5G 融媒手机报计划包括三方面内容：（1）在能力层面，开放 5G 融媒体平台，为融媒内容制作提供支撑，提升 5G 融媒手机报的短信、彩信、5G 消息（短信小程序）、II5 等多通道的发送能力。（2）在内容层面，开放 AI 智能审核平台权限，提供中央级权威媒体的内容安全终审。（3）在合作层面，打造协同创新合作模式，助力各级媒体合作伙伴满足政府和企业在主流舆论、党建党宣、新文明建设等方面的融媒宣传需求。

除 5G 融媒手机报外，中国移动咪咕数媒还推出 5G 富媒书、至境听书等一系列多元化的产品及服务。中国移动与合作伙伴积极探索 5G 创新应用场景，满足用户个性化和在阅读场景中的需求，引领全民阅读新风尚，丰富数字阅读生态，促进行业不断升级。

资料来源：凤凰网，5G 融媒手机报亮相 2020 中国移动合作伙伴大会，咪咕数媒加快推进媒体深度融合发展，2020 年 11 月 21 日。

### （二）手机报营销的概念和特征

#### 1.手机报营销的概念

手机报营销是一种新的营销方式，是在手机报中以文字、图片、PDF、图表、标志、标识、商标、版面设计、专栏目录与名称、内容分类标准等形式，向用户传播营销信息的营销手段。伴随着阅读手机报成为消费者日常工作和生活的组成部分，手机报营销也得到空前的发展和普及。

#### 2.手机报营销的特征

手机报营销具有手机报和营销业务的特性。

（1）个性化定制营销资讯。手机报能够满足用户获得感兴趣的个性化营销新闻资讯的需求，为用户提供新闻传播的量身定制服务。例如，有的用户喜爱早间经济新闻，就可以通过手机报订阅的方式，每天在同一时间阅读相关新闻。

（2）营销及活动的实时性、动态性和便利性。手机新闻媒体会及时发布当天或近期的新闻信息，营销信息可以伴随其中，具有很强的实时性和动态性。用户无论在哪里都可以随时随地获取信息，为营销宣传提供便利。例如，用户无论在哪里均可打开感兴趣的手机报，并浏览相关的信息，而伴随的广告信息也会进入用户的视野。

（3）跟踪、收集和评估用户状况。因手机通信功能的唯一性，手机运营商或发行单位能很便利地跟踪、收集用户使用手机报的情况，并评估用户对营销信息的反应。

（4）借助多媒体快速传播营销信息。比起传统的报纸，手机报运营可以采用电子数字技术、图文、音视频等方式，能够借助多媒体实现营销信息的快速传播和转发。

### （三）手机报的盈利模式和分成方法

#### 1.手机报的盈利模式

（1）用户包月订阅费模式。它是指对定制彩信用户收取包月订阅费。例如，中国妇女报手机报的用户的包月费用为 20 元。

（2）按上网时间收费模式。它是指对 WAP 网站手机报浏览用户采取按时间计费的手段。例如，重庆联通对其手机报用户制定的最低收费标准为 5 元看 40 分钟（600K）。

（3）广告投放收入模式。这种模式与传统媒体的盈利方式类似，通过吸引广告投放用户来获取盈利。

#### 2.手机报的盈利分成方法

因手机报的运营需要运营商、网络公司和报业等单位的合作，因而，收入需要在运营商、网络公司和报业单位之间进行分配。手机报的主要盈利分成方法如下。

（1）"流量费 + 分享订阅 + 分享广告"分成法。例如，中国妇女报手机报的分成方法是，中国移动收取四成的流量费收入；报纸和好易时空分享剩下的六成收入。在这六成收入中，报纸与好易时空按三七开分享订阅收入，按七三开分享广告收入，但好易时空的保底分成收入是 3 万元。

（2）移动、网络公司和报刊以订阅量为依据分成。手机报在利益分配上，主要根据订阅量，由移动、网络公司、报刊按比例进行分成。例如，浙江日报手机报的分成方式是，浙报和浙江在线分成 40%、移动分成 60%，移动再跟凯信分成。在广告运作方面，手机报广告有"订阅收入三七开""广告收入七三开"的广告经营经验。

### （四）手机报营销的实施策略

手机报要实施营销策略，需要移动运营商和手机报单位及网络运营商共同完成。例如，中国移动手机报采取总部统一规划的方式，根据其开展的业务不同分为全国手机报管理和地方手机报管理两种方式。中国移动集团总部负责指导全国手机报的营销推广、营销活动的组织策划和实施；各省公司负责全国手机报面向本地的营销活动、地方手机报的推广活动。手机报的合作伙伴可利用自有渠道推广其合作的业务。

手机报营销的实施策略主要有以下几种。

#### 1. 套餐捆绑营销

套餐捆绑营销，是指两个或两个以上的企业品牌或产品在手机报中以套餐形式进行营销活动的过程，实现多品牌多赢竞争和扩大企业影响力的营销方式，它是一种共生营销形式。套餐捆绑营销的优势表现在：能够降低成本；相互提升品牌形象；相互结合优势渠道；提高服务层次；增强企业的抗风险能力。手机报套餐捆绑营销的主要形式如下。

（1）"A+B 产品套餐"捆绑营销。手机报运营商或合作者，把 A 和 B 产品做成套餐，统一销售价格（通常比单独标价的总和低）进行捆绑营销，将两种产品同时销售以增加销售量。例如，中国手机报初登河南通信舞台时，为扩大其受众群和影响力，中国移动河南分公司特别推出语音交叉即"你存话费我返还"的营销活动，吸引新老用户的关注，让他们更多地使用手机报，以此拓展了手机报的业务市场。

（2）"免费套餐＋新闻早晚报"营销形式。手机报常用免费套餐捆绑新闻早晚报的形式进行营销活动。在许多中国移动省公司推出的主流套餐中会捆绑新闻早晚报的产品。例如，北京移动动感地带的接听免费套餐捆绑有新闻早晚报，从而让更多的用户了解并使用手机报。

#### 2. 事件效应营销

事件效应营销又称事件活动营销，是指手机报运营商或合作单位，通过策划、组织和利用，把企业品牌或产品与国内外有高度新闻价值、有社会影响的人物或事件结合进行事件营销宣传和传播，以吸引和引导媒体、社会团体和消费者对手机报中的品牌或产品产生兴趣与关注，提高企业、品牌或产品知名度、美誉度和品牌形象，强化企业品牌或产品的宣传和销售的广告效果。各类手机报在国内多项重大事件中发挥重要作用，受到用户好评，手机报的事件效应营销在新媒体领域的影响力得到增强。例如，2009 年，借助国庆六十周年的契机，中国移动率先推出全网少数民族文字手机报，填补了行业内的空白，标志着中国移动手机报向更为细化的媒体领域迈进。少数民族手机报的上线，受到用户和国内媒体的一致好评，成为少数民族群众获取国家政策的新渠道。此外，还有奥运事件手机报——以独特视角讲奥运、赛况信息随时发、英文专版便外宾，以及"两会"事件手机报——搭建桥梁为国家、千万读者问总理、政府群众乐交流。

### 3. 体验营销

体验是指通过某些刺激而使消费者产生内在的反应或者心理感受。1998 年，美国的 B-Josephpine II 和 James Hgilmore 提出体验营销概念。体验营销（Experiential Marketing）是指通过看（See）、听（Hear）、用（Use）、参与（Participate）的手段，充分刺激和调动消费者的感官（Sense）、情感（Feel）、思考（Think）、行动（Act）、联想（Relate）等感性因素和理性因素，重新定义、设计的一种思考方式和营销方法。手机报是一种全新的信息传播平台及产品，通过体验营销能拓展用户和手机报的使用人数。例如，在 2007 年，中国移动手机报开展了 10 天免费体验营销活动，用户可体验不同的资讯业务，并最终决定是否继续订阅手机报。通过体验营销，中国移动手机报的业务逐步得到读者的认可和喜爱，打开了手机报营销的新市场。

### 4. 大数据精准营销

美国营销大师菲利普·科特勒认为，企业要实现精准营销目标，就要建立准确、高效、可控的投资回报沟通渠道，要更注重"垂直化"沟通，精确锁定客户。精准营销是指在恰当的时间、提供恰当的产品、用恰当的方式、送到恰当的顾客手中，恰当到一定程度称为精准。

在手机报大数据精准营销中，可以利用大数据技术分析用户和受众信息痕迹，精准掌握和追踪记录媒体运营、受众群体特征和行为、信息传播效果等数据，提高发行精准度，增强营销效果。例如，可以运用大数据技术分析用户在手机报上的搜索、分享、点赞、停留时间和评论等数据，为运营商和企业决策提供依据。

### 5. 协同 / 合作营销

协同营销又称合作营销，是指两个或两个以上企业或品牌，为了实现资源的优势互补，增强市场开拓、渗透和竞争能力，在营销理念、营销目标、营销手段及营销资源等方面开展合作，达到协同拓展品牌、扩大销售、增加利润等共赢目的。协同 / 合作营销有水平合作营销（平行共同）、垂直合作营销（不同任务或上下游）和交叉合作营销等形式。

手机报营销需要移动运营商、网络运营商、报业单位或企业单位等共同完成设计、制作、发布和运营的过程。一般而言，传统报媒或企业单位负责手机报内容的采集和制作，网络和技术提供商负责提供技术和网络数字信息的运营，移动运营商把制作好的营销信息通过无线通信技术平台以手机报的方式发送给终端手机用户，最后达到手机报营销的效果。

# 第二节 移动车载媒体营销

## 一、移动车载媒体的内涵和类型

### 1. 移动车载媒体的内涵

移动车载媒体又称交通媒体，是指在公共交通工具或关联的设施设备上利用数字广播电视地面传输技术播出信息的新型媒体形式，来满足流动人群的视听需求。移动车载媒体狭义上指装载在交通工具上，能够在移动状态下接收广播或播放电视节目的媒体，如车载广播、车载移动电视等。

### 2. 移动车载媒体的类型

（1）移动交通工具媒体，主要有飞机媒体、火车媒体、汽车媒体［见图 6-8a)］、公交媒体［见图 6-8b)］、出租车媒体、长途客运媒体、地铁媒体、轮船媒体等。

a）汽车媒体

b）公交车车厢内广告

c）站牌广告

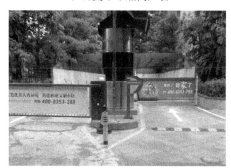

d）停车场设备广告

图 6-8 移动车载媒体

注：图片来源为网络搜索，任意选取。

（2）移动交通设施设备媒体，主要有公路媒体、车站媒体（汽车站、火车站、公交站、地铁站）、轮船码头媒体、机场媒体等。

（3）与移动车载相关的各种介质媒体，是交通工具和设施设备上可以进行信息宣传和传播的一切介质，如交通工具内外壁展板、拉手、座椅、移动电视、收费箱广告、广告看板、路牌、站牌［见图 6-8c)］、道路与交通设施设备［见图 6-8d)］、场站大楼内外墙面等广告媒体。

## 二、移动车载媒体营销概述

### (一) 移动车载媒体营销的内涵和广告类型

#### 1. 移动车载媒体营销的内涵

移动车载媒体营销，是指运用数字广播电视地面传输技术，以公共交通工具为传播媒介的企业品牌和产品的广告宣传形式。

#### 2. 移动车载媒体营销的广告类型

按照广告目的来划分，移动车载媒体营销的广告类型有产品广告、品牌广告、观念广告以及公益广告。广告对象可能是用户、消费者、最终使用者或渠道成员。

(1) 产品广告，是指为了引导目标客户或消费者购买，由广告主发布的介绍产品或服务特征的广告。其目的是直接推销产品或服务，提高市场占有率。移动车载媒体营销的广告主要是产品广告。例如，根据李璐（2013）的研究与调查，天津北方移动电视视频广告的产品广告居于主导地位，其次是观念广告。

(2) 品牌广告（Brand Advertising），是指以提升企业、产品或品牌形象为广告诉求点，为了提高品牌的市场占有率和占有消费者心目中的位置而进行品牌传播的一种营销方法。移动车载媒体营销能不断地重复广告，对企业品牌的宣传、推广有很大的作用。

(3) 观念广告（Concept Advertising），是通过运用相关的媒体在广告中提倡、灌输或传播某种观念、意见和思想，引导、转变或影响受众的某种看法、态度和行为的一种广告形式。利用移动车载媒体开展观念广告活动，可以传播正面的消费性观念和社会性观念，也可宣传社会、组织或企业的宗旨、理念、信念、文化或某项政策，或传播社会潮流的倾向或某个热点，等等。

(4) 公益广告（Public Service Announcement），是不以营利为目的，为社会公益事业提供免费服务的宣传和告示活动。公益广告活动突出宣传与传播社会和个人的道德及思想教育的重要作用。例如，可利用移动车载媒体进行防火防盗、保护森林、维护公共秩序、爱护公共卫生等公益广告宣传。

### (二) 移动车载媒体营销的优势

#### 1. 展示体量巨大

移动车载媒体的广告宣传内容可在海、陆、空等的交通工具上流动展示，也可在移动车载媒体的附属设施上进行展示。移动车载媒体体量巨大，广告量也惊人。例如，南京公交总公司 2014 年营运车辆接近 6 000 辆，营运线路近 400 条，线路长度 6 000 多公里，年客运量近 10 亿人次，此外还有其他各种工具和设施媒体，可进行广告宣传的体量巨大。

### 2. 受众面大、人数众多

移动车载媒体营销的受众群体流动性非常大，受众群体不受年龄、职业、收入等影响，特别适合大众性企业品牌和产品的广告宣传。例如，南京每周固定乘坐地铁、公交、出租车的人数占南京居民总数的 65%，其中日均乘坐地铁的乘客约为 70 万人，日均收看南京移动电视的公交车及出租车乘客约为 70 万人。南京的每条公交线和地铁线路都有十多个站点。乘客上下车非常频繁，流动性大，乘客的更换频率很高。

### 3. 广告展示时间长、重复率高

因为移动车载媒体的特性，在交通工具和媒体设施上的广告可以进行长时间展示和重复展示，因此广告能带给受众很强的视觉冲击和重复记忆，特别是对企业新品牌和新产品的展示有很大的提升作用。例如，在许多动车站，受众可以看到各手机品牌等的广告。

### 4. 地域性强、可精准覆盖

移动车载媒体具有很强的地域性，且交通工具媒体一般有固定线路，本地或线路周边的企业产品或品牌可以首选交通工具媒体，锁定本地目标市场。例如，作为历史文化名城，泉州曾在其主要干道上以灯光广告的方式展示其著名旅游景点。而长途或跨省市的移动车载媒体适合无地域限制的品牌或产品使用。

## 三、移动车载媒体营销的传播模式、广告传播形式及其运营策略

### （一）移动车载媒体营销的传播模式

#### 1.“广告群”播放模式

在“广告群”播放模式中，在移动车载媒体上大量单调、重复、循环地播放和推送广告，受众会不断地被强制接受和观看这些广告信息，从而增强了广告记忆效果，达到刺激受众消费欲望的目的。“广告群”播放模式显示了移动车载媒体的传播特性和视频广告的优势。

例如，天津公交采用“广告群”播放模式，常见的有一分钟的广告群和多条广告的广告群的播放模式。据李璐（2013）对天津北方移动电视视频广告进行的长时间跟踪观察、记录、统计和数据分析，得出的结论为：在天津公交 659 路上，公交移动车载的电视节目的播出时间是从早上 7:40 至 8:07，这 27 分钟内广告播出的时间有 8 分钟，占节目总体播放时间的 29.63%，广告时间超过总体节目时间的 1/4。在 8 分钟的广告时间里，总共有 24 条电视广告，被分成 6 个广告群播出。每个广告群至少有 2 条电视广告，最多有 6 条电视广告。

## 2. 多元化广告传播模式

多元化广告传播模式就是在移动交通工具或交通设施设备上的广告，根据不同的区域、形式和时间，与各行各业不同的广告企业产品和内容相匹配。例如，在长沙市公交车载媒体所传播的广告信息中，各类型公交车载媒体所刊登的多元化广告内容涉及各行各业，达到因地制宜的效果。

## 3. 强制性接受传播模式

移动车载媒体的运营者和信息发布者控制着信息资源、传播工具和相关的设施设备，并利用这些媒体尽可能地向受众传播广告和宣传信息，对于受众而言，不得不被强制或被动地接受广告和宣传信息。利用移动车载媒体营销，能够近距离把信息传递给受众，广告到达率非常高，宣传效果很好。例如，公交车载媒体中强制在内外壁展板、拉手、座椅、移动电视、收费箱广告、广告看板等地方进行广告信息传播，让公交车用户乘一次车就能被动接触到大量的广告信息。

## 4. 大众传播模式

大众传播模式，就是移动车载媒体以普通大众群体为广告传播对象，通过丰富且短小精悍的内容、鲜明的风格、片段的节目来传播企业品牌或产品信息。移动车载媒体的目标受众是"车载移动过程中短暂停留的大众过客"，因此，在移动车载媒体宣传信息时，其内容的编排和选择需要做更多的考虑与策划。目前，全国的公交车移动电视节目主要以新闻、休闲、咨询、娱乐类节目为主，还包含健康咨询、新闻热点、娱乐新闻、幽默笑话、小品相声、广告、时尚服饰、英语媒体新闻等。例如，上海东方明珠移动电视台开办有《新闻夜线》《新闻报道》《上海早晨》《畅游上海》《健康有约》等40多个自制栏目，节目的内容编排和制作呈现出短小精悍、形式多样、内容精致丰富、贴近生活的特点，适合大众群体短时间内观看。

### （二）移动车载媒体营销广告的传播形式

移动车载媒体营销广告的主要传播形式如下。

（1）车载移动电视。车载移动电视适合投放宣传、传播快速消费品的广告，主要是因为它具有声音、动画等效果且消费体验性强，能较快吸引受众注意力，刺激消费需求和购买行为，如碧生源、绿箭、拉芳、力士、怡宝、58同城网、赶集网等。公交移动电视最早出现在新加坡。2001年，新加坡率先在1 500辆公交车上使用车载移动电视，随后迅速普及到中国的香港、台湾等地。2003年1月1日，上海东方明珠移动电视开播，这是中国第一个移动电视频道。此后，北京、武汉、长春、南京等50多个城市和地区也相继开始在公交车上开播移动电视。有研究表明（黄伟，2001），到2012年，中国车载视听系统终端的累计数量将达到42.47万台。

（2）移动看板。移动看板适合刊登信息量较多的商品广告，如美的、格力等家用电器的商品促销信息广告。因广告信息量较多，故受众也需要较多的阅读时间。

（3）电子显示屏。电子显示屏受屏幕尺寸及字幕播放速度的限制，适合播放企业品牌名称或简单的广告信息，如医疗机构或医院的广告。

（4）车厢内壁展板。在车厢内壁展板上可以制作较为精美的平面广告来吸引受众的注意，比较适合房地产商等大型广告企业，如钱隆学府、时代城、凯通公馆、天洋大酒店、55比网、58同城网等。

（5）拉手及座椅。拉手及座椅适合信息传播的空间范围较小、信息量较小的广告，尤其适合专科医院、口腔医院等医疗机构的广告。例如，长沙公交车拉手及座椅的广告多为长沙骨质增生专科医院、协和医院口腔科等的广告。

（6）自动报站器。在不影响正常公交车报站的情况下，自动报站器适合传播广告信息量少的语音播报广告，如指南针百货、友阿百货等的语音播报广告。

### （三）移动车载媒体营销的运营策略

#### 1. 场景五力组合的"适时体验"策略

场景五力组合的"适时体验"策略，就是运用移动设备、社交媒体、大数据、传感器和定位系统进行组合形成场景五种技术力量，在移动车载媒体上进行"适时体验"营销的宣传活动。罗伯特·斯考伯和谢尔·伊斯雷尔在《即将到来的场景时代》中认为，场景五力是指移动设备、社交媒体、大数据、传感器和定位系统所构成场景时代的五种技术力量。Lopez Research的创始人玛丽贝尔·洛佩慈提出了"适时体验"概念，它是指移动技术"在客户恰有所需时"传递恰当的信息。在场景五力组合中，场景时代的技术基础是移动设备、传感器和定位系统，能打通实现场景化感知的空间和环境；通过大数据及社交媒体技术，能够收集用户的购买和消费信息，精准定位消费者的需求和广告信息传播接受情况，为企业和运营商推出适时体验的产品提供保障。

例如，运用场景五力组合分析技术，可以找出移动车载媒体的黄金时段和乘客在工作日的出行规律，再据此编排移动车载媒体广告的发布和播出时间。移动车载媒体的黄金时段为收视率高峰期的上下班时段、8点至16点的日间时段、18点以后的晚间时段。在内容上可以与社交媒体进行组合，也可在受众接触的时空上与传统媒体错开时间、错开媒体进行广告宣传，达到更好的效果。

#### 2. 打造闭环移动生态链策略

打造闭环移动生态链策略，就是移动商、运营商与企业合作，在移动车载媒体上为用户提供移动媒体、视频、生活、通信和金融服务等闭环移动生态链。巴士在线CEO王献蜀曾说，"要打造一个移动闭环，用移动金融贯穿我们整个移动生态链的闭环，为我们的用户提供移动媒体、视频、生活、通信和金融服务"。

例如，在车载电视媒体中，移动商、运营商与企业合作，整合资源和打造闭环移动生态链，构建移动互联网生态圈，为用户提供合适的车载电视媒体信息和企业宣传产品的广告信息，促进用户生活品质的提升。

### 3.适时的广告编排形式和发布策略

适时的广告编排形式和发布策略，就是移动车载媒体编排制作、运营和发布单位，要依据大数据分析或调查的结果，对不同的移动车载媒体交通工具和乘客情况进行深入了解和匹配，根据目标受众的需求编排、制作、发布产品广告，提高广告的宣传效果。

例如，天津北方移动电视针对早晚乘车高峰时间的工薪阶层和学生族，在早高峰时段播放麦当劳早晨6元套餐广告，对刺激公交乘客享用早餐的欲望产生作用。这是合理且适时的广告编排。

### 4.细分和定位广告受众的窄播策略

细分和定位广告受众的窄播策略，就是根据不同的交通工具和线路，细分和定位乘客和受众群体，根据细分目标受众的年龄、兴趣和爱好，进行有针对性的广告窄播发布。

例如，天津公交车载移动电视视频广告的目标受众由三个群体组成，即工薪阶层、学生群体和老年人群体，并且这三类人群的收入都处于中低等层次，因此，不适合投放国际知名品牌和价格高的产品的广告，如香奈儿等。广告诉求对象需要兼顾青年学生族、工薪阶层的男女及老年人等多个年龄阶层和群体，不可过于单一。

 训练

请以小组项目为主题，选择某一移动车载媒体，设计其推广方案。

## 第三节　户外 LED 营销

## 一、户外 LED 营销概述

### 1.户外 LED

LED 是 Light-Emitting Diode（发光二极管）的英文缩写。户外 LED 显示屏（Outdoor LED Display）是一种户外显示广告媒体，主要设置在建筑物的楼顶或外墙、商业区的主要位置、路边等户外场地的广告信息发布的大型电子展示媒体。

户外 LED 显示屏的主要形式有路边 LED 显示屏、LED 电子显示屏、LED 全彩屏（见图 6-9）、LED 屏幕、气球、飞艇、车厢、大型充气模型等。

户外 LED 的信息播放和传播的方式主要有二维的图文，三维的动画、视频、景象、电视、VCD 节目及现场实况等。户外 LED 媒体一般具有体量较大、静如油画、动如电影、广告显示画面色彩鲜艳、立体感强等特点。

图 6-9　户外 LED 全彩广告

## 2.户外 LED 的应用场景

户外 LED 主要用于户外广告和产品的宣传。其应用场景主要有车站、广场、商场、码头、机场、医院、宾馆、银行、证券市场、建筑市场、拍卖行等公共场所，以及金融、税务、工商、邮电、体育、厂矿企业、交通运输、教育系统等政府管理和工业企业管理等场所。

## 3.户外 LED 营销的概念

户外 LED 营销，就是运营商或企业运用数字户外广告技术、移动网络技术和 LED 显示屏，展示企业品牌或产品等营销信息的一种新型营销方式。户外 LED 营销随着数字户外广告的传播正在向全面智能化、个性化和互动化方向发展。

# 二、户外 LED 营销的核心价值和传播特征

## （一）户外 LED 营销的核心价值

与传统的户外广告相比，户外 LED 营销广告不仅具有户外广告的一般优点，其展示的广告内容也更为丰富多彩，还具有四大核心价值。

## 1.媒体空间价值

户外 LED 作为户外媒体，一般集中于一线城市的商业中心和核心区域，在城市中拥有优质或核心的地理位置或区域空间，能够带来优质的营销媒体空间价值。

例如，美国纽约时代广场［见图 6-10a)］、上海南京东路步行街［见图 6-10b)］等，有许多 LED 大屏媒体广告，在给城市带来绚丽色彩的同时，也对企业和品牌的宣传发挥了很大的作用。

a）美国纽约时代广场　　　　　　　　　　b）上海南京东路步行街

图 6-10　户外 LED 营销（一）

注：图片来源为网络搜索，任意选取。

## 2.营销特征价值

户外 LED 大屏幕媒体的主要作用是展示企业或产品或品牌的宣传信息和营销内容，

媒体广告展示效果极佳、极具震撼的视觉冲击力，能够最大限度地吸引户外人群的关注，其营销特征价值非常高［见图6-11a）］。

a）户外 LED 大屏幕媒体　　　　　　b）户外 LED 大屏幕品牌营销

图 6-11　户外 LED 营销（二）

### 3. 受众覆盖价值

户外 LED 大屏幕具有良好的受众覆盖能力和价值。由于这些 LED 大屏幕媒体大多位于核心办公区或商业区，其营销受众群体一般工作稳定，中高层管理人员居多，大多数受过良好的教育，有较强的消费能力和较高层次的欣赏能力，因此，户外 LED 适合于金融、汽车、服装服饰、旅游、数码等产品的广告。调查数据显示：受众对户外 LED 大屏幕媒体的触达率保持在 60% 以上。受众每 10 次经过 LED 大屏区域，会平均有 6～9 次看到 LED 大屏，其中，平均有 3.9～6.6 次可以清楚看到，3.6～4.9 次是主动收看，被访者平均每次目光停留在 LED 大屏上持续的时间为 16.8～38 秒。在各类户外媒体的接触情况中，户外 LED 大屏幕媒体排名第四，表现优良。

### 4. 品牌关注价值

户外 LED 大屏幕在营销企业品牌时的效果很好。由于大屏幕和动态视觉上的突出优势，受众在很远的地方就能关注到广告品牌和 Logo 的信息，达到认可和记忆品牌的营销效果。例如，在各大城市的中心区域，户外 LED 大屏幕广告以品牌方式进行［见图 6-11b）］。

## （二）户外 LED 营销的传播特征

### 1. 人机动屏化营销

LED 广告的显著特征是动屏化营销。"动屏化"来源于英文 SISOMO，是由 Saatchi&Saatchi 广告公司全球总裁凯文·罗伯茨提出的一个全新的概念。SISOMO 是由画面（Sight）、声音（Sound）和动作（Motion）的前两个字母构成的，强调整合画面、声音和动作的屏幕媒体传播形态。LED 显示屏广告运用动屏新技术把企业品牌和服务广告信息融合在视觉、声音、动作中进行营销宣传和传播。平面广告可借助虚拟现实、智能设备实现即时互动体验与三维立体的视觉效果。在中心城市的中心区域或商业街或步行街，处处可见户外"动屏化"LED广告，它已经成为城市的一片靓丽风景。

⊙ 案例分享6-5

### 2012新款甲壳虫（Beetle）汽车户外广告

大众针对旗下经典车型甲壳虫，于2011年年末在加拿大地区开始进行一组户外广告的投放（见图6-12）。广告的大致内容就是通过AR技术的加持，让户外平面广告中静止的甲壳虫汽车动起来。但是这一效果的实现需要借助大众甲壳虫汽车推出的相关App应用。用户下载应用到手机、电脑等设备中，直接把设备上的摄像头对准甲壳虫汽车户外平面广告，就会显示像视频一样极富创意的各类广告场景和图像，非常耐人寻味。

图6-12 2012新款甲壳虫（Beetle）汽车户外广告

注：图片截图自搜狐网。

资料来源：方照辉.中国数字户外媒体广告策略研究[D].长沙：湖南大学，2012：25.

#### 2.无线网络传送营销信息

户外LED营销可以运用现代网络和通信技术实现广告内容信息的LED无线网络传送和发布，并实现广告全程GPRS无线控制、进程同步化、系统快速反应、内容即时更新、信息内容从容调整的LED营销传播形态。

#### 3.分时广告投放

户外LED广告因黄金地段或中心区域的广告牌价格成本高昂而成为广告稀缺资源。传统静态的户外广告的投放周期至少为3个月，对广告主来说成本昂贵，而动态LED广告可实现分时广告投放。动态LED广告有15秒广告和30秒广告循环播放两种形式，一条广告每天可循环播放60～80次。尽管LED显示屏广告成本相对较高，但因广告投放时段能够分时或按天随意配置，广告发布方式灵活，使户外LED广告与同位置的静态户外广告相比，费用会更低廉。

#### 4.互动式体验传播

户外LED广告有多种多样的形式，运用的技术也不同。户外LED广告可以结合全方位空间与数字投影技术，配合动感视频和灯光的特效，对创意营销广告的内容进行播放，营造出一种"身临其境"的创意视觉空间和全方位视觉体验。例如，在2008年北京奥运会开闭幕式［见图6-13a)］、2010年的世博会展馆设计［见图6-13b)］、2022年北京冬奥会开闭幕式［见图6-13c）］中，LED创意视觉空间不断成为传播体验新亮点。

a) 2008 北京奥运会　　　　　b) 2010 世博会展馆　　　　　c) 2022 北京冬奥会

图 6-13　互动式体验传播

## 三、户外 LED 营销策略

### 1. 增强现实的广告创意策略

广告创意策略是指能够表现广告主题，能有效与受众沟通的广告创新点子或思路的艺术构想。增强现实（Augmented Reality，AR），是运用实时计算摄影机影像的位置及角度与相应图像结合技术，把现实世界真实环境的画面或空间与虚拟增强信息完美地结合起来，实现增强现实的广告互动环境展示。增强信息可以是计算机产生的图形、三维虚拟影像或文字信息等，丰富了人们对真实世界的感受和体验。北卡罗来纳州立大学的罗纳德·阿宜马（Ronald Azuma）认为增强现实的内容包括：将虚拟物与现实结合、即时互动、三维。

增强现实技术可以广泛应用于数字户外媒体 LED 营销的广告创意中，广告传播内容与形式的改变能够增强数字户外媒体的传播效果和全新用户体验，凭借 AR 技术的灵活性、交互性、高关注度、高参与量、病毒性传播等优势，为互动广告传播营销行业发展带来了巨大契机。

⊙ **案例分享 6-6**

**户外互动广告：法国 AXE 香水"机场与天使邂逅"**

2011 年 3 月 5 日，在伦敦维多利亚机场大厅中，BBH 为法国 AXE 香水做了"机场与天使邂逅"的户外互动广告（见图 6-14）。这是最具创意的增强现实技术与数字户外媒体结合的经典案例。在机场的大厅地面上，有一块特殊的感应装置，当旅客走进圆圈里并向上看的时候，就会从机场的大屏幕里看到一个貌美如花的天使突然降临在身边，上演一场旅客与天使"真正邂逅"的场面，引起了人们极大的关注和参与。

图 6-14　法国 AXE 香水"机场与天使邂逅"的户外互动广告

注：图片截图自爱奇艺。

### 2. 打造"iOOH——我的户外"超级网络传播策略

户外传播已经进入"iOOH——我的户外"时代,"我的户外我做主"。户外LED营销可以运用数字户外广告和LED"iOOH"户外广告展示新技术,从受众体验出发,以满足消费者个性化需求为核心,为参与者提供定制产品信息和服务。例如,2012年,覆盖巴黎几十条主街道的首批智能灯箱LED安装后,受众只需轻轻触动灯箱广告LED屏,就可以立即获得自己感兴趣的产品信息或需要的生活信息,并通过手机与灯箱的链接,直接将相关信息下载到手机中。

---

**知识拓展6-5**　　　　**你知道户外传播的 OOH、DOOH、iOOH 吗**

近年来,户外广告经历了从Outdoor(传统户外媒体)到OOH(Out of Home Media,现代户外媒体),再到DOOH(Digital Out of Home Media,数字户外媒体)的三次转变及发展。在智能手机和移动终端广泛应用的背景下,尤其是以iPad、iPhone、iTouch等i字辈的手持移动设备为代表,新的户外传播方式——iOOH(i Out of Home Media,我的户外)被提出。iOOH是指个人通过手持智能终端与数字户外媒体形成的互动传播关系。它在保留传统户外优势的同时,还有目标受众高接触、全覆盖销售终端、广告视觉冲击力强、音视频多样化展示、数字互动体验等数字户外媒体的多种优势。

资料来源: 方照辉. 中国数字户外媒体广告策略研究 [D]. 长沙: 湖南大学, 2012: 26.

---

### 3. 分众传媒互动广告与体验结合策略

数字户外LED媒体不仅有传统媒体的优势和作用,还能够结合GPS、LBS应用,在数字户外显示屏上实现触屏感应或声光感应,智能手机与二维码摄像的互动、下载、投票、微博互动等一整套极具个性化的数字户外LED广告创意体验。受众可以借助智能手机或终端App应用,通过3G以上、WIFI或云端通道,与正在播放的互动广告户外媒体相连接,即可实现受众参与广告或者活动互动,享受"我的户外"人性化服务体验。广告主可以在数字户外LED媒体大屏中植入互动装置,例如,分众传媒推出的第二代互动屏和Q卡,地铁户外媒体推出Power Zone,郁金香传媒等。

---

⊙ **案例分享6-7**

**瑞典麦当劳户外 LED 互动广告游戏 Pick N' Play**

瑞典麦当劳推出户外LED互动广告游戏Pick N' Play(见图6-15)。瑞典麦当劳在当地一个有名的市区安装了创意互动户外LED广告牌,消费者用自己的智能型手机先连接麦当劳游戏网站,并选好自己喜爱的麦当劳食品,而后就可以站在大街上,以智能手机为游戏控制器,面对着户外LED广告牌屏幕玩游戏。消费者通过手机触控屏幕控制游戏中的挡板,让球在互动户外广告牌上维持30秒不掉落即可获胜,而后就可以在附近的麦当劳店内兑换免费食物。

图 6-15 瑞典麦当劳户外互动广告游戏 Pick N' Play

注：截图来源于优酷网。

### 4. 公共空间技术与艺术互动表现策略

技术与艺术是不同的概念：技术是理性的透析世界的工具；艺术是感性的感悟世界的触角。《辞海》（1999 年版）中的解释是，技术是指运用范畴、定理、定律等思维形式反映现实世界各种现象的本质和规律的知识体系。艺术是指一种文化现象，人类以情感和想象为特征的把握世界的一种特殊方式，即通过审美创造活动再现现实和表现情感理想，在想象中实现审美主体和审美客体的互相对象化。互动与多维度和非线性有关，相对于传统媒介单向信息传递，其信息内容双向，由多维的传递、反馈、碰撞、融合、激发等构成。在户外互动数字广告的传播活动中，主要运用的高新技术有边缘融合高清图像处理核心技术、虚拟现实技术、影像动作识别非接触式交互技术、3D 技术、国内广告公司开发的"Intersee"边缘融合高清图形系统、"VRMIX"互动投影、"Eye Catch"捕捉眼互动系统等。

数字户外情景互动广告的表现方式具象化，其表现力比一般户外平面广告大、感染力强，广告情景在参与者的互动中形成，其新奇的创意设计和立体的互动体验最大限度地满足参与者的互动需求，带来充满质感的视听享受。

⊙ 案例分享 6-8

#### 法国减肥矿泉水 Contrex "让女人尖叫"互动广告

法国减肥矿泉水 Contrex "让女人尖叫"的户外互动广告（见图 6-16），引发网上集体围观和大量评论转载。广告主在广场上布置了 10 台功率自行车与矿泉水，当参与者骑自行车时，会出现紫色光线流，汇聚到前面的建筑，形成一个虚拟的健硕的男士，且舞动着他的身体。当女士们尖叫着持续骑车，男士会举出"干得好，你已经燃烧了 2 000 卡路里"的牌子，并与女士们一起快乐地拿出 Contrex 矿泉水，以实现"Contrex 能让你轻松减肥"的宣传效果和互动体验。

图 6-16 Contrex 户外互动广告

注：截图来自搜狐网。

### 5. 全媒体统合营销投放策略

整合营销（Integrated Marketing Communications, IMC）是指企业将各种营销手段进行组合，同时运用报纸、电视、广播、网络、户外等多种媒体渠道向消费者传播信息，内容可涉及企业文化、品牌、产品体验营销等，以期达到最佳的营销推广效果。整合营销追求广告信息的一致性传播。

统合营销（Unified Marketing），是指将消费者个人作为协调整合的主体，围绕其制订一个运用多种媒介、多个信息源彼此合作并引导其穿过购买漏斗的统合性方案。购买漏斗模型是分析消费者购买决策过程中的购买决策行为，涵盖知晓、熟悉、考虑、购买、形成忠诚度、推荐给他人等购买环节；购买过程中的每个环节与上一个环节相比人数越来越少，每个环节之间像漏斗一样，一部分受众进入下一环节，其他受众则流失了。例如，在中国已经实现智能手机与其他终端或企业网站的数字统合应用，如智能钱包和多种支付方式等。

相比整合营销，统合营销更关注和注重消费者个人信息、喜好、感受、需求、连续性营销体验等，是移动个人媒体与其他数字媒体的统合应用营销。统合营销观念为营销运营者和企业提供了户外广告新思路。例如，某广告公司曾为客户提供一种奢侈的"超精准营销"服务：广告企业会针对目标客户名单上的每个客户制订一个独一无二的广告统合营销推广方案。假如广告企业希望拿下某公司大批量采购其商品的订单，广告企业会先行了解此次采购的关键决策者是谁，通过掌握关键决策者的作息习惯实现精准营销，如从他早上出门开始，开车路过的广告牌，经常堵车路段的公交站顶棚，购买早餐的咖啡厅门口，写字楼的电梯里，每日必看的报纸上都会出现该广告企业的广告。在毫无意识的情况下，这位被广告高密度环绕的关键决策者已经接受了大量精心策划的信息。

# 第四节　楼宇电梯营销

## 一、楼宇电梯营销概述及其作用

### （一）楼宇电梯营销概述

#### 1.楼宇电梯营销的概念

楼宇电梯营销主要是指楼宇电梯广告营销。楼宇电梯广告是运用现代广告技术和新一代智能设备，在楼宇和电梯内外壁上制作、刊载的一系列广告宣传活动和形式。楼宇电梯广告是一种新型的广告媒体。

#### 2.楼宇电梯营销的表现形式

楼宇电梯营销，是指最大限度地利用楼宇电梯的内外空间，发布点、线、面、图、文、音视频等全方位的信息广告，具有动态受众群体与静态广告内容有机结合的传播效应。楼宇电梯广告的表现形式主要有楼宇内外超大液晶屏广告［见图6-17a)］、电梯等候区的液晶电视广告、电梯轿厢内外部空间的相框式广告［见图6-17b)］、电梯轿厢内电子屏、电梯轿厢内投影、全包梯及横幅贴纸等电梯门媒体、直接贴在楼宇电梯内外壁上的纸质海报等广告媒体。

a）上海楼宇广告　　　　　　　　b）地铁梯牌广告

图6-17　楼宇电梯广告

#### 3.楼宇电梯营销的发展前景

近年来，中国户外广告市场呈现出丰富又集中的发展态势，楼宇电梯、交通出行和影院是户外广告的头部广告场景。

例如，《2020 年全年户外广告市场概况》数据显示，2020 年全年户外广告投放刊例花费达 1 486 亿元（包含高铁视频媒体），楼宇液晶媒体花费约 531.84 亿元，实际增长 27%。艾瑞分析认为，2018 年，楼宇电梯、交通出行和影院的市场份额占比分别达到35.6%、47.7% 和 11.6%，在未来，楼宇电梯将继续保持较高的增长，超过交通出行成为第一大户外广告场景。

目前，在深圳、广州、佛山、中山和东莞约有 2.4 万台电梯，一年的广告市场容量大约是 3.6 亿元。北京和上海每年的广告市场约为 6 亿元，在武汉、重庆、成都、大连、厦门、沈阳等十个城市的电梯数为 1 万台左右，广告容量每年有 1.2 亿元。楼宇电梯媒体每年的广告规模总计已经达到 10 亿元。未来随着新电梯的增加，楼宇电梯媒体市场还将继续扩大。据广视通数据，深圳电梯广告覆盖超过 90% 的中高端办公楼，覆盖 70%～80% 的都市消费力。因电梯内环境单纯、干扰度极低，每周受众上下电梯超 20次，每周收视时间超 10 分钟，对电梯海报广告信息充分吸收。71% 的电梯受众的年龄在20～45 岁之间，68% 的家庭月收入在 1 万元以上。

### （二）楼宇电梯营销的作用

#### 1. 满足受众和管理的信息需求

楼宇电梯营销，可以满足受众和社区居民对某些产品的信息获取需要。例如，在一些高档写字楼、酒店的电梯门等候区等区域，运用液晶电视播放、发布一些汽车、房产、中高档服装和化妆品及国内外重大新闻、时尚资讯等广告和信息，对于出入高档楼宇、视时间如金钱的高级职员与白领阶层等受众人群来说，他们可以充分利用候梯或乘电梯时间获取一些有价值的信息。

#### 2. 楼宇电梯管理的信息宣传需要

为了更好地管理楼宇电梯工作，物业部门也可以利用楼宇和电梯的空间进行公益广告宣传。例如，张贴乘梯安全指南、防盗指示、防火防病及疫情防控知识等。楼宇电梯广告的收益一般归全体业主所有，可以作为楼宇的物业维修资金。

#### 3. 满足受众视觉美感需求

人们在等电梯时，在电梯内上下运行时，在楼宇内外走路时，一般处于无聊而乏味的状态。此时，制作画面精美、装饰性很强的广告往往更能吸引人们的注意力，满足人们视觉美感需求，特别是能缓解因电梯空间狭小带来的人际局促感，对人际空间心理感受有益。

## 二、楼宇电梯营销的传播特点及其优势

### （一）楼宇电梯营销的传播特点

#### 1. 终端渗透力强

楼宇电梯营销运营商把精心设计的日常生活产品广告，以楼宇电梯电视、图文等形

式投放到更贴近受众群体的生活圈内的楼宇和电梯场所，由于营销广告的穿透力很强，因此，在受众无防备的情况下，广告信息已渗透到终端消费者脑海中。

### 2. 准确锁定特殊受众

楼宇电梯营销广告通过楼宇电梯固定位置的终端，将广告信息传递给受众群体。因电梯环境相对密闭，故可以通过大数据分析不同楼盘和小区中的居住人群的产品需求特性，找出人群特征的共性，锁定特殊受众群体，有针对性地进行广告发布。一般工作或住在楼宇电梯内的群体，总体素质和收入较高，对产品的品质和要求也更高，广告的内容要做得"高大上"一些。

### 3. 信息接收度高

楼宇电梯营销广告中的视屏终端或区域广告信息内容一般不支持切换频道，或播放其他内容，或频繁更换信息内容，受众群体对面前的广告没有选择的权利，只能选择接受该信息或不看信息。因楼宇电梯的环境特殊，其他信息干扰较少，传播方式有一定的排他性，因而漂亮画面或动态的广告能够吸引受众关注、观看，并接受广告信息。据尼尔森《2015电梯海报基础研究》报告，受众用心观看楼宇广告数量达到了58%，明显高于报纸（24%）、公交车身媒体（21%）、户外平面大牌媒体（21%）、候车亭广告（21%）、杂志（20%）、地铁车厢内媒体（17%）、地铁站台媒体（16%）等。

### 4. 效果容易考核

比起其他广告，楼宇电梯营销广告更容易评价其信息传播的效果。楼宇电梯营销广告的传播效果，可以通过以下指标来评价：①不同楼宇的受众群体特征；②每天进入该楼宇的人流量；③每日楼宇进出率或电梯乘坐率；④通过调查可计算楼宇群体的信息接收率；⑤受众行为反应（如购买率、咨询率）；等等。

## （二）楼宇电梯营销的优势

### 1. 高频次重复关注

楼宇电梯营销广告一般是重复循环播放，或张贴一定时间段，生活或工作在楼宇中的人会无数次关注到广告，其势必会在受众的心里留下深刻印象。广告画面更换时间一般为楼宇15天，电梯7天。例如，在电梯间循环播放的广告语——"奶牛养得好，牛奶才会好；买牛奶，不如认养一头牛"已成为认养一头牛品牌宣传的核心话术。

### 2. 全时段、全覆盖

楼宇电梯广告24小时不停歇，受众只要在辐射范围内均能接收到信息。其受众群体一般以在楼宇内及附近的人群为主，不分年龄、性别，全面覆盖相关人群。

例如，电梯广告得到越来越多广告主的认同。到2003年年底，电梯资源覆盖面遍及深圳市6个行政区200多个社区总计近3 000部，占整个深圳市高档社区可用电梯数的85%，直接受众达到85万人，衍生传播效应达150万人。壹时代拥有6 000余部电梯以及相关社区媒体的经营权。如果电梯广告以 30 天为一个周期，则每期电梯广告的受众总人次会达到 9 000 万人次，楼宇电梯广告的覆盖数量相对稳定。

### 3. 低成本强制阅读

楼宇电梯营销广告成本低，广告性价比高。做十几次 30 秒的电视台广告，或两天整版的报纸广告的费用，在 40 个小区中可连续不断地做一个月的电梯广告。例如，壹时代所有可供发布电梯广告的小区中共居住 5.5 万户家庭，约 25 万受众，以每户电梯 780 元报价计算，平均每户只要花 17 元就可以使其整个月内不断接触到广告。

### 4. 精准投放效果好

楼宇电梯营销广告可以根据区域、楼宇、电梯、商业、顾客等的需求特性，有针对性地为受众提供精准广告，目标群体到达率为 97%。例如，在高端写字楼外墙或内部区域，可采用 LED 大屏幕广告、桌贴广告、灯箱广告，匹配高级白领所需要的产品广告；在楼宇小区和电梯间，则精准投放适合家庭生活及相关的电梯广告，匹配中青年群体的生活、教育等产品广告，以达到最佳广告投放效果。

## 三、楼宇电梯营销策略

### 1. 定位高端，锁定品牌精英目标群体

因楼宇电梯进出群体大多数为办公室白领、管理者，或小区住户等精英群体，整体经济水平较高，且目标受众群体为高端消费群体，一般对产品品质、质量或档次要求较高，因此，楼宇电梯营销宣传的产品选择应放在中高档品牌产品上，广告品牌宣传的内容要制作精美、看起来华丽美观，对目标受众群体有针对性地进行广告宣传，能够满足社会精英和富裕人群的需求。例如，有的高端化妆品、白酒等品牌，运用楼宇电梯媒体进行营销活动，对提升品牌知名度与美誉度有重要作用。

### 2. 矮小精致，广告分众化传播

分众化传播是指广告运营商和制作发布者根据特定的广告受众群体或大众的某种特定需求的差异性，提供特定的、有针对性的广告宣传信息和服务。生活在现代都市楼宇电梯中的人群，时间观念强，追求效率高、节奏快的生活与工作状态，在楼宇中行走或在等电梯和乘电梯的过程中，会出现暂时的无聊空闲时间，在楼宇电梯中投放短小精致、画面美观的楼宇电梯平面广告，或音视频动画广告，会吸引分众化群体的关注和喜爱，取得较好的营销效果。

### 3. 小众传播，结合节庆热点

小众传播是相较于大众传播而言的。19 世纪 30 年代，廉价的"便士报"的出现和电报的发明，标志着需求基本同质的大众传播时代的来临。在小众传播时代，广告传播将按照受众的年龄、性别、职业、收入、教育水平、居住区域和环境、兴趣爱好等因素划分为不同的社会群体，并根据相同或不同群体的特征提供其所需要的产品广告媒体信息。

楼宇电梯媒体营销属于小众传播媒体营销，可以结合节庆日在楼宇电梯中传播个性化的产品信息，促进节庆消费的深度营销。例如，自 2005 年起，每逢中国的传统佳节如中秋、春节等，水井坊便会选择十余个城市，于节日促销前两个月启动电梯平面广告投放，平均每个城市选择 100～200 个楼宇，300～500 个电梯轿厢，对各大主要城市的高端白领阶层进行全面覆盖，有效促进楼宇电梯广告产品的销售。

---

**知识拓展 6-6　　　　　　　　小众媒体及其类型**

小众媒体是受众群体少且传播范围小的广告信息传播媒体。小众媒体可分为窄众媒体和一对一媒体。窄众媒体包括户外、销售点、交通、黄页、产品陈列等广告媒体；一对一媒体则包括直邮、电话、传真等广告媒体。

1. 窄众媒体

（1）户外广告媒体，是指在室外设置的各种类型和方式的广告媒体，它具有传播主旨鲜明、形象突出、主题集中、引人注目；不受时间限制，但是到达对象有限，传递信息量有限等特点。

（2）销售点广告媒体（Point of Purchase Advertise，简称 POP 广告），又称销售现场广告，是指设置于商店、建筑物内外，并且能够促进销售的广告物，或其他提供有关商品信息、服务、指示、引导的标志，如店内悬挂物，橱窗和柜台的设计、陈列，在店内外设立的能标示产品特征的立体物，或散发单张的海报，等等。因其用实物原型或图片等作展示，故具有真实感强的特点。

（3）交通广告媒体，是指利用公交车、地铁、飞机、船舶等公共交通工具及其周边场所等媒体做的广告。它具有面广人多、可移动性展示的特点。

（4）黄页广告媒体，又称定向媒体，是指广告信息中包含具体的销售产品或服务的地点的广告媒体。产品或服务的指向性强是其最显著的特征。

（5）产品陈列广告媒体，又称软植入广告媒体，是指在电影或电视节目中将真正的实体产品加以陈列播出的广告媒体形式。其特点是：展露次数多、接触频度高、信源关联、成本低、回想率高；绝对成本高、展露时间短、诉求空间有限、可控性差、受公众反应限制、竞争性强、受公众不良心情影响。例如，在电影《失落的世界》中，出现了圣地亚哥的动物园、水世界以及 Horton 广场的中央购物商城等。但由于观众并未意识到产品此时正在促销，以为仅仅是故事情节的需要，因而对现实购买产生了一定的影响。再如，当 Reese's Pieces 糖果产品在电影《外星人》中出现后，其销售量上升了 70%，且有 800 家此前从未销售过这种糖果的影院也开始进货。

2. 一对一媒体

（1）直邮广告媒体，英文为 Direct Mail Advertising，简称 DM，也称邮政广告或函件广告，是一种通过邮件的形式直接发送通知、广告等信息的方式，具有定位准确、成本低、见效快等特点。

（2）电话广告媒体，由于电话既是一种即时性、机密性、一对一、直接的广告信息传播和交流媒体，又是一种双向互动沟通的形式媒体，所以具有无版面限制，但有时间和经费等限制的特点。

（3）传真广告媒体，是指按照顾客的需要将广告信息以传真的形式传输的媒体，通常可大量传送书面资料。其最显著的特点是成本低、费用少。

## 思考题

1. 请了解并掌握以下基本概念。

手机，手机媒体营销，短信，短信营销，App营销，手机二维码，手机报，手机报营销，移动车载媒体营销，户外LED营销，楼宇电梯广告

2. 手机媒体的营销模式有哪些？

3. 手机短信营销是如何分类的？手机短信营销的策略有哪些？

4. App营销广告模式、应用广告类型和策略各有哪些？

5. 手机二维码营销的应用场景有哪些？

6. 手机报的盈利模式、分成方法和实施策略各有哪些？

7. 移动车载媒体营销的传播模式和运营策略各有哪些？

8. 户外LED营销的核心价值和营销策略各有哪些？

9. 楼宇电梯营销的传播特点和营销策略各有哪些？

## 实践训练

**【目标】**

结合实际内容，深刻了解手机媒体和户外营销的基本概念与认识。

**【内容要求】**

分小组选择主题，制作一个小广告，并在相关的媒体上进行发布，查看营销结果。

**【训练】**

训练1：请同学们选择手机媒体营销、短信营销、App营销、手机二维码、手机报营销、移动车载媒体营销、户外LED营销、楼宇电梯广告等媒体，制作良好的小广告并选择相关媒体投放。

训练2：请同学们正确理解手机媒体和户外营销新媒体的相关概念和基本内容。

## 参考文献

[1] 刘逸群，常金明.全网通终端手机发展与展望[J].中国新通信，2016，18（23）：73.

[2] 周一青，潘振岗，翟国伟，等.第五代移动通信系统5G标准化展望与关键技术研究[J].数据采集与处理，2015，30

（4）：714-724.

[3] 应江勇.逆势下运营商短信业务发展策略研究[J].移动通信，2013，37（9）：78-80.

[4] 肖凭，文艳霞.新媒体营销[M].北京：

北京大学出版社，2014.

[5] 王轩，刘伊人.抖音APP广告营销策略分析[J].全国流通经济，2021（28）：12-14.

[6] 宋朕."闪电"APP营销策略研究[D].哈尔滨：东北农业大学，2021.

[7] 李慧.手机二维码业务商业模式研究[D].北京：北京邮电大学，2008.

[8] 董璐.手机上的二维码[J].互联网周刊，2006（37）：42-43.

[9] 张伟.中国电信手机报业务精细化营销策略研究[D].北京：北京邮电大学，2013.

[10] 谷文奎.中国移动手机报的营销分析[D].北京：北京邮电大学，2012.

[11] 陈钦兰，苏朝晖，胡劲，等.市场营销学[M].2版.北京：清华大学出版社，2017.

[12] 吴健安.市场营销学[M].4版.北京：高等教育出版社，2011.

[13] 朱海松.4I模型：3G时代的营销方法与原理[J].成功营销，2009（Z1）：74-75.

[14] 杨帆.基于大数据的报纸广告精准营销探究[J].新闻研究导刊，2021，12（20）：241-243.

[15] 曹蔚，刘舒辰.车载移动媒体运营策略探析[J].传媒观察，2014（1）：26-28.

[16] 李璐.公交车载移动电视视频广告分析与发展策略研究：以天津北方移动电视为例[D].天津：天津师范大学，2013.

[17] 王云，田明华，陈建成.浅论我国公益广告[J].北京林业大学学报，1997，19（S3）：112-117.

[18] 卢佳.长沙市公交车载媒体的强制性传播研究[D].长沙：湖南大学，2012.

[19] 黄伟.浅谈车载数字移动电视的传播模式及发展趋势[J].科技信息，2010（21）：823-850.

[20] 赵杨洋.车载电视媒体的移动互联网生态圈构建策略[J].新媒体研究，2017，3（6）：15-16.

[21] 方照辉.中国数字户外媒体广告策略研究[D].长沙：湖南大学，2012.

[22] AZUMA R T. A survey of augmented reality[J]. Teleoperators and Virtual Environments，1997，6（4）：355.

[23] 何晓劲.从"整合营销"到"统合营销"[J].21世纪商业评论，2009（8）：82-85.

[24] 艾瑞咨询.中国户外广告市场研究报告（下）[J].城市轨道交通，2020（2）：51-54.

[25] 冯军，朱海松.社区媒体种类有几多[J].中国商贸，2004（Z1）：64-68.

[26] 谭羽然.分众传媒楼宇广告板块发展战略转型探析[D].天津：天津财经大学，2020.

[27] 谢洋.小众传播背景下的媒体选择[J].现代商业，2008（17）：282-283.

[28] 成都水井坊营销有限公司.在坚持中创新，在创新中提升：看水井坊楼宇电梯媒体运用策略[J].广告人，2008（6）：159.

# 第七章
# 新媒体营销平台

⚲ **学习目标**

新媒体导流营销平台的类型

新媒体广告投放平台的相关概念和程序化过程

新媒体广告投放主流平台

新媒体平台广告投放过程和选择策略

⊙ 【案例导读】　　　　**2020 全球最受欢迎的十五个社交 App**

在线统计数据网站 Statista 于 2020 年 4 月发布了全球社交应用用户月活量的排名，排名前十五的分别是：Facebook（脸书，现已更名为 Meta）、Youtube、WhatsApp、Messenger、WeChat（微信）、Instagram、TikTok（抖音）、QQ、Qzone（QQ 空间）、Sina Weibo（新浪微博）、Reddit、Kuaishou、Snapchat、Twitter、Pinterest。

Facebook 在全球市场上仍然处于主导和领先地位，而其公司旗下的 WhatsApp、Messenger、Instagram 等应用也有很好的表现；腾讯旗下的微信、QQ、QQ 空间同样表现不俗。短视频应用 TikTok（抖音）在国外年轻人中非常流行，其月活量仅次于 Instagram，排行第七，是这两年来全球增长速度最快的新兴社交软件。对于中国出海或国际化企业来说，在海外进行业务营销推广时，Facebook 作为全球最大的社交平台，因具有覆盖面广、用户数量多等特点，所以依旧是最重要的首选平台。从社交软件用户数量来看，排名前十的国家依次为：印度、美国、印度尼西亚、巴西、墨西哥、菲律宾、越南、泰国、埃及和孟加拉国。此外，需要注意的是，欧美地区的年轻用户群体习惯有所变化，他们更青睐使用 Instagram 等，而企业则需要结合社交平台与产品、销售市场和目标消费者的诸多特点，选择最行之有效的推广平台。

思考：新媒体营销可以运用哪些平台进行推广和广告投放？

资料来源：数字营销说，2020 全球最受欢迎的 15 个社交平台，2020 年 7 月 15 日。

# 第一节　导流营销和广告投放平台

## 一、导流营销平台的概念和类型

### （一）导流营销平台的概念

导流营销平台又称信息流广告平台，是指进行信息流广告投放的各种营销平台，主要由数字媒体、社交媒体和移动媒体的各企业平台所构成，如网络营销媒体平台、QQ、微博、微信等各企业网络新媒体。

### （二）导流营销平台的类型

中国国内的导流营销平台多种多样，涉及的平台企业众多（见图7-1）。导流营销平台主要可分为以下8大类信息流广告平台。

图7-1　中国国内的导流营销平台

#### 1. 新闻资讯类平台

新闻资讯类平台，就是可以提供丰富多样的新闻资讯类信息流广告的平台。其特点是覆盖人群广泛，触发率高。其代表平台有百度搜索、腾讯新闻、今日头条、新浪新闻、网易新闻、天天快报、搜狐新闻、凤凰新闻、一点资讯、趣头条、新浪体育、懂球帝、新浪财经、UC头条、抖音等。

#### 2. 社交类信息流平台

社交类信息流平台，是指设计和运营社交媒体的各类信息流平台。其特点是互动性很强、传播性强、目标用户量大且活跃度高、有完整的用户画像，适合做精准人群定向广告投放。其代表平台有微信、QQ、QQ空间、新浪微博、百度贴吧、陌陌、脉脉、广点通、社交网站、论坛、播客等。

#### 3. 音频类信息流平台

音频类信息流平台，是指运营和提供音频类信息流及广告的平台。其特点是展现方便，对喜爱音乐类的受众群体吸引力大。其代表平台有喜马拉雅、懒人听书、蜻蜓FM、荔枝、考拉FM、网易云音乐、酷狗音乐、QQ音乐、全民K歌、唱吧等。

#### 4. 视频类信息流平台

视频类信息流平台，是指运营和提供视频类信息流及广告的平台。其特点是视频展现记忆深刻，但制作成本高，用户转化难度大，适合企业品牌宣传及电商类产品广告投放。其代表平台有腾讯、爱奇艺、优酷、小米、搜狐等视频平台。

### 5. 浏览器类信息流平台

浏览器类信息流平台，是指运营和提供浏览器或搜索引擎类信息流及广告的平台。用户在查找所需要了解的信息时，搜索引擎是最常用的工具之一。其特点是可依据用户的搜索习惯和偏好，精准锁定目标人群需求。其代表平台有百度浏览器、猎豹浏览器、360浏览器、谷歌浏览器、火狐浏览器、搜狗浏览器、QQ浏览器、UC浏览器等。

### 6. 工具类信息流平台

工具类信息流平台，是指运营和提供工具类信息流及广告的平台。其特点是流量大，保存率高，但只是用户需要时使用。其代表平台有软件助手、360杀毒软件、wifi万能钥匙、墨迹天气、美柚等。

### 7. 知识问答类信息流平台

知识问答类信息流平台，是指为用户提供网络问答、知识分享类的信息流及广告的平台。其特点是知识问答信息和内容多种多样，按用户之意分享知识和信息。其代表平台有知乎、百度知道、悟空问答、搜狗问问、360问答、360个人图书馆等。

### 8. 短视频、直播类信息流平台

短视频、直播类信息流平台，是指为用户提供短视频、直播类信息流及广告的平台。其特点是用户体验性强、互动性好，时间少但信息量大，保存率高。其代表平台有快手、西瓜视频、抖音、火山小视频、秒拍、美拍等。

---

**知识拓展 7-1　　2021 年 7 月最新 60 个信息流广告平台数据榜单**

信息流广告平台数据榜单分为信息流各大平台月活、人群画像数据、移动终端数据排行三大部分，整体数据可推测 8 月、9 月的流量趋势，为信息流广告更精准的定向提供参考依据。表 7-1 为 2021 年 7 月各信息流平台的整体用户数据。

**表 7-1　2021 年 7 月全网各信息流广告平台用户数据**

| 类别 | App | 月活（万台） | 增长 | 男 | 女 | 24 岁及以下 | 25～30 岁 | 31～35 岁 | 36～40 岁 | 41 岁及以上 |
|------|------|------|------|------|------|------|------|------|------|------|
| 社交类 | 微信 | 112688 | −0.30% | 54.22% | 45.78% | 28.74% | 25.42% | 24.82% | 14.77% | 6.25% |
| | QQ | 71377 | 1.50% | 53.94% | 46.06% | 31.00% | 25.42% | 23.36% | 14.23% | 5.99% |
| | 新浪微博 | 64234 | 5.20% | 53.38% | 46.62% | 30.47% | 27.09% | 24.11% | 10.28% | 8.05% |
| | 陌陌 | 9250 | −0.80% | 58.70% | 41.30% | 30.71% | 33.45% | 18.81% | 13.35% | 3.68% |
| | 百度贴吧 | 6976 | 0.40% | 54.92% | 45.08% | 30.92% | 27.88% | 22.93% | 13.50% | 4.77% |
| | 脉脉 | 2520 | 2.50% | 56.32% | 43.68% | 20.20% | 33.78% | 25.28% | 15.39% | 5.35% |
| | QQ 空间 | 2370 | 0.70% | 50.99% | 49.01% | 31.26% | 28.91% | 21.68% | 13.23% | 4.92% |

（续）

| 类别 | App | 月活（万台） | 增长 | 男 | 女 | 24岁及以下 | 25~30岁 | 31~35岁 | 36~40岁 | 41岁及以上 |
|---|---|---|---|---|---|---|---|---|---|---|
| 资讯类 | 百度App | 54973 | 3.00% | 54.67% | 45.33% | 30.83% | 24.62% | 25.21% | 13.06% | 6.28% |
| | 腾讯新闻 | 30648 | 0.80% | 57.65% | 42.35% | 30.43% | 27.43% | 23.05% | 13.33% | 5.76% |
| | 今日头条 | 30176 | 0.60% | 56.91% | 43.09% | 21.49% | 31.01% | 26.79% | 14.48% | 6.23% |
| | 新浪新闻 | 26071 | 2.40% | 54.97% | 45.03% | 30.47% | 28.43% | 22.64% | 13.43% | 5.03% |
| | 网易新闻 | 12798 | 2.10% | 57.73% | 42.27% | 18.55% | 33.53% | 26.67% | 14.71% | 6.54% |
| | 搜狐新闻 | 9866 | 2.30% | 57.64% | 42.36% | 29.70% | 27.56% | 23.36% | 13.73% | 5.65% |
| | 趣头条 | 5573 | 1.30% | 53.80% | 46.20% | 30.55% | 26.14% | 24.87% | 13.28% | 5.16% |
| | 凤凰新闻 | 5568 | 1.30% | 65.89% | 34.11% | 29.97% | 29.39% | 21.44% | 13.45% | 5.75% |
| | 看点快报 | 4799 | 2.10% | 59.94% | 40.06% | 30.45% | 27.88% | 22.47% | 13.64% | 5.56% |
| | 一点资讯 | 3886 | 1.20% | 58.43% | 41.57% | 29.53% | 26.90% | 23.35% | 14.37% | 5.85% |
| | 新浪财经 | 1036 | 0.40% | 64.55% | 35.45% | 25.57% | 32.08% | 19.01% | 15.59% | 7.75% |
| | ZAKER新闻 | 1036 | 0.60% | 60.00% | 40.00% | 30.02% | 31.98% | 19.80% | 12.20% | 6.00% |
| | 懂球帝 | 531 | 2.40% | 74.01% | 25.99% | 27.36% | 37.11% | 14.14% | 17.30% | 4.09% |
| | 新浪体育 | 416 | 1.40% | 69.88% | 30.12% | 29.24% | 34.07% | 15.48% | 17.15% | 4.06% |
| | UC头条 | 147 | 0.80% | 58.39% | 41.61% | 29.70% | 29.15% | 21.69% | 13.37% | 6.09% |
| 浏览器类 | QQ浏览器 | 54674 | 2.40% | 55.15% | 44.85% | 29.93% | 28.09% | 20.69% | 15.00% | 6.29% |
| | UC浏览器 | 36163 | 1.00% | 56.01% | 43.99% | 30.80% | 26.37% | 23.63% | 13.44% | 5.76% |
| | OPPO浏览器 | 24120 | 1.70% | 53.02% | 46.98% | 30.76% | 24.98% | 25.59% | 13.11% | 5.56% |
| | VIVO浏览器 | 23659 | 1.60% | 54.54% | 45.46% | 30.80% | 24.29% | 25.02% | 14.08% | 5.81% |
| | 小米浏览器 | 15259 | 1.90% | 59.43% | 40.57% | 29.30% | 23.17% | 26.22% | 15.04% | 6.27% |
| | 360浏览器 | 11624 | 1.50% | 57.71% | 42.29% | 22.02% | 31.49% | 21.32% | 17.39% | 7.78% |
| | 百度浏览器 | 5701 | 2.30% | 56.38% | 43.62% | 23.03% | 26.45% | 30.32% | 14.49% | 5.71% |
| | 猎豹浏览器 | 3561 | 0.80% | 60.15% | 39.85% | 26.67% | 30.58% | 21.46% | 15.09% | 6.20% |
| 视频类 | 爱奇艺 | 57565 | −0.60% | 54.00% | 46.00% | 31.15% | 23.43% | 26.06% | 12.77% | 6.59% |
| | 腾讯视频 | 54137 | −0.90% | 54.06% | 45.94% | 30.92% | 24.23% | 25.85% | 12.50% | 6.50% |
| | 优酷 | 40489 | 1.50% | 55.09% | 44.91% | 30.92% | 24.70% | 25.37% | 13.15% | 5.86% |
| | 芒果TV | 17546 | 3.40% | 39.23% | 60.77% | 36.47% | 22.16% | 24.91% | 10.84% | 5.62% |
| | 小米视频 | 11000 | 0.80% | 59.55% | 40.45% | 30.49% | 23.35% | 25.71% | 14.72% | 5.73% |
| | 搜狐视频 | 5890 | 10.10% | 53.05% | 46.95% | 30.31% | 25.37% | 29.50% | 9.84% | 4.98% |
| 短视频、直播类 | 抖音 | 74711 | 3.40% | 53.78% | 46.22% | 30.01% | 25.11% | 25.17% | 13.92% | 5.79% |
| | 快手 | 49409 | 3.20% | 54.02% | 45.98% | 30.62% | 24.41% | 25.90% | 13.31% | 5.76% |

（续）

| 类别 | App | 月活（万台） | 增长 | 男 | 女 | 24岁及以下 | 25～30岁 | 31～35岁 | 36～40岁 | 41岁及以上 |
|---|---|---|---|---|---|---|---|---|---|---|
| 短视频、直播类 | 西瓜视频 | 17776 | 3.30% | 54.88% | 45.12% | 26.00% | 23.14% | 30.15% | 14.52% | 6.19% |
| | 哔哩哔哩 | 17527 | 9.10% | 54.58% | 45.42% | 33.81% | 22.35% | 29.69% | 10.51% | 3.64% |
| | 抖音火山版 | 10504 | 0.90% | 54.77% | 45.23% | 31.50% | 29.70% | 21.13% | 13.03% | 4.64% |
| | 腾讯微视 | 7593 | 2.80% | 49.15% | 50.85% | 32.97% | 25.65% | 24.69% | 12.31% | 4.38% |
| | 百度好看视频 | 6780 | 4.10% | 57.55% | 42.45% | 33.26% | 25.93% | 24.59% | 11.07% | 5.15% |
| 社区电商类 | 小红书 | 6509 | 2.80% | 20.98% | 79.02% | 31.43% | 30.58% | 21.89% | 12.61% | 3.49% |
| 知识问答类 | 知乎 | 5421 | −0.20% | 52.42% | 47.58% | 31.21% | 27.97% | 22.83% | 12.75% | 5.24% |
| 汽车类 | 汽车之家 | 2133 | 4.70% | 74.10% | 25.90% | 28.93% | 31.69% | 19.35% | 13.59% | 6.44% |
| | 懂车帝 | 1547 | 1.20% | 73.23% | 26.77% | 31.98% | 28.75% | 21.22% | 12.51% | 5.54% |
| | 驾考宝典 | 1281 | −0.30% | 58.00% | 42.00% | 27.95% | 31.74% | 18.06% | 16.11% | 6.14% |
| 工具类 | wifi万能钥匙 | 37293 | 1.40% | 54.05% | 45.95% | 31.81% | 24.12% | 25.59% | 13.05% | 5.43% |
| | 墨迹天气 | 25284 | 1.20% | 55.26% | 44.74% | 29.97% | 27.99% | 22.92% | 13.23% | 5.89% |
| | 中华万年历 | 6582 | −3.50% | 56.63% | 43.37% | 31.98% | 30.32% | 19.50% | 12.69% | 5.51% |
| 母婴类 | 美柚 | 2818 | 3.50% | 13.47% | 86.53% | 37.99% | 17.91% | 29.79% | 9.59% | 4.72% |
| | 宝宝树孕育 | 1847 | −0.30% | 15.83% | 84.17% | 32.63% | 33.84% | 15.07% | 15.03% | 3.43% |
| | 妈妈网 | 1434 | 0.80% | 14.83% | 85.17% | 33.28% | 32.79% | 16.54% | 14.37% | 3.02% |
| | 大姨妈 | 792 | 0.10% | 14.76% | 85.24% | 34.75% | 24.43% | 27.69% | 10.16% | 2.97% |
| 音频类 | 喜马拉雅 | 17177 | −2.30% | 54.63% | 45.37% | 22.05% | 29.06% | 27.55% | 14.83% | 6.51% |
| | 网易云音乐 | 16130 | −0.10% | 52.78% | 47.22% | 33.34% | 24.10% | 26.11% | 12.39% | 4.06% |
| | 荔枝 | 5028 | −1.00% | 51.70% | 48.30% | 30.33% | 26.28% | 24.99% | 13.28% | 5.12% |
| | 蜻蜓FM | 5088 | 0.50% | 54.47% | 45.53% | 28.47% | 27.98% | 22.37% | 14.81% | 6.37% |
| | 懒人听书 | 2606 | −1.00% | 57.12% | 42.88% | 30.26% | 26.70% | 24.06% | 13.45% | 5.53% |

表7-1的数据显示，从7月的月活数据看，所统计的60个主流信息流媒体平台中，有45个平台月活同比上涨，特别是视频类，音频类，短视频，直播类，社交类及资讯类等的12个平台增长较为明显（在月活表格上标红部分），18个平台月活同比下降明显（在月活表格上标绿部分）。各大类平台均出现增长幅度较小，流量有所减少的现象，可能是因为受疫情影响及平台管理力度加大。在投放信息流的广告及对流量有很大需求时，企业要综合考虑各类平台的情况进行广告推广。

资料来源：改编自"艾奇菌．202107最新60个信息流广告平台数据榜单"，2021年8月18日。

## 二、导流营销头部媒体平台简介

### （一）百度媒体综合平台

#### 1. 百度公司媒体平台简介

百度公司于2000年1月1日创立于中关村，其创始人拥有"超链分析"技术专利，也使中国成为继美国、俄罗斯和韩国之后，全球仅有的4个拥有搜索引擎核心技术的国家之一。百度每天响应来自100余个国家和地区的数十亿次搜索请求，是网民获取中文信息和服务的最主要入口，服务10亿互联网用户。基于搜索引擎，百度演化出语音、图像、知识图谱、自然语言处理等人工智能技术；最近10年，百度在深度学习技术、智能语音、自然语言处理、自动驾驶、知识图谱、智能推荐等多个领域排名国内领先，形成了移动生态、百度智能云、智能交通、智能驾驶及更多人工智能领域前沿布局的多引擎增长新格局，并积蓄起支撑未来发展的强大势能。

#### 2. 百度公司媒体平台

百度现有各类服务平台78个（见图7-2，会随形势调整），其中，新上线14个、搜索服务10个、导航服务1个、社区服务18个、游戏娱乐4个、移动服务6个、站长与开发者服务21个、软件工具4个等。其主要的营销平台如下。

（1）百度营销中心。在百度的这些平台中，百度营销中心是商业产品服务中心，有观星盘、基木鱼、创意中心、百度统计、爱番番、服务市场、广告投放平台和企业百家号等营销平台。

（2）百度营销推广。它是精准获取用户的平台，主要有以下几种业务。①百度搜索业务：具有流量高、高精准客户、投放成本低、价格低的特点。②百度信息流业务：有高流量、低价格、快速锁定、精准客户的特点。③品牌推广业务：有精准高曝光、强样式定制、投放方式自定义、快速提升品牌力的特点。

### （二）腾讯广告投放管理平台

#### 1. 腾讯广告投放管理平台简介

腾讯广告投放管理平台，是为广告主提供的一站式广告投放系统，可触达微信朋友圈、微信公众号与小程序、QQ、腾讯信息流、腾讯音乐、腾讯新闻与腾讯视频、优量汇等全域流量。通过广告管理、报表、资产等多种能力，帮助广告主实现营销推广的目标。

#### 2. 腾讯广告平台系统的开通使用

平台可以帮助企业及其产品使用该系统开通、运营、投放全链路的广告。平台主要分为以下三个部分，各部分涉及的场景如下。

（1）开通账户：如何开通系统账户以及分配角色。

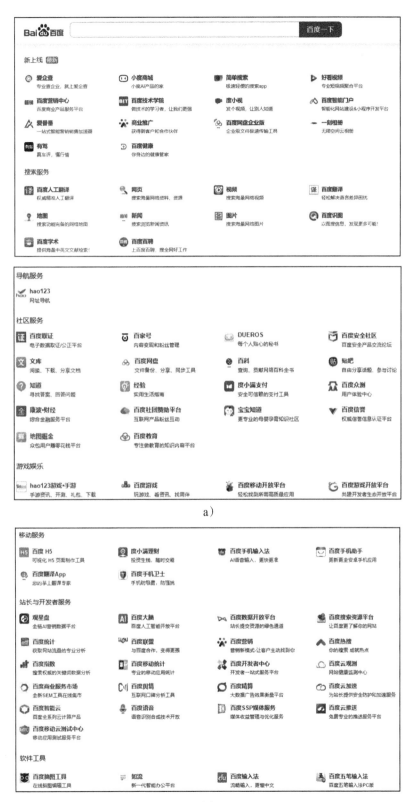

a）

b）

图 7-2  百度各类服务平台

（2）广告上新：如何上新、创建一条由推广计划、广告设计、创新创意组成的全链路广告，以及如何通过工具生产和管理投放所需的物料。可在腾讯广告投放管理平台，点击其顶部导航右上角或广告管理列表中的新建广告，而后开始创建广告。

（3）广告优化：广告投放后可通过哪些能力分析广告效果，以及如何进行优化操作。

### 3. 腾讯广告平台

腾讯广告平台是国内领先的营销平台，汇聚公司全量的应用场景，拥有核心行业数据、营销技术与专业服务能力。企业可以合作的腾讯广告平台资源如下。

（1）微信广告平台。

微信广告是出现在微信朋友圈、公众号和小程序中，以一种更加贴近用户生活的方式来呈现的广告形式。朋友圈信息流广告有标签式卡片广告、常规式广告、基础式卡片广告、行动式卡片广告、选择式卡片广告、全幅式卡片广告、全景式卡片广告、滑动式卡片广告、长按式卡片广告等。小程序广告有小程序 Banner 广告、小程序激励式广告、小程序插屏广告、小程序格子广告等。

（2）QQ 广告平台。

QQ 是国内领先的年轻用户社交平台，基于海量用户社交关系，用黑科技和多元玩法赋能品牌，在社交、运动、购物、游戏等场景中与年轻用户深度互动。

（3）腾讯视频广告平台。

腾讯视频广告平台是中国领先的在线视频媒体平台，月活跃用户数超 5 亿。广告以原生形式出现在娱乐化流量场景中，智能触达用户，影响用户对品牌的感知。平台有视频播放框外广告和视频播放框内广告两种广告类型。视频播放框外广告有常规闪屏、焦点图、信息流、品牌专区、下载页、种子视频、播放详情页、搜索广告等形式；视频播放框内广告有前贴片、中贴片（中插）、后贴片、暂停贴、快享贴、如影随形贴、口播如意贴、进度条广告、清晰度广告、倍速广告、伴随性广告（边看边买）、Loading 广告等形式。

（4）腾讯新闻广告平台。

腾讯新闻广告平台是业界领先的新闻资讯平台，月活跃用户数超 2.9 亿。原生广告出现在资讯信息流中，依用户属性、历史浏览行为、兴趣偏好等智能投放。其标准广告资源有闪屏、信息流。"闪屏 + 首页小浮层"的广告形式轻量高效，闪屏结束后缩至首页小浮层，一般悬浮 30 秒。

（5）腾讯看点广告平台。

腾讯看点立足于腾讯社交生态优势，以腾讯 QQ·看点、QQ 浏览器·看点和看点快报 App 三端为核心，形成"社交 × 资讯"全场景打通的产品矩阵，有效提升内容分发效率。

（6）优量广告平台。

优量广告是基于腾讯广告生态体系，依托于腾讯广告平台技术，在合作媒体上展示的广告产品。平台汇集了 10 万多个 App，月覆盖用户超过 10 亿。

（7）腾讯音乐广告平台。

腾讯音乐广告平台是中国最大的在线音乐娱乐平台，旗下包括 QQ 音乐、酷我音乐、全民 K 歌三大音乐产品。它可以为品牌深度定制，实现"听、唱、看、玩"多维度泛音乐一体化营销。

### （三）新浪看点平台

#### 1. 新浪看点平台简介

新浪看点平台，是新浪推出的智能化内容创作和管理平台。它支持个人、媒体、政府机构、企业及公益机构、学校、民间组织等不同类型的主体注册账号，打造可持续的优质内容生态。其特点是：新浪看点平台的内容将在新浪新闻客户端、手机新浪网、新浪网 PC 端、新浪微博、新浪财经、新浪体育等多个新浪产品或平台上进行分发推荐；"账号、内容、粉丝、资源"全方位打通，提供海量曝光，助力迅速涨粉。已有超过 3.5 万的头部原创作者入驻新浪看点平台。

新浪看点支持创作者发布文章、图集、视频、专题、直播等多类型作品。2017 年，新浪看点为作者打造了五星成长体系，并逐步完善了平台功能，包括专题、精品栏目、PUSH、评论管理、正版素材库、智能监控等多项新功能。看点平台还为优质的内容创作者提供了奖励金、媒体电商等多种激励机制。同时，新浪看点推出"新浪看点学院"与"千与计划"，发掘平台上能够创作优质内容，但传播能力较弱、缺少变现机会的成长型作者，通过专项投资、政策倾斜、打造营销案例等手段，帮助他们成为自媒体行业大咖。

#### 2. 新浪看点平台的运营成长体系和福利

（1）新手期机制。

入驻新浪看点媒体平台的每一位用户，需进入新手期考核。在新手期内，作者需要每天发布两篇文章，进度达 100% 时，可通过新手期。新手进度与发布的内容数量、频次、质量、原创等指标相关，用户可通过高频次发布原创优质内容，加快新手进度。但如果用户发布违规内容，或发生违法行为，新手进度则倒退。用户通过新手期后可以成为正式用户，每日发布内容量上限提升，并获得更多的曝光和权益。

（2）五星体系机制。

通过新手期的用户会进入五星体系。五星体系是新浪看点平台衡量作者创作力的重要指标。作者星级由账号活跃、原创、传播、质量、健康、垂直等数据在同领域作者中的综合排名决定，每月由新浪看点平台评定一次。如果星级降低，则表明看点账号运营质量有所下降。

（3）入驻看点的资源福利。

①增加曝光资源。新浪看点平台将作者内容分发推荐给 1.19 亿新浪新闻客户端和手机新浪网用户，以及 1.65 亿微博用户，并可以获得微博矩阵千万粉丝转发。

②获得奖金激励。新浪看点平台开通奖金激励机制。新浪看点平台的四星、五星作者，如果同时满足某些条件，如垂直度 >70%、入驻时长 >30 天、月发布图文或视频 >15 篇、近 30 天无违规等，将有资格申请奖金激励。

3. 新浪看点平台的资源优势

（1）专题展示。

在新浪看点平台上，制作图文、视频专题等看点内容，可以丰富其展现形式，进行多形式、全方位的展示。

（2）PUSH 内容推送。

用户可以编写 PUSH 内容，把个性化的内容推送给新浪新闻客户端的用户，达到营销的效果。

（3）提供正版素材库。

在新浪看点平台上，用户可以无限次、免费使用新浪站内的正版图片。

（4）精品栏目特权。

在新浪看点平台上，高端内容创作者可受邀开通精品栏目特权功能，不限垂直领域。用户通过精品栏目，可以图文、视频等多种形式制作热点内容，并将其汇聚成优质的原创内容。新浪看点平台已推出"百择计划"，汇集了各领域头部大咖、高端作者，已制作的内容包括局座时评、动新闻、全球眼 NEWS、橘子辣访等 200 多个栏目，每日在新浪新闻客户端首屏滚动推荐和宣传。

（5）MCN 管理特权。

新浪看点平台重点扶持垂直领域 MCN、视频 MCN、地域 MCN，并与微博强强联合，帮助 MCN 平台建设旗下的优质账号，扩大 MCN 影响力。MCN（Multi-Channel Network），翻译为多频道网络，是一种多频道网络的产品形态和新的网红经济运作模式。MCN 模式可以把不同类型和内容的 PGC（专业生产内容）联合起来，在资本的支持下，实现媒体内容的持续输出和商业经营的稳定变现。

⊙ **案例分享 7-1**

### 叮喜 O2O 餐饮平台

叮喜 O2O 餐饮平台是一个餐饮 O2O 的整体闭环的服务平台，通过运营项目自主研发的微信公众号及小程序、App 等，导流到线下的移动终端。平台主要业务是：①为中小餐饮企业打通线上与线下的多种类、全方面的营销渠道，针对消费者的就餐过程，从前期的吸引、挑选、决策购买、售后四个阶段提供信息产品的挑选、比较、促销、分享功能，为餐饮企业提供一站式的微信运营、推广、促销、导流、分享的营销服务平台。②平台为客户提供网站建设、微信代运营、微博代运营等一站式的线上营销服务；还可为餐饮企业策划营销活动、直接线上引流，提升品牌知名度，为线下大屏幕移动终端等提供活动促销信息和资源。③通过屏幕进行广告的展示和引流。例如，可在各大购物中心、交通枢纽、娱乐设施中，设置好玩、有趣的小型互动游戏屏幕，吸引用户参与游戏，使用户获得相应的商家优惠券进行消费，为商家导流用户。④消费后的用户可在平台上或自己的朋友圈中分享其购买、使用体验，形成线上线下的闭环购物体验。

资料来源：朱小浩.餐饮行业O2O营销平台商业模式设计[D].厦门：厦门大学，2018.

## 三、新媒体广告投放平台相关概念和程序化过程

### （一）新媒体广告投放平台的相关概念

新媒体广告投放平台的相关概念主要有需求方平台DSP、采购交易平台TD、供应方平台SSP、在线广告联盟ADN、广告交易平台ADX、数据管理平台DMP等。根据程序化广告的业务流程，广告投放平台可以分为四大类。

1. 广告需求方及相应的服务平台——DSP、TD

为广告需求方服务的平台产品主要有需求方平台（Demand Side Platform，DSP）和采购交易平台（Trading Desk，TD）。广告需求方是指广告主，或是为广告主策划和提供创意，并向媒体平台采买媒介和广告资源，为广告主提供精准的广告投放和管理策略的公司。例如，广告主可在DSP平台上设置广告的目标受众、投放地域、预算、出价、创意等，实现精准的广告投放。

2. 流量供给方及相应的服务平台——SSP、ADN

流量供给方服务的广告平台产品有供应方平台（Supply Side Platform，SSP）和在线广告联盟（AD Network，ADN）。流量供给方是指拥有大量用户或流量的媒体，它们能实现媒体的最大化收益。例如，SSP帮助广告媒体进行流量分配管理、资源定价、广告请求筛选，使媒体更好地管理自身资源和定价，最终优化营收。

3. 链接广告需求方和流量供给方的广告交易平台——ADX

广告交易平台（AD Exchange，ADX），是指链接广告需求方的产品和流量供给方的产品的一个程序化交易平台，实现了广告主和媒体的利益。由于SSP和ADX在发展过程中功能逐渐趋同，二者也统称为广告交易平台。

4. 数据管理平台——DMP

数据管理平台（Data Management，DMP），是指在整个程序化广告的过程中，为广告主或供应方提供数据的第三方公司。DMP把多方分散的数据收集、整合、整理、加工成可直接利用的数字资产，与DSP和SSP等一起更好地服务广告主。例如，DMP可管理、购买和出售广告库存中的数据。

### （二）新媒体广告投放平台的程序化过程

在投放新媒体广告的过程中，程序化广告投放比普通在线广告更有效率，它已为众多广告主、媒体服务的平台产品提供了相应的服务和支持，并从中收取了一定的服务费。提供程序化广告过程服务产品的平台主要有需求方平台 DSP、采购交易平台 TD、供应方平台 SSP、在线广告联盟 ADN、广告交易平台 ADX、数据管理平台 DMP 等。广告主、媒体方按照一定的程序化过程获得这些服务平台的广告投放服务。在知识拓展 7-2 中，编者试以实时竞价 RTB（Real Time Bidding）程序化广告为例，说明其广告投放的程序。

---

**知识拓展 7-2　　　　　实时竞价 RTB 程序化广告**

实时竞价 RTB 程序化广告的主要程序如下。

（1）用户访问媒体，媒体客户需要展示广告。

（2）媒体客户向 ADX/SSP 平台发起广告请求，并传送该用户的 ID 等信息。

（3）ADX/SSP 平台将广告竞价请求发给多家 DSP 平台，并传送本次广告竞价的广告位情况、用户 ID 等相关信息。

（4）多家 DSP 平台根据本次广告竞价的相关信息，决定是否出价、出价多少，若出价则将广告相关物料一起传给 ADX/SSP 平台。

（5）ADX/SSP 平台根据多家 DSP 的出价决定本次广告的归属，并将竞赢的 DSP 的广告相关物料传给媒体客户。

（6）媒体客户加载该广告，用户看到广告。

资料来源："展天博客 . SSP 平台是什么意思（SSP 有哪些大平台）"。

---

## 四、新媒体广告投放主流平台

除第四章数字媒体营销、第五章社交媒体营销、第六章移动媒体和户外营销中提到的各平台外，目前企业进行新媒体营销广告投放的其他主流平台还有各网站平台、移动新闻客户端、视频平台、BAT 平台、DSP 平台、众包和众筹平台以及其他媒体投放平台等。

### （一）移动新闻客户端

#### 1.移动新闻客户端的类别

移动新闻客户端凭借其丰富的资讯资源、实时的新闻信息推送和方便的社交互动被越来越多的用户认可。手机新闻客户端已经成为中国居民获取资讯和营销信息的主要途径。运营者可选择合适的移动新闻客户端进行合作。市场上较主流、用户量又比较大的移动新闻客户端有以下两个类别。

（1）精准定制类：移动新闻客户端根据每个人的阅读习惯定向推荐内容，主要有今日头条、一点资讯、天天快报等。

（2）常规新闻类：移动新闻客户端按照频道推荐内容，主要有腾讯新闻、网易新闻、搜狐新闻、新浪新闻、凤凰新闻、澎湃新闻等。

### 2. 移动新闻客户端的发展

艾媒咨询的数据显示，2019 年中国手机新闻客户端用户规模达 6.93 亿，市场潜力巨大。在新闻客户端平台方面，中国手机新闻客户端 2019 年 Q1 的市场格局保持稳定，腾讯新闻、今日头条月活用户数量均超 2 亿，以绝对领先优势位居行业前列。在客户端用户方面，新闻客户端用户中男性普遍占六成，高收入群体偏爱传统媒体类新闻客户端。人民网第三方审核业务收入同比增长 166.0%。趣头条 2018 年全年营收达 30.2 亿元，同比增长 484.5%，凸显下沉市场价值。

### 3. 主流的移动新闻客户端

（1）人民搜索移动新闻客户端——"GOSO 移动新闻"。

2011 年 2 月，由人民搜索网络股份公司自主研发的移动新闻客户端 "GOSO 移动新闻 2.0 版" 正式上线。该产品提供新闻内容和财经预测等模块，可支持 Android 和 iOS 两种平台系统。2011 年 4 月，人民搜索又推出了 "GOSO 新闻 V3.0"，主要的创新之处有：①首创新闻与地图结合，推出基于热力地图的新闻导航，可将新闻最热的前 10 大城市显著地标注出来，以渐变的冷暖色调来表现其新闻热度。用户点击相应的城市，即刻显示该区域的热点新闻［见图 7-3a)］。②提供实时新闻播报，每 3 分钟更新一次；为用户提供了穿越时空的 "月光宝盒"，用户只需移动时间滑块，就能方便地回溯当天早些时候的新闻。③新闻片段分享，推出正文选取与分享的功能［见图 7-3b)］。④提供新闻调查功能，让网友通过投票的方式发表自己对时下一些热点问题的看法。⑤加入夜间模式功能，点击菜单键即可进行切换。

a) GOSO 新闻热力地图

b) 新闻片段分享

图 7-3　GOSO 移动新闻

注：图片来源于 "GOSO 新闻.百度百科"。

（2）人民网新闻移动客户端——"人民网+"。

"人民网+"是人民网推出的新闻移动客户端产品，聚焦"新闻+政务服务商务"，汇集"领导留言板""人民维权""人民好医生"等为民服务的互动板块，提供生活科普、辟谣求真、安全提示等民生服务类实用资讯和数据库，充分发挥人民网长期积累的党政等方面的资源优势，力图打造一批面向不同人群、不同行业、不同主题的"人民网+"系列服务产品集群，培育政务服务产品、民生服务产品、数据库产品。2011年5月12日，基于苹果平台的人民网新闻客户端法文和阿文版正式发布。中、英、日、西、俄、法、阿7大语种的人民网iPhone、iPad新闻阅读客户端全部上线。用户只需在苹果应用商店中输入"人民网"即可查询出以上各语种相应的客户端软件。自2010年8月启动自主研发手机客户端项目以来，在不到一年的时间内，人民网相继推出了20余种客户端软件，涵盖了大部分主流智能手机系统，业务涉及新闻阅读、互动社区、企业应用等，而6个外文语种客户端的上线，则秉承了"多语种、全覆盖"的理念，增强了人民网的国际传播力和影响力。

（3）人民日报客户端。

2014年6月12日，人民日报客户端正式上线。这是人民日报社适应媒体变革形势，加快推进传统媒体与新兴媒体融合发展的重要举措。2019年9月16日，人民日报客户端7.0版正式上线。

以客户端的上线为标志，人民日报将形成法人微博、微信公众账号、客户端三位一体的移动传播布局。人民日报社已从传统单一的纸质媒体，转变为融合报纸、刊物、网站、微博、微信、客户端、电子阅报栏、二维码、手机报、网络电视等多种传播形态的现代化全媒体矩阵。人民日报客户端是人民日报秉承中央推动传统媒体和新兴媒体融合发展的要求，在移动互联网上开设的"新窗口"和"新天地"，可一站式获取资讯信息和政务服务。平台有"闻""评""问""听""帮""视""图"等板块，用户不仅能阅读到人民日报的全部精彩内容，还能及时、准确、权威地了解到国内外正在发生的重大事件。

（4）今日头条平台。

今日头条是北京字节跳动科技有限公司开发的一款基于数据挖掘的推荐引擎产品，为用户推荐有价值的、个性化的信息，提供连接人与信息的服务的产品。今日头条由张一鸣于2012年3月创建，2012年8月发布第一个版本。2016年9月20日，今日头条宣布投资10亿元作为短视频制作的补贴，后独立孵化UGC短视频平台——火山小视频。2017年1月，中国第一批认证的8组独立音乐人人驻今日头条。2017年2月2日，今日头条全资收购美国短视频应用Flipagram。今日头条有推荐引擎、搜索引擎、关注订阅和内容运营等多种分发方式，囊括图文、视频、问答、微头条、专栏、小说、直播、音频和小程序等多种内容体裁，并涵盖科技、体育、健康、美食、教育、"三农"、国风等超过100个内容领域，实现政府部门、媒体、企业、个人等内容创作者与用户之间的智能连接。截至2019年12月，头条号账号总数已超过180万，平均每天发布60万条内容。

### 训练

请选择两个移动新闻客户端，试分析两者的运营模式有何不同？广告设置有何不同？

## (二) BAT 平台

### 1. BAT 平台概述

BAT 是指由中国互联网公司——百度公司（Baidu）、阿里巴巴集团（Alibaba）、腾讯公司（Tencent）三大互联网公司的首字母拼成的缩写。BAT 平台就是这三大公司所有的平台。百度总部在北京、阿里巴巴总部在杭州、腾讯总部在深圳。经过 20 多年的发展，这三大互联网公司各自形成了自己的体系和战略规划，分别掌握着中国的信息型数据、交易型数据、关系型数据，并发展成为具有多种业态的大型综合性互联网公司。

三家公司在生态体系的侧重点上各不相同。百度以搜索引擎为支撑，打造多种多样的新业务。阿里巴巴侧重于构筑完善的电子商务生态链，覆盖物流、数据服务、电商的交易支付、供应链金融等领域。腾讯则采用开放平台战略，游戏领域和数字社交营销领域是腾讯投资的重点。

### 2. 百度公司平台

百度是全球最大的中文搜索引擎、最大的中文网站。1999 年年底，在美国硅谷的李彦宏看到了中国互联网及中文搜索引擎服务的巨大发展潜力，他辞掉硅谷的高薪工作，依靠搜索引擎专利技术，于 2000 年 1 月 1 日在中关村创建了百度公司。"百度"二字来自南宋词人辛弃疾的一句词，即"众里寻他千百度"。这句话是指对理想的执着追求。百度拥有数万名掌握着世界上最为先进的搜索引擎技术的研发工程师和全球最为优秀的技术团队。百度使中国成为继美国、俄罗斯、韩国之后，全球仅有的 4 个拥有搜索引擎核心技术的国家之一。百度的综合业务和各类服务平台详见第七章第一节"二、导流营销头部媒体平台简介"。

### 3. 阿里巴巴集团平台

阿里巴巴（中国）网络技术有限公司（简称"阿里巴巴"），于 1999 年在杭州创立。公司的使命是让天下没有难做的生意。公司相信互联网能够帮助小企业通过创新与科技拓展业务，更有效地参与国内及国际市场竞争。公司的愿景是让客户相会、工作和生活在阿里巴巴。阿里巴巴主要经营多项电子商务业务，并与关联公司经营商业生态系统上的业务和服务。其主营业务包括中国零售商业、中国批发商业、跨境及全球零售商业、跨境及全球批发商业、物流服务及生活服务。其主要的电子商务及关联业务有淘宝网、天猫、聚划算、全球速卖通、阿里巴巴国际交易市场、1688、阿里妈妈、阿里云、菜鸟网络等。2014 年 9 月 19 日，阿里巴巴在纽约证券交易所正式挂牌上市。2016 年 4 月 6 日，阿里巴巴正式宣布已经成为全球最大的零售交易平台。随着业务的扩展，阿里巴巴从电子核心商业拓展至云计算、数字媒体和娱乐等众多其他领域及创新业务，并进化成为一个独特的、综合与创新的数字经济体。从财报数据来看，阿里巴巴 2021 年营收 7 172 亿元，同比增长 40%，全年净利润 1 432 亿元，同比增长 2%。

### 4. 腾讯公司平台

1998 年 11 月，深圳市腾讯计算机系统有限公司成立，由五位创始人共同创立。腾讯是中国最大的互联网综合服务提供商之一，也是中国服务用户最多的互联网企业之一。腾讯多元化的服务平台（详见第七章第一节"二、导流营销头部媒体平台简介"）主要有社交和通信服务平台 QQ 及微信和 WeChat、社交网络平台 QQ 空间、腾讯游戏旗下 QQ 游戏平台、门户网站腾讯网、腾讯新闻客户端以及网络视频服务平台腾讯视频等。2004 年 6 月 16 日，腾讯公司在香港联交所主板公开上市，其董事会主席兼首席执行官是马化腾。

2022 年 3 月 23 日，腾讯发布 2021 年业绩报告，总收入为 5 601 亿元，首次突破 5 000 亿元，同比增长 16%；实现净利润 2 248.2 亿元，相当于日赚 6.16 亿元，同比增长 41%；拟每股派发末期股息 1.60 港元。收入方面，增值服务业务 2021 年收入为 2 916 亿元，同比增长 10%。其中，本土市场游戏收入增长 6%，至 1 288 亿元，乃受《王者荣耀》《使命召唤手游》及《天涯明月刀手游》等游戏推动，部分被《DnF》及《和平精英》的收入减少所抵消；国际市场游戏收入增长 31%，至 455 亿元；视频号直播服务、视频付费会员服务以及自合并虎牙带来的收入贡献的推动下，社交网络收入增长 8%，至 1 173 亿元。网络广告业务收入同比增长 8%，至 886 亿元，部分被包括教育、房产及保险等广告主所在行业的监管变化，以及网络广告行业自身的监管措施（如开屏广告限制）带来的影响所抵消；社交及其他广告收入增长 11%，至 753 亿元；媒体广告收入下降 7%，至 133 亿元，主要由于受到充满挑战的宏观环境及内容发布延迟的影响，腾讯新闻及腾讯视频等媒体广告收入下滑。

### （三）DSP 买方平台

DSP 是 Demand-Side Platform 的缩写，即需求方平台。此概念起源于网络广告发达的欧美，是互联网和广告业的一种新兴的网络广告系统和在线广告平台。DSP 服务和帮助广告主在互联网或移动互联网各媒体平台上进行广告制作和投放，DSP 对广告主可采用竞价和反馈方式；可以合理的价格实时购买和储备多家广告交易平台的在线高质量广告。

Ad Exchange（互联网广告交易平台，联系着 DSP 和 SSP）和 RTB 一起崛起于美国，并快速在全球发展，2011 年覆盖了欧美、亚太以及澳大利亚等地。DSP 传入中国后，迅速成为中国网络展示广告 RTB（Real-Time Bidding）市场发展的主要动力之一。

DSP 平台让广告主可以通过一个统一的接口来管理一个或者多个 Ad Exchange 账号，并提供全方位的服务。DSP 拥有两个核心特征：一是拥有强大的 RTB 的基础设施和能力；二是拥有先进的用户定向（Audience Targeting）技术。例如，腾讯广告的官方投放平台——广点通，百度营销平台，二者都能为中国企业或个人广告主提供多种DSP平台服务。

### （四）众包和众筹平台

#### 1. 众包平台

众包（Crowdsourcing），是指一个公司或机构把过去由员工执行的工作任务，以自由自愿的形式外包给非特定的或大型的大众网络平台上的用户的做法。众包的任务一般由个人来承担，也可以多人协作完成一个较大的众包任务。目前采用"众包"形式的企业有礼来、波音、杜邦、宝洁、高露洁等。美国《连线》杂志记者Jeff Howe在该杂志2006年的6月刊上首次提出了众包的概念，但2003年中国就诞生了"K68在线工作平台"，这一众包平台的出现比美国人提出的众包概念早三年。网络众包平台在中国表现为各威客网站运营的模式。威客（Witkey）是The key of wisdom的缩写，是指通过互联网，运用自身的技术、智慧、知识、经验或能力，接取众包任务，帮助解决科学、技术、工作、生活、学习中的问题，从而获得实际报酬的人群。2005年7月，威客理论由刘锋在中国科学院研究生院第一次提出。2006年11月，中国中央电视台的新闻报道使威客概念被广为推广，数百家网站认同并纷纷进入这个领域。目前，威客类网站较多，威客众包平台分类如下。

（1）综合类威客众包平台。

综合类威客众包平台业务多种多样。众包任务的发布或接取，有的对全部用户开放，部分只有VIP可接取。主要的众包平台有猪八戒网、一品威客网、天下威客、时间财富网（原威客中国网）、A5任务外包平台、威客源码等。

---

⊙ **案例分享 7-2**

#### 猪八戒网平台

猪八戒网创立于2006年，是中国领先的综合型数字化企业服务平台。它服务全球企业，帮助一亿人才找到工作机会，帮助一亿企业获得满意服务。其平台注册用户超过3 100万、线下数字化创业园区超过100个，平台累计孵化了10万余个公司，超过100万人通过平台实现灵活就业，千万企业通过平台解决专业服务需求。猪八戒网运营线上、线下数字交易平台，连接企业雇主和服务提供商，借助大数据智能化手段匹配企业需求与服务商专业技能，促成双方达成交易，覆盖信息流和资金流。针对企业，猪八戒网提供品牌营销、软件开发、人才招聘、知识产权、工商财税、科技咨询等企业经营全生命周期的千余种服务品类，并用科技手段与SaaS工具迭代品类的服务模式，提升服务效率。针对企业服务提供商，猪八戒网提供八戒旺铺、CRM客户运营、项目管理、八戒数据等多种解决方案使其运营数字化，用筋斗云等SaaS工具为企业服务提供商的经营与增长赋能。

⊙ **案例分享 7-3**

### 一品威客网众包平台

一品威客网是国内知名创意众包服务平台、知识技能共享服务平台、电子商务交易平台，基于网络、面向中国千万级中小企业和供应商提供创意交易服务解决方案。一品威客网提供的创意服务类型涵盖设计、开发、营销、文案、装修等20多个门类共计300多个细项。不管是Logo设计、动漫设计、工业设计，还是网站开发、软件开发、装修设计、VR拍摄、VR场景制作，或是文案策划、营销推广、商标注册、版权登记等，各类机构、企业和个人雇主都可以在这购买到自己想要的创意服务。一品威客网自2010年7月1日上线以来，经过十余年的精心运营，已经吸引超2 000万注册用户，聚集包括设计、开发、文案、营销等品类的千万级服务商。平台改变中国创意服务人才与企业需求分布的不均衡现状，通过构建创新的交易模式及完善的服务体系，成功服务超百万级的各类服务商和企业主。

（2）设计和开发类威客众包平台。

设计和开发类威客众包平台的主要业务是平面设计、Logo设计、软件开发。其主要的众包平台有 K68 创意网、多人维、懒人建站等。

⊙ **案例分享 7-4**

### K68 网站——全国首家众包网站

K68 网站于 2003 年 11 月 25 日创立，创立之初的名字是"K68 在线工作平台"，并且首次创造了 Work 2.0 这个词汇（音译为"沃客"，有时被叫成"威客"），而后改名为"K68 创意平台"。2005 年 3 月正式成立公司——北京沃中翊科技发展有限公司（曾用名：北京易工社科技发展有限公司）。K68 一开始是定位于网络协作的，"威客"就是指通过互联网找专业高手来完成。K68 是一个互联网协同作业平台，为有需求的企业和个人提供服务，主要的工作有装修设计、平面设计、Logo 设计、创意、文案、营销策划、起名、网站建设、网上发帖等。

"威客"众包的工作原理是：在 K68 平台上发布如 Logo 设计、宝宝起名、公司起名等这类任务及佣金，众多专业高手接受任务并提供各自的创意方案，平台或企业再从这些不同风格的方案作品中挑选出最满意的作品，并支付费用。这种"威客"工作模式后被称为众包。

K68 平台的玩法如下。

（1）客户自由出价发布任务，同时汇款到 K68 平台上托管。

（2）会员们自由参与任务投稿。

（3）客户选出满意稿件。

（4）由 K68 平台把任务款支付给被选中的人。

（3）推广共享类威客众包平台。

推广共享类威客众包平台的业务是网络推广共享。其主要的众包平台有小鱼儿网（它通过人才资源共享方案为 2 000 多家企业解决各类弹性用人需求，是时间技能共享平台）、中移在线众包平台、人人猎头、微差事等。

⊙ 案例分享 7-5

### 中移在线众包平台

中移在线众包平台，是通过互联网把喜欢外呼工作却因时间、地域限制不能加入客服团队的人们聚集到一起，在线为客户提供服务。其主要特色有：①人员组成多样，会员由白领、家庭主妇、学生、残障人士等组成，目前已有 70 万人注册成为中移在线众包会员。②工作岗位繁多，为众包会员提供数万优秀工作岗位，主动探索员工居家办公模式，让员工的选择多样化、工作空间自由化。③项目资源丰富，众包业务覆盖范围广，目前业务已经覆盖国内 31 个省级行政区，面向注册会员提供热线客服业务、非热线类拓展业务。

2. 众筹平台

（1）众筹的概念。

众筹，是 Crowdfunding 的翻译，有大众筹资或群众筹资之意，中国香港译作"群众集资"，中国台湾译作"群众募资"。众筹是指由发起人、跟投人、网络平台构成的面向大众和群众的募资行为，是指赞助者通过网络平台向发起的个人或组织的某个行为或活动进行募资。其主要的募资方向有灾害重建、民间集资、竞选活动、创业募资、艺术创作、自由软件、设计发明、科学研究以及公共专案等。

众筹是一种通过互联网方式，发布筹款项目并募集资金的新型商业模式。发起人在众筹网站上以文字、图片和视频等形式，描述和展现自己的创意及梦想，每个项目设置有目标金额和时间限制。2011 年，斯坦福大学毕业的何峰利用 50 万美元的风险投资，把美国的"众筹"网站 Kickstarter 的模式引入国内。自上线以来，12 人的团队帮助完成近 100 个募集计划项目，总金额达 300 多万元。

（2）主要的众筹平台。

在中投顾问的《2022—2026 年中国众筹行业深度调研及投资前景预测报告》中，2020—2022 年国外典型众筹平台主要有：Kickstarter、Crowdcube、AngelList、WeFunder、Indiegogo、Gambitious、Rock The Post、AppStori、ZAOZAO、ZIIBRA、GoFundMe、Seedrs 等。

2020—2022 年国内典型的众筹平台主要有天使汇、大家投、追梦网、众筹网、淘宝众筹、京东众筹、众投帮、众投天地、腾讯乐捐、36 氪股权众筹、中国梦网、海立方、淘星愿、中证众筹、无忧我房、筹宝网等。

例如，众筹网是中国专业的一站式综合众筹融资服务平台，专业为有梦想、有创意、有项目的朋友提供募资、投资、孵化。其领域涉及公益众筹、农业众筹、出版众筹、娱乐众筹、艺术众筹。众筹网已于 2022 年 3 月 22 日正式迁移到新加坡。

### （五）VR 广告和无人化广告投放平台

#### 1. VR 广告投放平台

VR 广告是指把增强现实的虚拟技术应用于商业广告媒体的制作和发布的新型广告形式。增强现实是一种能够在真实世界对象上加载信息或图像的技术，用户可以通过智能手机，或是谷歌眼镜来使用增强现实功能。VR 广告投放平台正在快速发展，可为 360 度视频的内置广告、虚拟现实游戏等。可以通过分析虚拟体验的数据、实验广告的种类和出现位置，提高用户对 VR 广告的接受程度。

（1）国际 VR 广告投放平台。

① VirtualSky。VirtualSky 位于美国丹佛，其系统可在 360 度视频的自然间隙中或游戏关卡之间位置插入广告，并可监测用户在虚拟环境中的注视点方向。

② Immersv VR。它是一个十分具有竞争力的虚拟现实广告平台，可以监测 View-Through Rate（看击率），跟传统网络广告的点击率对应。

③ Retinad。它可以把虚拟现实广告融入用户的体验之中，不会阻碍用户继续浏览、体验。其广告形式有横幅、图像弹出、360 度视频或图片轮播等，并可以通过注视模式控制和监测用户的浏览、导航与购买行为。

④ Vertebrae。它是一个虚拟现实广告平台，使用热点图来追踪用户的注视点。

（2）国内 VR 广告投放平台。

国内 VR 进行广告投放平台主要有圆桌国际展览 VR 平台、全景科技平台（山东全景智能科技有限公司）、北京酷雷曼科技等。

⊙ **案例分享 7-6**

### 圆桌国际展览 VR 平台

2004 年成立的圆桌国际展览有限公司，是提供全行业 3D 云展厅设计搭建的平台。其业务有 3D 虚拟场景搭建、VR 虚拟场景制作、3D 线上展会设计、3D 产品建模等。其服务的行业涵盖新能源、电子通信、医药、家具家纺、建材卫浴等，以及灯饰照明、服装鞋帽、日用消费、房地产、家用电器、工业、五金、包装塑料机械、制冷、空调、汽车配件、大型机械、电子电气、泵阀、水处理等多个领域，是上百个展览会的指定承建商。圆桌会议曾服务于众多知名企业，如为西门子、海尔、美的、中国移动、中国电力集团、中国铁通、荣威汽车、广州本田、LG 等多家企业提供展览策划解决方案。

#### 2. 无人化广告投放平台

随着"5G+北斗"技术的发展，我国开始推进无人化广告投放业务运营平台的应用，主要有机器人客服营销服务、无人机广告、无人车广告（包括无人接驳车、无人零售车、无人清扫车、巡逻机器人等多种），能实现广告投放和营销无人化作业。

（1）机器人客服营销平台

由于人工成本的提升，受人的能力和时间限制，机器人客服营销越来越受到企业的欢迎，被越来越多的公司选用。机器人客服营销平台的特点有：7×24 小时不眠不休，全天候自动回复客户问题和进行营销，能够大幅提升企业的客服营销效率、降低企业投入成本；可以通过数以万计成熟的语料库，快速准确地自动回复客户有关行业的相关问题咨询；可实现与人工客服的无缝对接，在机器人客服和人工客服之间灵活切换；机器人具备分词、语义及上下文语境等 AI 技术，能够精准识别客户的每一个问题。主要的机器人客服营销平台有深圳市智客网络科技有限公司的 V5KF 平台、天润融通智能机器人平台等。

⊙ 案例分享 7-7

### V5KF 平台

V5KF 是深圳市智客网络科技有限公司在 2013 年 3 月上线的国内高品质智能客服系统平台，为微信客服、公众号、小程序、抖音、钉钉提供机器人客服。平台能模拟 17 万家企业真人对话，实现 79% 全自动无人干预对话完成率，累积服务 1 720 190 540 人次；服务的企业超过 14 万，涉及电商、互联网金融、家电、快消、美妆、医疗等各个领域，覆盖 C 端用户数 1.48 亿。

⊙ 案例分享 7-8

### 天润融通智能机器人平台

天润融通智能客服平台创建于 2006 年，提供全场景网络客户联络解决方案，可以帮助企业提升营销、服务、运营效率。平台提供智能客服系统、呼叫中心系统、企微 SCRM、对话机器人及工单管理系统等产品服务，主要的产品包括呼叫中心系统（呼入、外呼）、文本机器人（客服、留资）、语音机器人（外呼、呼入、促活）、在线客服系统、企微 SCRM 系统（私域运营）、工单系统等，其他还有智能质检、视频客服等。依托精准的意图判断与关键词识别、强大的 NLP 语义模型以及丰富的对话策略，天润融通的文本机器人可以精准识别 90% 以上的客户问题，并给予正确解答。对于暂时无法解答的问题，文本机器人会根据业务需求，帮助客户转接人工或者引导客户留资，确保客户线索不流失，也避免无效线索浪费人力，真正将人工客服从重复性的烦琐问题中解放出来，做更高价值的服务；提供服务式营销，客户不抵触，成交率高。客户所覆盖的行业包括互联网、银行、保险、汽车、教育、医疗、企业服务、零售、家居、电商、房地产、制造等十几个行业；为众多知名企业提供服务，包括工商银行、交通银行、腾讯、百度、头条、京东、美团、太平洋保险、阳光保险、大地保险、宝马中国、广汽集团、好未来、新东方、爱尔眼科、海王星辰、链家网、李宁、好丽友、联合利华、欧莱雅等。

资料来源：天润融通智能文本机器人，破解流量转化困局，2022 年 3 月 16 日。

⊙ 案例分享 7-9

**疫情防控机器人首次服务开封防疫，提升流调效率**

　　为缓解一线基层工作人员的防疫压力，2021 年 7 月，开封市推出"硬核"防疫服务新举措。该服务由政务服务和大数据管理局与腾讯企点共同推出，借助腾讯企点的快速接入和全渠道沟通能力，河南开封仅仅不到 48 小时就完成防疫统计智能外呼系统的部署，并于 4 天内完成超过 4 万人次的防疫信息统计。按照以往的效率，需要 10 个人花费两周时间才能够完成超过 4 万人次的拨打。同时，结合开封市各级单位的防疫调查需求，借助腾讯企点云呼叫中心的智能外呼能力，该系统可于每秒呼出 100 个电话，访到率高达 87%。

　　之后，腾讯企点疫情防控机器人积极响应，在厦门、石家庄等多地的疫情防控和流调工作中发挥了重要的作用。

　　资料来源：腾讯企点君，跨越 2021：复盘腾讯企点里程碑，2022 年 1 月 27 日。

　　（2）无人机投放广告。

　　近年来，随着无线技术的发展，有的企业运用无人机进行广告拍摄和宣传，以达到更好的营销效果。需要注意的是，企业在进行无人机广告投放时，应依照国家规定遵守实名登记管理制度，若需在关系公共安全的重要单位、设施、场所上空飞行的，应当依法报请飞行管制部门批准，并报所在地公安机关备案。若无人机需要在禁飞时间和禁飞区域内起降、飞行的，应当事先报经公安机关同意。因此，企业需要权衡关系和效益来进行无人机广告投放。

## 第二节　新媒体平台广告投放过程和选择策略

### 一、新媒体平台广告制作和投放过程

　　新媒体平台广告制作和投放过程，主要包括 8 个环节：注册并建立投放账户，广告和创意制作，广告智能投放和落地服务，广告投放模式选择，广告投放展示位选择，广告投放管理，广告数据分析以及广告资产管理（见图 7-4）。

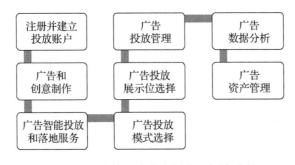

图 7-4　新媒体平台广告制作和投放过程

1. 注册并建立投放账户

选择合适的新媒体网络平台，注册并建立广告制作和投放账户。

2. 广告和创意制作

结合企业产品的特性，确定企业产品广告的制作和投放流程、推广目标、定向能力、售卖策略等，策划广告创意，试制作广告，并预览广告效果。策划广告创意的关键要素如下。

（1）寻找创意及参照模板：多渠道、多方式地进行多创意及动态创意的思维，寻找最优广告创意。关注国内外的创意排行榜、热点资讯、行业创意精选、广告看点热榜、视频创意剧场等，寻找最优的创意参照模板。

（2）创意制作工具选择：重点学习和掌握创意工具箱及相关创意模板。其中，创意工具箱主要有图片制作工具、视频制作工具、小工具、落地页类型，可以定制选用参考的创意模板主要有视频成片、视频模板、免费视频片段等内容。

（3）创意组件选择：有的平台为了提升创意能力，在原创意基础上添加多种类型的创意附加组件，如表单预约、电话拨打、智能预约等，可有效缩短广告转化路径，实现服务直达。例如，腾讯平台支持创意附加组件的商品类型有销售线索收集、品牌活动推广、QQ 门店推广、网页推广等。

（4）素材及工具选择：拥有检测素材的自助工具，对素材库、素材授权、素材内容进行分析，充分了解素材及工具的准备状况。

（5）创意广告投放工具选择和制作流程：具备广告和视频创意制作工作台和工具，并能自动衍生视频创意，达到广告投放的最佳效果。

3. 广告智能投放和落地服务

广告制作好后，需要进行投放，此时企业可以选择广告智能投放和落地页服务。它主要包括广告智能优化、广告投放智能定向（人群定向、地域定向、年龄定向、人群包定向）、广告效果诊断、广告落地页服务等内容。

4. 广告投放模式选择

广告投放模式多种多样，可以选择的广告投放模式如下。

（1）全流量一站式广告投放模式。

大型广告投放平台一般能够支持全流量一站式广告投放形式，可以达到流量多、跑量快的效果。例如，腾讯广告平台支持微信朋友圈、公众号与小程序、QQ/QQ 空间、腾讯看点、腾讯音乐及游戏、腾讯视频、腾讯新闻、优量汇等腾讯生态全流量一站式投放，扩充了广告的流量空间，加快广告跑量效果。

（2）智能投手式广告投放模式。

广告投放平台设立广告智能投手，可实现广告批量新功能全量上线和自定义托管服务，解决客户日常面临的广告投放量大、投放及管理成本高、广告效果变化频繁、实时盯盘优化门槛高等效率与效果问题。其主要形式包括以下几种。

①跨账户批量创建：客户可在广告投放平台上，根据"版位＋定向＋素材＋落地页"的方式，实现跨账户自动批量创建广告，有效提升广告创建的效率。

②跨账户自定义托管：在广告投放平台上，客户可提前定义广告投放托管的条件等信息，平台系统会定时自动为客户进行服务号消息推送或执行对应的操作，保证线上账户跟广告的监控及时性。

③一键托管服务：根据优质客户的操作习惯及行业投放特点，平台系统会自动为客户监控线上广告投放的情况并及时调整优化，保证最佳的广告投放效果。

（3）RTA广告投放模式。

RTA（Realtime API）广告投放是一种结合广告直接投放和标准程序化功能的广告投放形式。例如，在腾讯广告投放管理平台（ADQ投放端）的直投模式的基础上，下发请求数据给客户，客户返回决策信息，平台结合客户信息进行优选，最终提升广告投放效果。

（4）搜索广告专题投放模式。

在搜索广告专题投放模式中，搜索广告可能会出现在搜索广告直达区及搜索广告结果页两个位置。

①搜索广告直达区广告位。用户在搜索框输入搜索关键词时，直达区会不断更新与之匹配的搜索广告，给用户"即搜即得"的搜索体验。

②搜索广告结果页广告位。用户在搜索框输入搜索关键词时，搜索广告会跳转到结果页，展示搜索广告结果。

（5）采用通用链接广告投放模式。

通用链接（Universal Link）是Apple在iOS 9推出的一种能够方便地通过传统Https链接来启动App的功能，可以使用相同的网址打开网址和App。

在通用链接广告投放模式中，用户点击一条普通广告的Https链接时，只要手机中安装了支持该链接的App就会直接进入该App中。如果没有安装App则会跳转到Safari浏览器中，展示H5页面，实现广告在用户手机中无缝跳转的展示过程，显示了广告使用通用链接的简单、安全、唯一等的优势特性。

5.广告投放展示位选择

广告平台可以为流量主开通广告位来展示广告。例如，腾讯广告平台会帮助符合一定条件的公众号运营者申请成为公众号流量主，并将公众号内的指定流量分享给广告主做广告展示，以帮助流量主获得广告收入。流量主可轻松实现流量变现，持续获取收入，依托于高价值的内容，实现品牌塑造和内容变现的双赢。

广告平台系统可以为流量主开通广告位，并根据广告素材的定向和阅读文章的用户画像，匹配当前状态下最适合展示给用户的广告。广告位包括底部广告位、文中广告位、视频后贴广告位、返佣商品广告位、互选广告位（仅受邀公众号开放）（见图7-5）。

图 7-5　广告投放广告位

注：中间图为视频后贴广告展示，图片来源于腾讯广告。

（1）底部广告展示位置。

广告位于图文消息内容区底部，如果是在公众号中广告，则在文章内容区与评论区（若有）之间。流量主无须额外操作。

（2）文中广告展示位置。

广告展示位置在图文消息内容区中部，具体展现位置由流量主决定，也可托管给广告系统决定。流量主可设置文中广告的行业。

（3）视频后贴广告展示。

视频后贴广告展示是指当用户处于 WiFi 及 4G 以上环境时，在原生视频播放完成后展现广告内容。其广告素材包括 5 秒图片、6～15 秒视频等。

（4）返佣商品广告展示位置。

返佣商品广告展示位置是在图文消息内容区。流量主可在编辑图文消息时通过微信商品库挑选并插入合适的返还佣金商品，订单实际成交后，流量主可按实际订单金额的一定比例获得广告分成。

（5）互选广告展示位置。

互选广告展示位置是在图文消息内容区。互选广告是流量主和广告主通过微信广告平台双向选择、自由达成广告合作的一种广告投放模式。流量主根据账号自身粉丝数量等情况，自主定价；广告主通过系统发起合作需求后，流量主根据自身意愿，接受或拒绝合作。达成合作的互选广告将展示在流量主与广告主达成一致的、特定的一篇公众号图文消息中。

6.广告投放管理

广告投放管理主要包括广告管理、线索管理、行业讯达。广告投放管理可帮助运营商和企业广告优化师实现系统实时盯盘和广告优化，减少广告优化师长时间紧盯电脑的人力消耗，使盯盘效率提高到每半小时即可检查所有账户，从而减少损失。例如，企业想要控制广告的成本时，可选择需要监控的广告范围，可设置成若转化成本超过 X 元或出价的 Y%，则自动调低出价或暂停广告。

### 7. 广告数据分析

广告投放平台和系统拥有报表中心，可以做转化归因、拆分对比实验、Uplift 广告增效衡量等广告数据分析，便于企业在运营广告决策时使用。

### 8. 广告资产管理

广告投放平台和系统需要对管理推广内容进行创意素材、广告人群、链路推荐、优量汇、流量筛选等管理，提升广告投放的有效性和精准性。

## 二、新媒体平台广告投放选择策略

### （一）平台广告推广计划制订及选择

#### 1. 广告推广计划类型选择

新媒体平台广告投放推广计划可分为展示广告计划和搜索广告计划。其中，展示广告计划就是指常规展示类广告计划；搜索广告计划就是指搜索引擎广告的计划选择，如 QQ 浏览器关键词搜索广告计划。

#### 2. 对应的广告推广目标选择

企业需要根据营销目的来选择对应的推广目标，不同的推广目标适用的营销场景不同。

#### 3. 制定计划日费用预算

企业需要制定计划日费用预算，控制一个推广计划下所有广告每日消耗费用总和的最大值。

#### 4. 广告推广计划名称设置和选择

企业应为推广计划设置和选择广告名称，便于后期管理。

---

⊙ 案例分享 7-10

**"娃哈哈 × 英雄联盟赛事"生态共建，击穿电竞圈层**

与人们健康意识的提高相伴随着的，是苏打水越来越受到消费者青睐，娃哈哈提出"健康因子"碱性小苏打、0 卡路里等概念，并结合部分消费者不甚喜欢碳酸饮料的痛点，顺势推出苏打水系列产品。但是，在面对网红品牌元气森林时，娃哈哈苏打水的知名度和消费者对其"0 卡、无汽、补水"的产品认知都还处于较低的水平。

（1）营销目标：提升娃哈哈苏打水的品牌知名度，对消费者进行产品教育，塑造品牌形象。

（2）传播策略：2020 年，娃哈哈苏打水紧扣"水龙时刻"，并且基于选手饮水的场景，深挖娃哈哈苏打水"补水、平衡酸碱"的产品特性，帮助娃哈哈苏打水进一步盘活英雄联盟生态资源，强化娃哈哈苏打水对所有生态参与者的王牌辅助角色，从而与英雄联盟 IP 深度绑定，实现品牌在电竞圈层的 C 位出道。

（3）项目实施：①对于 LPL 参赛选手，娃哈哈苏打水携手"水龙"之力给予团队回复和补给，与此同时，还能帮助赛场上激烈战斗的选手解渴、平衡酸碱、缓和情绪。一是与赛事机制结合，英雄联盟中关于小龙的规则有所改变，海洋亚龙（水龙）拥有全新效果，若选手拿到水龙魂，便能够在比赛当中回复生命值和法力值，进而提升比赛竞争力，因此，娃哈哈把握住水龙时刻，每当选手在赛事当中击杀水龙时，屏幕中就会出现娃哈哈"及时补水，全力苏出"的品牌 Slogan，强化电竞观众对娃哈哈与水龙场景关联的印象。二是与选手喝水场景绑定，结合电竞文化梗，定制娃哈哈杯套，实现娃哈哈品牌的进一步曝光。②对于跟进赛事、分享观点的解说主播来说，娃哈哈苏打水同样能提供滋润补给，为他们续航。

（4）创意展示。娃哈哈苏打水以"及时补水，全力'苏'出"为主题（见图 7-6），以回复和补给为核心功能，整合电竞赛事、战队选手、解说主播等资源，全方位激活英雄联盟爱好者对品牌的认知与关注；与此同时，娃哈哈苏打水还与赛事官方携手，共同扶持青训体系，长线培养、输送电竞人才，为英雄联盟赛事"及时补水"，实现娃哈哈苏打水与英雄联盟赛事的深度绑定，以此达到 IP 合作价值最大化的目的。

图 7-6　"娃哈哈 × 英雄联盟赛事"生态共建

（5）效果数据。2021 年，LPL 赛季日均比赛观看量超 1.1 亿人次，季后赛日均数据更是创历史新高，达到 1.6 亿人次，2021LPL 夏季总决赛单日观赛量达 4.4 亿次，打破了过往的纪录。比赛中，娃哈哈线上品牌曝光溢出超 200%。而腾讯新闻《中国职业电竞人才发展白皮书》也受到社会广泛关注，曝光量超 2 000 万，阅读量超 57 万，吸引大量用户和公众账号转发和传播。

资料来源：娃哈哈，娃哈哈 × 英雄联盟赛事生态共建，击穿电竞圈层。

### （二）平台广告投放形式和目标详情选择

#### 1. 平台广告投放形式选择

新媒体平台上的广告投放形式主要包括常规展示广告和商品广告两种。常规展示广告适用于常规投放场景；商品广告适合拥有海量商品投放需求的场景，可围绕商品进行动态创意设计和批量投放。

#### 2. 平台广告目标详情选择

企业可以在新媒体平台网页上选择推广目标详情。例如，腾讯广告可针对商品推广、应用推广、小游戏推广、门店推广 4 种推广目标，在广告层级设置目标详情。

### （三）平台广告展现版位选择

在新媒体平台网页上，企业需要选择广告展现的流量版位，主要有自动版位和指定版位两种。

#### 1. 自动版位

自动版位是平台系统根据广告设置，选择表现更好的位置进行广告投放，腾讯自动版位暂不支持微信、应用宝、PC 版位。

#### 2. 指定版位

客户自行选择想要投放的广告流量，腾讯平台的微信和非微信流量暂不支持同时选择。例如，腾讯广告平台目前提供微信朋友圈、微信公众号与小程序、QQ、腾讯信息流、腾讯音乐、腾讯新闻与腾讯视频、优量汇、PC、QQ、QQ 空间、腾讯音乐等版位，企业可以按自动版位或指定版位方式选择。

### （四）选择投放目标人群

选择广告想要投放的目标人群时，平台可以按照人口学属性、用户行为、自定义人群、设备定向等多种维度的人群标签来选择；特别是对定向设置，可参考预估计最大日曝光量，以免设置定向过窄而影响广告推广效果。

### （五）选择广告投放时间和出价

选择广告投放时间是指企业可在平台上选择广告投放的具体日期和时间段范围来向用户展示。

出价和日预算将影响广告获得曝光的次数和流量，系统将根据广告设置状况提供建议出价范围，或自行设置一个出价。选择广告不同的版位和创意形式，则出价的方式也不同。

### （六）选择广告流量的呈现样式

选择广告在流量上的呈现样式，填写对应样式所需内容。不同广告版位下相同的创意形式需填写的信息不同。在选择填写创意内容的过程中，平台可以实时预览创意效果，进行创意自助审核检测，提高审核通过率。

　　总之，在广告投放过程的各个环节中，企业需要通过选择计划类型，选择推广目标，制定费用预算，选择投放形式和目标详情，选择展现版位，选择目标人群，选择投放时间，选择出价范围和日预算，选择呈现样式等策略，实现最佳的广告投放效果。

## 思考题

　　1.请了解并掌握以下基本概念：

　　导流营销平台，需求方平台 DSP，采购交易平台 TD 供应方平台 SSP，在线广告联盟 AND，广告交易平台 ADX，数据管理平台 DMP，众包，众筹

　　2.导流营销平台的类型有哪些？

　　3.新媒体广告投放主流平台有哪些？

　　4.新媒体平台广告制作和投放过程是怎样的？

　　5.新媒体平台广告投放选择策略有哪些？

## 实践训练

**【目标】**

　　结合实际内容，熟悉并掌握新媒体导流广告投放和营销平台的基本概念与相关内容，学习简单的实践运用操作和设计。

**【内容要求】**

　　请设计符合小组选定主题范围的实践内容，

针对新媒体投放广告的内容进行分析和设计。

**【训练】**

　　训练1：请同学们根据小组主题，选择合适的新媒体导流广告投放和营销平台。

　　训练2：请同学们根据小组主题，选择和设计新媒体投放广告的环节及内容。

## 参考文献

[1]　佚名.人民搜索新版移动新闻客户端上线 [J].中国传媒科技，2011（2）：12-13.

[2]　邓纯雅.你不可不知的"众包" [J].中国机电工业，2006（12）：66-67.

[3]　徐珊，文耀."众筹"救梦 [J].21世纪商业评论，2012（14）：76-77.

PART 3

# 第三篇　制作技术

# 第八章
# 新媒体图片与音视频制作

## 学习目标

图片、音频、视频素材下载方法和工具

网页视频下载方法和工具

将视频嵌入 PPT 的方法

九宫图和美图秀秀海报制作

Photoshop 图片处理和制作

用户画像制作及工具

Adobe Premiere Pro 音视频制作

GIF Animator 动态图片视频制作

⊙【案例导读】　　小红书策划、制作视频及图文内容，提升其品牌价值

小红书创立于 2013 年，以年轻人的生活方式平台为定位布局内容社区，让用户通过短视频、图文等内容形式记录和分享生活，并基于兴趣形成互动关系。目前，小红书通过 PGC、UGC 和 PUGC 的全面布局，已经建立起成熟的内容生态，其中，UGC 是小红书的主要内容来源，也使小红书拥有了较强的社交属性。而小红书也正是基于以生活方式分享为核心的内容生态，搭建内容营销体系和玩法，通过 PGC、PUGC 到 UGC 的内容触达，持续对用户在消费生活方面产生影响，说服并最终推动用户做出购买决策。

小红书和 Tiffany 联合开展了"蓝色情人节"内容营销活动，在情人节期间通过内容的渗透，让用户将 Tiffany Blue（蒂芙尼蓝）视作最佳情人节礼物。

（1）投放前期：通过制造"晒晒我的 Tiffany"话题，激励用户输出内容。

（2）投放中期：在有了一定的 UGC 内容基础后，联合多位明星，借助明星的影响力和传播力，将 520 打造成 Tiffany Day。

（3）投放后期：通过 UGC 和 PGC 内容的联合，让用户口碑和明星实力相互印证，进而深度强化礼物概念，最终激发用户的购买决策。目前话题页已经积累 5 000 多条原生 UGC 内容，在传递品牌价值的同时，也营造了良好的消费场景。

思考：小红书是如何运用视频、图文内容来实现其营销价值的？

资料来源：艾瑞咨询，中国互联网时代的内容营销策略典型案例研究，2020年7月15日。

# 第一节　图片、音频、视频素材和工具下载

## 一、图片和图标素材下载

### （一）图片素材下载网站（仅供参考）

（1）Gratisography，下载网站为：https://gratisography.com/。

（2）Freeimages，下载网站为：https://cn.freeimages.com/。

（3）Freejpg，下载网站为：https://www.freejpg.com.ar/。

（4）Little Visuals，下载网站为：https://littlevisuals.co/。

（5）Photoshop Brushes下载网站为：https://myphotoshopbrushes.com/patterns/。

（6）摄图网，下载网站为：https://699pic.com/。

（7）设计师导航，下载网站为：https://hao.shejidaren.com/。

（8）千库网，下载网站为：http://588ku.com。

### （二）免费图标素材下载网站（仅供参考）

（1）Noun Project，下载网站为：https://thenounproject.com/。

（2）Icons8，下载网站为：https://icons8.com/。

（3）Iconfinder，下载网站为：https://www.iconfinder.com/。

（4）Swifticons，下载网站为：https://www.swifticons.com/。

（5）CSS Design Awards，下载网站为：https://www.cssdesignawards.com/。

（6）IconStore，下载网站为：https://iconstore.co/。

## 二、在线音频、视频素材下载方法

音频、视频素材主要有mp3、mp4及相关视频等。下载其他网站的视频或音乐的具体操作步骤如下。

### （一）操作前的准备工作

（1）操作前请关闭浏览器所有其他窗口。

（2）建议先将浏览器的缓冲目录下的文件全部删除（无法删除的文件，可不用管它，不影响下载），以便找到自己所要下载的歌曲或视频。

（3）浏览器缓冲文件目录文件一般在"C:\Users\Administrator\AppData\Local\Microsoft\

Windows\Temporary Internet Files"位置。这里的 C 是指用户的电脑系统所安装的磁盘盘符，可以换成其他磁盘盘符。

### （二）操作步骤

（1）打开浏览器（建议打开 IE 浏览器），一般要等文件播放完毕后再进行下面的操作。打开浏览器（建议打开 IE 浏览器）后，在右上角找到"工具或设置"选项菜单，再按照"internet"选项→"设置"→"internet 临时文件"→"查看文件"的步骤，就可以直接看到浏览器缓冲目录文件，存放路径一般为"C:\Users\MyPC\AppData\Local\Microsoft\Windows\INetCache"（注：不同的浏览器或电脑会略有差异）。

（2）在浏览器缓冲目录的"查看文件"的文件夹中，找到最新时间的音频、视频文件，文件格式可以是 jpg、gif、flv 等，视频文件一般是".flv"格式，音乐文件是".mp3"或者".mid"。如果是视频文件，可以通过"大小"查找，查看较大容量的文件。

（3）找到文件后，复制到桌面或其他文件夹中，再打开该文件，看一下是不是刚才看过的需要下载的音频、视频文件。

## 三、微信公众号视频素材下载方法

微信公众号视频素材下载方法的操作步骤如下。

### 1. 获取公众号视频链接

打开想要下载的微信公众号中的视频资源所在的页面，等视频播放完毕后再进行操作。然后，点击鼠标右键，在弹出的快捷菜单中选择"复制当前时间的页面地址"，复制视频资源所在的链接。

### 2. 中转到 QQ 并粘贴所复制的链接

接下来在计算机上登录自己的 QQ，并在手机 QQ 中打开自己的聊天窗口，粘贴刚刚复制的链接并发送出去。此时在计算机端的 QQ 聊天窗口中，就可以打开相关链接并下载视频。

### 训练 8-1

请在微信公众号中选择一个视频并下载、保存到电脑中。

## 四、网页视频主要下载工具

如果要从网页上下载视频，可以用视频下载工具获取视频资源。网页视频的下载工具或软件有很多，可在多个网站下载软件。例如，ZOL 软件下载中就有多款网页视频下载工具可供选择。国内目前的网页视频下载工具主要有以下几种。

### 1. 维棠 flv 视频下载软件

维棠 flv 视频下载软件是一款专门从国内外在线视频网站（如优酷土豆、爱奇艺、新浪风行、搜狐、腾讯、Youtube 等）下载高清视频的软件，不需要用户自己找下载地址，不需要去找缓存，只要一个网页地址，就可以轻松下载国内外各个 flv 视频分享网站的视频资源。

### 2. 稞麦综合视频下载器

稞麦综合视频下载器（xmlbar）是专门用于下载各大视频网站视频的下载工具，如优酷、土豆、酷 6 网、六间房、56 网、新浪网、YouTube、Metacafe、break.com、current.com、liveleak.com 等网站的视频，下载的文件格式为 flv。它支持多个视频文件同时下载，并能显示出真实视频文件的下载地址。稞麦综合视频下载器具有支持下载后立即播放，管理下载历史记录，视频搜索等功能。

### 3. ImovieBox 网页视频下载器

ImovieBox 网页视频下载器是一款网页视频抓取软件，能够自动识别并下载网页上的视频。

### 4. 硕鼠 flv 视频下载器

硕鼠 flv 视频下载器是一款专业的 flv 视频下载软件。它由著名的 flv 在线解析网站 FLVCD.com 官方制作，提供优酷土豆、我乐、酷 6、新浪、搜狐、CCTV 等 55 个主流视频网站的"解析＋下载＋合并 / 转换"一条龙服务，且支持的网站还在不断更新中。硕鼠支持多线程下载，可智能选择地址、自动命名，具有 flv/mp4 自动合并、智能分类保存、特色的"一键下载"整个专辑的功能，无须人工干预，并集成了可将下载文件批量转换为 3gp、avi、mp4 等格式的转换工具。

### 5. 猎影视频下载

猎影视频下载是一款专业的视频下载软件，可以帮助用户方便地下载各视频分享网站的 flv、mp4 等格式的视频。猎影视频下载软件可以智能解析各个视频网站的视频地址并进行下载，具有支持多线程下载、断点续传、清晰度选择、分段视频智能合并等功能。

### 6. 唯影视频下载器

唯影视频下载器是一款功能非常强大的视频下载软件，该软件能够下载国内外几乎所有的 flv 视频网站的视频，如优酷土豆、56 网、Youtube 等。该软件还具有格式转换的功能，可一键将下载的视频转换为用户喜欢的格式。此外，唯影还可以捕获音视频节目。

## 五、将视频嵌入 PPT 的方法

如何将视频嵌入 PPT，使 PPT 转移后不用转移视频文件也能正常播放？其方法如下。

### （一）方法一：在 Office 的 PPT 中嵌入视频

如图 8-1 所示，在 Office 的 PowerPoint 中，通过菜单的"插入"找到"视频"选项，单击"视频"图标，出现"联机视频"和"PC 上的视频"选项，选择其中的一个后，该视频文件就会嵌入 PPT 中，再单击最下面的小三角按钮，就可以播放视频了。

图 8-1　在 Office 的 PowerPoint 中嵌入视频的方法

### （二）方法二：在 WPS 的 PPT 中嵌入视频

如图 8-2 所示，在 WPS 的 PowerPoint 中，通过菜单的"插入"找到"视频"选项，单击"视频"图标，出现"嵌入本地视频""链接到本地视频""网络视频""Flash""开场动画视频"选项，选择其中的一个后，该视频文件就会嵌入 PPT 中，再单击最下面的小三角按钮，就可以播放视频了。

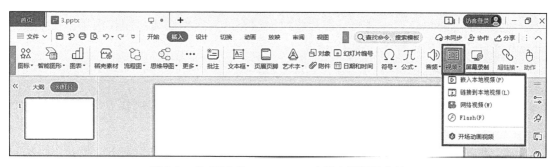

图 8-2　在 WPS 的 PowerPoint 中嵌入视频的方法

### （三）方法三：在早期 Office 的 PowerPoint 中嵌入视频

（1）通过菜单的"插入"找到"对象"选项，打开"插入对象"窗口，选择"由文件创建"，通过"浏览"找到所需嵌入的视频文件，注意不要选择"链接"（不在该方框中打勾），则该视频文件就会嵌入 PPT 中。

（2）选择"确定"后，该视频文件的名称会出现在页面上，之后还需要把光标放在该文件名上并单击鼠标右键，选择"动作设置"选项。

（3）在打开的"动作设置"窗口中，选择"对象动作"选项，完成设置。

（4）移动光标到视频文件名上，箭头变为手形后单击鼠标，打开播放器播放视频。

## 第二节　美图和 Photoshop 图片处理与制作

### 课前素材准备

请预先准备好 6 张图片和一个小视频作为素材。

随着传播和制作技术的快速发展，企业、单位或个人对 Logo 设计、字体设计、企业视觉设计、插图设计、包装设计、平面设计及各种广告宣传等多个领域的需求量激增，而这些都需要依靠相关的软件进行创作。目前国内外图片和音视频制作的软件有很多，主要有 Office（Word / PPT / Excel）、美图秀秀、Photoshop、Adobe Premiere Pro、Ulead GIF Animator、CorelDRAW、会声会影、光影魔术手、画图 3D、AI（Adobe Illustrator CS5）等软件。本章将介绍多款图片和音视频制作软件。

## 一、九宫格图和美图秀秀海报制作

### （一）九宫格图海报制作

#### 1. 制作程序

九宫格图海报制作的程序是：新建一张幻灯片→格式→插入形状→复制成 9 个矩形框→设置形状 / 图片格式→填充→图片或纹理填充。九宫格图海报制作简单易行，用户可以选择自己需要的图片或广告来填空。

#### 2. 制作方法及步骤

编者将以 PowerPoint 2016 为设计工具，介绍九宫格图海报的制作方法，其具体操作步骤如下。

（1）新建一张幻灯片→格式→插入形状→复制成 9 个矩形框。

新建一张 PPT 幻灯片，单击"格式"按钮，在"插入形状"下拉列表框中选择"矩形"选项。在 PPT 页面的空白处，按住 Shift 键的同时，通过拖动鼠标绘制出一个正方形或长方形，再复制 8 个正方形或长方形，并将 9 个矩形框对齐成九宫格样式，如图 8-3 所示。

（2）对齐九宫格。

用鼠标右键单击页面空白处，在弹出的快捷菜单中选择"网格和参考线"选项，打开"网格线和参考线"对话框，选中"屏幕上显示绘制参考线"与"形状对齐时显示智能向导"复选框，可提高九宫格的对齐效率。

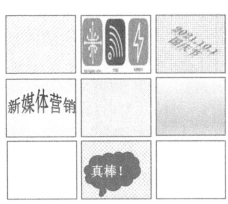

图 8-3　九宫格图海报制作

（3）九宫格图片填充。

选中目标九宫格图中的任一方块并单击鼠标右键，在弹出的快捷菜单中选择"设置图片格式"选项，打开"设置图片格式"对话框，在"填充"栏下选中"图片或纹理填充"单选按钮，可选择"插入图片来自"，单击"文件"，找到准备插入的文件或用户自己输入文字。可使用相同的方法填充其他方块，得到用户自己想要的填充效果。

（4）生成九宫格图海报并导出。

根据需要调整九宫格图方块的颜色并添加必要的素材信息，即可生成一张九宫格图海报。单击页面左上角的"文件"菜单，在左侧选择"导出"选项，然后依次单击"更改文件类型""PNG 可移植网络图形格式""另存为"，即可导出当前的九宫格图海报。

### 训练 8-2

请用九宫格图海报制作法制作一幅与小组主题作业相关的海报。

### （二）美图秀秀海报制作

#### 1. 美图秀秀公司简介

美图秀秀公司（厦门鸿天创视科技有限公司，以下简称美图公司）成立于 2008 年 10 月，是一家以"美"为内核、以人工智能为驱动的科技公司，通过影像产品和颜值管理服务帮助用户全方位变美，通过 SaaS 服务助力美丽产业数字化升级。2010 年，美图公司成立了核心研发部门——美图影像研究院（MT Lab），致力于计算机视觉、深度学习、计算机图形学等人工智能（AI）相关领域的研发，以核心技术创新推动公司业务发展。截至2021 年 6 月，美图公司应用矩阵已在全球超过 23.4 亿台的独立移动设备上激活，月活跃用户总数为 2.46 亿。美图公司总部坐落于厦门，公司目前在海外已拥有超过 9.98 亿的用户，在印度尼西亚、泰国、巴基斯坦、越南、美国、巴西、日本、孟加拉国、菲律宾、韩国、马来西亚、尼日利亚、墨西哥、加拿大、土耳其共 15 个国家各拥有超过 1 000 万的总用户。美图还被评为 2009 百度搜索风云榜年度十大软件。2016 年 12 月，美图公司在香港联合交易所主板挂牌上市。

⊙ 案例分享 8-1

**统一小浣熊与美图合作"六一我们萌在一起"项目**

2021 年六一儿童节期间，统一小浣熊携手上海野生动物园发起了一场认养小浣熊的活动，在线上与美图合作，从情怀和公益出发，唤起大家的童年记忆，呼吁用实际行动践行动物保护，关爱地球环境，助推新品甜蜜菓上市。其活动亮点是"六一营销专场＋爆款配方玩法"，依托美图在年轻受众中的超强号召力，统一小浣熊与美图携手定制领养系列美图配方及大牌宠粉日营销专场等玩法，采取线上线下双向联动的方式，借势美图儿童节专题活动，获得超高流量加持，成功帮助品牌在节日期间"C位"出道，达到了1+1>2的整合营销效果。

（1）定制配方助力品牌IP内容化，引燃用户萌趣跟拍热情。美图在线上为统一小浣熊打造了两款专属配方，分别是"小浣熊饲养员"领养ID卡和"认养一只小浣熊"领养证书。一方面，把认养形式平移到了线上，使活动辐射范围及影响力得到扩大，成功进行线下引流；另一方面，通过IP形象的植入深化了品牌印象，提升用户对新品甜蜜菓的认知，从而促进销售转化。

（2）花式宠粉玩法大放送，"0元试＋盲盒"多重玩法深度激发用户参与。统一小浣熊联合美图美学频道，发起大牌宠粉日活动，在美学频道首页进行沉浸式包版，独占频道页背景，并设有频道页弹窗和联动Banner跳转品牌主题页，全力推广统一小浣熊新出的三种口味甜蜜菓（见图8-4）。

图8-4　小浣熊甜蜜菓

（3）借势平台节日流量红利，"话题＋硬广"多元助推品牌热度。统一小浣熊强势登陆站内多点位，为品牌活动带来超高流量。两款美图配方入选美图秀秀站内六一活动专区，在优势Tab位超前露出，方便用户选用。除此之外，统一小浣熊还在平台的六一专题活动H5和话题中"C位"植入，为品牌打造了全方位无死角的引流露出资源，方便用户多点位触达。

此次项目效果显著。项目总曝光超1.94亿次；"优质硬广＋运营助推"的引爆声量是：

硬广投放曝光超 4 264 万次，推广资源曝光超 1.51 亿次。萌趣领养配方互动激活的效果是：配方总曝光超 6 686 万次，配方总使用量超 253 万次，互动 UGC 为 14 389。品牌专场福利种草效果是：试用申领人数为 141 414 人，品牌主页 PV 为 617 577，新增粉丝 44 672。

资料来源：改编自"美图合作案例.小浣熊 × 美图：我们萌在一起六一合作项目"。

### 2.美图秀秀的功能

美图秀秀是一款很好用的国产图片处理软件，软件的操作和程序比专业图片处理软件如光影魔术手、Photoshop 简单。其主要功能有图片编辑、海报设计（见图 8-5）、抠图、拼图、证件照、工具箱、设计场景等。美图秀秀独有的图片特效、人像美容、可爱饰品、文字模板、智能边框、魔术场景、自由拼图、摇头娃娃等功能，可以让用户短时间内做出影楼级的照片。美图秀秀还能做非主流闪图、非主流图片、QQ 表情、QQ 头像、QQ 空间图片等。

### 3.美图秀秀海报制作的基本操作

进入美图秀秀网站，申请账号并登录；点击主要功能区的模板画面，即可编辑图片；可以新建画布或对图片大小、背景色、文字、贴纸等进行设置。

例如，用户可以任意点击打开图 8-5 的海报设计模板中的一张图，选择相应的功能对图片进行大小、文字、背景等的处理。用户还可以选择自己需要的图片特效。

公告通知　　招聘求职　　手机海报　　小红书配图　　竖版视频封面　　电商主图

图 8-5　美图秀秀的海报设计

**训练 8-3**

请用美图秀秀制作一幅市场营销专业的推广海报。

## 二、Photoshop 软件知识简介

### （一）Photoshop 的基础知识

#### 1. Photoshop 是什么

Photoshop 的全称为 Adobe Photoshop，简称为"PS"，是由 Adobe Systems 开发和发行的图像处理软件与工具，主要处理由像素所构成的数字图像。PS 应用于图像、图形、

文字、视频、出版等的图片美化、编辑、编修、绘图、修改和制作。PS 专注于专业测评图像处理、平面海报设计、广告摄影、影像创意、视觉创意、网页制作、后期修饰、界面设计等功能。

2003 年，Adobe Photoshop 8 更名为 Adobe Photoshop CS。2013 年 7 月，Adobe 公司推出了新版本的 Photoshop CC，自此，Photoshop CS6 作为 Adobe CS 系列的最后一个版本被新的 CC 系列取代。截至 2021 年 7 月，Adobe Photoshop 2021 为市场最新版本。Adobe 支持 Windows 操作系统、Android 与 Mac OS，但 Linux 操作系统用户可以通过使用 Wine 来运行 Photoshop。虽然各 PS 版本不同，但基本操作相同或相似，本书仅简要介绍其基本内容。

2. Photoshop 的用途

（1）平面和广告设计。Photoshop 设计和制作的基础应用领域主要有各种印刷品、写真喷绘、包装、手提袋、VI 系统、户外广告，以及企业和品牌的招贴、海报、宣传单、企业形象系统（CIS）、图书或报刊等。

（2）新媒体和网页美工设计。Photoshop 是网页美工设计人员必备的技术和能力，对网站和新媒体的管理有重要的作用。

（3）卡通插画等图形图像制作。Photoshop 的绘画、调色和填色等功能，能很好地完成卡通、漫画、动漫和插画的绘制与制作。

（4）数码照片编辑处理。可以运用 Photoshop 软件对数码照片的图像编辑处理，以产生更好的独特效果。

3. Photoshop 的基本要素

Photoshop 的基本要素有五个方面，分别是位图与矢量图、像素与分辨率、常用的文件格式、图像的色彩模式以及图层（见图 8-6）。

（1）位图与矢量图。

图像分为位图图像和矢量图图像两种（见图 8-7）。

图 8-6　PS 的基本要素

图 8-7　位图与矢量图

注：本图片来自百度搜索中任意选取的一张图片。

位图又称为点阵图、像素图、栅格图，由若干细小的颜色块（像素）组成。多个像素的色彩组合在一起就形成了图像，称之为位图。其特点是能够制作出色彩层次和色调变化丰富的图像，能逼真地表现自然界的真实景象。但位图放大到一定倍数后，图像的显示效果会变得不清晰。

矢量图也称为向量图，是由点、线、面等元素组成，用一系列计算机指令来描述和记录，通过数学的向量方式计算得到的图像。它所记录的是对象的几何形状、线条粗细和色彩等，与像素的数量无关。在任何分辨率下，对矢量图进行任意缩放和旋转都不会影响图形的清晰度与光滑度。矢量图文件的存储容量很小，适用于文字、图案、版式、标志、工艺美术和计算机辅助设计（CAD）等。

### 训练 8-4

图 8-7 中哪个是位图？哪个是矢量图？请比较二者异同。

（2）像素与分辨率。

像素是位图图像的基本单位，在位图中每个像素都有不同的颜色值。位图图像的大小和质量主要取决于图像中像素点的多少。

分辨率是指单位长度内包含的像素点的数量，通常用像素/英寸（ppi）表示。它包括图像分辨率、打印/输出分辨率、显示器/设备分辨率以及位分辨率，具体分类如下。

①图像分辨率。其单位是"像素/英寸"，同一幅图像的分辨率越高，包含的像素较多，像素点更小，图像就越清晰，图像文件也越大；反之，图像就越模糊，图像文件也越小。例如，在 $1×1$ 平方英寸的两个图像中，分辨率为 72ppi 的图像中有 5 184（$72×72$）个像素点；而分辨率为 300ppi 的图像中则有 90 000 个像素点。

②打印/输出分辨率。它是指打印机等输出设备在输出图像时每平方英寸所产生的油墨点数。

③显示器/设备分辨率。它是指显示器上每单位长度显示的点数目。

④位分辨率（Bit Resolution）。它又被称为色彩深度或位深度，在位图图像或视频缓冲区，是指一个像素中，每个颜色分量（Red、Green、Blue、Alpha 通道）的比特数。所谓"位"指的是二进制位或比特。位分辨率决定了图像可以被标记为多少种色彩等级的可能性。

（3）常用的文件格式。

Photoshop CS 支持 20 多种文件格式，除了专用的 PSD 文件格式外，还包括 JPEG、TIFF 及 BMP 等常用文件格式，具体如下。

① PSD。它是 Photoshop 的专用文件格式，是唯一存取所有 Photoshop 特有的文件信息以及所有色彩模式的格式。如文件中包含图层或通道信息时，必须以 PSD 格式存储，以便于修改和制作各种特效。

② BMP。它是 Windows 的图像格式，可用于保存位图文件。BMP 可以处理 24 位颜色的图像，支持 1bit、8bit 及 24bit 的格式，支持 RGB、位图、灰度及索引模式，但不支持 Alpha 通道。

③ GIF。它是 Compuserve 公司制定的一种图形交换格式，使用 LZW 压缩方式，GIF 可以使图形文件在通信传输时较为快捷，但只达到 256 色。GIF 可以储存为背景透明的形式，可以将数张图片存储为一个文件以形成动画效果。

④ EPS。它是一种常用于绘图或排版的 Postscript 软件格式，可通过对话框设定存储的各种参数。

⑤ JPEG。它是一种高效的"失真压缩"图像文件格式。在存档时能够将肉眼无法分辨的资料删除，但无法还原，不适合放大观看，输出印刷品时，品质会受到影响。

⑥ RAW。它是一种原始的文件格式，依次记录所有像素的结构，所占空间较大，有较好的文件交换弹性，可以定义文件头（Header）的参数。

⑦ Scitex CT。它是一种图像处理及印刷系统，使用 SCT 格式记录 RGB、CMYK 及灰度模式下的连续层次。Scitex CT 可以和 Scitex 系统相互交换。

⑧ TIFF。它是一种在许多不同的平台和应用软件间交换信息的格式，可以用 LZW 方式压缩。

⑨ PNG。PNG 又称为可移植网络图形，是便携式网络图像格式，用于网页上无损压缩和显示图像。该格式支持 24 位图像，产生透明背景且没有锯齿边缘，支持带一个 Alpha 通道的 RGB 和灰度色彩模式，但在一些早期版本的 Web 浏览器中可能不支持 PNG 图像。

（4）图像的色彩模式。

常用的图像色彩模式有：RGB 模式、CMYK 模式、Lab 模式、多通道模式、HSB 模式、灰度模式、位图模式、索引颜色模式、双色调模式等。

① RGB 模式。它是一种加色模式，由红、绿、蓝三种色光相叠加形成［见图 8-8a）］。红、绿、蓝三种颜色都有 256 个亮度级，形成了 1 670 万种颜色。RGB 模式可以提供全屏幕多达 24 位的真彩色范围，是编辑图像时的最好选择。

② CMYK 模式。它是一种减色混合模式，由 Cyan（青）、Magenta（品红）、Yellow（黄）和 Black（黑）四种色彩组成［见图 8-8b）］。它是经常在出彩片（四色片）或在平面美术中的彩色印刷时所使用的一种颜色模式。

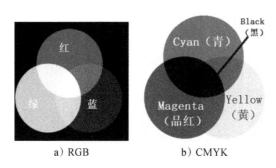

a）RGB                    b）CMYK

图 8-8    色彩的 RGB 模式和 CMYK 模式

③ Lab 模式。它是进行颜色模式转换时使用的中间模式。该颜色模式由一个发光串（Luminance）和两个颜色（*a*，*b*）轴组成。例如，将 RGB 图像转换为 CMYK 模式时，Photoshop 会先将其转换为 Lab 模式，再由 Lab 转换为 CMYK 模式。因此，Lab 的色域最宽，它涵盖了 RGB 和 CMYK 的色域。L 代表了亮度分量，它的范围为 0～100；*a* 代表了由绿色到红色的光谱变化；*b* 代表了由蓝色到黄色的光谱变化。颜色分量 *a* 和 *b* 的取值范围均为 −128～+127。不论在任何显示器或者打印机上使用，Lab 的颜色均不会改变。

④多通道模式。该模式包含多种灰阶通道，每一通道均由 256 级灰阶组成，主要用于特殊打印图像。当 RGB 或 CMYK 或 Lab 模式的任一通道被删除后，它就会变成多通道色彩模式。在此模式中的彩色图像由多种专色复合而成，不被大多数设备支持，但将其存储为 Photoshop DC 2.0 格式后就可以输出了。

⑤ HSB 模式。它描述了人类感觉颜色的三种基本特性。其中，H 表示 Hue（色相），S 表示 Saturation（饱和度），B 表示 Brightness（亮度）。

⑥灰度模式。该模式中只存在灰度，最多可达 256 级灰度。当一个彩色文件被转换为灰度模式时，图像中的色相及饱和度等有关色彩的所有信息都会被删除，只留下亮度。

⑦位图模式。位图模式中，只用黑色或白色之一来表示图像中的像素，通过组合不同大小的点来产生一定的灰度级阴影。

⑧索引颜色模式。该模式只能存储一个 8 位色彩深度的预先定义好的颜色文件，最多只有 256 种颜色。当将其他彩色模式的文件转换为索引颜色模式时，将构建一个颜色查找表，用以存放并索引图像中的颜色。

⑨双色调模式。它是指采用两种彩色油墨创建，由双色调、三色调、四色调混合色阶而组成的图像。在此模式中，最多可向灰度图像中添加四种颜色。

（5）图层。

图层是 Photoshop 中一个非常重要的概念，是绘制和处理图像的基础。

Photoshop 参照使用透明纸的绘图思想，将所有的图像分为多个图层，每个图层作为一张透明的纸，不同的图层上绘制不同的图像，将多个图层（透明纸）叠加便形成了一幅完整的图像。在 Photoshop 中处理图像时，经常需要新建不同类型的图层，每个图层可以进行独立的编辑或修改。

⊙ **案例分享 8-2**

### 卫龙：网红辣条的潮酷营销

卫龙创办于 1999 年，是集研发、生产、加工和销售为一体的现代化休闲食品企业。卫龙食品以"童年怀旧零食＋高档次包装＋互联网营销"为品类定位，近年来灵活运用多种新颖的营销方法，在年轻一代市场中掀起了新的热潮。

2017 年双十二前夕，卫龙一改常态进军"时尚界"，让产品更加潮酷。卫龙在其官方旗舰店展示了一组醒目的高街风模特照片。两位模特分别穿着红色和绿色的东北碎花服饰，配上杂志式的封面背景，以及"碎花新时尚"的标语，让观众仿若进了一家服装店。但其实模特手上拿着的是与模特的气质相映成趣的各式辣条产品。

　　这组以东北碎花为时尚主题，兼具时尚元素和传统中国风的图片，赋予了卫龙辣条新的内涵，让吃辣条变成了一件潮酷的事情。它打破了辣条"低端快消品"的刻板印象，成为可以与更多时尚年轻人建立联系的产品。

　　资料来源：改编自"企业营销管理研究中心．吃包辣条压压惊，看网红辣条卫龙是如何做营销的"。

## （二）Photoshop 的制作基础

### 1. Photoshop 的工作界面和面板

Photoshop 的工作界面和面板如图 8-9 所示。

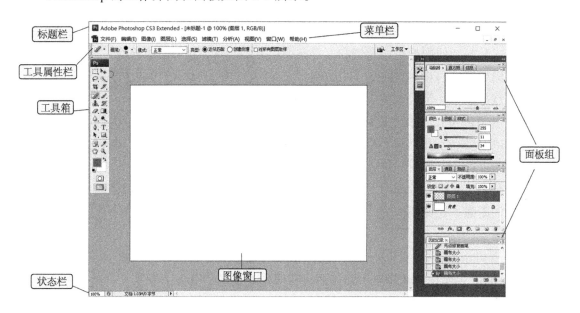

图 8-9　Photoshop 的工作界面和面板

### 2. 图层新建和编辑方法

（1）图层新建方法。

新建普通图层即空白图层的方法主要有以下三种。

　　①单击图层右下角底部的"创建新图层"按钮，即可在当前图层之上新建一个空白图层，新建的图层自动以"图层 1""图层 2"等命名。

　　②依次选择【文件】→【新建】→【图层】，打开"新建"对话框。在"名称"文本框中输入新图层的名称；在"颜色模式"下拉列表框中选择图层在图层面板中的显示颜色；在"背景内容"下拉列表框中选择图层背景颜色；在"宽度""高度""分辨率"文本框中设置图层的度值，然后单击"确定"按钮即可［见图 8-10a)］。

③单击"图层",再依次选择【新建】→【图层】,打开"新建图层"对话框。在"名称"文本框中输入新图层的名称;在"颜色"下拉列表框中选择图层在图层面板中的显示颜色;在"模式"下拉列表框中选择"正常"选项;在"不透明度"文本框中设置图层的不透明度值,然后单击"确定"按钮即可 [见图 8-10b)]。

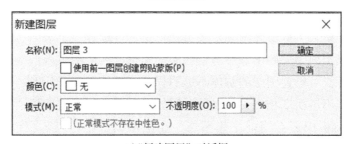

a) 图层新建

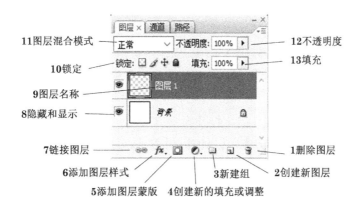

b)"新建图层"对话框

图 8-10 图层新建方法

(2)图层编辑方法。

如图 8-11 所示,从下到上、从右到左的图标含义有以下几种。

图 8-11 图层编辑的图标含义

1）删除图层。最下排的右起第一个图标是"删除图层"。单击该图标，即可删除选定的图层；或在选择的图层上，按住鼠标左键不放，拖曳至垃圾桶图标也可删除图层。

2）创建新图层。详情见上述图层新建方法①。

3）新建组。单击此图标，可以新建一个图层组。

4）创建新的填充或调整。单击此图标，会弹出菜单（如纯色、渐变、图案等），从中选择某选项可以对图层进行填充或调整图层。

5）添加图层蒙版。单击此图标，可为当前选择图层添加一个图层蒙版。

6）添加图层样式。单击此图标，会出现菜单，可选择"投影""内投影"等各种样式应用于当前工作图层，呈现图像的特效效果。

7）链接图层。选中两个以上图层，单击此按钮，可以创建图层的链接。

8）隐藏和显示。每个图层前面都有一个类似眼睛的图标，单击此图标可隐藏图层，隐藏后再单击一次即可显示。

9）图层名称。新建图层时，系统默认名称为"图层 1""图层 2"等，双击图层的名称，即可修改图层标题。

10）锁定。在该选项组中可以指定需要锁定的图层内容，包括锁定透明像素、锁定图像像素、锁定位置以及锁定全部。

11）图层混合模式。单击此图标，会出现菜单，可选择"正常""溶解"等各种不同的混合模式，决定当前图层的图像与其他图层的图像混合后的效果。

12）不透明度。可设置图层的整体不透明程度，系统默认"100%"。

13）填充。与不透明度相似，可设置图层的不透明度，系统默认"100%"。

此外，图层面板中还有当前工作图层。在图层面板中，以蓝颜色背景显示的图层表示正处于选中状态，此时可对其内容进行修改或编辑，称之为当前工作图层，按住【Ctrl】+【E】即可向下合并图层。

### 3. Photoshop 快捷键

Photoshop 快捷键是 Photoshop 为了提高绘图速度而定义的快捷方式。查看键盘所有快捷键：【Ctrl】+【Alt】+【Shift】+【K】。其他常用的快捷键如下。

（1）工具使用快捷键。

移动图层至下一层：【Ctrl】+【[】；移动图层至上一层：【Ctrl】+【]】。

循环选择画笔：【[】或【]】。图层置顶：【Ctrl】+【Shift】+【]】。

（2）文件操作使用快捷键。

新建图形文件：【Ctrl】+【N】。打开为：【Ctrl】+【Alt】+【O】。

默认设置创建新文件：【Ctrl】+【Alt】+【N】。

打开已有的图像：【Ctrl】+【O】。另存为：【Ctrl】+【Shift】+【S】。

新建图层：【Ctrl】+【Shift】+【N】。

（3）图像调整使用快捷键。

图像大小：【Ctrl】+【Alt】+【I】。自由变换：【Ctrl】+【T】。

再次变换：【Ctrl】+【Shift】+【Alt】+【T】。色阶：【Ctrl】+【L】。

画布大小：【Ctrl】+【Alt】+【C】。

（4）编辑文字使用快捷键。

移动图像的文字：【Ctrl】+ 选中的文字。

使用 / 不使用 Caps：【向上键】+【Ctrl】+【H】。

选择从插入点到鼠标点的文字：【向上键】+ 点击鼠标。

选择文字时显示 / 隐藏：【Ctrl】+【H】。

使用 / 不使用大写英文：【向上键】+【Ctrl】+【K】。

### 训练 8-5

请打开 PS 界面，设置图层。

## 三、Photoshop 海报制作

### （一）打开图像文件的方法

#### 1. 选择【菜单】→【文件】→【打开】，打开图像文件

在【文件】中单击【打开】按钮，在打开对话框的"查找范围"下拉列表框中，选择要打开的文件，单击图像文件就会显示在 Photoshop 界面中。提示：在 Photoshop 的灰色底面上双击，也可打开"打开"对话框。

#### 2. 选择【菜单】→【文件】→【浏览】，打开图像文件

单击菜单栏中的【文件】，再单击【浏览】选项，运行文件浏览器。在文件浏览器中，在预览窗口双击要打开的图像，或者拖到 Photoshop 面板上，可打开图像。通过浏览图像文件的名称可预览效果，并检索到文件。提示：单击菜单栏中的【窗口】，再单击【导航器】选项，也可打开文件。

#### 3. 找到 Photoshop 文件，打开图像

在文件夹中找到 Photoshop 文件，打开图像，运行 Photoshop，将图像文件拖动到工作窗口上。提示：利用快捷方式图标打开文件，将在 Photoshop 打开的文件拖动到 Photoshop 的快捷方式图标上，就可以自动运行 Photoshop 并打开图像文件。

### （二）图像基本操作

#### 1. 调整图像和画布大小

（1）调整图像大小。

单击菜单栏中的【图像】→【图像大小】。在【图像大小】对话框中，可查看或更改当前正在制作的图像窗口上的内容，如像素大小中的宽度和高度，文档大小中的宽度、

高度及分辨率。如图 8-12 所示，图像像素大小为 1.01M，宽度为 624 像素，高度为 567 像素。

（2）调整画布大小。

单击菜单栏中的【图像】→【画布大小】（见图 8-13）。在"画布大小"对话框中，更改菜单栏中的"新建大小"的数值，可放大或者缩小画布宽度和高度；也可调整画布背景的画布扩展颜色。

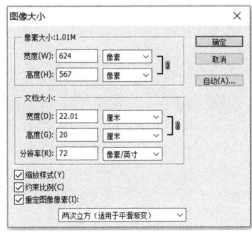

图 8-12　调整图像大小

图 8-13　调整画布大小

（3）图像大小和画布大小的关系。

画布尺寸要比整体图像尺寸大，如果设置画布比图像小，会出现只显示部分图像的情况。

2. 旋转画布

利用【图像】→【旋转画布】指令旋转整个画布时，画布上的图像、图层、通道等所有元素都会被旋转。旋转方式有垂直旋转和水平翻转，还有 180 度或 90 度，顺时针或逆时针或任意角度的旋转。如果只对图像的某一部分进行变形，要使用菜单栏中的【编辑】→【变换】指令。

### （三）制作图片的绘图工具箱

Photoshop 制作图片的绘图工具箱中共有 27 个工具，各绘图工具的名称及其快捷字母如图 8-14 所示。

## 四、Photoshop 图像处理和制作

### （一）制作透明图层

（1）单击菜单栏【图层】→【新建】→【图层】命令，则自动生成透明图层［见图 8-15a)]。

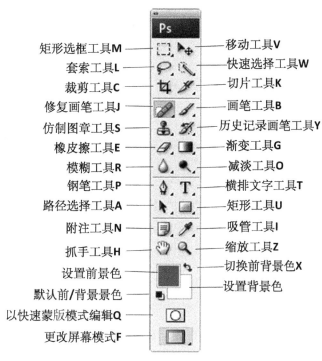

图 8-14　PS 绘图工具箱

（2）制作过程中自动生成图层。在图像制作过程中，可通过图层面板生成透明图层：
①利用右下角的复制工具创建透明图层［见图 8-15b)];
②使用文字工具在图像上输入文字时生成透明图层；
③使用矩形工具制作透明图层。

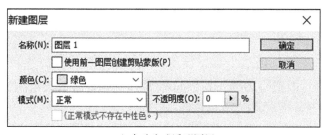

a）自动生成透明图层

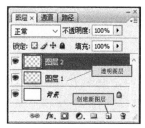

b）粘贴生成图层

图 8-15　制作透明图层

## （二）制作文字图像

（1）使用文字工具在图像上输入文字的时候，会自动生成文本图层，对原图像并没有损伤，随时都可修改或删除。

（2）但文字蒙版工具是设置文字形态的，不会生成新图层。生成的文本图层是矢量图像，为了应用滤镜和其他多种效果，必须转换成位图图像。

训练 8-6

请模仿图 8-16 公益海报设计（拒绝动物表演）的一个图形模样，用 Photoshop 软件制作一幅与小组主题营销作业相关的海报图片或与国庆节有关的海报。

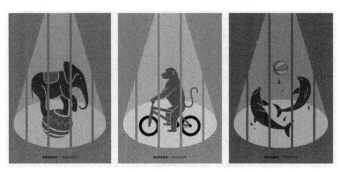

图 8-16　公益海报设计（拒绝动物表演）

注：图片来源于站酷（ZCOOL）网。

# 第三节　用户画像制作及工具

## 一、用户画像的概念和要素

### （一）用户画像的概念

用户画像（Personas）的概念，最早是由网络交互设计之父阿兰·库珀（Alan Cooper）提出的。他认为，用户画像是目标用户的具体表现，是真实用户的虚拟代表，是建立在一系列真实数据之上而挖掘出的目标用户模型。

用户画像就是指用户信息标签化，通过大数据技术，收集与分析用户的人口特征、社会属性、生活方式、兴趣爱好、消费行为等主要信息数据后，运用工具抽象出一个或一群用户的信息全貌和画像，为企业营销和决策提供依据。

用户画像，又称用户角色，是把用户按目标、属性、行为和观点等划分为不同的类型，从每种类型中抽取出用户的有代表性的和典型的特征，并赋予名字、照片、场景、人口统计学要素等描述，勾画形成一个目标用户人物的原型画像。目前，用户画像是运用计算机工具和虚拟技术，整合用户的属性、行为与期待等具有代表性的数据，转化、构建和勾画出目标用户，将展现用户诉求与营销设计相结合的一种有效画像工具。用户画像已经广泛应用于各领域中。

### （二）用户画像的 PERSONAL 八要素

用户画像是真实用户特征的虚拟代表，是品牌运营和产品设计必须考虑的重要因素。用户画像是基于用户真实的但不是一个具体的人的特征，根据用户的目标行为和观点的差异、类型等要素，组织、整合、提炼数据，形成一个或一群的用户画像。一个产品可能关联 4~8 个用户画像的特征要素。用户画像的 PERSONAL 八要素具体包括以下几点。

（1）P 代表基本性（Primary）。它是指该用户画像的角色是基于对真实用户的基本情况和情景而得的。

（2）E 代表同理性（Empathy）。它是指用户画像的角色中包含姓名、照片和产品相关的描述，能否引起角色的同理心。

（3）R 代表真实性（Realistic）。它是指对那些每天与顾客打交道的人来说，用户画像的角色能否看起来像真实人物。

（4）S 代表独特性（Singular）。它是指每个用户画像是否独特，彼此有多少相似性。

（5）O 代表目标性（Objectives）。它是指用户画像的角色和关键词包含与描述产品相关的高层次目标情况。

（6）N 代表数量性（Number）。它是指用户画像角色的数量是否足够少，设计团队能否记住每个用户角色的姓名及其中一个主要的用户角色。

（7）A 代表应用性（Applicable）。它是指设计团队能否使用用户画像角色作为一种实用工具来进行设计决策。

（8）L 代表长久性（Long）。它是指用户画像标签的长久性。

## 二、用户画像的呈现维度

用户画像的呈现是指把用户代表性的特征以直观的画像呈现出来，能够帮助营销者更好地理解和应用信息进行营销决策。用户画像可以通过呈现维度来展现，如信息画像、行为画像、分群画像。从组织标签维度，用户画像可从 8 个方面进行构建，分别是基本属性、平台属性、行为属性、产品偏好、兴趣偏好、敏感度、消费属性、用户生命周期及用户价值（见图 8-17）。

### 1. 用户基本属性画像

用户基本属性画像属于静态数据信息的画像，运用用户的人口学属性和具有唯一性的可识别属性，主要包括性别、年龄、地域、收入、消费水平、资产、职业、婚否、家庭等人口统计基础信息。

### 2. 用户平台属性画像

用户平台属性画像，主要是对用户数据来源的平台、媒体、创意、广告位、内容等渠道，以及用户的性别、年龄、位置等信息进行画像。

### 3. 用户行为属性画像

用户行为属性画像属于动态数据信息画像，主要包括用户在网站上的浏览、点击、注册、习惯、使用频次、交互、访问时长、喜欢偏好、消费记录、交易、购买、行为轨迹等用户行为信息。

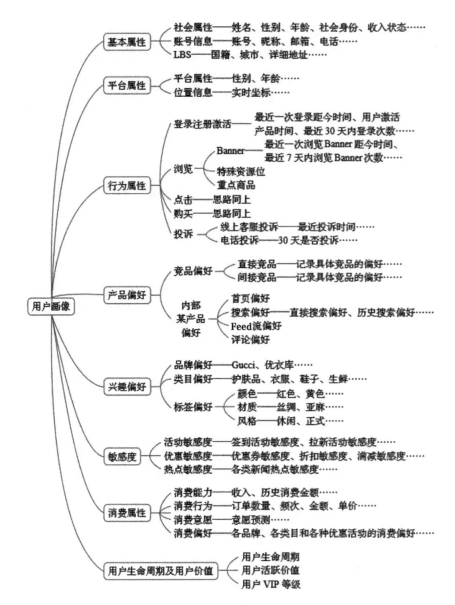

图 8-17　用户画像的呈现维度

注：图片来源于"李凯东.用户画像从 0 到 100 的构建思路.知乎"。

4.用户产品偏好、兴趣偏好画像

对用户所触达的营销产品、竞品、内容偏好，以及品牌、类目、标签等偏好进行画像，实现对相同偏好人群的分层。

5.用户敏感度画像

在进行营销活动及宣传推广时，用户会对一些涉及自身利益的事或物较敏感。用户敏感度包括热点敏感度、优惠促销敏感度、折扣敏感度、活动敏感度、新品敏感度、爆款敏感度等。

### 6. 用户消费属性画像

用户消费属性画像是指运营者通过数据技术，找出众多用户具有的共同业务特性、产品需求、消费能力、消费行为、消费意愿、消费偏好等共性业务信息，并贴上用户群体的某一标签，用工具在同一画面中显现出来，形成分群体画像。

### 7. 用户生命周期画像

用户生命周期画像是依据用户所处生命周期的各阶段进行标签标记，从一个用户点击进入产品页面到离开，会经历"新手""成长""成熟""衰退""流失"5 个典型的标签阶段，可以对用户进行画像以制订不同的运营策略。

### 8. 用户身份及价值标签画像

标签是用户画像的核心部分。用户身份画像有微信 OpenID、手机 IMEI、Device ID、Email 地址和第三方 ID 等用户信息画像。用户价值标签画像是用户为产品贡献价值高低、活跃度大小和等级高低的标签，可以通过 RFM 模型获得交易维度用户标签，例如，高价值用户、VIP 等级用户等标签画像，可以为企业的决策提供参考。

## 三、用户画像制作及分析工具

用户画像是对多维度海量用户数据，运用工具进行整理和分析后形成的精准的直观的用户画面。国内外制作用户画像和分析的软件工具多种多样，国外有谷歌的 Flickr，Tagxedo，LabelCloud 等。下面主要介绍几个国内的用户画像制作及分析工具。

### 1. 神策数据

神策数据的主要业务和产品有分析云、营销云、用户画像、广告分析、客户行为分析、客户数据分析、智能运营和智能推荐等。

### 2. Convertlab 用户画像

Convertlab 用户画像是中国的一体化营销云用户画像企业，它可制作的用户画像业务有：建立标签体系，建立客户标签和内容标签体系；精准客户分层，通过用户画像背后的多级维度，智能化圈群分组；构建用户画像，通过多维度指标 360 度精准输出用户画像。

### 3. 个推用户画像

个推用户画像能够制作和构建全面、精准、多维的用户画像体系，对用户线上和线下行为偏好进行全方位深度了解与洞察，完整还原用户全貌，提供丰富的用户画像数据以及实时的场景识别能力。主要的制作业务有行为标签、场景标签、属性标签、兴趣标签、定制化标签等用户画像。

## 四、用户画像的呈现方式制作工具

用户画像的呈现方式多种多样，最常见的有词云图、标签云、人物图像＋用户标签

（见图 8-18）、数据分析和统计图等。以下是一些制作工具的简单介绍。

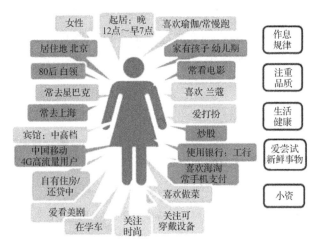

图 8-18    人物图像 + 用户标签

注：图片来源于百度。

## （一）词云图用户画像制作工具

词云图是一种输入一段文字进行词频提取，根据词汇出现频率的大小集中显示高频词的图像展示方式。词云图的优势是简洁、直观、高效。在数据可视化图表中，词云图是一种视觉冲击力很强的图表。目前，国内外有各式各样的词云图制作网站和软件工具，如 PS（Photoshop）和 AI（Illustrator）、XD、BlueMC 等。例如，把微信聊天记录导出生成词云图（见图 8-19）。下面简单介绍几款词云图在线生成器制作工具。

图 8-19    把微信聊天记录导出生成词云图

注：图片来源于 "李凯东.用户画像从 0 到 100 的构建思路"。

### 1. 凡科快图在线生成器

凡科快图是一款免费、简单、易用的词云图在线生成器。它涵盖了制作营销海报、新媒体配图、网站电商、广告投放等业务。

### 2. Kalvin 在线工具

Kalvin 在线工具有各种图片工具、文字工具、词云图生成等业务。

### 3. Sketch 中文网站

Sketch 中文网站可直接下载安装插件，有蒙版，无须操心占位内容，可自动随机填充男性、女性或自然风光的图片，或填充用户的姓名、邮箱、电话及地址等。

### 4. WordItOut

WordItOut 仅支持英文文本，进入网站，输入文本，可以快速生成词云图。用户可以根据自己的喜好更改颜色、字符、字体、背景、文字位置等。

### 5. WordArt

WordArt 是一款在线词云制作工具。它不需要注册就可直接使用，对热词数量没有限制，支持设置字体、形状、交互查看等个性化配置，但是其操作界面是英文，制作中文词云图不方便。

## （二）可视化用户画像制作工具

运用专业的数据可视化分析软件工具，可实现数据分析可视化效果，可用 BI（Business Intelligence）工具来制作，操作简单、易上手。

### 1. FineBI

FineBI（帆软）大数据画像是一款国产免费的商业智能、大数据 BI 和分析平台工具，为企业不同阶段的发展提供一站式大数据 BI 和可视化图表、词云图产品制作、商业智能和数据分析等业务。

### 2. Tableau

Tableau 是一款国内外知名度较高的商业智能可视化制作收费工具，功能很强大，与 FineBI 类似，可针对用户的每个主题创建可视化分析，运用数据驱动，提供 Tableau Blueprint 蓝图工具进行开发和制作。但其数据源需要提前完成词频统计。

## （三）用户画像编程制作工具

除了上述的软件工具和网站之外，还有一些软件通过代码生成词云图或用户画像。

### 1. Python 可视化画像

运用 Python 软件，可以进行用户及各种数据分析和处理，还可以制作成可视化图表。其主要的图表类型有 7 个大系列，即分布、关系（见图 8-20）、排行、局部整体、时间序列、地理空间、流程等，不仅包含普通图表，还包括词云图、小提琴图、山脊线图、径向柱图、维恩图、河流图、地图（等值域、网格、变形）、网状图、桑基流图、动态散点气泡图等。WordCloud 是 Python 专门用来制作词云图的第三方库，需在使用前安装，设置参数，最后生成词云图。

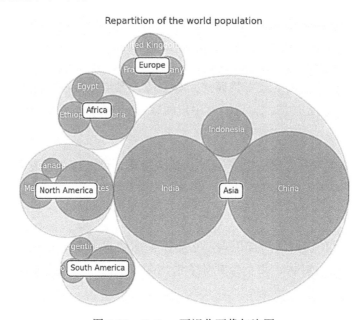

图 8-20　Python 可视化画像气泡图

注：图片来源于"这 40 个 Python 可视化图表案例"。

### 2. Pyecharts

Pyecharts 是一款将 Python 与 Echarts 结合的强大的数据可视化工具，支持生成词云。它与 BI 工具类似，要求输入的数据是经过筛选和统计好的数据，可用 Pyecharts 来做词云和可交互图表。

# 第四节　Adobe Premiere Pro 音视频制作

## 课前素材准备

请预先准备好几张图片或照片，以及一个小视频作为素材。

## 一、Adobe Premiere Pro 简介

### （一）什么是 Adobe Premiere Pro

Adobe Premiere Pro（以下简称 PR），是 Adobe 公司出品的一款影视后期编辑的软件，

是数字视频领域普及程度最高的编辑软件之一。PR 可应用于日常的视频新闻编辑，不需要特殊的硬件支持，是视频兴趣者的必备软件。本书以 Adobe Premiere Pro 2020 版本为例进行相关介绍，其他各版本 PR 操作界面略有不同，请使用者以打开的界面为准。虽然各版本不同，但基本操作相同或相似，本书仅简要介绍其基本内容。

### (二) PR 系统要求

（1）处理器：Intel Pentium 4 以上。

（2）操作系统：Microsoft Windows 2007 及以上。

（3）内存：DV 制作需要 1 GB 内存；HDV 和 HD 制作需要 2 GB 内存。

（4）硬盘：10 GB 可用硬盘空间；DV 和 HDV 编辑需要专用的 7 200RPM 硬盘；HD 需要条带化的磁盘阵列存储空间。

（5）显卡：1，280x1，024 显示器分辨率，32 位视频卡；Adobe 建议使用支持 GPU 加速回放的图形卡。

（6）声卡：Microsoft Direct X 或 ASIO 兼容声卡。

（7）使用 QuickTime 功能需要 QuickTime 7 软件。

### (三) PR 操作界面

#### 1. PR 音视频新建项目

单击【文件】→【新建项目】，可进入 PR 操作界面，如图 8-21 所示。

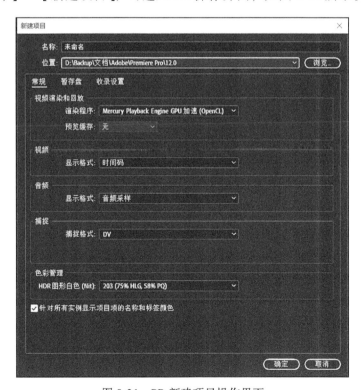

图 8-21　PR 新建项目操作界面

PR 音视频新建页面包括名称、位置、常规、暂存盘、收录设置；视频、音频、捕捉；色彩管理；等等。

2. PR 操作界面模块介绍

PR 的默认操作界面主要有菜单栏、预设菜单、项目面板、源监视面板、时间轴面板、效果监视面板、工具栏和音频仪表面板八个主要部分。各模块内容如图 8-22 所示。

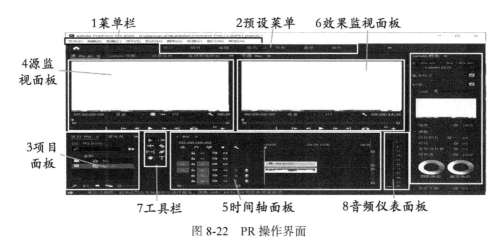

图 8-22　PR 操作界面

（1）菜单栏：在界面顶部有一行菜单栏，包括文件、编辑、剪辑、序列、标记、图形、视图、窗口和帮助等功能菜单。

（2）预设菜单：顶部菜单栏下面的菜单，是为了方便用户使用，PR 专为用户预设好一些软件界面，主要包括学习、组件、编辑、颜色、效果、音频、图形、库等。一般默认的是【编辑】界面，如单击【颜色】【音频】等按钮，软件界面会跳转到颜色、音频编辑页面，可对视频进行后期调色、音频处理。

（3）项目面板：左下角模块是音频、视频和图片等素材存放、导入及管理面板，管理导入的素材和新建的素材，也可建立存储序列文件、设置字幕、调整图层。

（4）源监视面板：双击媒体素材框的任一文件，可在左上角的【源】预览框中预览素材，可预览和剪辑素材文件，为素材设置出入点及标记等，并制定剪辑的源轨道。

（5）时间轴面板：音频和视频编辑时间模块，可对音频和视频素材时间长短进行编辑与剪辑，并为视 / 音频提供存放轨道。

（6）效果监视面板：进行时间轴音频和视频编辑时，其编辑效果则在效果监视面板显示。在效果监视面板中可设置视频效果的参数及默认的运动属性、不透明度属性及时间属性。

（7）工具栏：在视频编辑模块，可通过工具对视频进行剪辑和效果制作。

（8）音频仪表面板：显示混合声道输出音量大小的面板，当音量超出安全范围时，在柱状顶端会显示红色警告，用户可以及时调整音频的增益，以免损伤音频设备。

在所有预设页面中，用户可以对各模块进行自由拖放和排版自己的 PR 界面。

## 二、PR 音视频编辑的基本概念

### （一）视频的概念和分类

#### 1. 视频的概念

视频（Video）是由一幅幅静止的图像通过一定的播放速率形成平滑和连续的活动的动态效果画面与图像，是人眼的视觉暂留效应产生动态画面的感觉图像。在日常生活中经常看到的电影、电视、抖音、DVD、VCD 等都属于视频的范畴。

数字视频就是先用摄影机、手机、照相机等视频捕捉设备，将预期的外界影像记录到存储设备上，再转换成图像、动态画面或数字图像，需要进行后期视频编辑。

#### 2. 帧和帧速率

帧是视频或动画的单个图像，每幅图像称为一帧（Frame）。图像是视频或动画的最基本和最小的单元。在电影中，把每幅图像称为一格。

帧速率表示为帧 / 秒，是指每秒被捕获的帧数，或每秒播放的视频或动画序列的帧数。帧速率的大小决定了视频播放的平滑程度。帧速率越大，动画效果越平滑。对于人眼来说，若每秒播放 24 格（电影的播放速率）、25 帧（PAL 制式电视的播放速率）或 30 帧（NTSC 制式电视的播放速率），就会产生平滑和连续的画面与视频效果。

#### 3. 视频的分类

从视频信号的组成和存储方式来讲，视频可分为两种：模拟视频和数字视频。

模拟视频，是由连续的模拟信号组成的视频画面和图像，是用天线接收的电视开路模式。例如，电影、电视、VHS 录像带上的画面通常是以模拟视频的形式呈现的。

数字视频，是用二进制数字编码来表示图像中的每一个像素点而形成的动态图像模式，可用机顶盒和有线电视接收器来传送数字视频信号的画面。数字视频的特点是可对图像中的任何地方进行修改。

一个完整的视频信号需要将音频和视频结合起来才能形成一个整体。例如，早期的录像带有分别记录视频信号和音频信号的两个区域，播放时会将视频、音频信号同时播放出来。

### （二）音视频制式和格式

#### 1. 视频制式

因各个国家对视频和电视指定的标准不同，故现有的视频和彩色电视制式主要有三种：NTSC、PAL 和 SECAM。不同制式的帧速率也不相同。

（1）NTSC（正交平衡调幅制式）。它由美国国家电视标准委员会制定，分为 NTST-M

和 NTSC-N 等类型。该格式的影像帧速率为 29.97 帧 / 秒。采用的国家有美国、加拿大等大部分西半球国家和日本、韩国。

（2）PAL（正交平衡调幅逐行倒相制式）。它分为 PAL-B、PAL-I、PAL-M、PAL-N、PAL-D 等类型。该格式的影像帧速率为 25 帧 / 秒。采用的国家有英国、中国、澳大利亚、新西兰等。中国采用的是 PAL-D 制式。

（3）SECAM（顺序传送彩色信号与存储恢复彩色信号制式）。它也被称为轮换调频制式，采用的国家和地区有法国、东欧、中东及部分非洲国家。

2. 数字视频格式

因视频采集的数字视频文件很大，因此，通过特定的编码方式压缩视频文件，能够有效地减小文件的大小，同时又尽可能保证影像质量。数字视频压缩方法很多，常见的有 AVI 和 MPEG 格式。

（1）AVI 格式。

AVI 格式是一种专门为 Windows 环境设计的数字视频文件格式。由微软公司开发，支持的播放软件有 Windows Media Player、DivX Player、QuickTime Player、RealPlayer 等。其优点是图像质量好、兼容性好、调用方便；缺点是存储占用空间大。

（2）MPEG 格式。

MPEG（Moving Pictures Experts Group/Motion Pictures Experts Group），中文译名为动态图像专家组，VCD、DVD 均采用这种格式，它是一种特别普遍的视频格式。绝大多数播放软件如 Windows Media Player、RealPlayer、暴风影音等均支持播放。其特点是 MPEG 标准的视频压缩编码技术主要通过运动补偿的帧间压缩技术减小时间冗余度，用 DCT 技术减小图像空间冗余度，用熵编码技术减小信息表示统计冗余度，极大地提升了压缩性能。MPEG 格式包括 MPEG 视频、MPEG 音频和 MPEG 系统（视频、音频同步）三种。MP3（MPEG-3）是常用的音频文件。视频格式有 MPEG-1、MPEG-2 和 MPEG-4 三个压缩标准。其中，MPEG-1 格式应用于 VCD 与网络下载的视频片段制作上。其文件扩展名主要有 ".mpeg""m1v""mpe""mpg" 及 VCD 光盘中的 ".dat" 文件等。

例如，可把一部 100 分钟长的非数字视频电影压缩成 1GB 左右的数字视频。MPEG-2 格式应用在 DVD 制作上，文件扩展名包：.mpeg .m2v .mpe .mpg 及 DVD 光盘中的 .vob 文件等，但所生成的文件较大。MPEG-4 格式是一种新的压缩算法格式，所生成文件容量较小，常用于网络在线播放。

3. 数字音频格式

数字音频是以数字信号的方式来记录声音强弱的。数字音频文件有多种音频格式，常见的有 WAV、MP3、MIDI、WMA、MP4、VOF 等。下面简介前四种数字音频格式。

（1）WAV 格式。它是微软公司开发的一种声音文件格式，支持 Windows 平台及其应用程序。各音频编辑软件基本都可识别 WAV 格式。

（2）MP3 格式。其特点是文件小，音质好。

（3）MIDI 格式。它又称为乐器数字接口，是数字音乐电子合成乐器的国际统一标准。

（4）WMA 格式。它是微软公司开发的用于网络音频领域的一种音频格式，适合在线播放。只要安装了 Windows 操作平台就可以直接播放 WMA 音乐。

### （三）其他相关概念

（1）剪辑：剪切、编辑视频或电影项目中的原始素材，可以是一幅静止图像或者一段声音等文件。

（2）剪辑序列：由多个剪辑组合成的复合剪辑。

（3）帧长宽比：显示帧尺寸的宽度与长度比，通常有 4：3 和 16：9 两种帧长宽比。

（4）关键帧：一种特定帧，可在素材中被标记，用来做特殊编辑或控制整个动画。

（5）时间码：用来表示确定视频长度及每一帧画面的位置的特殊编码。国际上采用SNPTE 时间码来给每一帧视频图像编号。时间码的格式是"小时：分：秒：帧"。例如，时间码为"00:05:20:22"表示当前的视频播放时间长度为 5 分钟 20 秒 22 帧。

（6）导入：将一组素材 / 数据从一个程序引入另一个程序的过程。导入后的数据源文件内容保持不变。

（7）导出：将数据转换为其他格式应用程序的过程。

（8）转场效果：用一个视频素材替换另一个视频素材的切换过程，也被称为场景过渡效果，或场景切换效果。

（9）渲染：将处理过的信息组合成单个文件的过程。

## 三、PR 视频的基础编辑方法

### （一）采集拍摄广告视频素材

#### 1. 视频广告拍摄前的准备

（1）检查拍摄机器的电池电量。

（2）检查数码录像带或手机内存是否备足。

（3）如果需要长时间拍摄，准备三脚架 / 自拍杆。

（4）事先规划好要拍摄的主题、内容、场地、时间，以及人、物、景等。

#### 2. 使用摄像机或手机拍摄的注意事项

（1）拍摄时避免镜头直对阳光。

（2）拍摄时要有稳定性的支撑。

（3）数码变焦的倍数越大，作品素质就越差。

（4）注意最高的可用分辨率。

（5）学习调整屏幕时正确地对焦和曝光技巧。

（6）定期清洗磁头。

## （二）小组主题视频广告制作设计

### 1. 相关知识

视频广告制作的过程通常包括四个部分：前期准备、整理素材、编辑成影片、作品输出。

### 2. 实现任务

通过制作《××主题视频》或电子相册，介绍视频制作的流程和主要内容。

### 3. 制作要点

音视频制作的要点主要有：前期设计和准备、新建或加入文件、导入素材、编辑素材、应用转场效果、调整素材。

## （三）视频编辑基础操作步骤

### 1. 前期设计和准备，新建文件

规划好要制作一个关于《××主题视频》。前期准备包括：寻找或拍摄有趣照片或音视频等素材，把质量良好的图片、音视频进行标号、归类、编号，设计各图片、音视频的编辑顺序。

（1）启动 Premiere Pro 2020 应用程序，进入欢迎画面。

（2）选择"文件"→"新建"→"项目"，打开新建项目对话框（见图 8-21）。在"名称"文本框中输入"××主题视频"，选择文件需要存储的"位置"，单击"确定"按钮后进入视频编辑模式窗口。创建项目之后，可选择"文件"→"项目设置"→"常规"菜单命令，在"项目设置"对话框中，可调整和重新设置音视频和捕捉格式等选项。有些项目设置在后期无法更改。

### 2. 新建或加入素材的方法

（1）找到素材要打开的文件，直接拖进"项目面板"窗口。

（2）双击"项目面板"窗口空白处，可直接打开"导入"对话框。选择需要加入的音视频文件，单击"打开"按钮，可将素材导入"项目面板"中。

（3）右键单击项目窗口的空白处，从弹出的快捷菜单中选择"导入"菜单项，可打开"导入"的素材文件或整个文件夹，将其导入项目窗口中。

### 3. 编辑剪辑素材

（1）文件导入时间轴面板的方法：①按住鼠标左键直接将素材拖拉到"时间轴面板"的空白处，音视频则会进入 V1 和 A1 轨道里；②可使用效果监视面板底部的控制按钮或快捷键，将素材按需求添加到时间轴上；③可使用项目面板窗口底部的"自动添加到时间轴面板"按钮，将音视频素材按设置自动添加到时间轴中。

（2）改变素材显示时间：鼠标右键单击每一幅图片，出现快捷菜单，选择"速度 / 持
续时间"选项，出现"剪辑速度 / 持续时间"对话框（见
图 8-23）。将素材的"持续时间"更改为"3 秒"，或将
"速度"设置为"200%"。单击"确定"按钮。

（3）因为更改显示时间，所以各个图片中间如果出
现空白部分可删除，从而形成一个连贯的视频。

（4）执行菜单命令，选择"编辑"→"首选项"→
"常规"选项，打开"首选项"对话框，在对话框的"时
间轴"栏中，可查看默认"时间轴"的"静帧图像默认
持续时间"，将其设置为"75"帧。

（5）使用时间轴面板（见图 8-24）。时间轴面板包
含多种控制装置，可在时间轴帧之间进行移动。在时间

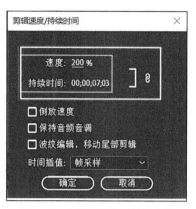

图 8-23　剪辑速度 / 持续时间

轴面板中，每个时间轴都可包含多个平行的视频轨道（如 V1、V2）和音频轨道（如 A1、
A2）。时间轴面板是音视频编辑操作的最主要面板，有图形化显示时间轴、素材片段转
场及效果和整合编辑。项目中的每个时间轴都可出现在同一个或分开的时间轴窗口中。
时间轴中至少包含一个视频轨道，可用多个视频轨道来合成素材。音频轨道的时间轴包
含有一条主控音频轨道以进行编辑整合输出。多个音频轨道可编辑音频并混合。

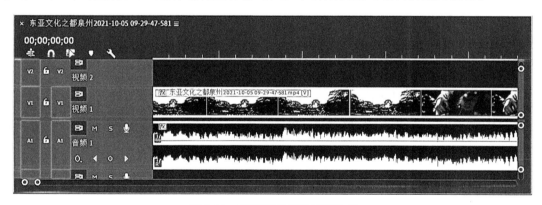

图 8-24　时间轴面板音视频轨道

### 4. 转场应用效果

（1）在"效果"面板中，设有"预设""Lumetri 预设""音频效果""音频过渡""视频
效果""视频过渡"等多种转场应用效果，各种效果下面还有多种子效果场景可应用。

（2）在"效果"面板中，单击"视频效果"，将其展开，里面的所有子视频效果都可
运用于不同的转场［见图 8-25a)］。

（3）在"效果"面板中，单击"视频过渡"，展开"划像"［见图 8-25b)］场景切换效
果，可按住鼠标左键将其下属的任一场景的划像效果直接拖拉到时间轴视频 V1 中的两幅
图片相临处。当出现"中"字形图标时，松开鼠标左键，该场景切换效果被成功地添加
到两幅图片之间。

a）视频效果                    b）划像效果

图 8-25 转场应用效果

5.调整素材的面板或位置

按住鼠标左键，将"项目面板"或"源监视面板"或"效果监视面板"窗口中的音视频文件，直接拖拽到时间轴上的音视频 V1 或 A1 轨道或其他轨道中。

### （四）音视频片段编辑方法

1.音视频片段分割和删除编辑

（1）分割编辑：用鼠标单击工具栏中的"剃刀工具"，对准音视频轨道上的素材需要分开的位置，按下鼠标左键，素材就会被剪开而成为两个独立的素材片段，可进行后续的插入或删除处理。

（2）删除编辑：在已经分割的音视频轨道上的素材片段中，单击不需要的片段，按下【Delete】键，即可删除不需要的素材片段。

2.音视频素材片段选择方法

（1）选择单个素材片段。在时间轴上，使用"选择工具"按钮，单击某一个素材片段，可将其选中；或按住【Alt】键，单击链接片段的视频或音频部分，可以单独选中单击的部分。

（2）选择多个素材片段。如果要选择多个素材片段，按住【Shift】键，使用"选择工具"逐个单击要选择的素材片段，或使用"选择工具"拖曳出一个区域，可以选中区域范围内的素材片段。

（3）轨道选择素材片段。按住选择"轨道"按钮 V1 或 A1，单击轨道上某一素材片段，可选择此素材片段或同一轨道上其后的所有素材片段。按住【Alt】键，选择"轨道"按钮 V1 或 A1，单击轨道中链接的素材片段，可以单独选择其视频轨道或音频轨道上的素材。按住【Shift】键，选择"轨道"按钮 V1 或 A1，单击不同轨道上的素材片段，可以选择多个轨道上所需的素材片段。

3. 编辑素材片段"入点"和"出点"

（1）确定要剪辑素材的片段。设置素材片段的"入点"和"出点"后可进行剪辑编辑。在素材添加到时间轴之前，可在"素材源监视面板"窗口中设置素材的入点和出点；在将素材添加到时间轴后，可以通过拖曳边缘等方式进行剪辑。

（2）在"项目面板"或"时间轴面板"窗口中双击要剪辑的素材片段，将其在"源监视器面板"中打开。将当前时间指针放置在要选择入点的位置，在"源监视器面板"下方的控制按钮中单击"标记入点"按钮。同样，将当前时间指针放置在要设置出点的位置，在"源监视器面板"下方的控制按钮中单击"标记出点"按钮。完成入点和出点设置。

（3）在"源监视器面板"下方的控制按钮中单击"转到入点"按钮，将当前时间指针移动到入点位置。单击"转到出点"按钮，将当前时间指针移动到出点位置。

（4）在菜单命令"标记"中还有"转到上一标记"按钮，将当前时间指针移动到上一个编辑标记点的位置，单击"转到下一标记"按钮，将当前时间指针移动到下一个编辑标记点的位置。

（5）在菜单命令"标记"→"清除所选标记""清除所有标记"，或"清除入点、清除出点、清除入点和出点"，可以对"源监视器面板"中当前打开的素材片段的入点和出点进行清除，或分别将入点和出点清除。

（6）按住【Alt】键的同时单击"标记入点"按钮或"标记出点"按钮，也可对应删除入点或出点。

4. 覆盖编辑和插入编辑

覆盖编辑和插入编辑是指向时间轴中添加或覆盖原素材片段。覆盖编辑是将素材覆盖到时间轴中指定轨道的某一个位置，覆盖替换掉原有的部分素材片段。插入编辑是将素材插入和添加到时间轴中指定轨道的某一个位置，使前后的素材被新素材分离，并连接在一起。插入编辑会影响到其他未锁定轨道上的素材片段，因此，需要锁定不受影响的轨道。在"源监视器面板""效果监视面板"下方的控制按钮中单击"覆盖""插入"按钮，即可完成编辑。

5. 添加素材源和目标轨道

素材源和目标轨道对于包含音频的视频素材，在使用源监视器面板窗口添加素材时，可选择右下角的视频或音频按钮，添加素材的视频或音频轨道。在源监视器窗口会显示对应的图标。

（1）添加视频和音频素材：向时间轴中直接添加视频轨道和音频轨道。

（2）通过按钮█或视频1或音频1添加音视频轨道：可向时间轴中添加单个音视频轨道或多个音视频轨道。总之，PR 时间轴中包含多个视频轨道和音频轨道。添加素材片段前，应该确定此素材是在哪个轨道。

### 6.编辑图片特效和添加关键帧

（1）编辑图片特效：按照上述方法，向项目面板中导入一个图片素材文件，再将其拖动到视频轨道 V2 上。单击图片素材，然后在中间的监视器面板选择。单击"效果""效果过渡"，把"3D 运动"或"划像"等拉到图片上，此时出现"效果控件"对话框，可对图片的位置、大小比例的参数进行调整设置。

（2）添加关键帧：在"效果控件"选项下，可以建立关键帧，实现特殊的效果变化。将时间轴放置在需要进行特效变化的起始位置，单击时间轴下面的第一个白色原点，建立第一个关键帧，在"效果控件"对话框中设置好图片的起始参数；再将时间轴移动到希望特效结束的位置，直接对图片的参数进行修改，系统会自动生成一个关键帧，从而完成关键帧的建立。

### 7.添加字幕和多轨编辑

在编辑视频时，要添加字幕以及小窗口等，就需要进行多轨道编辑。

（1）添加字幕：选择图片或画面，单击"窗口""字幕""导入设置"，进入"字幕导入设置"对话框，选择字体、大小、颜色、背景等进行设置，并在效果监视器中输入字幕，即可显示效果。

（2）多轨道编辑：将视频拖放到"视频 1"上，图片拖放到"视频 2"上，将时间轴放置在两个素材叠加的部分上，在效果监视器中，可以显示"视频 2"轨道上的图片已经加到"视频 1"画面上。

---

⊙ **案例分享 8-3**

#### 英雄联盟小视频创意玩法

腾讯英雄联盟在春节前夕以小视频创意玩法，点燃英雄联盟话题热度，吸引用户组队"开黑"。火山小视频于春节前夕推出"15 秒感动计划——传递正能量"以及"全民切红包"活动，使节日氛围被全面"点燃"，英雄联盟与火山小视频平台达成天时地利的合作。

（1）制定容易操作的游戏规则。活动以"五福四海旺新春——回家过年，就要'盟'在一起"为主题，既契合平台浓浓的节气氛围，也切中了无数"盟友"的心声。

（2）定制音视频信息流，导流黄金资源位。英雄联盟定制了 App 开屏画面、直播页面横幅广告和视频页面第三位的信息流及 H5 互动页面等一系列黄金资源位置，通过这些活动的宣传，保障了活动的曝光量级。

（3）KOL 红人 UGC 视频助力宣传。火山小视频还为英雄联盟邀请了两位火山上的红人，分别拥有 42.8 万粉丝和 25.4 万粉丝。两位红人分别为英雄联盟录制了 15 秒的活动宣传视频，在用户群体中产生较大的反响。

（4）营销效果。2 月 1 日至 3 日活动期间，参与用户达到 111 968 人，共上传了 117 500 部作品，作品的总播放量达到 1 279 万次，作品被分享转发了 119 320 次，收获了 238 360 条留言评论和 118.8 多万次的点赞。

　　资料来源："英雄联盟. 巨量引擎 & 火山小视频平台. 成功案例"，2021 年 2 月 3 日。

# 第五节　GIF Animator 动态图片视频制作

## 课前素材准备

请预先准备好一个主题小视频作为素材。

# 一、GIF Animator 动画制作软件简介和基本操作

## （一）GIF 及其动画制作软件简介

### 1. GIF 文件格式简介

GIF 是 Graphics Interchange Format 的英文首字母组合，意思为可交换的文件格式，是 CompuServe 公司提出的一种图形文件格式。GIF 格式提供了一种一帧中只有 256 种颜色压缩比较高的高质量位图，图片文件的扩展名是 ".gif"。GIF 文件格式主要应用于互联网。

### 2. GIF Animator 动画制作软件简介

（1）Ulead GIF Animator 的软件。1992 年，中国台湾 Ulead Systems（友立公司）推出一款制作动画的软件——Ulead Gif Animator，可以把一系列图片保存为 GIF 动画格式，还能产生 20 多种 2D 或 3D 的动态效果，以满足制作网页动画的要求。目前软件已经有 Ulead GIF Animator 5.11 版本，内建 Plugin 特效应用，可将 AVI 格式直接转成 GIF 动画格式，可在短时间内快速制作 GIF 的 Banner 广告、企业 Logo 等，受到广大网站设计人员的喜爱。

（2）Easy GIF Animator 软件。Easy GIF Animator 软件是由 Blumentals Software 软件公司提供的，该公司位于欧洲波罗的海东岸的拉脱维亚，其提供的领先产品包括动画 GIF 图像创建、面向 Web 开发人员的代码编辑器、自定义屏保开发、互联网访问控制等

领域。图 8-26 为 GIF 动画效果，正常情况下星星会闪烁。

图 8-26　GIF 动画效果

注：图片来源于 Sample GIF Animator

## （二）GIF Animator 的基本功能

### 1. GIF 格式图片动画播放

GIF 是一种图形优化、压缩、变得更小的文件格式，是通过调入外部图像，对每幅图像进行显示时间、图像播放顺序、动画循环次数等属性设定之后的图像压缩动画格式。一个 GIF 格式文件中包含一系列图片，如按一定顺序播放图片，则形成一段动画。

### 2. 透明背景及音乐

GIF 文件的背景是透明的，也可为网页背景，可加入背景音乐，其图片轮廓可以是任意的形状，不是矩形的。

### 3. 图像基本编辑功能

GIF 文件对调入的图像可进行基本编辑，如复制、剪切、旋转、翻转、加色、擦涂、缩放、动画、优化等操作；可将动画输出为视频文件、活动桌面、HTML 文件；可自定义 Undo（撤销）的次数，最多可达 200 次。在网站制作和宣传上运用 GIF 效果很好。

### 4. 支持图像交织

GIF 格式文件支持图像交织，就是在网页上浏览 GIF 文件时，图片可先模糊地出现，后才逐渐变得很清晰，显示出交织效果；可在浏览器中对动画进行预览。

### 5. 有多种动态效果

Ulead GIF Animator 可制作静态或动画的 GIF 文件，软件内部提供 20 多种动态效果，如提供融合、立体、褪色、断电、翻页、马赛克、文本横幅等各种过渡效果，使图像的交替显示和表现力更加完善。

### 6. 其他支持和制作软件

GIF Animator 支持 Photoshop 内部滤镜和外挂滤镜，设计者可在其中直接应用各种滤镜来实现特殊的图像效果。制作 GIF 格式文件的其他软件还有 Macromedia Flash，Microsoft PowerPoint 等。

GIF Animator 除了上述基本功能外，还有其他许多功能，这里不一一列举。编辑工具等各版本也略有不同。本节主要内容改编自李香敏主编、陈争航编写的《动感网络广告佼佼者　网页 GIF 动画设计教程》（北京希望电子出版社，2000 年），详细内容可查阅此书。

### （三）Ulead GIF Animator 菜单和工具简介

#### 1. 菜单栏简介

菜单栏如图 8-27 所示，既有编辑的基本按钮，也有 GIF Animator 专有的按钮，主要有添加图层、添加视频、收藏图像编辑器、画布尺寸、全局信息、分配到帧、对象同步交叉帧、调整帧为单独对象、在 IE 浏览器中预览、在 Navigator 中预览、在自定义浏览器中预览等。

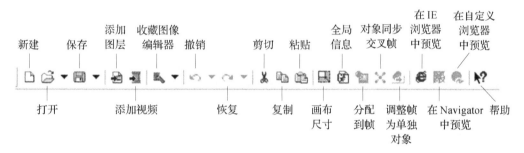

图 8-27　Ulead GIF Animator 菜单栏

#### 2. Ulead GIF Animator 的编辑工具

Ulead GIF Animator 的编辑工具如图 8-28 所示。其主要的编辑工具有：选取工具、选取工具－长方形、选择工具－椭圆形、选择工具－魔术棒、选择工具－套索，以及文本工具、钢笔工具、涂擦工具、填充工具、变形工具、颜色选取工具、查看实际大小、放大、缩小、背景色、前景色等。

### （四）Ulead GIF Animator 基本操作

#### 1. 启动 Ulead GIF Animator 软件

启动 Ulead GIF Animator 软件，会出现启动页，如图 8-29 所示。关闭启动向导后，就可以编辑动画。

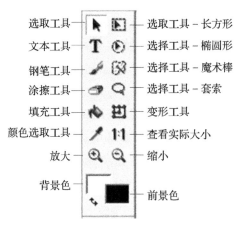

图 8-28 Ulead GIF Animator 的编辑工具

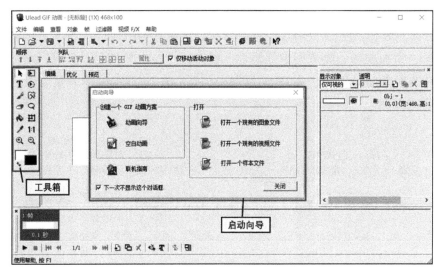

图 8-29 Ulead GIF Animator 启动页

### 2. 新建动画

新建动画的方法有：选择【文件】菜单下的【新建】选项，或者单击工具栏上的新建按钮，或按快捷键【Ctrl+N】，会进入新建画布尺寸设置页面。

### 3. 打开动画文件

打开动画的方法有：选择【文件】菜单下的【打开图像】或【打开视频文件】选项，或者单击工具栏上的打开按钮，或者按快捷键【Ctrl+O】，出现文件打开对话框，选择动画文件并打开。

### 4. 保存动画

保存的方法有：选择【文件】菜单下的【保存】选项，或者单击工具栏上的【保存】按钮，或者按快捷键【Ctrl+S】。可以把当前动画另存文件名，选择【文件】菜单下的【另存为】选项，在出现的对话框中输入新的文件名，单击【保存】按钮即可完成。

5. 添加图像和视频

添加图像和视频的方法有：选择【文件】菜单下的【添加图像】或【软件视频文件】选项，或者单击工具栏上的【添加图像】或【添加视频】按钮，选择文件，单击打开，或者双击要加入的图像，即可加入图像和视频，或按住【Ctrl】或【Shift】键，用鼠标拖拉进编辑框中。

6. 删除图层

删除动画中的图层，在图层列表中先选择该图层，按【删除】键或选择【编辑】菜单下的【删除】选项，即可删除图层。

7. 复制图层

在图层列表中选中要复制的一个或多个图层，先单击工具栏上的复制按钮，再单击粘贴按钮，图层就被复制到所选取图层的后面。

8. 显示多个图层

要同时显示多个图层，只要在图层列表中勾选要显示的图层图标，便可以同时看到多个图层图像。但当后面的图层比前面的尺寸大时，前面的会被遮住。

9. 动画播放预览

单击工作区的【预览】按钮，或单击下面的【播放动画】，便可以预览在工作区动画效果。

下面以案例操作方式简介 Ulead GIF Animator 的几种动画制作方法。

## 二、Ulead GIF Animator 动态文字制作

### （一）文本编辑

1. 创建文本第一帧

在工具框中，单击"T"（文字工具），再单击画布，在"文本条目框"对话框中输入文字"美丽的校园"，从而形成第一幅，也是第一帧图片。

2. 创建文本第二帧

在左下方的帧编辑窗口中，单击下边的中间白色"复制帧"按钮，可得到与第一帧相同的第二帧。

3. 创建透明帧文字

在左下方的帧编辑窗口中，单击下边的中间白色"添加帧"按钮，可添加一个空白帧，是第三帧。选择菜单【编辑】【复制】命令，复制第一帧的文字，在空白的第三帧画布上，单击【粘贴】按钮，即可得到与第一帧相同的文字，注意第一、第二帧是白色背景，第三帧是透明背景，如图 8-30 所示。

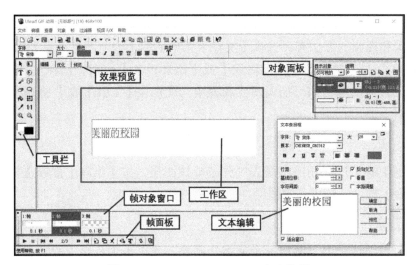

图 8-30 Ulead GIF Animator 文本编辑

4. 调整预览时间

在帧对象窗口有三帧图片，第一、第二帧有文字，第三帧是空的透明帧。可单击工作区左上角的"预览"，进入预览窗口，查看动画效果，再单击"编辑"返回到编辑窗口。如果预览时间太短，可以单击"帧编辑按钮"中右边第一个【帧面板命令】下的【帧属性】，进入画面帧属性，调整"延迟"为 50，每一帧的时间为 0.5 秒，播放速度会变慢。

注意：每次完成操作后，要记住单击菜单【文件】中的【保存】或【另存为】中的【GIF 文件】，以保存 GIF 图片文件。

### （二）制作闪光字

Ulead GIF Animator 可以利用多种颜色的变化来产生闪光字效果。

#### 1. 调整画布大小和修整画布

选择菜单【编辑】中的【调整图像大小】或【画布大小】命令，或单击菜单栏上面的【画布大小】，即可进行"画布尺寸"大小的调整。

选择菜单【编辑】中的【修整画布】命令，可把多余的白色部分裁切掉，注意保持虚线框的选中状态。

#### 2. 编辑修改颜色

单击工作区上边的颜色块，在菜单中选择第一个"Ulead 颜色选择器"。在弹出来的颜色面板中选择蓝色，单击右上角的"OK"按钮返回文本框。单击文本框，右下角出现"文本条目框"对话框，单击上面的红色颜色块，把它改成蓝色，单击"确定"按钮返回。查看效果为两种颜色的闪光字效果。

### （三）制作透明动画

#### 1. 制作透明背景

GIF 动画第一帧默认是一个白色背景，在显示对象框中，选择一个白色条，按 Delete

键，删除白色底色，显示出棋盘格图案，则表示是透明背景。例如，图 8-31 中的上面 3
个和下面 2 个的图片和文字均会轮流变化和闪动。

### 2. 制作透明动画

选择"文本"工具，单击画布，在"文本条目框"
对话框中，输入"景色宜人"四个字，颜色为绿色，单
击"确定"按钮返回，再查看效果。

### （四）制作逐字显示动画

#### 1. 制作文字相同帧

图 8-31    GIF 动画效果

注：截图来源于 Sample GIF Animator

在下方的帧面板中，单击三次"相同帧"按钮，复
制三个相同的帧，字数与帧数一样，例如，"景色宜人"四个字，复制成四个相同帧。

#### 2. 命令选择

在右上角的对象面板中选择图层，或在工作区的文本框上，单击鼠标右键，在弹出
的对话框中，选择【文本】下的【拆分文字】命令，可将四个字拆开并一个一个地显示。

#### 3. 编辑对象面板

在帧面板中选中第一帧，选择【文本】下的【拆分文字】命令，在上面的显示对象
面板中，把"色、宜、人"旁边的眼睛图标单击去掉，只留下"景"显示。

在帧面板中选中第二帧，把"宜人"旁边的眼睛图标单击去掉。采取同样的办法，
把第三帧中"人"旁边的眼睛图标也去掉。第四帧全选中，单击帧面板下面的"添加帧"
按钮，添加一个空白帧，这样就有了五帧，如图 8-32 所示。查看效果为逐字显示动画
效果。

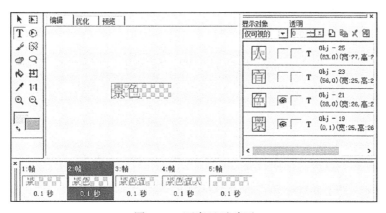

图 8-32    逐字显示动画

#### 4. 制作上下起落文字

在上述【文本】下的【拆分文字】的画面下，单击"查看实际大小"（类似于 H 样）
按钮，而后选择某个字，往上或往下移动，查看效果为逐字上下起落文字显示动画效果。

### （五）制作霓虹文字和效果

霓虹文字是在文字的周围有一圈霓虹灯光效果。

#### 1. 单字霓虹显示

在右上角的对象面板中选择图层，或在工作区的文本框上，单击鼠标右键，在弹出的对话框中，选择【文本】下的【霓虹】命令，可进入"霓虹设置"对话框，勾选"霓虹"，可选择方向、颜色以及是否透明等，可将每个字进行霓虹显示。

#### 2. 多种霓虹效果

在左下方的帧面板上，单击"添加文本条"按钮，弹出【文本条】对话框，可删除文本框里面的内容，或添加其他文字，在字体中可选择"宋体"，颜色为蓝色，输入"ABC"，阴影先不设。

单击"霓虹"标签，勾选"霓虹"效果，可对宽度（改为3）、方向、颜色进行修改。

单击"效果"标签，有多种多样的霓虹效果，如滚动、旋转、放大、缩小等。例如，左边选择"放大（旋转）"，右边选择"减弱"等。查看效果为霓虹文字和霓虹动画效果。

#### 训练 8-7

运用 GIF 动画软件，试制作一个个人网站动态站头。

## 三、GIF 视频动画制作和转换

### （一）GIF 视频动画制作

制作视频动画时，用 Windows 的视频文件，如 AVI、Quicktime 影片、MOV 等，也能快速完成。但是 GIF Animator 带有一个内置的解决动画问题的功能，能显现视频动画的最佳效果。

下面简单介绍用视频的局部来制作 GIF 动画的步骤。

#### 1. 创建新文件

打开 GIF Animator 软件，创建一个新的空白动画文件。

#### 2. 添加视频文件

在"添加视频"对话框中，选择事先准备好的视频，单击该视频。

#### 3. 设置 GIF 动画区间

而后单击"区间"（Duration）按钮，打开"区间"对话框后，出现"开始标记"（Mark

in）和"结束标记"（Mark out），即需要设置选取视频段的起始和结束位置。单击"确定"按钮，关闭"区间"对话框；返回到"添加视频"对话框，再单击"确定"按钮，所选择的视频帧就被加载到 GIF Animator 软件中。

4. 进行后期编辑处理

可删除不要的画面，或添加文字及各种动画效果后，保存为 GIF 格式的动画新文件。

## （二）格式工厂：快速转换 GIF 格式

在音视频制作过程中，格式的转换非常重要。如需要将音视频转换成 GIF 格式或其他格式，可借助工具"格式工厂"。

格式工厂（Format Factory）提供音视频文件的剪辑、合并、分割，视频文件的混流、裁剪和去水印。软件里还包含视频播放、屏幕录像和视频网站下载的功能，无须额外安装软件；还可进行 PDF 文件的合并，PDF 转到 DOC、TXT、Html 和图片文件，进行 Zip、RAR 的解压，可操作音视频转换成 GIF 格式。下面以格式工厂为例进行简单介绍。

启动格式工厂，单击"视频"选项区，在其中选择转 GIF 格式，在界面中单击"添加文件"按钮。在弹出的对话框中，选择需要转换的视频，视频添加完成后，单击"确定"按钮，返回 GIF 选择对话框，单击"开始"按钮，即可对文件进行格式转换（见图 8-33）。

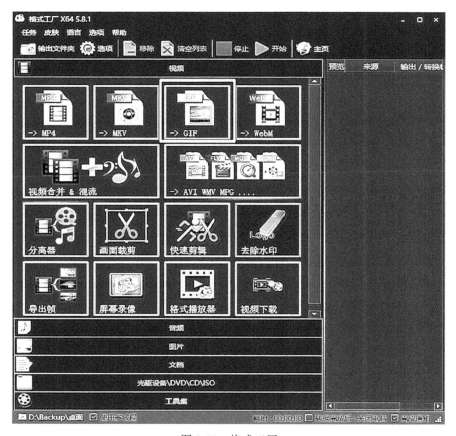

图 8-33　格式工厂

⊙ **案例分享 8-4**

### 比亚迪秦 Plus EV 定制故事片

比亚迪推广秦 Plus EV 车型时，结合了微电影的形式来讲述一个符合品牌精神的能够引发消费者共鸣的故事。通过两个视频，来彰显比亚迪品牌的精神。通过具有极强信念支撑才能做到行业领袖的职业舞蹈家和观星摄影师，来凸显奋斗的难度、奋斗时的姿态，展现他们的发光时刻。

比亚迪制作了两个视频（见图 8-34），分别从艺术和技术视角来呈现秦 Plus EV 坚持初心、不断进化实现技术突破的光，秦 Plus EV 是两个故事的见证者，也是两位主角心灵叩问的解答者，借此让秦 Plus EV 的光照进了观众的心。其主题和创意中展示了"人生道路，我自有走法"，肯定了每个人及比亚迪秦的技术和实力积累、奋斗进化的过程，向每个人传递在前行中要自己修炼内功，用自己的走法去走自己的人生道路。故事片通过在腾讯微视、微博等上进行运营，达到了很好的效果。数据显示，总曝光量达到了 79 008 972人，总点击量达到了 814 639 人。

秦Plus EV定制故事片1

戴建峰15秒剪辑1

秦PlusEV&戴建峰——星辰篇

戴建峰15秒剪辑2

秦Plus EV定制故事片2

胡沈员15秒剪辑1

秦PlusEV&胡沈员——舞蹈片篇

胡沈员15秒剪辑2

**图 8-34 秦 Plus EV 定制的故事片**

资料来源："比亚迪秦 Plus EV 定制故事片.腾讯广告.成功案例"。

## 思考题

1. 请了解并掌握以下基本概念。

位图，矢量图，像素和分辨率，文件格式，色彩模式，图层，用户画像，视频，数字视频，帧，帧速率。

2. 图片、音频、视频素材的下载方法和工具有哪些？

3. 如何用九宫格图和美图秀秀制作海报？

4. Photoshop 图片处理和制作方法有哪些？

5. 用户画像要素和呈现维度有哪些？

6. Premiere Pro 音视频制作方法有哪些？

7. GIF Animator 动态图片视频制作方法有哪些？

## 实践训练

### 【目标】

结合实际内容，了解、学习并掌握新媒体营销的图像和音视频编辑制作的基本概念、技术与方法。

### 【内容要求】

同学们每人围绕小组主题，设计制作一张海报和一个 30 秒音视频作品，并汇总整合成小组作品。

### 【训练】

训练 1：运用九宫格图和美图秀秀软件制作一张小组主题海报。

训练 2：运用 Photoshop 软件处理或制作一张小组主题图像海报。

训练 3：选择一款用户画像软件及工具，试编辑制作一幅词云图或其他类型用户画像作品。

训练 4：运用 Premiere Pro 编辑制作一个 30 秒的音视频小作品。

训练 5：启动 Ulead GIF 软件，输入文字"多媒体营销"和"市场营销专业"，将文字制作成闪光字和透明背景文字、逐字显示动画、霓虹文字和效果，并把视频编辑成动画广告。

## 参考文献

[1] 佚名 . Adobe Photoshop CC 新功能介绍 [J]. 数码摄影，2014（6）：160-161.

[2] 卢卫中，刘莉莉 . Photoshop 图像处理基础 [M]. 2 版 . 重庆：重庆大学电子音像出版社，2021.

[3] 杨艺旋 . 图形图像制作 Photoshop[M]. 上海：上海交通大学出版社，2019.

[4] 曹培强，陆沁，时延辉 . Photoshop 其实很简单：图解你的 Photoshop[M]. 北京：清华大学出版社，2012.

[5] 毛任平 . 基于精准营销视角探讨用户画像应用研究 [J]. 商业观察，2022（9）：26-28.

[6] COOPER A. The inmates are running the asylum: why high-tech products drive us crazy and how to restore the sanity[M]. 2nd ed. Indianapolis: Sams Publishing, 2004.

[7] 梁荣贤 . 基于用户画像的图书馆精准信息服务研究 [J]. 图书馆工作与研究，2019(04)：65-69.

[8] 张莉 . 基于购买行为的电子商务用户画像构建研究 [J]. 营销界，2020（34）：56-58.

[9] 刘晓东 . 影视制作项目教程 Premiere Pro CS5. 5[M]. 重庆：重庆大学出版社，2018.

[10] 何清超，纪春光，俞洪辉 . Adobe 创意大学 Premiere Pro 影视剪辑师标准实训教材：CS6 修订版 [M]. 北京：文化发展出版社，2015.

[11] 刘利杰，郭立红 . Adobe Premiere Pro CS3 中文版影视编辑案例教程 [M]. 北京：中国水利水电出版社，2009.

[12] 李强 . 令人惊叹的动画制作软件 Ulead GIF Animator 5.0[J]. 网络与信息，2001（10）：62-63.

[13] 李香敏，陈争航 . 动感网络广告佼佼者：网页 GIF 动画设计教程 [M]. 北京：北京希望电子出版社，2000.

# 第九章
# 新媒体软文、H5 和表单制作

## 🌀 学习目标

新媒体软文制作的类型、展示方式、运营策略和发布平台

沉浸式广告构成和创意要素

H5 广告制作常用工具和流程

表单制作优势和工具

## ⊙【案例导读】　　　　　糖果和休闲食品公司 Takis 的沉浸式广告

糖果和休闲食品公司 Takis 宣布已经与 360 度 VR/AR 平台 OmniVirt 合作推出了 3D 和 360 度广告活动。Takis 利用 OmniVirt 的专有技术在目标网站上开发和分发了三种沉浸式广告体验，包括 3D 显示广告、交互式视频游戏和 360 度舞蹈比赛。OmniVirt 平台允许用户在多个优质发布商网络中分发沉浸式媒体广告体验，从而使其成为此次活动理想的合作伙伴。

3D 显示广告可以让用户使用手机或鼠标拖动一个标志性的 Takis 薯片包的 3D 模型（见图 9-1）。而在 360 度舞蹈比赛中，用户将会看到 Takis 风格的生活，一些舞者会通过许多不同的舞蹈进行斗舞。交互式视频游戏要求用户在规定时间内通过视频搜索找到隐藏的 Takis 薯片包。每个体验都围绕着"Are You Takis Enough"的高能量品牌标语，并以 Takis 薯片和不同舞蹈代表不同薯片口味的舞者为特色。该公司的报告指出，这一广告的初步表现远远超过了公司的预期目标。值得一提的是，3D 广告拥有 7.7% 的参与率，这肯定会增加 Takis 薯片的销量。

图 9-1　Takis 薯片包的 3D 模型

思考：沉浸式广告与普通广告有何不同？受众感受会不一样吗？

资料来源："vrfocus. 为吸引年轻群体，食品公司 Takis 与 OmniVirt 合作推出 VR 广告"，2018 年 8 月 27 日。

# 第一节　新媒体软文制作

## 一、软文营销概述

### （一）软文和软文营销的概念

#### 1. 软文的概念

软文（Advertorial）是相对于硬性广告而言的一种广告方案形式，指由企业的市场策划人员或广告公司的文案人员负责策划、撰写，并刊登在报纸、杂志、网络、手机短信等宣传载体上的纯文字性或"软文字"广告。软文的精妙之处是把广告内容隐藏起来，让用户开始阅读时未察觉是广告，到文章最后才提示广告内容，从而达到广告的宣传效果。软文可以通过宣传性、阐释性文章，或特定的新闻报道、深度文章、案例分析等来达到目的。

软文是为读者阅读而写作的文章，以旁敲侧击、隐藏内涵等手段进行商业主题的推广。软文是指专为读者阅读而撰写、隐藏主诉求内容的一种付费文字广告。软文具有可读性、感染性、传播性等特性。

#### 2. 软文营销的概念

软文营销是指通过特定的文字概念诉求，或摆事实、讲道理的文章方式，吸引消费者走进企业设定的"思维圈"，以准确有力的心理攻击，来实现企业产品销售的文字或者口头传播方式。

总的来说，软文营销就是以软文为广告工具，以特定的广告展示方式，吸引消费者阅读并注意软文内容，最终达到企业品牌宣传推广及营销目的。

### （二）软文营销的发展

#### 1. 起步阶段

1999 年，"脑白金"广告成为软文营销的成功案例，由此软文开始变成各行业营销中的重要武器。

#### 2. 拓展阶段

1999 年至 2003 年，软文成为医药保健品行业营销人员的主力工具，曾经创造了各种奇迹。

#### 3. 稳健发展阶段

2003 年至今，软文营销已经成为许多企业和单位的重要宣传与广告工具。特别是随着新媒体工具和平台的发展，软文营销已经进入网络和媒体新时代。

### （三）软文营销的撰写思路

#### 1. 了解和分析广告目标对象

了解和分析广告目标对象，就是要明确软文广告的阅读群体和目标对象，了解他们的需求和对软文广告的接受程度与过程，有针对性地运用广告思维，进行广告设计。

#### 2. 明确广告主题和效果

在进行广告设计和软文创作之前，要明确广告宣传和推广的概念与主题，围绕广告主题进行软文创作，以产生预期的广告效应。

#### 3. 创作有创新有创意的广告方案

围绕广告主题思考和设计，创作有创新有创意的软文广告方案，广告方案的创意要新颖，特别是在标题与内容等推广文案方面。

#### 4. 选择表现形式和方法

广告方案可通过某种文字或形式来表现需要展示和宣传的信息，可以结合图表或音视频等表现形式和方法。

### （四）软文写作的注意事项

#### 1. 长度短小

软文长度不宜太长，一般短小精悍，能让受众喜欢看且不厌倦。

#### 2. 形式多样

软文在写法、内容、形式等方面多种多样，可结合各种表现形式进行软文创作和设计。

#### 3. 内容隐含

一篇好的软文不像普通的广告促销文章，软文要把宣传的信息和内容隐含起来，到文章末尾再展现出来，达到一种意想不到的宣传效果。

#### 4. 创意新颖

软文营销的创意要新颖，能够吸引人。在标题和文章的内容上要尽量原创，使受众阅读时能喜爱文章的内容，并持续读完软文。

#### 5. 第一人称和亲历视角

软文可以根据企业产品的特性和发布网站的平台类型，以第一人称的亲身经历，或第三人称的新闻稿、行业对比、促销形式等视角来写作。第一人称的亲身经历软文，会让受众更有亲切感和真实感，更能够产生共情的效果。

⊙ **案例分享 9-1**

### 蜜雪冰城是如何玩梗的

在强圈层属性的 B 站上，各区 UP 主"疯狂"发挥才华，音乐区、鬼畜区、舞蹈区、手工区 UP 主各显神通，对主题曲进行二次创作与演绎，从而率先在 B 站打造出年轻人津津乐道的"神曲"梗元素。具体来讲，在 B 站内部，蜜雪冰城话题事件也同样形成了从音乐核心圈到泛娱乐内容逐层引爆的传播路径。

（1）第一步是核心音乐圈。6 月 6 日，B 站音乐区 UP 主借势高考节点，专业改编二创，打造魔性洗脑"神曲"2.0 版——高考禁曲蜜雪冰城。鬼畜区 UP 主持续四次改编调教，结合国家和城市风格特色，衍生出更多魔性洗脑的蜜雪冰城版本的"神曲"。

（2）第二步是泛娱乐圈。核心圈层瞬间被引爆后，迅速辐射至 B 站更加广泛的次核心圈层，跨垂类 UP 主借势破圈，话题影响范围被迅速扩大。

例如，动画区 UP 主以专业的二次元内容，展现蜜雪冰城主题曲的魔性洗脑特质，有效结合 Z 世代的动漫偏好，精准击中圈层用户，植入蜜雪冰城雪王形象和产品，突出蜜雪冰城主题曲"洗脑特性"，让粉丝循环享用。舞蹈区 UP 主融梗传播，内容极限反差，"油腻"的硬汉形象配以萌趣的雪王造型，演绎蜜雪冰城甜蜜蜜魔性洗脑特性，使粉丝弹幕热情高涨，达到了优质的圈层互动效果。手工区 UP 主开始了创意手工制作，将 IP 新形象——雪王变成趣玩玩具，Q 弹的节奏配合蜜雪冰城主题曲 BGM，让人直呼这种广告方式太上头。

资料来源："国企网．微播易案例分析：蜜雪冰城的这波社媒营销操作，绝绝子"，2021 年 9 月 18 日。

## 二、软文营销的类型

### （一）软文营销的基本类型

软文营销制作的基本类型有三种：新闻型软文、专业型软文、用户型软文。

#### 1. 新闻型软文

新闻型软文就是以新闻形式来报道信息和活动的软文，主要有：新闻通稿、新闻报道、媒体访谈等。

#### 2. 专业型软文

专业型软文就是以专业知识、人物为中心观点撰写的软文，主要有：权威论证、观点交流、人物访谈、实录等。

#### 3. 用户型软文

用户型软文就是以用户为阅读对象，以各种营销广告写法为手段的软文，主要有：

综合型、促销型、争议型、经验型、知识型、故事型、恐吓型、悬念型、娱乐型、总结归纳型、爆料型、情感型等。

### (二) 软文营销的表现形式

软文营销在制作过程中可以通过软文的不同表现形式，来达到营销的效果。按表现形式分，软文营销主要有以下几种。

#### 1. 知识型软文

知识型软文就是把广告内容结合到知识中分享给用户阅读的广告文章，使用户通过学习知识增长见识，以达到信息宣传和传播的效果。例如，软文《我的天！Excel新增的"翻译"功能也太强大了吧》，如图9-2所示。

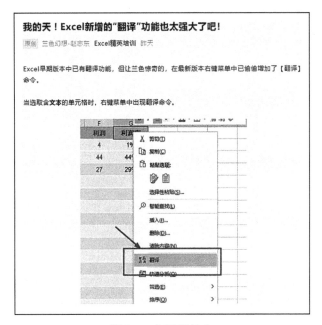

图 9-2　知识型软文

注：资料来源于搜狐网。

#### 2. 经验型软文

经验型软文一般为受众讲述某种经验或感受经历，让人觉得是一个励志性的故事而不禁点击去看。它通常以"为什么……""我是如何从××到××的"作为标题。

⊙ **案例分享 9-2**

**软文：为什么腾讯总能做出好产品**

在中国企业家杂志的微信文章中，图9-3是经验型软文，软文标题是"为什么腾讯总能做出好产品"。

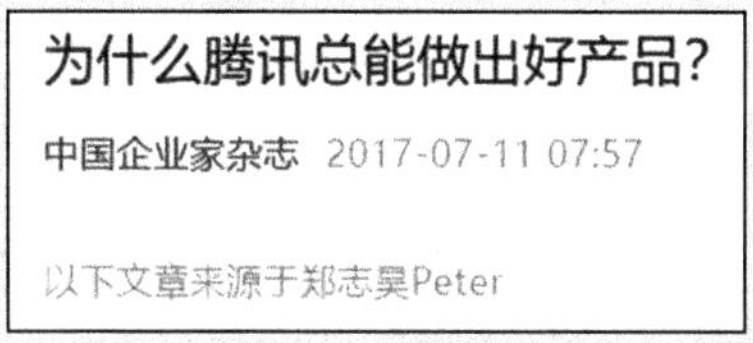
为什么腾讯总能做出好产品?
中国企业家杂志 2017-07-11 07:57
以下文章来源于郑志昊Peter

图 9-3　经验型软文

资料来源：郑志昊，为什么腾讯总能做出好产品，2017 年 7 月 11 日。

### 3. 情感型软文

情感型软文就是把企业要宣传的产品和信息，通过结合到用户感情需求中来影响用户消费心理和行为的广告方式。其特点是文章富有感染力，让读者在阅读中产生情感共鸣。情感型软文重在以情感人和以情动人。

#### ⊙ 案例分享 9-3

**动人更动心，华晨宝马 530i**

暗恋一个人两年会变成什么样子，我不知道；喜欢一个车两年会是怎么样，我很清楚。国产宝马新 5 系已经上市快两年了，在街上和它邂逅的次数也不下百次，而每次遇见，总会情不自禁地多看它几眼，再多看几眼，直至和它依依不舍……无奈之余，有时甚至希望世间真有忘情水，自己会毫不犹豫地去喝上一瓶，好把它从我的记忆里、脑海里、心里通通忘掉。不过，在喝下忘情水之前，我会再深情地看它一眼，再狠狠地开上一次。它确实太动人，太让人动心了。

资料来源：软文世界，情感型软文短篇写作案例与技巧，2020 年 7 月 30 日。

### 4. 资源型软文

资源型软文就是通过软文向用户提供产品信息或某种产品资源，满足用户对资源信息的需要。

#### ⊙ 案例分享 9-4

**营销的未来是什么？两张图让你一目了然**

营销从来没有像现在这样复杂。技术的进步让这一学科发生了彻底改变，并使之分化，而新冠疫情、气候危机等社会问题提高了企业、消费者对营销人员社交表现的期望。本文作者提供了一个实用的框架，用以阐明营销如何通过向客户和企业本身提供独具特色的价值类型来促进企业发展。图 9-4a）体现了对客户的价值，在努力吸引、获得和留住客户的过程中，营销团队可创造的价值是参与、体验和交换。图 9-4b）体现了对企业的价值，营销职能能促进公司内部价值如知识、战略和运营等的增长、创造。

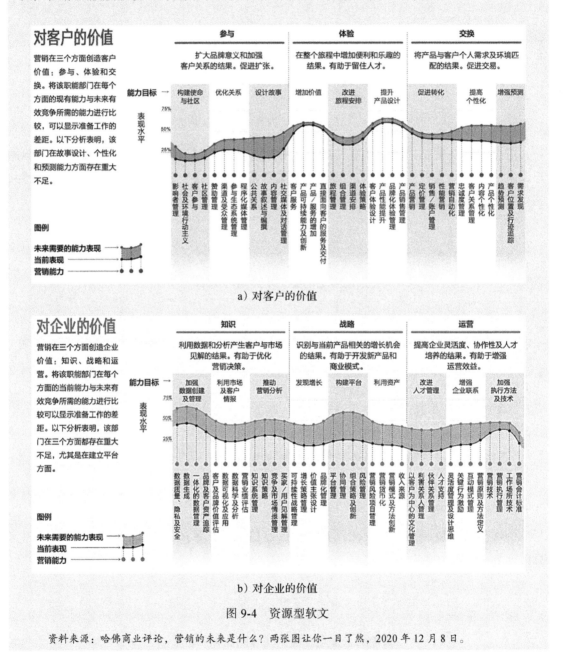

图 9-4　资源型软文

资料来源：哈佛商业评论，营销的未来是什么？两张图让你一目了然，2020 年 12 月 8 日。

### 5.故事型软文

故事型软文是通过讲述一个完整的故事，最后再出现需要宣传的产品，让读者先享受故事的情节和带入感，最后再看到某个产品的信息。

⊙ **案例分享 9-5**

## 它比你想象的要低

一个漆黑的夜晚，一名身材窈窕的女子在一条小道上越走越快，因为她能明显地感受到后面有人正在尾随她。她十分害怕，直到她误入了一个正在施工，却还未完工的工地上。四下无人，黑漆漆的工地上甚至有许多坑坑洼洼且有水的水洼。这让这名女子的逃跑之路更加困难，眼看着尾随者已经快要赶上这名女子，突然尾随者的脑袋居然撞到了一根隐身在黑暗中，不为人所注意到的钢管。原来，钢管的高度正好在跟踪者额头的高度，而这名男子因为着急抓住这名女子，所以刚好撞在钢管上晕了过去。这位女子幸而得救。

女子把手机光亮移动到钢管上，只见上面写到："瑞士电信新资费，比你想象得还要低"。（电信广告）

资料来源：文芳阁，优秀软文发布案例：它比你想象的要低，2022 年 1 月 7 日。

### 6. 爆料型软文

爆料型软文是通过爆出行业或某些内幕消息，抓住用户的心理，达到引流的目的。

⊙ **案例分享 9-6**

## 关于 SPAC，你需要了解的那些事

特殊目的收购公司（Special Purpose Acquisition Companies），即 SPAC，近来在公司董事会、华尔街和媒体上都受到大量关注。SPAC 是一种上市交易企业，其寿命为期两年，成立的唯一目的是实现与私有企业的合并，或者说"联合"，使其得以上市。SPAC 主要从上市股票投资者那里筹集资金，有可能化解目标公司 IPO 进程中的风险并缩短这一进程。相比传统的 IPO，SPAC 为目标公司提供的条件更优惠。

尽管作为传统首次公开募股（IPO）替代品的 SPAC 以各种形式已存在了几十年，但在过去几年里，它们在美国迅速流行。2019 年，新建公司有 59 家，投资额为 130 亿美元；2020 年，新建公司 247 家，投资额为 800 亿美元；而 2021 年仅第一季度就新建了 295 家公司，投资额达 960 亿美元。此外，还有这样一个引人瞩目的事实：在 2020 年，SPAC 在美国新上市公司中所占比例超过了 50%。

资料来源：哈佛商业评论，关于 SPAC，你需要了解的那些事，2022 年 3 月 23 日。

### 7. 送礼型软文

送礼型软文就是为受众提供深度好文、知识或利益等类似礼物性的软文。

⊙ 案例分享 9-7

### 中国手机的出海进阶秘籍

在全球智能手机市场进入寡头竞争时代的同时，保持手机品牌的竞争优势的方法有：一是产品力；二是如何让品牌植入消费者心智。

在 Round One Twitter《全球科技新热谈》出海峰会 2022 的首场圆桌讨论中，嘉宾们围绕着在过去几年，中国出海科技品牌所遇到的挑战及品牌应对的策略进行了讨论，收获了来自企业高层管理者和品牌负责人的不同分享与意见。

资料来源：哈佛商业评论，从中国走向世界，中国手机的出海进阶秘籍，2022 年 3 月 31 日。

#### 8. 娱乐型软文

娱乐型软文就是软文在内容和形式上较灵活、有趣，有的是由各种笑话集锦、比较火的段子组成的，让受众在娱乐中接受产品或品牌的宣传。例子见【案例分享 9-1】。

#### 9. 争议型软文

有时候有争议的话题最能吸引用户的注意，文章的曝光率和关注度都非常高，所以有的企业会尝试此类型的软文。

⊙ 案例分享 9-8

### 支付宝：消费 2 元得 4 888，微信你不服来战

继苹果支付的补贴活动后，支付宝、微信支付开启新一轮补贴大"战"！2017 年 7 月 31 日，支付宝宣布将从 8 月 1 日至 8 月 8 日一周时间内，提高支付宝支付的"奖励金"，消费 2 元以上可能有 4 888 元奖励。微信支付也于同日宣布，从 8 月 1 日开始，整个 8 月微信都会投入巨额资金，以鼓励金、代金券和现金红包等渠道推动支付，这场白热化的支付大"战"究竟花落谁家？

资料来源：杨星宸，壹案例：支付宝：消费 2 元得 4 888，微信你不服来战，2017 年 8 月 14 日。

## 三、软文营销的展示方式

#### 1. 悬念式

悬念式软文就是提出一个核心、有吸引力的问题，通过设问或自问自答的方式，引出话题，吸引受众关注。例如，"在未来，什么样的人能抓住最稀缺的红利""人类可以长生不老吗""什么使她重获新生"等，通过设问获得软文的关注和点击。

### 2. 故事式

通过讲述一个具有知识性、趣味性、合理性的完整故事带出要宣传的产品，使受众接受故事背后的产品线索，并产生购买的需求，进而转化为购买产品的行为，达到营销效果，如"神奇的植物胰岛素"等。

### 3. 情感式

软文广告可针对性地运用情感诉求和事件来表达产品信息，更容易打动受众，让受众接受产品信息，达到宣传的效果。例如，"女人，你的名字是天使""写给那些战'痘'的青春"等。

### 4. 促销式

软文运用各种促销的或新潮的字眼，让受众直接感受到某种产品的正在促销的状态和结果，促使有需求的受众跟进购买。例如，"229万人，在i茅台上抢不到一瓶'飞天'""抢购××""××，卖疯了""一天断货三次，××厂家告急"等。

### 5. 新闻式

把企业需要宣传的品牌和产品，结合新闻事件，以新闻的写法和方式进行软文广告，让受众感受到品牌、产品和活动的真实性，促进宣传和购买转化。例如，"110所高校入选！一重要名单公布"。

### 6. 诱惑式

诱惑式软文能让受众感受到文章带来的实用、受益、优惠、便宜等特性，进而接受或购买所宣传的产品，使自己的利益最大化。例如，"格局大了，生活就顺了（说得真好）"。

#### 训练 9-1

**请根据小组项目的需要，设计一款 ×× 推广的软文，满足下列条件。**

（1）能满足消费者的需要。
（2）能满足企业的需要。
（3）能满足社会的需要。

## 四、软文营销的运营策略和发布平台

### （一）软文营销的运营策略

#### 1. 做好受众画像和市场分析

软文营销需要对目标受众的特点和情况进行了解、分析与画像，根据受众感兴趣的话题和较关切的事情，结合相关产品信息设计和制作软文，能够达到好的营销效果。

### 2. 策划、设计软文创意话题

软文创意话题对吸引受众的注意力至关重要。醒目、个性化、新颖、有创意的软文话题，能够激发受众的关注热情和欲望，使受众点击阅读，达到软文话题营销的目的。

### 3. 选择软文营销的合作平台和媒体

在进行软文营销时，需要选择平台和媒体进行合作。因目前的营销平台和媒体众多，所以要比较各平台和媒体的优劣势，了解其主要的产品与企业产品和品牌的匹配度，选择性价比高的平台和媒体开展软文营销。

### 4. 策划、制作个性化的软文内容

个性化的软文内容是文章的核心，是引起受众阅读欲望和感受的最直接媒介，因此，软文类型、制作表现方式、软文文字、用词和写作方法等，都会影响到软文质量的高低和营销效果的不同。在制作软文内容时，篇幅要短而精、小而全、内容真实、有吸引力，能让受众利用碎片化的时间快速读完，促进产品的营销。

### 5. 选择软文发布时机

选择软文发布时机，就是把编辑好的软文文稿，选择在合适的时间、合适的平台和媒体上发布。因目标受众阅读的时间有较大的差异性，故需要选择目标受众较空闲的时间发布软文，才能够产生较好的媒体反应及效果。

### 6. 做好软文效果评估、分析和复盘

通过营销平台和媒体的后台数据，综合分析、评估企业品牌宣传和销售、网站流量、电话咨询和受众反馈等情况，并根据软文营销过程中存在的问题，进行评估、整改和修正，也可在后续进行软文营销复盘。

---

⊙ **案例分享 9-9**

**江小白的营销"利器"：走心的文案**

江小白以其走心的文案为大众所熟知，这正是它营销的一大"利器"，业界对于江小白"未闻其味先知其声"的说法毫不夸张。江小白的广告比产品还出名，文案很受年轻人的欢迎，江小白几乎从不在主流媒体做广告，而是利用互联网思维来谈感情和经营品牌。其主要的文案类型和内容有以下几种。

（1）走心系列，如"碰了杯却碰不到心，才是世界上最遥远的距离""有多少来日方长都变成了后会无期""陌生人分两种，不认识的和假装不认识的"等。

（2）励志寄语，如"生活需要为自己奋斗，也是为梦想打工""明天有明天的烦恼，今天有今天的刚好""千言万语的想念抵不过一次的见面"等。

（3）怀旧煽情，如"二两小面，少面多菜的味道——巴适""爬不完的梯坎的味道——爬坡上坎"等。

资料来源：个人图书馆，江小白用文案教你成功的品牌营销策略，2019 年 1 月 31 日。

### （二）软文营销的发布平台

软文营销的发布平台有许多，只要涉及文字类的广告平台均可发布软文。常见的软文发布平台有以下几种。

#### 1. 社交媒体发布平台

软文营销可以选择大型、知名社交媒体类的各大平台进行广告发布，以情感类、亲身经历类、名人类的软文为最优。平台主要有论坛平台、问答平台、博客平台、微博平台、QQ 平台、QQ 空间平台、微信平台和公众号平台等。例如，企业可选择天涯社区、猫扑、知乎、新浪博客、微博和论坛等发布软文。

#### 2. 数字网站发布平台

（1）大型门户网站平台。

大型门户网站可以结合新闻稿的软文进行发布。例如，可选择新浪、搜狐、腾讯、网易、凤凰网、中华网、雅虎、TOM、MSN 等平台。

（2）官方网站平台。

官方网站一般具有很高的权威性和真实性，其发布的文章和软文以资讯、新闻、信息类为主，会产生很好的效果。例如，可选择人民网、新华网、央视网、中国网、国际在线、中国日报网、中青网、中国经济网、中国新闻网、中青在线、中国广播网、光明网等平台。

（3）行业网站平台。

企业在制作软文时，可以依靠企业产品的相关垂直行业的网站平台进行软文发布。例如，企业可选择 IT168、搜房、泡泡网、IT 世界、中关村在线、慧聪网等平台。

（4）地方网站平台。

企业可以依据需要，选择本土力量较强的地方网站进行软文发布。例如，可选择千龙网、浙江在线、东方网、中国企业新闻网、福州新闻网等平台。

#### 3. 移动媒体发布平台

软文营销的移动广告发布平台，可以选择新闻发布、分类信息、移动互联媒体、自媒体等软文发布平台，如各手机报平台等。

#### 4. 软文营销的专业发布平台

（1）易推网络。它是为新闻软文营销和媒体传播提供一站式服务的平台，主打业务为"新闻媒体发稿 + 自媒体推广"。新闻稿营销是指利用新闻传播为企业、品牌等做宣传推广的一种营销方式。软文新闻推广的优势是有利于引导市场营销消费、快速提升产品的知名度、塑造品牌的美誉度和公信力、打造企业品牌、扩大品牌影响力等。

（2）178 软文网。它是致力于一站式新闻媒体软文智能发布的平台，提供一站式全网覆盖，与 3 000 多家主流新闻媒体合作。

# 第二节  沉浸式和 H5 广告制作

⊙ 案例分享 9-10

## "沉浸式广告"展示

2017年3月,世界大学生夏季运动会在中国台北举行。当时主办方为了激发民众对运动会的热情,在台北的捷运列车上做了一个别开生面的"沉浸式广告",通过特殊的场景设计,将车厢变成了跑道、游泳池,照片如图9-5所示。无数市民亲眼看到并对此充满热情,被这种沉浸式的广告所震撼。其中,游泳池的效果最逼真,地面上粼粼微波,透着水光,让通勤者感觉自己就像在水面上悬浮着。很多人穿着泳衣和车厢合照,还有人做着游泳姿势,和场景融为一体。

资料来源:陈锐.VR技术在沉浸式广告中的应用研究[J].信息记录材料,2019,20(7):152-155.

图 9-5  沉浸式广告展示

# 一、沉浸式广告制作

## (一)沉浸式广告的相关概念

### 1. 沉浸式体验

沉浸,就是由设计者营造一种让人专注并感到愉悦和满足的目标情境,从而忘记真实世界的情境的状态。沉浸式体验,是指在心理学上,个人精神完全投注于某种活动时会产生高度的兴奋及充实感的状态,又称为心流体验。"沉浸式体验"一诞生,便迅速应用到各领域,特别是在数字展示和游戏领域,它主要有感官体验和认知体验。沉浸式互动投影集传统投影、环幕投影、地面投影、多通道投影融合、墙面触控、地面触控、雷达识别等多种技术于一体,通过投影机将广告影像投射在墙面与地面,系统感应人体动作和位置,与其中的数字内容达成沉浸式互动,同时可为不同行业定制不同展示效果视频,以科技、趣味的形式展现产品价值。

### 2. 沉浸式广告

沉浸式广告是一种极为巧妙的广告形式,就是运用虚拟现实(VR)技术,在真实世界的对象上加载广告信息或图像,以制作和发布一种让人们犹如身临其境的增强现实广告形式。它会让人们觉得自己被带入画面中，进而对其感到兴奋和期待。在广告中，VR技术有自己独特的应用方式。VR技术可利用计算机生成模拟环境，并通过多种专用的设备让体验者投入这个环境之中，直接与该环境进行自然交互。

### 3. VR 和 VR 技术

VR（Virtual Reality），是指虚拟现实，可追溯到1957年Morton Heilig发明的仿真模拟器，它是一种简易的3D显示工具，用户能够产生身临其境的感觉，从而拉开了虚拟现实的序幕。

VR技术的概念，是20世纪80年代由美国人Jaron Lanier提出的。VR技术指的是通过将计算机图形系统和现实生活中的拍摄设备结合起来，从而达到虚拟现实的传播效果。这种沉浸式的传播方式，给用户带来一种犹如亲临现场的参与感。

VR技术，就是虚拟现实技术，它能够让现实中的人在计算机所创造的虚拟信息世界中体验与现实世界同样的事和物。它具有多感知性、沉浸性、交互性和构想性等基本特征。这种虚拟技术集合了计算机图形图像技术、现实仿真技术、多媒体技术等多种科学技术。它能够模拟出人的视觉、听觉、触觉等感官功能，使人在计算机所创造的虚拟世界中通过语言、动作等方式进行实时交流。

---

**知识拓展**　　　　　　　　　**智能与现实技术：你认识元宇宙吗**

（1）元宇宙的内涵和发展历程。元宇宙（Metaverse）诞生于1992年的科幻小说《雪崩》，作者描绘了平行于现实世界的三维数字空间。当前对元宇宙的定义是通过多种科技所构建起来的一种虚拟的宇宙形式，即人们可利用脑机接口、VR等科学技术沉浸式进入的数据世界。元宇宙的发展经历了四个历程，从起初的古典形态发展到多元形态，实现了智能与现实生活的结合。

（2）元宇宙运算技术支撑产业——云计算。数据显示，2021年中国云计算产业规模达2 109.5亿元，增长率为26.3%，预计2023年中国云计算产业规模可突破3 000亿元。艾媒咨询分析师认为，中国云计算产业发展能为中国元宇宙的发展提供良好的算力基础。图9-6a）为沉浸式数据世界的元宇宙产业图谱。

iiMedia Research（艾媒咨询）数据显示，从2017年到2021年，中国区块链支出增长约12.8倍；2021年中国VR终端硬件市场规模为136.4亿元，AR终端硬件市场规模为208.8亿元；2021年中国云计算产业规模达2 109.5亿元，各领域的技术高速发展为元宇宙行业提供全面的技术支持，而VR、AR、AI作为元宇宙的技术基础也将迎来高速增长期。

2021年中国网民关于元宇宙细分领域期待值调查如图9-6b）所示。在元宇宙的细分领域中，网民期待值较高的大多为泛娱乐领域。艾媒咨询分析师认为，目前元宇宙雏形大多在泛娱乐层面，且用户兴趣度及期待度较高，因此大多资本集中在泛娱乐领域发力。

a）元宇宙产业图谱（沉浸式数据世界）

b）元宇宙细分领域期待值

图 9-6 元宇宙产业图谱与细分领域期待值

资料来源：艾媒产业升级研究中心，艾媒咨询：2021 年中国元宇宙行业用户行为分析热点报告，2022 年 1 月 24 日。

### 4. VR 视频广告

在广告领域，VR 视频广告出现在受众的视野之中，但在学术界还没有明晰的界定。VR 视频广告，就是利用 VR 技术制作的适合在电视端、PC 端、移动手机端播放的，以视频形式呈现的广告。从 2015 年开始，在行业内利用 VR 技术为品牌制作的广告已经出现。

### 5. 智能广告

智能广告，是在 5G 背景下以消费者为主导的新型广告模式，实现个人、事物、组织之间的信息和物质的互动与交换，构建畅通无阻的数据全链路传输通道，构建准确的用户画像，从而实现广告的精准传播。

## （二）沉浸式广告制作的构成及其创意核心要素

沉浸式广告在制作过程和准备的创意素材上与普通广告制作有所不同，其广告形式非常独特，让人们仿佛身临其境，觉得自己融入影像中，从而产生兴奋和期待的感觉。

### 1. 沉浸式广告制作的构成

沉浸式广告制作的构成，主要有三个部分：外层创意、原生推广页、H5 详情页。

（1）外层创意。外层创意是沉浸式广告制作的基础和氛围，是让人感受沉浸体验的广告环境。外层创意广告的意境决定了沉浸式体验的强弱和融入状态。因此，需要花较多时间结合 VR 技术去实现外层创意的创新、创作。

（2）原生推广页（Native Advertising，Native Ads）。原生推广页广告是指在信息流中结合企业品牌或产品、平台特征、内容环境、用户和视觉体验等进行刻意制作的一种广告形式。沉浸式广告需要有广告宣传的基础元素，也就是需要原生推广页。沉浸式原生推广页广告是突破空间界限，全屏展现广告创意，可搭载丰富的图片、视频、全景图等多媒体形态技术和形态升级的广告。

（3）H5 详情页。H5 是 HTML5 的缩写。H5 详情页是指在手机页面中，包含的文字、主要的产品或项目内容、专题的子目录等详细介绍、展示广告的资讯。本部分内容详见本章第二节的"二、H5 页面场景制作"。

### 2. 沉浸式广告制作的创意核心要素

在制作沉浸式广告时，其创意是广告设计的关键点和核心要素。沉浸式广告制作的创意核心要素主要有视觉感、场景化、用户心理和体验、行动互动提示。

（1）视觉感。视觉感是指个体通过眼睛去观察与了解物体、光、画面等对象后得到的身体和心理感受。沉浸式广告能让受众通过眼睛的观察，看到和体验到各种画面、物体、环境、颜色、形状、移动速度等，并会促使观察者展开联想的体验感受。因此，在制作设计广告时，可以采用图片或音视频的内容素材，特别是画面漂亮、美好的图案，适合作为广告创意素材。

（2）场景化。场景化就是在广告中的人、物、事、时间、地点和空间等之间的关系所显现的一种状态。在沉浸式广告中，各种关系以一定的层次、高低、上下、或静或动的画面或场景显现，给人留下深刻的印象。

（3）用户心理和体验。与普通广告不同的是，沉浸式广告的创意画面往往绚丽多彩、动感十足，能给用户带来兴奋、愉悦、沉浸的心理感受和体验，从而达到很好的广告效果。

（4）行动互动提示。有的沉浸式广告创意非常好，可与受众进行互动，能让受众在互动中获得一种参与的快乐、新奇的体验，甚至是某种奖励。

⊙ 案例分享 9-11

### 伦敦的 *Transcending Boudaries*

2017 年 1 月 25 日至 3 月 11 日，在伦敦的 Pace Gallery 展出了一个名叫 *Transcending Boudaries* 的沉浸式互动装置，这是比较早期的互动体验。

*Transcending Boudaries* 的创作来源于两个灵感，即水粒子的宇宙和绽放飘零的花，二者相互融合。水粒子的宇宙代表流动的虚拟瀑布，让人仿佛置身于气势宏伟的峡谷之间；绽放飘零的花，以运动的方式与参观者互动，让人仿佛置身于微风拂面的花海之间，水和花的元素给人灵动而真实，沉浸又沉醉的体验（见图 9-7）。

图 9-7　伦敦的 *Transcending Boudaries*

⊙ 案例分享 9-12

### *Sonic Light Bubble*

如图 9-8 所示，*Sonic Light Bubble* 是一个直径长达六公尺（1 公尺 =1 米）的透明充气泡泡球，泡泡上面布满了一系列的 LED 灯盘，如同会呼吸的单细胞生物，在人们触碰之时，它会以光点和声响回应。

图 9-8　*Sonic Light Bubble*

资料来源：布兰顿文旅科技，史上最全沉浸式商业设计案例，总有一款让你沉醉，2021 年 12 月 16 日。

### （三）沉浸式广告公司的案例

OmniVirt 是一家沉浸式创意广告制作公司，拥有超过 3 600 项专利，能为业界在移动设备摄影、汽车图像传感器、高清安全视频、AR/VR、无人机、机器人和医学等领域完成制作成像业务。OmniVirt 联合创始人兼首席运营官 Michael Rucker 表示，"VR 为广告行业提供了一个新媒介，更具有吸引力"。未来的商业设计趋势会融入更多的科技元素，加强环境和人的交互体验。沉浸式场景体验让设计变得更有趣、"动"起来，更具互动性，"商业＋科技"的力量让我们的生活和工作更多彩、更美好。

⊙ **案例分享 9-13**

#### *Dream Corp LLC*

特纳广播公司（Turner Broadcasting，TBS）和沉浸式广告公司 OmniVirt 合作，通过美国喜剧节目 *Dream Corp LLC* 开展了一系列 VR 广告活动（见图 9-9）。*Dream Corp LLC* 是一部"荒诞风喜剧"，其背景设定在一个梦想治疗室中，在这里可以记录和分析每个人的梦想。节目中会有一系列古怪的角色出现，和 Roberts 博士分享他们的梦想。据统计，该公司发现，沉浸式广告比静态广告更能吸引观众的注意力，并产生更多的点击率。

图 9-9 *Dream Corp LLC*

观众将进入一个超现实的虚拟世界，看到一个个形形色色的梦想，仿佛他们就是那个梦想者。OmniVirt 一直致力于设计沉浸式广告，与多个大品牌如迪士尼、捷豹和环球影业等都有过合作。

资料来源：小白兔乖乖，TBS 为旗下节目策划沉浸式广告活动，2018 年 10 月 25 日。

## 二、H5 页面场景制作

### （一）H5 页面概述

#### 1. H5 是什么

H5 是指第 5 代 HTML（超文本标记语言），也指用 H5 语言制作的一切数字产品。通俗地说，H5是一种创建网页的方式，为浏览器提供显示网页的标准。在确立HTML5标准后，能使移动端使用多媒体成为可能，HTML5凭借跨平台、不需要下载、易传播等多种特性被众多行业和企业看好，它会让手机网页看上去更炫酷，功能也更丰富多彩。

H5是基于HTML5技术，在相关网页平台上传播的，融合了文字、视频、音频、动画、网页等多种媒体形式的页面，是一个在营销界流行的专有名词。

2. 制作H5页面的原因

（1）用户在移动终端设备上花费的时间更多。智能手机、平板电脑等移动终端设备越来越普及，用户在移动端花的时间也越来越长。

（2）富媒体组合。在H5页面中以文字、图片、动画、声音等相结合的富媒体的出现，给用户带来了全新体验，技术本身带来的新奇感让人们心生向往。

（3）目标用户时间碎片化。目标用户通常会利用碎片化的时间来接收爆炸性信息，因此，企业营销需要运用H5方式迅速吸引用户。

3. H5页面适用的场合

H5页面几乎适用于所有企业和个人，主要有以下适用场合。

（1）微信互动营销：刮刮卡、大转盘、优惠券、小游戏、投票调查等。

（2）商业展示：产品展示、企业宣传、优惠促销、品牌传播、企业招聘等。

（3）会议活动：展览会、发布会、一般会议、活动等。

（4）数字出版与教育培训：电子杂志、多媒体课件、培训课程等。

（5）电子贺卡：祝福卡、节日贺卡、生日贺卡、商业贺卡等。

（6）个人应用：个人秀、婚礼邀请、聚会Party、求职简历等。

## （二）H5页面微场景制作常用工具

1. 初页：优质H5手机页、微信海报（注册会员）

地址：http://chuye.cloud7.com.cn/。

2. MAKA：简单、强大的HTML5创作工具（收费）

地址：http://maka.im/home。

3. 秀米制作：打动你的人群（部分免费）

地址：https://xiumi.us。

4. 微伙伴海报：只做移动社交营销（需要注册登录）

地址：http://oauth.dodoca.com。

5. 兔展：移动展示就用兔展（部分免费）

地址：http://www.rabbitpre.com/。

6. 易企秀：移动场景自营销管家（收费）

地址：http://www.eqxiu.com/。

7. CoolSite 360：无须编程网站设计（免费注册）

地址：http://www.coolsite360.com。

8. 凡科微传单制作（部分免费）

地址：http://cd.fkw.com/。

### （三）H5 场景制作流程

H5 场景制作流程如图 9-10 所示。

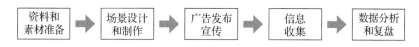

图 9-10　H5 场景制作流程

#### 1. 资料和素材准备

（1）浏览器和客户端准备。使用谷歌等浏览器进行 H5 微场景制作，或在手机上下载制作工具客户端，在手机上进行广告制作。

（2）资料准备。在制作 H5 微场景前，需要准备好的资料包括：在创意方面，要展示什么，用什么方式展示；在音乐方面，可采用 MP3 等格式来烘托氛围；在图片方面，要提前备好视觉效果好的图片；在文字方面，在准备充分，设计具有感染力的文字。

#### 2. 场景设计和制作

可以选择相关网站工具模板进行 H5 场景主题设计和制作，可以结合自己的资料和素材，创作出符合自己需要的 H5 广告宣传内容和场景。

#### 3. 广告发布宣传

在制作好 H5 场景文件后，可以选择合适的广告发布平台进行一方或多方发布。例如，制作好一个产品广告 H5 场景，可以把链接直接发布到微信朋友圈或发给微信群中需要的人。

#### 4. 信息收集

H5 场景发布者可以通过后台收集受众的基础信息和广告传播的信息情况，了解广告被点击、转发、购买转化等情况，为下一步的操作提供基础和依据。

#### 5. 数据分析和复盘

对收集到的相关数据进行分析，较全面地分析目标受众和 H5 广告传播的情况，总结 H5 广告传播的亮点和不足，为下一步更好地复盘做好准备。

### （四）制作 H5 页面的注意事项

制作 H5 页面时，需要注意的事项如下。

#### 1. 资料准备要齐全

制作 H5 页面时，要先准备好素材、文字、图片、内容等基础资料。

#### 2. 场景设计有创意

制作 H5 页面时，可以通过构图、颜色、文字、渲染、行为、链接、互动、音视频等方面来展示 H5 页面场景。

#### 3. 图文清晰简洁

制作 H5 页面时，图片要清晰，最好采用矢量图；文字简洁，意思明了，突出广告的重点和亮点。

### 训练 9-2

请选择一种 H5 页面软件工具，制作一个小组项目的广告海报或小视频。

### 训练 9-3

**参考案例：请用凡科微传单制作一则小组主题海报**

凡科微传单由广州凡科互联网科技股份有限公司（简称凡科）创立。凡科是一家助力中小企业数字化经营升级的企业，创立于 2010 年 10 月，于 2015 年 7 月成功上市国内"新三板"。凡科旗下拥有凡科网和营站快车两大业务板块，覆盖全场景营销门户、智慧电商零售、数字化门店、自助式营销、人工智能设计、智能销售推广等多种中小企业经营场景。可套用的 H5 趣味功能有弹幕、720 度全景、画中画、快闪、微信对话、朋友圈。图 9-11 为凡科微传单的制作界面。请用凡科微传单制作一则小组主题海报。

图 9-11　凡科微传单的制作界面

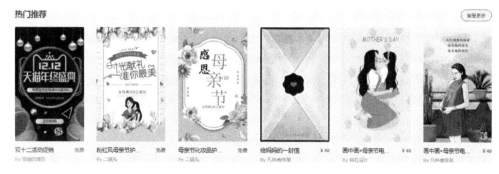

图 9-11　凡科微传单的制作界面（续）

# 第三节　表单制作

## 一、表单及其优势

### （一）表单是什么

表单是信息数据收集和存储的一种载体。传统的表单以纸质为主，如各种申请表、报名表、履历表等。而现在有许多专业在线制作表单的网站，如麦客、金数据、问卷星等，提供在线的各种表单，用户可通过电脑和手机等终端设备进行访问并填写。

### （二）在线表单优势

在线表单主要有以下优势。

（1）填写和管理方便。通过网址链接，表单的制作和发布可在电脑或手机上直接进行，方便快捷。

（2）制作成本低。在线制作、批量复制，通过无纸化办公节省费用。但软件管理成本高，需要每月或年付费。

（3）网络传播范围广。可以通过互联网或各种新媒体平台进行传播，影响范围广。

（4）数据统计功能好。对收集到的数据可进行多种处理，可以导出或自动产生统计结果。

（5）在线表单功能多。在线表单功能多种多样，可以满足顾客的多种需要。例如，可以制作报名申请、投票调研、商品买卖管理等。

## 二、常用的表单制作工具

### （一）在线调研类表单制作工具

（1）调查派的网址是 www.diaochapai.com。其特点是可以设置独立的数据搜集渠道。例如，新浪微博渠道和微信渠道中只有该渠道的用户才能提交数据，甚至可以用调研派的 API 与自己的网站做集成。

（2）问卷网的网址是 www.wenjuan.cn。其特点是海量的模板库与测评调用，简单修改即可制作一份专业问卷。

（3）乐调查的网址是 www.lediaocha.com。其特点是调研社区有 230 万人，且能够精准定向，能够控制数据质量。

（4）问卷星的网址是 www.sojump.com。其特点是测试、在线考试、调研都具备，用户数量庞大，样板丰富（见图 9-12）。

图 9-12　问卷星报名表单

（5）金数据的网址是 www.jinshuju.net。其特点是支持在线支付，可以直接在线下单。

（6）麦客 CRM 的网址是 www.mikecrm.com。其特点是偏向于联系人信息搜集与管理，自动建立用户行为时间轴，支持自定义邮件发送，支持微信绑定。

（7）表单大师的网址是 www.jsform.com。其特点是多表单关联，在线支付（支持微信与支付宝），在微信上管理数据。

### （二）数据处理与协作类表单制作工具

简道云的网址是 www.jiandaoyun.com。其特点是虽然能够做数据搜集，但是更偏向于数据的处理与协作；支持表单之间的关联，支持自定义分析，权限控制，等等；可以把几个表单组成一个小应用，如 CRM、订单管理、报名系统。

## 三、表单制作：以麦客 CRM 为例

### （一）麦客 CRM 表单制作业务简介

麦客 CRM 是一个能够帮助用户进行信息收集、市场开拓、客户挖掘并展开持续营销

活动的管理平台。它的业务包括：（1）可以通过一张简单轻便的问卷表单，收集各行各业、任何你想要的信息；（2）表单中有关联系人的信息会进入联系人管理模块；（3）可以很方便地向这些联系人发送设计精美的 EDM 邮件或是各类通知短信。

### （二）麦客 CRM 表单制作管理过程

表单制作管理，是指运营者可以设计并运用表单进行信息收集，并对收集到的信息进行处理和分析，帮助决策者进行相关决策。

1.麦客网站上"注册"

在麦客 CRM 网站上"注册"，填写邮箱、密码、组织、昵称、手机，单击"注册账号"即可。

2.麦客网站上"登录"

在麦客 CRM 网站上"登录"后，进入个人页面。在菜单栏上，有联系人、会员、表单、邮件、短信、广告推广中心等。邮件可以进行管理，也可以在短信下面进行群发，给指定联系人发送营销短信，每条仅消耗 0.8 个配额；可用触发短信，用户提交表单后，自动向其发送指定短信。

3.创建新表单

单击表单页面右上角的"创建表单"绿色按钮，开始创建新表单。

（1）需要给表单命名，方便今后从表单列表中找到它。

（2）可选择开始创建一个空白表单［见图 9-13a)］，也可进入"模板中心"，根据模板的分类和用途，选择一个准备好的表单模板，可加快创建表单的速度。例如，在模板中选择"麦客民田"，模板中已经做好了房源详情、房屋便利设施、房屋地理位置（所在位置、周边介绍、周边美食、逛街购物）、立即预订（入住人数、房客姓名、身份证、手机号）等，可以直接编辑，方便使用。

a）创建表单选择　　　　　　　　　　　　　　b）表单编辑模式

图 9-13　创建与编辑表单

**4.表单制作编辑模式**

进入设计表单页面后，有极简和专家两种编辑模式可选择［见图 9-13b)］。单击顶栏 **极简** 或 **专家** 图标就可随时在两种编辑模式间切换。

（1）表单制作极简模式。可在表单制作页面，通过"快速添加＋编辑组件"，简单调整一些设置选项和外观后，就可完成一个表单的制作。极简模式下的步骤按钮有：①编辑；②发布。

（2）表单制作专家模式。可对表单从外观到功能的每一处环节、细节进行详细且深入的设置，挖掘表单的更多功能，制作出更强大的表单。专家模式下的操作步骤有：①表头；②内容；③外观；④提交后；⑤全局设置；⑥发布。

**5.表单制作编辑方法和组件**

虽然表单制作的具体步骤不同，但表单的基本编辑方法相同。麦客的表单制作是通过"添加组件＋编辑"来设计表单内容，而后对表单的外观和一些设置进行调整，就可提交并发布表单，获得表单的访问链接。复制链接后，可以到相关的平台收集信息。图9-14 左边的是表单制作编辑的组件，主要包括以下几种。

（1）表单基础组件。表单基础组件有文本框、选择、下拉、多级下拉、日期时间、数字、附件、评分、矩阵、排序、货币、城市、商品、按钮、电子签名等。麦客的新建表单页面及操作如图 9-14 所示。

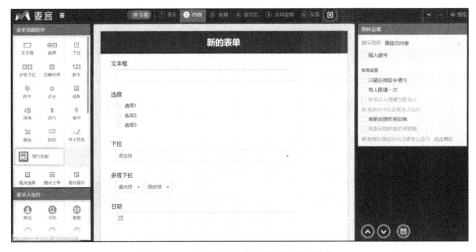

图 9-14　麦客的新建表单页面及操作

（2）预约控制组件。其下属组件主要有图片选择、图片上传、图片展示、图片轮播、文本描述、分割线、分页、静态地图、音视频播放及高级扩展功能等。

（3）联系人组件。其下属组件主要有姓名、手机、邮箱、公司、部门、职位、头像、称谓、性别、生日、所在地、地址、网址、座机、传真等。

（4）即时通信和社交网络组件。即时通信的下属组件主要有微信、QQ、Skype、Messenger、WhatsApp、Telegram、LINE、Viber。社交网络的下属组件主要有微博、

Linkedin、Twitter、Meta（原名 Facebook）、Instagram、Google+。

（5）表单扩展包组件。麦客还提供"表单扩展包"，不同的扩展包组件会针对表单的某方面补强更多功能。例如，单击"逻辑表单"扩展包后，可为当前表单增加逻辑功能，可设定只有当选择某个选项时，才显示特定的题目。在专家模式下，编辑好全部题目之后，切换至"逻辑"步骤，选中一个需要设置逻辑的选择题选项（单选、多选、下拉组件均可），在右侧的设置浮窗中勾选若干题目，表示填表人在选择了这个选项之后，接下来要回答哪些题。可以额外设置步骤，调整表单内题目的跳转逻辑，让表单随着用户每一道题目答案的不同，呈现不一样的答题流程。

（6）生成表单信息及反馈。用户通过电脑或者手机访问表单，填写并提交后，就会生成一条表单信息反馈。

（7）表单统计和管理。针对收集到的信息和表单反馈的数据，可以进行统计分析和管理，为管理提供决策参考。

（8）移动端的表单功能。可以在电脑上、在手机上登录麦客官网，或者关注麦客微信公众号 mikecrm 后，在微信中使用表单的相关功能。可在移动端直接创建/编辑表单，查看表单列表，以及各个表单的反馈详情和统计视图，还可以通过微信实时接收反馈提醒，等等。通过移动端的表单功能，可以随时随地管理表单，掌握表单最新动态。

⊙ **案例分享 9-14**

**竺帆咨询：用表单搞定驻印中企国庆献礼**

竺帆咨询是一家印度综合投资服务解决方案提供商，拥有媒体社群、商业服务和投资孵化三个业务板块，已经成长为领先的印度投资生态服务平台。从接触客户、联系客户到达成服务合作，各个环节都涉及大量客户信息的收集和处理，为此，竺帆咨询使用麦客，利用表单的灵活性，搭建起内外部业务强信息收集业务链。用表单打通不同渠道，沉淀目标用户。2013 年，竺帆咨询在印度成立，立志加速中印沟通、互惠与联姻，服务于中印两国企业的商业发展。一般来说，要联系想进入印度市场的中国企业，其常规操作是，在网站放上客服经理手机号或 400 客服电话等用户咨询。但对一个刚刚在海外创立的公司来说，这一操作难度很大。而更高效的办法是让用户主动找上门咨询，留下联系方式，之后公司再主动联系用户，以大大降低获客成本。

如图 9-15 所示，麦客表单内可插入设计好的图片、纯文本和跳转链接等内容，用于介绍公司背景和服务产品，再加上表单生成链接后依然可以修改其内容，因此使用麦客表单方便公司在保留原链接的同时持续更新相关信息而不影响链接跳转。竺帆咨询将此类表单安插在用户阅读的文章内、网页的广告上、公众号的菜单里和 App 中，这些是潜在客户必经的访问渠道。官网、微信公众号菜单栏既介绍了业务情况，又留下了用户信息，还能区分渠道来源，使企业主动联系客户时更有针对性，以提高联系质量和效率。

图 9-15　App 嵌入表单

资料来源：麦客百科，竺帆咨询用表单搞定驻印中企国庆献礼，这家咨询公司玩得溜，2019 年 11 月 6 日。

## 思考题

1. 请了解并掌握以下基本概念。

软文，软文营销，沉浸式体验，沉浸式广告，VR，VR 技术，VR 视频广告，智能广告，H5，表单。

2. 新媒体软文制作的类型、展示方式、运营策略和发布平台有哪些？

3. 沉浸式广告构成和创意要素有哪些？

4. H5 广告制作常用工具有哪些？

5. 表单制作工具有哪些？

## 实践训练

【目标】

结合实际内容，了解和掌握新媒体软文、沉浸式广告、H5 广告、表单的基本内容与制作。

【内容要求】

请同学们每人围绕小组主题，设计制作一篇小软文和一个 H5 广告作品，并汇总整合成小组作品。

【训练】

训练 1：运用所学的知识，结合小组主题制作一篇小软文，并选择合适的媒体进行发布。

训练2：运用H5工具制作一个H5主题广告，并选择合适的媒体进行发布。

训练3：运用H5工具制作一个"H5+沉浸式"主题广告，并选择合适的媒体进行发布。

训练4：运用表单制作工具，把已经发表的作品数据制作成表单，并进行管理。

## 参考文献

[1] 赵岳.营销传播中的网络软文策划[J].企业改革与管理，2013（9）：69-71.

[2] 王健平，梁文.软文写作与营销实战手册：软文写作技巧+文案创意+即刻引爆传播[M].北京：人民邮电出版社，2017.

[3] 苏航.软文写作与营销实战：从入门到精通[M].北京：人民邮电出版社，2016.

[4] 殷俊，柳青.VR视频广告的特色传播方式[J].新闻与写作，2016（7）：58-60.

[5] 程明，程阳.数据全场景和人机物协同：基于5G技术的智能广告及其传播形态研究[J].湖南师范大学社会科学学报，2020，49（4）：114-119.

[6] 郭志芳.天猫在微信平台的H5广告传播策略探究[D].北京：北京印刷学院，2019.

# 第四篇　运营实战与拓展

# 第十章
# 微信公众号运营

## ⦿ 学习目标

微信公众号特征和运营行为规范

微信公众号类型比较和运营业务平台

微信公众号运营流程和受众行为传播链

微信公众号设计和制作（定位设计、封面设计、文章标题与内容设计和制作）

微信公众号运营策略（用户需求分析、目标用户运营策略、复盘）

## ⊙【案例导读】　　　　　　"蜜雪冰城"微信公众号的爆款文章

2021 年 6 月 3 日至 25 日，在微信公众号上关于"蜜雪冰城"的爆款文章有 12 篇，转载量最高的文章是《蜜雪冰城逆袭爆火，除了"低价战略"还有哪些秘诀》，文章被转载 29 次，第二高的是《蜜雪冰城，一家被低估的娱乐公司》，文章被转载 25 次（见表 10-1）。

表 10-1　"蜜雪冰城"微信公众号的爆款文章

| 排名 | 标题 | 转载篇数 |
|:---:|:---|:---:|
| 1 | 蜜雪冰城逆袭爆火，除了"低价战略"还有哪些秘诀？ | 29 |
| 2 | 蜜雪冰城，一家被低估的娱乐公司！ | 25 |
| 3 | 开一间蜜雪冰城能挣多少钱？ | 22 |
| 4 | 我给"蜜雪冰城"留了个电话，结果引来了半个奶茶界 | 17 |
| 5 | 蜜雪冰城洗脑全网，已默默年入 65 亿 | 15 |
| 6 | "蜜雪冰城不嫌我穷，我也不嫌它土" | 12 |
| 7 | 蜜雪冰城主题曲爆了！2 元一个的冰淇淋、4 元一杯的柠檬水，当代年轻人谁也不能摆脱这"甜蜜蜜"的控制！ | 12 |
| 8 | "血洗"B 站的蜜雪冰城，到底有多神奇？ | 10 |
| 9 | 蜜雪冰城出圈始末 | 7 |

从微信公众号文章的发文内容和标题高频词词云图（见图 10-1）来看，一类是深度剖析

爆款事件来由的营销高频词,如"背后""爆火""出圈""神曲""秘诀""广告"等;另一类是深挖品牌、公司、财经视角的高频词,如"低估""估值""逆袭""战略""公司""品牌""创始"。

"蜜雪冰城"多维深度拆解微信公众号的话题内涵,利用媒体账号、营销账号等延续话题热度。

图 10-1 "蜜雪冰城"发文标题词云图(2021 年 6 月 3 日~7 月 18 日)

*思考:"蜜雪冰城"微信公众号的爆款文章为什么效果很好?*

*资料来源:人民交通网,微播易案例分析:蜜雪冰城的这波社媒营销操作绝绝子,2021 年 9 月 18 日。*

# 第一节 微信公众号运营概述

## 一、微信公众平台概述

### (一)微信公众平台简介

微信公众平台(网址:https://mp.weixin.qq.com/)的简称是公众号,曾被命名为"官号平台""媒体平台""微信公众号",现被定名为"公众平台"。微信公众平台是运营者通过公众账号为微信用户提供资讯和服务的平台,由腾讯公司开发,主要面向个人或名人、政府、媒体、企业等机构推出合作推广业务。

运营者可利用公众账号平台开展自媒体活动,即可开展一对多的媒体行为活动。例如,运营者或商家在申请微信公众服务号后,通过二次开发可展示运营者或商家的微官网、微会员、微推送、微分享、微活动、微报名、微名片、微支付等,形成线上结合线下的微信互动营销广告方式。

### (二)微信公众平台的发展阶段

#### 1. 微信公众平台上线(2012 年)

2012 年 8 月 23 日,微信公众平台正式上线,曾命名为"官号平台"和"媒体平台",

以为用户创造更好的体验和生态循环为目标。

2. 升级调整功能时期（2013—2016 年）

（1）新增 LBS 位置数据。2013 年 6 月，微信公众平台新增自定义 LBS 数据。2013 年 10 月 19 日，微信 LBS 图文回复可设置商家店铺位置，用户提交当前所在位置后，就可以找到附近的商家店铺。

（2）精彩内容分享功能。当用户看到精彩的内容时，可把信息（如一篇文章、一首歌曲）分享到微信朋友圈，或点击"分享给微信好友"，好友则可收到信息，进行查看或下载或转载。

（3）调整和版本升级。2013 年 8 月 5 日，微信从 4.5 版本升级到 5.0 版本，同时微信公众平台也做大幅调整。微信公众号分成订阅号和服务号。运营主体是组织（如企业、媒体、公益组织）或个人的均可申请订阅号；运营主体是组织的，还可以申请服务号，但个人不能申请服务号。

3. 规范发展时期（2017 年至今）

2017 年 4 月 19 日 17 时起，iOS 版微信公众平台的赞赏功能被关闭，安卓等其他版本的微信赞赏功能不受影响。2018 年 6 月 27 日，微信公众平台正式上线开放转载功能，文章可直接被转载，也可赞赏作者。2018 年 7 月 19 日，微信公众平台上的"转载可赞赏作者"功能暂时下线。

2018 年 1 月 5 日，微信公众平台发布公告称，拟规范"非固定收益类投资产品"类信息发布，即日起微信公众平台将配合微信安全中心的打击行动，针对相关诈骗、骚扰等违法违规的信息和公众号进行处理。"非固定收益类投资产品"指包括但不限于股票、期权、期货、外汇、大宗商品、电子货币等本金或收益存在不确定性的投资产品。

2018 年 2 月 8 日，微信公众平台新增修改文章错别字功能。微信公众平台发布消息称，为了给运营者、读者提供更友好的编辑和阅读体验，公众平台新增修改文章错别字功能，支持运营者对已群发文章进行小范围修改。每篇文章允许被修改一次，修改范围仅限正文内五个字。

2018 年 6 月 20 日，订阅号正式改版上线。2018 年 11 月 16 日，微信公众平台发布公告称，即日起调整公众号注册规则：个人主体注册公众号数量上限由 2 个调整为 1 个；企业类主体注册公众号数量上限由 5 个调整为 2 个。

2019 年 8 月 26 日，微信公众平台已经汇聚超 2 000 万公众号，不少作者通过原创文章和原创视频形成了自己的品牌，成为微信里的创业者。

### （三）微信公众平台运营的高级接口

微信公众平台运营有九个高级接口，分别是语音识别、客服接口、网页授权接口、生成带参数的二维码、获取用户地理位置、获取用户基本信息、获取关注者列表接口、用户分组接口以及下载与上传多媒体文件（见表 10-2）。微信公众平台开放并兴起第三方运营接口，可接入其他 App，企业可以申请"自定义菜单"，创新个性化营销方式。

**表 10-2 微信公众平台运营的高级接口**

| 功能接口 | 具体功能 |
| --- | --- |
| 语音识别 | 对用户的语音给出识别文本 |
| 客服接口 | 公众号可以在客户发送消息的 12 小时内回复信息 |
| 网页授权接口 | 公众号可以请求用户授权 |
| 生成带参数的二维码 | 公众号可以获得一系列携带不同参数的二维码 |
| 获取用户地理位置 | 获得客户进入公众号对话时的地理位置（需要用户同意） |
| 获取用户基本信息 | 公众号可以根据用户加密后的 OpenID，获取其基本信息，如头像、昵称、性别、地区 |
| 获取关注者列表接口 | 通过该接口，用户可以获取所有关注者的 OpenID |
| 用户分组接口 | 公众号可以在后台为用户移动、创建与修改分组 |
| 下载与上传多媒体文件 | 公众号可以在需要时在微信服务器上上传和下载多媒体文件 |

## 二、微信公众号的特征和运营规范

### （一）微信公众号的特征

微信公众号表现出以下特征。

#### 1. 移动社交性

微信公众号主要运用于用户手机、平板电脑等终端，是集社交、沟通、学习、营销为一体的移动社交平台，个人或企业可以通过微信公众号，发布需要传播的信息和广告，能达到较好的营销效果。

#### 2. 开放自主性

个人或企业可以通过微信公众号，运用平台工具、功能插件等，制作自己想要的信息或文本作品，并在平台上发布。

#### 3. 用户多样性

微信公众号可以面对不同年龄、性别、职业、地位等各种各样的用户和受众，所有人均可接收公众号信息。因此，微信公众号的日活跃用户众多，可为企业实现较高的转化率。

#### 4. 平台资源整合性

微信公众号可以整合其他各种新媒体平台资源，其产品可以在其他各平台传播和发布，广告传播具有速度快、范围广、传播人数多等特性，无法测量平台的深度和广度。

### （二）微信公众平台运营规范

根据国家的网络管理规定，微信公众平台不可出现下列行为：使用外挂行为、刷粉及互推行为、诱导行为、恶意篡改功能行为、浪费账号资源行为、滥用原创声明功能、滥用赞赏功能、违法经营行为、滥用模板消息接口行为、滥用客服消息行为、多级分销经营行为、欺诈、可疑服务及不诚信行为和恶意违规及对抗行为。微信公众平台运营规范的详细内容可进入链接查看：https://mp.weixin.qq.com/mp/opshowpage?action=newoplaw#t3-3-12。

### （三）微信公众号发送内容运营规范

微信公众平台不可发布下列内容：违反国家法律法规规定的相关内容、涉黑类内容、危害平台和消费者安全内容、非法物品类内容、暴力内容、赌博类内容、侵权或侵犯隐私类内容、违法推广和广告类内容、虚假营销信息、骚扰类内容、庸俗挑逗性内容和误导类内容等。

## 三、微信公众号的类型和运营业务平台

### （一）微信公众号的类型及运营规则

微信公众号主要有四个类型：订阅号、服务号、企业微信、微信小程序。不同类型的微信公众号，其运营功能、规则、对象也不同，需要对运营主体进行区分。下面编者将简要介绍一下四种微信公众号及其特征（见表 10-3）。

表 10-3　四种微信公众号及其特征

| 类型 | 群发次数 | 定义及功能介绍 | 适用人群 |
| --- | --- | --- | --- |
| 订阅号 | 1 条 / 天（认证用户、非认证用户） | 一种为媒体和个人提供的信息传播的新方式，主要功能是在微信侧给用户传达资讯，功能类似报纸杂志，提供新闻信息或娱乐趣事或软文广告等 | 个人、媒体、企业、政府或其他组织 |
| 服务号 | 4 条 / 月（按自然月） | 为企业与组织提供的业务服务与用户管理的信息宣传和传播平台，主要功能偏向服务类交互（功能类似 12315、114、银行，提供绑定信息），如微支付、微店、微推广等 | 媒体、企业、政府或其他组织 |
| 企业微信（原企业号） | 无限制 | 是企业的专业办公和管理工具。主要功能是有与微信一致的沟通体验，提供丰富免费的办公应用，并与微信消息、微信小程序、微信支付等互通 | 企业、媒体、事业单位或其他组织 |
| 微信小程序 | — | 是一种供开发者能够快速地开发一个业务小程序的开放平台。主要功能是微信小程序可以在微信内被便捷地获取和传播，同时具有出色的使用体验 | 个人、媒体、企业、政府或其他组织 |

#### 1. 订阅号功能及运营规则

订阅号是一种为媒体和个人提供的信息传播的新方式，主要有文字、文章、图片等表现形式。

（1）主要功能：在微信侧给用户传达资讯，功能类似报纸杂志，提供新闻信息、娱乐趣事或软文广告等。选择订阅号，只能在公众平台上简单发消息，做宣传推广服务。

（2）适用人群：个人、媒体、企业、政府或其他组织。

（3）群发次数：订阅号（认证用户、非认证用户）1天内可群发1条消息。

（4）运营业务：开发简单信息和文档，在服务平台上发送宣传推广信息。

### 2.服务号功能及运营规则

服务号是为企业和组织提供的业务服务与用户管理的信息宣传和传播平台。

（1）主要功能：偏向交互服务类业务（功能类似12315、114、银行，提供绑定信息），如微支付、微店、微推广等。如果想用公众号获得更多的业务功能，如开通微信支付，建议选择服务号。

（2）适用人群：媒体、企业、政府或其他组织。

（3）群发次数：服务号1个月（按自然月）内可发送4条群发消息。

（4）运营业务：除了具有订阅号功能及业务外，还能在服务平台上办理各种相关的产品宣传、产品实现价值的过程、流程各环节的业务，进行交易支付，完成从宣传推广到销售支付的整个转化过程。

⊙ **案例分享 10-1**

#### 中国南方航空服务号

中国南方航空设立了微信公众号服务号，可以让用户将明珠会员服务和微信号绑定起来（见图10-2）。用户可以通过该公众号预订机票、查询订单，办理登机牌等值机手续，挑选座位，查询航班信息，查询目的地城市天气，并为明珠会员提供专业的服务。

图 10-2　中国南方航空服务号

资料来源：中国南方航空，典型案例介绍。

### 3.企业微信（原企业号）功能及运营规则

企业微信（原企业号）是企业的专业办公和管理工具。企业微信的主要业务有高效的消息沟通方式、日程管理、会议纪要、文档管理、灵活的微盘共享资料、考勤打卡、审批流程、工作进展汇报、企业支付、公费电话（1 000分钟免费时长）、工作邮件管理、通信录管理、资料和手机等的配置、群聊管理（发起2 000人群聊）、在线预定会议室、全局搜索等功能。

（1）主要功能：有与微信一致的沟通体验，提供丰富免费的办公应用，并与微信消息、微信小程序、微信支付等互通。

（2）适用人群：企业、媒体、事业单位或其他组织。

（3）群发次数：与普通微信一样可以交互和交流信息，无限制。人数可达10万。

（4）运营业务：企业业务或单位人员可在企业微信平台上交流或传递业务信息。

**4.微信小程序功能及运营规则**

微信小程序是一种供开发者能够快速地开发一个业务小程序的开放平台。

（1）主要功能：微信小程序可以在微信内被便捷地获取和传播，同时具有出色的使用体验。

（2）适用人群：个人、媒体、企业、政府或其他组织。

（3）运营业务：提供一系列工具帮助开发者快速接入并完成业务小程序开发的任务，主要的业务是设计、运营微信社区和微信服务平台。例如，可以用小程序开发文档，或开发小游戏文档等。

微信小程序具有设计的菜单，所有页面包括小程序内嵌网页和插件，都会在微信右上角界面的固定位置放置官方小程序菜单。开发者可选择深浅两种基本配色，以适应页面设计风格、界面预留区域空间等。微信小程序的内容运营，包括直播、视频、公众号等代运营服务，解决商家流量引入、内容制作、方案策划、卖货带货等内容服务需求。例如，2022中国高校计算机大赛的微信小程序应用开发赛，是基于腾讯微信小程序平台的创新应用开发设计竞赛，大赛面向全球高校在校生开放。

⊙ **案例分享 10-2**

**宝马的微信小程序营销新思路**

随着数字化工具和互联网经济的发展，汽车企业也在思考如何更快地实现营销数字化。宝马认为，在数字经济时代，汽车企业必须实现以客户为中心的营销模式，打造无缝交互的数字体验：打通线上线下，实现汽车品牌和经销商的"厂商"联动，为不同客户群体提供定制化营销方案；利用基于大数据的数字化工具，实现更精准高效的信息沟通和传递，提高营销效率。

宝马为了落实数字化战略，专门成立了领悦数字信息技术公司，在新冠疫情初期，不到一个月时间内就在首批69家经销商中试点推出了"BMW远程数字化营销助手"，令经销商销售顾问在疫情期间，足不出户也能随时以最新的品牌和产品信息保持与客户的沟通（见图10-3）。这个基于微信平台的小程序应用在上线后不到一个月的时间里，仅首页访问量就超过34万次。目前，这个一站式营销平台不仅不断进行功能升级，还被推广到全国超过400家经销商，为宝马及经销商解决所有与汽车相关的产品与服务问题，标准化输出个人信息、汽车产品、商城、动态官网等信息，满足了汽车销售方与购买方的双向需求。宝马用真实且有温度的服务与消费者搭建信任桥梁，汽车资讯、各类车型以及宝马相关产品和服务都能在其线上平台查看，并且支持在线咨询、填写表单预约试驾、拼团等功能，突破了传统的汽车营销模式。

图 10-3　BMW 远程数字化营销助手

资料来源：搜狐网，宝马使用加推打造数字化营销系统，赋能 400 家经销商，首页访问量超 34 万次，2020 年 6 月 9 日。

### （二）微信公众号为用户提供业务服务的方式

微信公众号主要通过微信公众号消息会话和微信公众号内网页来为用户提供业务服务，下面分别进行介绍。

1. 微信公众号消息会话服务类型

微信公众号是以微信用户的一个联系人的形式存在的，消息会话是公众号与用户交互的基础。目前公众号内主要有以下消息服务的类型，分别应用于不同的场景。

（1）群发消息：公众号可以以一定频次（订阅号为每天 1 次，服务号为每月 4 次），向用户群发消息，包括文字消息、图文消息、图片、视频、语音等。

（2）被动回复消息：在用户给公众号发消息后，微信服务器会将消息发到开发者预先在开发者中心设置的服务器地址（开发者需要进行消息真实性验证），公众号可以在 5 秒内做出回复，可以回复一个消息，也可以回复命令告诉微信服务器这条消息暂不回复。被动回复消息可以在后台设置加密。

（3）客服消息：用户在公众号内发消息或触发特定行为后，公众号可以给用户发消息。具体发送规则见公众号客服消息文档。

（4）模板消息：在需要对用户发送服务通知（如刷卡提醒、服务预约成功通知等）时，公众号可以用特定内容模板，主动向用户发送消息。

### 2. 微信公众号内网页业务场景服务

许多复杂的微信业务场景，需要通过微信公众号提供内网页形式的业务场景服务来实现，其操作如下。

（1）网页授权获取用户基本信息：通过该接口，可以获取用户的基本信息（获取用户的 OpenID 是无须用户同意的，获取用户的基本信息则需用户同意）。

（2）微信其他功能：开发者在网页上可通过 JavaScript 代码使用微信原生功能的工具包，使用网页上的录制和播放微信语音、监听微信分享、上传手机本地图片、拍照等功能。

## （三）微信公众号托管或代运营业务及平台

### 1. 微信公众号托管或代运营业务

微信公众号托管或代运营业务，主要有视频制作、图文设计、公众号代运营、软文/文案撰写、问答/经验撰写等。

### 2. 微信公众号托管或代运营服务行业

微信公众号托管或代运营服务行业，主要有餐饮、线下零售、生活服务、教育及其他服务行业。

### 3. 微信公众号托管或代运营服务平台和机构

微信公众号托管或代运营服务平台和机构共有 22+2 家，主要的类型如下。

（1）图文类公众号托管运营服务平台。

主要的图文类服务平台有：公众号托管运营（南京融冠网络科技有限公司）、骊龙网络公众号代运营（杭州骊龙网络科技有限公司）、阿基米德－微信公众号代运营（阿基米德（北京）医疗科技有限公司）、恒益九州公众号图文运营（北京恒益九州网络科技股份有限公司）、汇志传媒公众号运营（广州市汇志文化传播股份有限公司）。

（2）直播类公众号托管运营服务平台。

主要的直播类服务平台有：微信公众号代运营（上海政凯锐驰网络科技有限公司），易稿平台公众号代运营（上海星家网络科技有限公司），有我科技微信公众号一站式代运营（淮安有我信息科技有限公司），户外探险直播策划（北京跃行文化发展有限公司），视频直播（陕西小麦互联网科技有限公司），世茂优选 PGC 直播（浙江世茂优选供应链管理有限公司），体育整合营销（北京东方华腾国际文化发展有限公司），户外探险整合营销服务（北京跃行文化发展有限公司）。

（3）视频类公众号托管运营服务平台。

主要的视频类服务平台有：视频号运营服务（上海可为电子商务有限公司），骊龙网络视频号代运营（杭州骊龙网络科技有限公司），短视频代运营（上海政凯锐驰网络科技有限公司），等等。

（4）综合类公众号托管运营服务平台。

主要的综合类服务平台有：爱范儿短视频、长视频、直播（广州知小云科技发展有限公司），库博微信公众账号运营、小程序定制开发服务（深圳市联星库博信息技术有限公司），图文、Vlog、直播（广州知小云科技发展有限公司），掌尚智慧.KOL直播达人带货/内容运营（上海掌尚智慧数字科技有限公司），等等。

（5）公众号托管或代运营服务机构。

主要的服务机构有2家：易稿平台（上海星家网络科技有限公司），达人数有3位，服务行业有商业服务、生活服务、文娱，所在城市是上海市；小麦科技（陕西小麦互联网科技有限公司），达人数有4位，服务行业是商业服务、金融、生活服务、电商平台、线下综合零售，所在城市是西安市。

## 四、微信公众号的运营流程

### （一）微信公众号的注册步骤

#### 1. 打开微信公众平台官网

微信公众平台的官网网址是 https://mp.weixin.qq.com/，点击右上角的"立即注册"。

#### 2. 选择注册的账号类型

从服务号、订阅号、企业微信、微信小程序中选择自己需要的公众号类型。针对不同类型的用户群体，根据自己的需求选择注册账号类型。

#### 3. 邮箱填写并验证

填写邮箱和密码时，请填写未注册过的邮箱。发送验证码，登录邮箱，查看并激活邮件，填写邮箱验证码激活，点击激活链接。

#### 4. 填写主体或管理员信息

点击激活链接后，继续完善主体信息或管理员信息，填写身份证等信息。

#### 5. 提交相关材料

填写信息之后，提交相关材料。订阅号、服务号、企业微信、微信小程序所提交的材料有所不同。

（1）订阅号需要提交的材料有：个人信息录入页面，用户需要实名录入自己的身份信息、手机号码等。在上传身份证图片时，也需要个人手持证件拍照上传。

（2）服务号需要提交的材料有：企业的名称、营业执照、扫描件照片、运营者姓名、身份证号码、身份证照片、手机号码和验证码等信息。

（3）企业微信需要提交的材料有：企业信息，需要填写企业名称、营业执照注册号、上传营业执照扫描件、运营者身份、手机号码和验证码等信息。

（4）微信小程序注册需要提交的材料有：选择主体类型，填写主体信息并选择验证方式。对公账户需要向腾讯公司打款来验证主体身份，或通过微信认证验证主体身份，需支付300元认证费。

6.填写账号信息

填写账号信息，包括公众号名称、功能介绍，选择运营地区等（见图10-4）。需要注意的是，在命名公众号时，要以高频词取名，选择与企业或品牌相关的高频词来命名，可通过搜索指数高的词来决定。此外，需要把关键词带上，方便通过关键词搜索找到公众号。

图10-4　订阅号信息登记

7.提交注册，通过审核

提交注册，等待腾讯官方审核，通过之后，就可以开始使用公众号了。

**训练**

1.请打开自己的手机，找到微信公众号平台。

2.注册微信公众号。

3.运营微信公众号。

4.运营结果反馈和评估。

### （二）微信公众号内容运作

#### 1. 发布原创内容

发布微信公众号的内容时，要多发布与公众号名称、简介和主题相关的原创内容，以获得更多的平台推荐的曝光次数。

#### 2. 转载相关内容

转载相关内容时，要多转载与公众号名称、简介和主题相关的内容，以获得一定的关注度。

#### 3. 内容制作要点

公众号内容制作要精简，通俗易懂，图文与视频相结合，言简意赅，少长篇大论。

### （三）微信公众号信息推广发布途径

#### 1. 朋友圈推广

运营者可以在自己的朋友圈或朋友的微信朋友圈，推广、发布、转发公众号广告原创信息。

#### 2. 平台合作推广

运营者可以找公众号平台及其他各平台合作，进行广告或活动的推广。

#### 3. 转载推广

运营者可以把自己看到的好内容，在自己的朋友圈或平台上进行转载和推广。

#### 4. 其他推广路径

运营者可以把自己的广告内容，结合到公众号消息、聊天会话、朋友圈、朋友在看、看一看精选、搜一搜、历史消息等中，进行广告宣传和推广。

## 五、微信公众号的受众行为传播链

微信公众号的受众行为传播链，主要是从受众视角，分析公众号广告内容的宣传和传播路径的各个环节。微信公众号传播的受众具体行为如下（见图 10-5）。

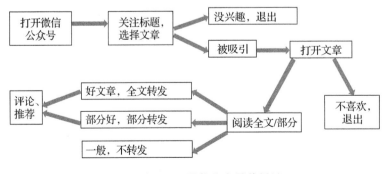

图 10-5　微信公众号传播链

（1）受众打开微信公众号。

（2）关注标题，选择文章。

（3）如果感觉文章没兴趣就退出，如果被文章吸引，就会点击打开文章。

（4）在阅读过程中，如果感觉不喜欢或没兴趣，则会选择关闭或退出；如果感觉文章有兴趣或有意思，就会继续阅读文章全文或部分。

（5）如果感觉是好文章，则会推荐到朋友圈或其他平台或群进行推广；如果感觉文章部分内容或语句较好，则会把部分内容或语句推荐到朋友圈或其他平台或群进行推广；如果感觉文章一般或不够好或不值得推荐，则会选择不转发或不推广。

（6）对于好文章或好的内容，受众会点赞或评论，营销效果会更好。

# 第二节　微信公众号的设计和制作

## 一、微信公众号的定位设计

### 1. 品牌和产品定位

定位（Positioning）是于 20 世纪 70 年代由美国营销学家艾·里斯和杰克·特劳特提出的。市场定位是指企业针对潜在顾客的心理进行营销设计，创立产品品牌或企业在目标客户心目中的某种形象或某种个性特征，保留深刻的印象和独特的位置，从而取得竞争优势。品牌定位是指企业根据消费者对品牌的认识、了解和重视程度，为企业建立和培养产品在消费者心目中的特色和独特品牌形象，让消费者更好地区分其他品牌，在行业中获取竞争优势。产品定位是指就产品属性而言，企业与竞争对手的现有产品，应在目标市场上各自处于什么位置。品牌和产品定位，就是从品牌和产品的产品特色与个性、差异化优势两个角度来分析的定位思路。

（1）产品特色与个性定位。

微信公众号在设计品牌和产品时，需要先进行产品特色和个性定位，也就是要明确品牌和产品在哪些方面具有特色、独特个性和独到之处，能给消费者带来多大的价值。产品特色与个性定位，就是运营者要让企业产品和品牌在消费者心目中留下鲜明的印象，占据突出的地位。

（2）差异化优势定位。

微信公众号在设计品牌和产品时，需要掌握品牌和产品与其他品牌和产品相比所具有的差异和优势，并以此为定位标准，有针对性地设计品牌和产品的广告内容。

### 2. 目标用户人群定位

目标用户人群定位，也就是目标市场定位，是对目标用户的各种关键信息进行描绘、分析、画像和定位。在设计和定位微信公众号时，运营者需要了解目标用户人群是谁，其性别、年龄、收入、学历、居住城市、喜好、经常出没地点和占比的情况，为公众号的运营提供依据。

例如，可了解公众号受众是程序员、学生、老师，还是白领、老板等，并根据他们不同的特征和接受公众号的时间及习惯，对目标用户进行准确定位，并采取不同的公众号运营策略。

3. 与竞争对手的比较定位

在考虑微信公众号设计时，需要对竞争者进行分析和定位。主要定位的内容有企业的主要竞争品牌，在竞争中的地位，竞争品牌的产品特征与品牌形象，竞争品牌的品牌定位和传播策略，竞争品牌的目标市场与品牌知名度、美誉度，等等。

## 二、微信公众号的封面设计

微信公众号封面设计主要包括公众号名称、头像、简介、欢迎语、配图等的基础内容设计和制作。微信公众号封面例图见图10-6。

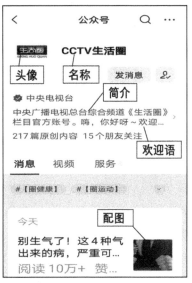

### 1. 名称设计

公众号名称设计，就是要设计一个与企业品牌和产品、目标用户，或业务相匹配的名称。公众号名称既要体现企业的宣传和定位需求，又要有吸引力，还能体现自己的个性。例如，社群组织类命名为"英语行动派"；学习培训类命名为"××老师团队"；职业昵称类命名为"化妆师NIKI"；温暖美好类命名为"一笼小确幸"；创意社交类命名为"教你嘴甜会说话"；时间阅读类命名为"十点读书"；行业观察类命名为"知识分享观察"；动物水果类命名为"荔枝FM"；品牌公司类命名为"会展壹号公关"；等等。

图 10-6　微信公众号封面

### 2. 头像设计

公众号头像设计，可以选择自拍或自制照片，或来源照片，或漫画头像，也可以用企业或品牌Logo、品牌名称、工作或业务等。

### 3. 简介设计

公众号简介设计，就是通过简介，较全面地介绍企业产品或公众号的隶属、功能、特性等，让受众从简介中了解此公众号是否适合自己，受众能得到哪些利益等。公众号简介设计应尽量简短，特征明显。例如，公众号CCTV生活圈的简介共21个字，简单明了（见图10-6）。

### 4. 欢迎语设计

公众号的欢迎语设计，就是以简单的欢迎语，拉近与受众之间的距离。欢迎语可以是文字、图片或语音等。例如，公众号CCTV生活圈的欢迎语是"嗨，你好呀～欢迎……"。

5. 配图设计

公众号的配图设计，主要有公众号封面首图、封面次图两种。在设计过程中，如果是多图文的封面首图，在排版上要把重要内容居中靠上，不要让标题覆盖或被裁切掉。文章内的配图和二维码，要根据需要来设计，使整体排版看起来美观。配图设计规格不宜过大，推荐封面首图比例 9 : 5（尺寸为 900 像素 ×500 像素），建议封面次图比例 1 : 1（尺寸为 500 像素 ×500 像素），为保证清晰度，宽度为 700 像素左右就好，图片格式建议用 JPG。

## 三、微信公众号文章标题的设计和制作

### （一）微信公众号文章标题设计的关键指标

微信公众号文章标题设计的关键指标主要有打开率和转发传播率。

1. 微信公众号文章标题打开率

微信公众号文章标题打开率，是指受众看到公众号文章的标题被吸引，情不自禁点击并打开文章进行阅读。由于受众的时间碎片化且有限，一篇文章被推送后，依据标题 3 秒法则，见到即点击；如果标题无法吸引受众快速点击，短短几十秒或几分钟时间，文章很快就会被后面的其他文章所覆盖并折叠，特别是有广告内容的软文，更是稍纵即逝。

2. 微信公众号文章转发传播率

微信公众号文章转发传播率，就是受众阅读公众号文章后，感觉是好内容或深度好文，愿意把文章分享转发给亲朋好友，实现二次或多次的阅读和传播。

### （二）微信公众号标题带给受众的价值

1. 实用需求价值

实用需求价值，是指微信公众号文章的内容和标题能够满足某些受众的实际生活和工作需要。例如，有公众号的标题为"如何制作蛋糕?"。

2. 情感体验价值

受众能够从微信公众号文章的内容和标题中得到吸引、自信、信任、果敢、尊重、友谊、归属感、成就感、排他性等的情感体验。例如，有公众号的标题为"如何引领团队走向卓越? 这篇文章讲透了"。

3. 社交价值

从微信公众号文章的内容和标题中，能够给受众提供表达内心的想法，塑造企业或产品形象，实用的帮助，聊天的谈资，展示社会地位等的社交价值。例如，有公众号的标题为"为梦想而努力的人最漂亮"。

### 4. 内容服务价值

可从微信公众号文章的内容和标题中，让受众感受到标题和内容所带来的独特产品服务，形成差异化的服务价值。例如，有公众号的标题为"360° 服务 | 打造独特的产品配置体系与定制化服务"。

### （三）微信公众号标题的基本样式

微信公众号标题的基本样式，就是设计制作微信公众号的表现形式，其形式多种多样。微信公众号标题常用的样式有：KOL 和 KOC 式、贴标签式、场景式、冲突式、悬念式、情感式、热点式、数字式、带符号式等。

### 1. KOL 和 KOC 式

在微信公众号标题中运用 KOL（关键意见领袖）和 KOC（关键意见消费者）的名字来刺激受众的阅读和转载，产生名人效应。例如，有微信公众号的标题为"直播界四大天王，只剩下半个某某？""××（KOL 或 KOC）坚持一生的 10 个习惯"。

### 2. 贴标签式

在微信公众号标题中加上特定的标签，以满足人们的爱好和兴趣。例如，有微信公众号的标题为"消费潮流的年轻人，到底在消费什么？"。

### 3. 场景式

在微信公众号标题中营造一个需要的场景，让受众有代入感，产生某种令人印象深刻的画面，引起共鸣。例如，有微信公众号的标题为"资本热炒的预制菜，年轻人不买账？"。

### 4. 冲突式

在微信公众号标题中，运用矛盾、有争议的话题让受众产生兴趣。例如，有微信公众号的标题为"直播行业拐点已至？""碱性水能治病？这家水企'芭比 Q'了"。

### 5. 悬念式

在微信公众号标题设计中，设置悬念式问题，吊高受众的胃口，激发受众的好奇心，吸引受众点击并打开文章阅读。例如，有微信公众号的标题为"'肉搏'耐克，安踏凭什么？"。

### 6. 情感式

在微信公众号标题设计中，通过把人的兴奋、愉悦、亲子、家庭等情感元素植入微信公众号的宣传文章中，让受众感受到一种感情的牵引，从而对广告或宣传的内容和产品产生好感，最后进行购买转化。例如，有微信公众号的标题为"有一种努力叫：靠自己""《爱拼会赢》：闽南古厝的乡愁家国情"。

### 7. 热点式

在微信公众号标题设计中，把需要宣传的内容制作成软文，实时跟进并结合热点，抓住受众的好奇心理，达到借势热点传播，促进高点击率和转发率。热点事件也可以发布在微博热搜榜、百度热搜榜、百度风云榜、百度指数查找等网站平台。例如，有微信公众号的标题为"冬奥会后，安踏已经不是当初的模样"。

### 8. 数字式

数字式就是微信公众号标题中运用1、3、10等数字来表现内容以吸引受众的注意力。例如，有微信公众号的标题为"一个水果店老板的生意经""××：携5 000只'冰墩墩'献礼冬奥"等。

### 9. 带符号式

在微信公众号标题设计中，把一些特殊的符号和表情注入标题中，让标题看起来形象、生动、有活力，整体效果更吸引人。在标题中，常用的符号如下。

（1）问号（？），可表示疑问、反问、设问。这类标题让人产生疑问，并有想知道答案的欲望，驱使受众点击并打开文章。例如，有微信公众号的标题为"如何引领团队走向卓越？这篇文章讲透了"。

（2）感叹号（！），可表示赞扬、惊讶、叹息、愤怒、伤感等强烈的感情，让微信公众号标题快速引起受众的关注而点击。例如，有微信公众号的标题为"大佬们放手！'二老板们'如何守江山？"。

（3）双引号（""），表示引用、强调、提示，使微信公众号标题变得很醒目，给受众造成视觉冲击力，吸引受众点击阅读。例如，有微信公众号的标题为"周年庆＋会员日|抢'免单'福利！"。

（4）冒号（：），可表示说明、副标题、提示下文等，能进一步说明微信公众号标题的某种特性和内容，让受众更好地了解标题的含义而关注、点击。例如，有微信公众号标题为"冷知识：减肥期喝咖啡会胖？"。

（5）中括号（[]），表示强调、重点标记，微信公众号标题变得很醒目，给受众造成视觉冲击力，吸引受众点击阅读。例如，有微信公众号的标题为"【毕业季好礼】手机上门换电池89元起""【限量1000份】1～88元红包！手慢无！"。

### （四）微信公众号标题的注意元素

#### 1. 标题结构

注意微信公众号标题结构，在微信公众号的标题中可以加入各种符号，从而创造出多样的结构标题。

#### 2. 标题长度

注意微信公众号标题长度。由于订阅号有折叠，只能看到16个字，最长不超过32个中文字，否则在朋友圈中标题无法完整显示，因此，标题的重点文字要前置。

#### 3. 标题的前后缀和搭配

注意微信公众号标题的前后缀和搭配，主要包括以下几个方面。

（1）主体视角：在微信公众号标题上注明内容的主体来源。例如，×××推荐、×××内部演讲、×××传播等。

（2）亮点内容视角：在微信公众号标题上注明亮点内容字词。例如，在标题中加上"深度好文""干货必读""分享有礼""万字长文""点赞破万"等。

（3）对象视角：在微信公众号标题上注明受众人群、地点、时间，或某一类对象，或特点特征，等等，引起对象和相关人员的注意与关注。例如，学生必看、×××专属、只限××地区、200人截止等。例如，有微信公众号的标题为"有奖征集|2022年，你读书了吗?"。

## 四、微信公众号内容设计和创作

微信公众号内容设计和创作，可以从微信公众号的表现形式、创作类型、产出方式、版面视觉设计、创作素材及选题方法六个方面进行（见图10-7）。

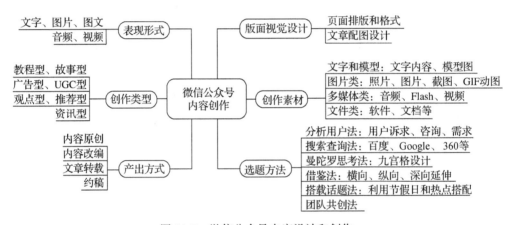

图 10-7 微信公众号内容设计和创作

### （一）微信公众号内容设计和创作的表现形式

微信公众号内容设计和创作中运用的表现形式，主要有文字、图片、图文、音频、视频等。本处不做详细介绍，可参考第八章、第九章的制作方法介绍。

### （二）微信公众号内容创作类型

微信公众号内容创作类型，主要是根据目标用户类型及其偏好来确定公众号内容创作推送的类型，主要包括以下几种。

#### 1. 教程型内容

教程型内容，就是运用文字、路径或音视频，为受众讲解或传授给受众某一种技能或者解决某一个问题的教程型公众号文章。实用文章和内容会得到某一些受众的喜爱、转发、关注和收藏，如"干货帖|保洁阿姨都不知道的清洁妙招，一篇给你讲清楚"。此外，职场类公众号、时尚美妆类公众号等都有教程类文章。

### 2. 故事型内容

故事型内容，是指以叙述、讲故事、诙谐幽默的讲解方式，结合小说类、传记类、报道类、历史类等题材、人、物、事件，来创作公众号文章，以此来吸引受众阅读、点赞并转发。例如，有公众号内容为"很多人都懂，却极少人能做到的道理"。

### 3. 广告型内容

广告型内容，就是以企业品牌或产品的宣传和推广为目的，采用产品介绍或优惠信息的硬广告或软广告方式的公众号文章。在公众号中，软文广告更受欢迎，且效果会更好。软文制作详见第九章。

### 4. UGC 型内容

UGC（User Generated Content）即用户生产内容，就是内容运营者制造话题，引导、激发用户对话题进行留言、深入讨论，用户深度参与内容制作，达到营销和宣传的效果。

### 5. 观点型内容

观点型内容，就是在文章中向受众传递运营者的观点、评价、态度、看法、立场和个人风格等。例如，对时事的解读、对热门电影的评论等文章。

### 6. 推荐型内容

公众号运营者通过搜集、整理某一类与主题相关的内容，将其归类、整合到一篇或几篇文章中，再以公众号文章的方式推荐给受众，让受众下载或采用。例如，在公众号文章中可推荐假期书单、电影清单、化妆护肤、服饰鞋包、家居百货、诗歌名句、名言警句等。

### 7. 资讯型内容

资讯型内容，主要介绍企业或单位的政策传达、事件通知、活动介绍及总结等内容，向相关群体或受众传递某种信息。这是特别适合企业、机构、学校、政府等制作的文章类型。

## （三）微信公众号内容设计和创作产出方式

微信公众号的内容设计和创作产出主要有四种方式，即原创、改编、转载、约稿。

### 1. 内容原创方式

内容原创方式，是指运营者独立完成、创作和制作的文章及内容，并在微信公众号或其他平台上发布文章内容。

### 2. 内容改编方式

内容改编方式，是通过对别人的文章或内容进行改编、改写、翻译、整理等而制作形成的内容、作品和文章，不属于原创，需要注明来源，或需要找原作者拿到授权后再进行改编。

### 3. 文章转载方式

文章转载方式，是把他人的公众号内容直接转发到其他平台或亲朋好友的群。需要注意的是，有的原创作品不允许直接转载，需要找原作者拿到授权后再进行转载。

### 4. 约稿方式

约稿方式，是指运营团队可以向国内外著名专家、学者、达人、网红等提出创作内容或文章的要求，内容制作和创作者可根据公众号运营者的相关要求完成原创文章或其他形式作品，而后在微信公众号上进行发布。

## （四）微信公众号版面视觉设计

### 1. 页面排版和格式

在页面排版和格式上，排版要简洁、大方、灵活，感觉不拥挤、有层次感，无须首行空两格，行间距、段间距符合整体美感，让受众看起来美观、舒服即可。

### 2. 文章配图设计

在文章配图设计上，可采用核心内容的图文穿插和说明，也可插入短视频或音乐。需要注意的是，图片要高清，尺寸大小要合适，宽度不低于 500 像素。

## （五）微信公众号内容设计和创作素材

### 1. 文字和模型素材

文字和模型素材主要有文字内容、模型图等，可以放入公众号的文章之中。

### 2. 图片类素材

图片类素材主要有照片、图片、截图、GIF 动图等素材。

### 3. 多媒体类素材

多媒体类素材主要有音频、Flash、视频等素材。

### 4. 文件类素材

文件类素材主要有软件、文档等。

## （六）微信公众号内容创作选题方法

在创作微信公众号的内容选题时，可以采用以下方法。

### 1. 分析用户选题法

以满足用户需求为目标，对于大数据或客服、销售等人员所收集了解的用户需求、诉求、咨询等高频的词汇，在选题时将其作为原材料进行创作，能够制作出适应用户需要的方案。还可以从行业新闻、深度解读、名家视点、达人专栏、活动消息、在线调查、在线访谈、产品推介、企业文化、生活技巧等方面进行选题创作。

2. 搜索查询选题法

通过在百度、Google、360 等平台上搜索与企业宣传和广告相关的高频关键词，用户高关注度、高搜索量的内容，来确定选题的创意。

3. 曼陀罗思考选题法

曼陀罗思考选题法是一种通过中心词关联扩展词汇的九宫格图形化的思考和记录方法。例如，在微信公众平台上要做一个"培训"的选题，可把"培训"作为关键词放在曼陀罗九宫格中的中间格，向外扩展八个联想到的词汇（见图 10-8）；再分别以九宫格外围八个格子的词汇为中心词汇继续做九宫格图向外扩散，关键词可不断循环生成 64、512 个关键词，以此类推，将得到并派生出许多有趣的选题词汇。

图 10-8　曼陀罗思考选题法

4. 借鉴选题法

借鉴选题法，就是通过了解和阅读经典文案，并借鉴文案中的精彩语句、用词、思路、框架、灵感等，提升文案的质量。选题时可以从横向、纵向、综合借鉴三个维度进行：横向借鉴，就是向相同或相似类型的文案进行选题借鉴；纵向借鉴，就是向与本主题相关的选题进行文案借鉴；综合借鉴，就是向各种不同的优秀文案进行选题借鉴。只要是文案质量高的好文，都是选题时值得参考和借鉴的。

5. 搭载话题选题法

搭载话题选题法，就是指寻找与宣传主题相关或与选题相契合的热点或新闻，并嵌入企业品牌和广告信息的方法，也可称为"蹭热点"法。可以结合时事话题，或各热门网站讨论的主流话题，嵌入企业品牌和广告信息，达到跟势的营销效果。

6. 团队共创选题法

在制订公众号的文案选题时，可采用团队共创或头脑风暴法进行选题讨论、凝聚、意见分享，最后汇总成共同认可的选题。这种方法有利于文案创新、创意的产生。

# 第三节　微信用户运营策略

## 一、基于 KANO 模型的微信用户需求分析

KANO 模型是东京理工大学教授狩野纪昭（Noriaki Kano）在其论文"Attractive Quality and Must-be Quality"（《魅力质量与必备质量》，1984）中构建的用户需求分类模型，体现了产品性能对满足用户需求和满意度之间的非线性关系（见图 10-9）。根据不同类型的用户需求与用户满意度之间的关系，狩野教授把产品服务质量分为五类：必备（基本）型需求质量（Must-be Quality / Basic Quality）、期望（意愿）型需求质量（One-

Dimensional Quality / Performance Quality)、兴奋（魅力）型需求质量（Attractive Quality / Excitement Quality)、无差异型需求质量（Indifferent Quality / Neutral Quality)、逆向（反向）型需求质量（Reverse Quality)。在创作微信公众号文案时，可运用 KANO 模型来分析用户的需求，进而创作设计出能满足不同用户需求的产品。

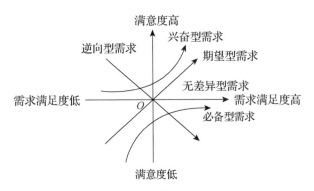

图 10-9    基于 KANO 模型的用户需求分类

### 1. 必备型需求

必备型需求也称基本型需求，就是企业需要提供能满足顾客最基本需求，提供"必须有"的产品或服务属性或功能。其原理是：当产品或服务不能满足顾客基本需求时，顾客会很不满意；当满足了顾客的基本需求时，顾客充其量感觉满意，不会有更多的好感。因此，企业需要调查和了解顾客与用户的基本需求。例如，智能手机用户的基本需求有基本语音通话质量，信号覆盖能上网，有基本的操作系统和兼容程序，有基本的日常使用性能和安全性、待机时间、速度等，用户认为需求得到满足是必备的，需求得不到满足会感觉很不满意。因此，创作公众号文案时，可结合产品特性将其制作成必备型需求的内容。

### 2. 期望型需求

期望型需求也称意愿需求，是指顾客需求得到满足的程度与其满意度成正比例关系的需求。其原理是：企业提供的产品和服务能够让顾客需求得到满足的程度越高，水平超出顾客期望越多，其满意度越高；而当顾客对此类需求的满足程度越低，用户的不满情绪越严重。例如，微信公众号用户期望每天能看到相关的资讯，资讯的内容越多、质量越好，用户就会越满意；如果提供的资讯很少或质量很差，则会出现不满意或很不满意的情况。

### 3. 兴奋型需求

兴奋型需求又称魅力型需求，是指顾客期望以外的需求，就是顾客原本没有要求要提供的产品或服务，运营者却完全出乎顾客的意料，将产品或服务提供给顾客，使顾客产生惊喜或兴奋的情绪，并感到非常满意，从而让产品或服务对顾客产生一种魅力。对于兴奋型需求，如果提供，顾客会非常满意；如果没有提供，顾客也不会不满意。例如，有的企业在顾客生日时送一个生日礼物给顾客，当顾客收到这意外之物时，会产生极大的兴奋感，继而对企业很满意；如果不给生日礼物，顾客也不会不满意。

### 4. 无差异型需求

无差异型需求，是指无论企业是否提供该产品，对用户体验都没有影响。特别是与价值或档次很高的产品绑定时，如果提供的产品价格低或无实用价值，则无法影响用户的产品感受或体验。例如，一些航空公司为乘客提供的没有实用价值的赠品。

### 5. 逆向型需求

逆向型需求又称反向型需求，是指提供此类产品后，用户的满意度反而下降，满足需求的程度与用户满意程度成反比。例如，有的商家为了增加广告的曝光度，在很短的时间里重复无数次广告，过多的广告会引起顾客满意度下降。

⊙ **案例分享 10-3**

#### 支付宝"集五福"的新媒体营销策略

五福是支付宝为迎合春节氛围推出的概念，是指爱国福、敬业福、友善福、和谐福以及富强福；"集五福"是指支付宝用户通过 AR 扫描、与好友交换、给蚂蚁森林浇水等途径，在除夕夜开奖前将五种福卡全部集齐并合成以获得红包的过程。

支付宝"集五福"的热度逐年变化。2016 年，有 2 亿人参与，79 万人平分 2.15 亿元现金，支付宝官方微博后来说，一共发出了 826 888 张敬业福。2017 年，有 3 亿人参与，1.68 亿人随机分 2 亿元现金，传播触达超过 5 亿人次。2018 年，有 3.6 亿人参与，2.6 亿人随机分 5 亿元，传播触达超过 8 亿人次。2019 年，超过 4.5 亿人参与，3.27 亿人随机分 5 亿元。2020 年，3.18 亿人随机分 5 亿元。2021 年，3 亿人随机分 5 亿元。

支付宝"集五福"的用户运营策略如下。

（1）用户拉新：增长下沉市场和海外用户。支付宝全家福玩法的设计，是借花花卡让大家拉自己的家人来玩，完成拉新任务，打入下沉市场。2016 年，支付宝"集五福"活动首次推出。用户新添加 10 个支付宝好友，即可获 3 张福卡，剩下 2 张需要支付宝好友之间相互赠送、交换，最终集齐 5 张福卡就有机会平分春晚支付宝 2 亿红包。2020 年，快手和春晚合作，在除夕夜洒下"10 亿红包雨"。支付宝的"全家福"玩法，锁住"家庭分"的新积分体系，用户和家人完成"到店消费""登录""限时任务"等行为，就能获得积分。用户积分达到一定数量后，可兑换居家用品、食物，或家人需要的健康体检产品等。

支付宝与其他品牌及媒体合作。2019 年，支付宝与知名连锁火锅品牌"小龙坎"联合打造五福版便携式火锅，消费者在用餐时可使用支付宝扫描福字，获得福卡，在为老用户提供便利的同时吸引新用户参与活动。支付宝还在微信、微博、朋友圈、抖音、快手以及支付宝等自身平台上大力宣传"集五福"活动，制造中国春节话题热度，联合春晚达到其宣传目的，吸引大量用户加入。

（2）用户留存：用游戏玩法实现用户召回。2016年的"好友送福"、2017年的"AR扫福"、2018年的"福字传情"、2019年的"全球集福"等活动玩法，都做到在春节团聚之时应情应景，更能触动消费者的心智触点，提升品牌传播的效率。例如，2017年，"集五福"方式发生改变，同时将平分红包的方式变为随机分的形式，方法是通过AR扫福以获取五福，即在支付宝页面首页打开"扫一扫"，扫描生活中任意一个福字，即有机会领取福卡。支付宝的玩法是在引导大家跟好友交流，达成召回用户的目的。

（3）用户促活：多种方式收集福卡。2018年，用户需要通过多种方式收集福卡，在活动中只需要集齐和谐福、爱国福、敬业福、友善福、富强福各一张即可兑换一份奖励。用户可以用支付宝AR扫任一福字，或扫身边好友"五福到"手势，或在蚂蚁庄园中收取金蛋，或参与蚂蚁森林浇水活动，并且好友之间可以转赠福卡。2019年，支付宝"集五福"活动的玩法再次丰富。2019年，保留大众熟悉的AR扫福、森林浇水和庄园喂小鸡得福卡的主玩法，新增以安全教育为主的答题得福卡方式。

资料来源：企业家商道，《支付宝"集五福"又来了：从"集卡游戏"到"热门 IP"，支付宝做对了什么？》。

## 二、基于 AARRR 模型的微信目标用户运营策略

### （一）AARRR 模型简介

AARRR 模型，是 2007 年由 Dave McClure 提出的用户生命周期模型（见图 10-10）。其中，拉新用户（Acquisition）、激活用户（Activation）、留存用户（Retention）、收益变现（Revenue）、推荐传播（Referral）是实现用户增长的五个指标。因该模型的增长方式为掠夺式，因此也被称为海盗模型，能够帮助运营者更好地理解获取用户和维护用户的原理。AARRR 模型是以数据分析为基础，根据用户生命周期阶段选择网络营销策略的数据模型。

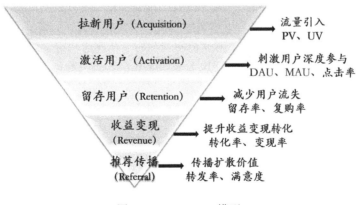

图 10-10 AARRR 模型

公众号运营时要有明确的目标用户，可以通过拉新用户、激活用户、留存用户、收益变现和推荐传播策略，来达到更好的用户经营效果。图 10-11 是针对目标用户的运营策略平台流转地图，显示了目标用户运营策略的各个环节的内容。这些目标用户的运营策略不仅适用于公众号运营，也适用于网络其他各平台的运营。

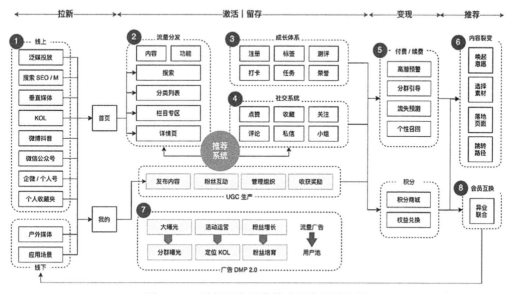

图 10-11 目标用户运营策略平台流转地图

注：图片来源于凡科微传单。

## （二）拉新用户策略方法

拉新用户（Acquisition）是指拉来新的用户，或新增用户数量，是企业或运营者最重要和直接的指标。用户是企业的重要资源和资产，特别是活跃用户会关系到企业的生存。新用户能够为企业带来创新价值，在公众号运营中，新用户可以成为产品价值的共同创作者或创造者。主要采用的方法是流量引入法，测量指标有 PV、UV。为企业或运营者带来新用户的手段和途径有许多，主要有以下方法。

### 1.策划线下营销活动来拉新用户

可通过有趣的营销内容、参与方式、激励策略，策划线下营销或运营相关活动，拉来新用户。例如，可以通过给用户送好礼后要求用户关注微信公众号；还可用线下地推方法，在校园、展会、地铁站、公交站、电梯等地方进行推广，增加新用户。

### 2.新媒体平台推广和账号运营

通过在新媒体平台上发布或推荐产品信息，或运营账号，或人工或大 V 邀请，吸引新用户或粉丝进入微信群或下载 App 应用。主要的新媒体平台有数字媒体平台、社交媒体平台和移动媒体平台，如微信、微博、QQ、今日头条、百家号、大鱼号、企鹅号、一点号、喜马拉雅等。

### 3. SEO、ASO 或发帖推广

通过 SEO（搜索优化 / 关键词排名靠前），ASO（应用商店优化），或在各大平台上发软文或硬广告，吸引用户点击进入。

### 4. 老用户转发推广和介绍

通过设立优惠条件和规则，引导老用户介绍或转发信息给其他用户，达到拉新用户的效果。

### 5. 合作伙伴引入

可以通过与相关运营商或企业进行合作运营，把合作方的用户吸引过来转成自己的用户。

### 6. 付费流量引入

通过付费购买平台流量，把用户引导到企业产品的推广渠道，如 SEM、户外广告、电梯广告、信息流广告、贴片广告、广点通、粉丝通、付费软文等，通过购买流量引入用户。

### 7. 现金红包补贴拉新

通过现金优惠补贴，送现金或送红包来吸引用户注册或购买，刺激新用户进入。

⊙ **案例分享 10-4**

**京东拉新的重要利器**

京东旗下的社交电商平台"东小店"宣布，将于 2022 年 2 月 28 日停止运营。该平台于 2019 年 11 月 1 日上线，是京东针对下沉渠道，打造线上、线下、微信三域互通的全渠道零食场景，所有业务均依靠小程序来进行。平台无门槛、不收费，所有商品全部来自京东商城，用户可以注册成为店长，并推广商品赚取佣金。在其运营半年多的时间内，"东小店"累计帮助 813 万人实现副业创收，覆盖全国 375 个城市，超过 20 万名店长实现月入过万。

然而就在同一年，京东拼购升级为"京喜"，同样瞄准下沉市场，所采取的 C2M（从消费者到生产者）模式，跳过了品牌商、代理商、最终销售终端等渠道和中间环节，将工厂生产的优质商品直接卖给消费者，实现了对中间成本的节省。相比之下，通过裂变属性的拼货，毫无性价比可言。"京喜"成为京东拉新的重要利器，"东小店"逐渐被边缘化，停运也就在意料之中。

思考：（1）如何理解京喜成为京东拉新的重要利器？

（2）"东小店"的运营模式有哪些瓶颈？

资料来源："新潮商评论.2022 年刚开始，就有两家公司宣布倒下"，2022 年 1 月 24 日。

### （三）激活用户策略方法

激活用户（Activation），即提高用户活跃度。活跃用户是指在指定周期内启动查看信息或参与活动的用户。许多用户因通过终端预置、广告等不同的渠道被动接收产品信息，运营者需要提供独特的广告内容或用户体验促进用户成为活跃用户。主要采用的方法是刺激用户深度参与法，测量指标有 DAU、MAU、点击率。

#### 1.举办各种活动

通过举办各种活动，如签到有奖和积分活动，或利用重要节假日或热点事件举办活动，或发放优惠券及开展促销等活动，能够激活用户使其加入活动中，提升公众号的活跃度。

#### 2.激励用户策略

为了让公众号有更多的用户参与，激活在线用户，运营者可以通过多种方法激励用户，提升用户活跃度。主要的方法有：（1）物质激励，通过用户积分赚取和消耗奖励，赠送奖品、优惠券等激励措施，激活用户；（2）精神激励，主要通过活跃用户排行榜、Vip 会员、授予特别勋章、拥有特权等方法，让用户产生特殊的体验，激励其不断参与；（3）功能激励，可以采取功能变换、付费折扣功能、新功能奖励等方法，让用户了解更多的公众号功能，吸引用户参与体验。

#### 3.用户成长激励

让用户运营自己的账号，可以将账号虚拟成某种有意义的人或物或标志或星级，激励用户在线并不断成长、增加用户的等级，同时赋予不同等级的用户不同的特权和奖励，提升用户在线活跃度。例如，QQ 为了激励用户在线，提供喂养虚拟宠物企鹅的服务，并设定不同的等级，激励用户在线升级。

#### 4.通知提醒

运营者可以通过短信、电子邮件 EDM、消息、通知、提醒等，让公众号用户及时了解信息，并适时参与其中，达到促进活跃用户的效果。

### （四）留存用户策略方法

留存用户（Retention），即提高用户留存率。因留存一个老用户比获取一个新用户的成本要低得多，故运营者需要采取相应的激励手段以增加用户黏性，监测并防止用户流失，尽量延长用户产品的使用生命周期。主要采用的方法是减少用户流失法，测量指标有留存率、复购率。

#### 1.优化并反馈用户体验

运营者可以在公众号界面、功能、使用平台时间等方面进行优化，提升和改善用户的体验，使用户留存并持续使用公众号；收集和解决用户问题，提升用户关注度、参与感和体验水平。

### 2. 个性化精准激励营销

运营者在运营公众号时，可以根据不同用户的个性、偏好、利益和情感等方面对用户进行精准激励，使其持续使用公众号。例如，可在不同时期设立不同的兑换奖励，让用户感受相关的利益，从而留存下来。

### 3. 完善产品和用户关系

运营者在运营公众号的过程中，可以运用用户反馈系统，收集反馈信息，定期进行产品、功能优化和完善，与用户建立良好的关系，并时常与用户交流互动，提高用户的黏性。

### 4. 建立用户召回机制

建立用户召回机制，就是运营者设立用户召回的相关规章制度和流程，对预计流失用户对象（两个月未登录的用户）和即将流失用户（一个月未登录的用户），可以采用消息推送或提供赠品等方式，将消息推送到用户手机的屏幕、通知栏、App 图标等，提醒并召回用户。但推送频率不宜过于频繁，可视情况一周一次，或一个月一次。

## （五）用户变现收益策略方法

变现收益（Revenue），即用户活动能够变现收益，是运营者最核心的目标和最关心的问题。运营者可通过在公众号上进行产品广告宣传推广、提供客户服务以及销售产品等方式获得收入，用户是变现收益的唯一来源。主要采用的方法是提升收益变现转化法，测量指标有转化率、变现率。

### 1. 激活和转化潜在用户策略

为潜在用户提供合适的平台、入口、条件和机会，使潜在用户转化为现实用户。运营者可以通过调研，了解潜在用户的需求状况，结合企业的卖点，促进转化率的提升。

### 2. 提供优质便利服务策略

运营者在从事公众号运营时，可以通过后台数据或收集观察用户的在线状况，有针对性地提供相应的网站入口和个性化的信息资源服务，满足特定的用户信息需求。可以构建移动智慧服务平台和多种渠道推广平台，为用户提供更多的个性化、有吸引力的手机终端服务，以达到吸引潜在用户转变成现实用户的目的。

### 3. 多渠道互动沟通策略

公众号运营方和用户之间可以构建多渠道、多向性与多方的互动沟通机制。在提供机器人客服的情况下，也可加入人工客服服务功能。用户可在公众号或社区或微信群中分享自己的看法、观点和评论等。在运营微信公众号时，运营者可向用户提供个性化的沟通服务，要特别注意信息的时效性并及时回复。及时的沟通和交流能够给予潜在用户较好的印象，促使其转化成现实用户。

### 4. 平台共建共享策略

在运营公众号时，要充分发挥网络互联、互通、协同合作优势，推动公众号和其他信息服务平台的合作与共建，共享信息获取和利用渠道的平台资源，促使潜在用户转化成现实用户。

### 5. 个性化信息推送策略

在运营公众号时，可利用大数据、人工智能、数据挖掘、知识发现、聚类分析等技术，深度分析潜在用户及群体的情况，有针对性地向用户提供相关产品信息，以达到个性化和智能化推送信息，促进用户转化的效果。

### 6. 数字化资源开发和展示策略

运营者可以充分利用大数据、多媒体、文本分析、虚拟现实、关联数据、人工智能等技术，通过文字、图片、音视频等多种形式对企业或运营者资源进行多维度、多元化的全方位展示，吸引和促进用户转化。例如，"数字敦煌"项目对敦煌石窟30个洞窟的建筑、壁画、经卷等珍贵文化遗产进行了数字化，并建立了"数字敦煌"资源库，让用户可以充分了解敦煌石窟的状况，并产生购买的欲望。

## （六）用户推荐传播策略

推荐传播（Referral），即实现用户自传播效应，运营者通过设计制作公众号好文等内容，吸引、激发用户对产品或营销内容或人物等自发自愿地分享和传播，通过用户裂变和帮助运营者再次获取新用户，不断扩大用户群体规模。主要采用的方法是传播扩散价值法，测量指标有转发率、满意度。

---

⊙ **案例分享 10-5**

### 跨越 2021！复盘腾讯企点里程碑

基于腾讯企点的智能客服能力，上海首次将"两会"现场征询活动，由线下搬至线上。这一创新实践既符合疫情防控工作要求，又在减少人员流动聚集的同时，保障政府部门主动接受人大、政协监督，更好地服务代表、委员履职，顺应了城市数字化转型，加快数字治理建设。同时，能够便利地留存相关征询内容，提升服务的可追溯性、透明度和满意度。

延伸阅读：2021 年从服务上海"两会"开始，腾讯企点在政务数字化上持续深耕得到认可，在 2022 年继续服务上海"两会"线上征询工作，并且加入了音视频沟通能力，让代表和委员可以通过音视频与相关部门直接线上沟通，同时通过 AI 能力，将相关音视频沟通信息转化为数据，让征询提案可以被方便地检索与追踪。腾讯企点客服的音视频能力，也在 2021 年中获得了包括江苏人社在内的多地人社的认可，通过音视频客服开展线上民生业务办理，让包括工伤认定等过去必须通过线下办理认证的业务，也可以在线上顺利开展，支持各地政务响应"让数据多跑路，让群众少跑腿"的号召。

资料来源："腾讯企点君.跨越 2021！复盘腾讯企点里程碑"，2022 年 1 月 27 日。

## 三、微信公众号运营复盘

### (一) 复盘的含义

复盘本为围棋术语，是指把对弈过程进行复原，并进行分析与研讨的行为。复盘现通常指某一项目或活动结束后，对已经进行的项目或活动进行回顾，总结经验和教训，在下一次行动中做得更好。

对于新媒体运营者来说，通过一次次运营实践和尝试，会积累一定的系统数据、交易结果、用户反馈、用户的喜好、市场竞争和对手的情况等素材，通过对这些素材进行再分析和挖掘，再次设计和制作更适合用户的产品，并在平台上进行复盘推广，能够取得较好的效果。通过复盘，能够弥补上一次宣传或广告运营中的不足，积累经验，增加获胜的机会。复盘的过程就是让成功的因素不断重现并放大，找出失败的因素并剔除。

新媒体运营复盘对企业和运营者来说十分重要，即使活动运营成功，也有复盘的价值。

### (二) 复盘如何做

复盘是对一项公众号或营销活动的目标、过程、结果的各个环节进行回顾，深入分析其中的效果差异和原因，总结经验后，对下一次行动进行修正、规划，再持续进行下一个行动。做公众号及其他新媒体营销，也需要进行多次复盘，持续进行营销，才能出现最佳效果，任何事情都不可能一次达到最佳。复盘需要做的事如下。

#### 1. 召开复盘会议或研讨会

在一次营销活动结束后，在最短时间内召开复盘会议或研讨会，全面回顾和梳理营销活动的各个执行细节、过程和用户反馈的详细情况，并对此活动进行全面详细的总结，为下一次复盘营销活动做准备。

#### 2. 深入真实表达与沟通

让参与此次营销活动的各方人员充分表达意见和想法，尽可能完整地呈现真实活动的过程、环节，肯定活动中有益的、优良的做法和观点，指出不足之处和存在的问题，并提出修改的方法和下一步的行动方案，使下一个复盘达到最佳效果。

#### 3. 做到复盘"精一"

"精一"就是以专注、一以贯之的做法去做某件事情。在进行复盘时，要专注于针对公众号或营销活动的主题、目标、流程、结果、效果等方面进行，要有专人负责，把握和控制时间、会议讨论进程和要点记录，并汇总会议记录要点以形成会议成果，为下一步复盘营销行动提供依据和基础。

总之，复盘对进一步提升公众号或营销活动的运营效果有巨大益处。新媒体运营复盘要做到"精一"，才能取得更好的效果。

**知识拓展**

### 你知道什么是"数字创业的精一"吗

"精一"源自《尚书》，"人心惟危，道心惟微；惟精惟一，允执厥中"。陈明哲教授认为，"惟精惟一"的执着精神让他更容易触达智慧本质，相信也能给更多管理者思维上的启发与开拓。

"人心惟危，道心惟微"指的是人心变幻莫测，道心宗正入微，而"惟精、惟一"是道心的心法，就是我们要真诚地保持"惟精、惟一"直到不改变，不变换自己的理想和目标，最后使人循于道心和合，执中而行。概括起来，"精"就是从而不杂，"一"是正而不离，目标明确的专一。"精一"就是专注，一以贯之。

吉林大学葛宝山教授在国际创意管理委员会年会主题发言时说，很多成功的数字创业企业都具有"精一"创业的本质特征，例如，腾讯会议是"精一"的典型，主要聚焦在通信和互联网社交服务上。华为手机、平板电脑，"精一"地定位在ICT，就是信息与通信基础设施和智能终端的提供商，具有隐形冠军的企业特点。2021年，华为研发投入达到了1 427亿，研发人员有10万多，占公司总人数的54.8%。

资料来源："侨侨这群大学生. 吉林大学葛宝山教授在国际创意管理委员会年会主题发言"，2022年4月19日。

### 思考题

1. 请了解并掌握以下基本概念。

微信公众平台，KANO模型，必备型需求，期望型需求，兴奋型需求，无差异型需求，逆向型需求，拉新用户，复盘。

2. 微信公众号的特征和运营行为规范有哪些？

3. 微信公众号的类型和运营业务平台有哪些？

4. 微信公众号的运营流程和受众行为传播链是怎样的？

5. 微信公众号设计和制作有哪些内容？

6. 微信公众号运营策略有哪些内容？

### 实践训练

**【目标】**

结合实际，深刻了解微信公众号运营的基本内容，学习微信公众号设计、制作和运营。

**【内容要求】**

请同学们每人围绕小组主题，把前期设计制作的海报、小软文、H5广告或音视频作品，在微信公众号上进行发布，并进行复盘。

**【训练】**

训练1：请同学们运用所学的知识，注册一个微信公众号订阅号，了解注册的流程。

训练2：选择一个或多个前期设计制作的主题作品（包括但不限于海报、小软文、

H5 广告或音视频），在微信公众号上进行发布，并查看效果。

训练 3：查看微信公众号上广告的发布效果，并进行复盘操作。

## 参考文献

[1] 张文锋，黄露.新媒体营销实务 [M].北京：清华大学出版社，2018.

[2] 里斯，特劳特.定位：有史以来对美国营销影响最大的观念 [M].王恩冕，于少蔚，译.北京：中国财政经济出版社，2002.

[3] 陈钦兰，苏朝晖，胡劲，等.市场营销学 [M].2 版.北京：清华大学出版社，2017.

[4] 李青.品牌定位原理及实施流程的研究 [D].广州：暨南大学，2002.

[5] 李佳育.微信公众号"Sir 电影"的品牌定位与传播策略研究 [J].视听，2021（9）：171-173.

[6] 王清蕾，贺军忠.微信公众号内容运营创作技巧探析 [J].甘肃高师学报，2021，26（5）：38-41.

[7] 魏丽坤.Kano 模型和服务质量差距模型的比较研究 [J].质量管理，2006（9）：10-12.

[8] 刘毅，夏怡璇，曾佳欣.基于 AARRR 模型的图书直播营销用户运营策略研究 [J].出版发行研究，2021（6）：44-53.

[9] 王向女，李子欣.基于 4C 理论的档案潜在用户转化策略研究 [J].北京档案，2021（9）：14-17.

[10] 陶珂雨，王向女."互联网+"时代档案潜在用户转化策略 [J].山西档案，2021，258（4）：15-21.

# 第十一章
# 直播营销运营

## 学习目标

直播营销的发展及平台分类

直播营销的运营流程、互动话术和策略

直播营销的脚本策划术

直播带货营销及治理规范和注意事项

直播带货营销的人、货、场选择

"短视频＋直播"平台运营

⊙【案例导读】　　　　　**吊打国际化大牌，"完美日记们"配么**

零售行业里美妆永远是"神"。根据《2020 中国快消品早期投资机会报告》，我国的彩妆市场已经有 450 亿左右，未来的年平均增速预计达到 12%。2021 年发布的《淘宝经济暖报》数据显示，热门品牌口红增幅在 300%～700%。国潮美妆作为新兴力量逐渐崛起，完美日记、WOW COLOUR、SN'SUKI 等品牌成为国货销量领跑主力军。完美日记在 2020 年"双十一"以 13 分钟破亿，登上天猫彩妆 TOP1，惊艳全场。国潮美妆品牌以全新的网红产品营销模式迅速占领消费者市场。

（1）"直播＋短视频"涨粉。为了获取年轻用户的流量，完美日记依托年轻女性喜爱的小红书，打造 KOL—KOC—素人—素人的传播链条。以直播叠加短视频的方式"种草、涨粉"，与粉丝进行互动，营造全民带货的氛围。

（2）精准营销，多样玩法。完美日记进行精准营销和投放，不断加大对抖音、快手、微博、B 站等社交媒体的覆盖力度，发挥"联名"玩法的作用。在品牌探索期，推出时装周相关联名产品。在品牌爆发期，推出跨界文创 IP 和联名 KOL 单品。

（3）国货化妆品的崛起及其原因。完美日记在抖音、小红书上的粉丝数分别达到 305 万和近 200 万，而雅诗兰黛、迪奥、圣罗兰的粉丝数在 40 万和 20 万以下徘徊。深层次的原因是 2016 年普通化妆品消费税的调整。2016 年之前，化妆品消费税为 30%；2016 年改革后，普通化妆品免征消费税，"高档化妆品"税率则调整为 15%。

思考：完美日记依靠什么玩法迅速占领消费者市场？

资料来源："麒麟商谈．吊打国际化大牌，'完美日记们'配么？"，2021 年 5 月 18 日。

# 第一节 直播营销概述

## 一、直播营销的相关概念、优势和岗位设置

### （一）直播的概念

"直播"一词源自传统媒体，是一种广播电视节目摄制与播出实时同步进行的播出方式，主要用于新闻报道和突发事件、各类赛事等的转播。互联网技术的发展，让直播进入网络直播阶段。2016 年，网络直播在传统直播的基础上兴起，是指依托网络流媒体技术，在电脑、手机等终端设备上基于有线或无线网络进行信息传递，通过电脑网页和客户端等将现场信息以文字、语音、图像、视频、弹幕等多媒体形式进行展现的传播方式。

因此，本文的直播是指依托有线或无线网络、传播和流媒体技术，运用主辅播人员与直播、电脑、手机等设备，以"语言＋行为＋文字、语音、图像、视频、弹幕"等形式进行现场实时的产品信息宣传和展示的一种信息传递方式。

### （二）直播营销的概念

直播营销（Live Marketing）伴随着网络的升级发展、社会人群的认知提升、智能手机的普及应用，已经逐渐成为市场营销的新宠。直播本质上是一种系统性的用户精细运营，包括产品价值、用户人群分析和用户需求适配、用户拉新及裂变、在线互动和解答等。所以，网络直播营销的核心是用户思维的解析，它最大限度地融合了口碑营销、视频社区营销、事件营销的特点，让用户、营销、交易、品牌和社区连贯起来。网络营销是一种新型的营销模式，是企业整体营销战略的一个组成部分，是围绕着实现企业总体经营目标进行的，以互联网为基本手段营造网络营销环境的各种活动。

之前学者对网络直播营销没有进行明确的界定。2016 年才是网络直播学术研究的分水岭。目前营销界和学术界对网络直播营销并没有形成统一权威的定义。百度百科上对直播营销的定义，是指在现场随着营销事件的发生、发展进程同时制作和播出节目的播出方式。该营销活动以直播平台为载体，达到企业获得品牌提升或销量增长的目的。

参考直播营销的文献资料和直播营销实践历程，所谓直播营销是指以直播平台为营销活动载体，在营销活动现场随着事件的发生和发展过程而制作与播出节目的播出方式，从而刺激和引导消费者购买，实现既定的企业营销目的的新型网络内容营销模式。

### （三）直播营销的优势

直播营销是一种结合互联网视频的实时直接传播营销形式。从运营者视角，直播营

销的主要优势如下。

（1）直播情景易引起关注。直播营销是就一个话题或产品或事件，在直播间进行实时宣传、传播和展示，直播间语境和情景很容易引起受众的关注，从而产生很好的广告传播效应。

（2）可以精准定位目标用户群并进行营销。在同一时间进入同一个直播间观看直播视频的用户，他们具有相同的偏好、特性或需求，运营者可以找准用户的需求情况，对目标人群进行精准营销。

（3）实时互动，答疑解惑。在直播间营销时，用户可在直播间评论或点赞，若有问题和产品需求或偏好时，可直接向直播者提出自己的问题和要求，直播者可根据问题进行解答，这对促进用户精准选择自己想要的产品并迅速下单起到重要的作用。

（4）情感共鸣促使转化率高。在直播间进行产品推荐时，可以通过主播对产品进行语言上的渲染，从而调动用户情绪，使用户产生认同感和情感共鸣，促进用户快速下单，形成高转化率。

### （四）直播营销的岗位设置

直播营销是团体作"战"，需要各种相关人员合作才能完成任务。直播营销的岗位设置主要包括 5 种。

（1）直播基本岗位，有主播、副播、直播策划、场控以及直播运营。

（2）直播销售岗位，有销售代表、运营主管／专员、新媒体运营／销售主管、网络运营专员／助理、销售经理。

（3）直播运营岗位，有互联网产品经理／主管、行政专员／助理、电子商务专员／助理、运营总监。

（4）直播技术和策划岗位，有网站编辑、Java 开发工程师、市场策划／企划经理／主管、业务拓展专员／助理。

（5）直播培训岗位，有培训助理／助教、教学／教务人员、培训师／讲师等。

## 二、直播营销的发展历程

2016 年是网络直播的"爆发元年"，这一年国内接连出现了 300 多家网络直播平台，直播用户数量也快速增长。网络直播发展主要受到包括硬件水平和网络速度等因素的影响。2016 年，京东、淘宝、蘑菇街、唯品会等电商平台都纷纷推出直播功能，开启直播导购模式；快手、斗鱼等直播平台则与电商平台或品牌商合作，布局直播电商业务。

直播电商自诞生之日起，就呈现出迅猛的发展势头。直播电商的井喷之年是 2020年，伴随着互联网的高速发展，直播成为网络社交的重要形式。通过直播的方式，提高公众与主播的互动，让公众在社交活动中获得符合自身需求的内容。网络直播行业的发展分为四个阶段：秀场直播时代、游戏直播时代、泛娱乐直播时代及"万物皆可播"时代。

### 1. 直播 1.0 时代: 秀场直播 (起步期)

2005—2013 年是直播 1.0 时代, 这个阶段可以说是秀场直播的黄金期, PC 端是真人直播秀场的天下。由于受到计算机运行速度及内容存量限制, 网民无法同时打开多款软件进行 "一边看体育一边做解说" 或 "一边玩游戏一边直播" 等操作, 仅仅支持利用网页或客户端观看秀场直播。在这种情况下, 所有直播平台用户的主要目的是社交。秀场直播的主流平台包括 YY、六间房、9158 等。

秀场作为公众展示自己能力的互联网空间, 从 2005 年开始在国内兴起。9158 网站成立于 2005 年, 是秀场直播的三大巨头之一, 其业务模式借鉴韩国的 "十间房", 定位是以视频秀场为主的娱乐社交, 是一个视频交友互动平台。

另一个秀场巨头六间房成立于 2006 年 3 月, 在这一年凭借《一个馒头引发的血案》一度成为第一视频门户网站。它于 2008 年金融危机时第一次受到重创, 于 2009 年成功转型并推出 "六间房秀场", 打开了在线演艺和社交视频的新市场, 它与 9158 网站共同成为视频直播的早期主流平台。

2008 年, YY 语音成为秀场直播的龙头, 最早用于魔兽玩家的团队进行语音指挥通话, 后来发展为穿越火线游戏用户必备的团队语音工具。2016 年 6 月, YY 直播举行了品牌发布会, 宣布以全新品牌 YY LIVE 登场, YY 逐渐从语音发展到秀场巨头, YY 的主要业务变成了秀场直播。

早期的直播界是被秀场掌控的, 8 年黄金时期成就了很多草根人物, 其中有人通过在电视、论坛等传统媒体上发图片或散布雷人言论以博取眼球, 从而获得知名度和关注度。

### 2. 直播 2.0 时代: 游戏直播 (发展期)

2013—2014 年是游戏直播的初创时期, 其核心用户是 PC 端的电竞游戏爱好者。当年业界认为, 秀场直播市场已经饱和多年, 对游戏直播起到极大促进作用的是电竞市场。2014 年, YY 将游戏直播直接剥离出来成立虎牙直播, 斗鱼 TV 也从 A 站独立出来, 与虎牙并称游戏直播初期的 "双雄"。2014 年, 战旗 TV 也加入了电竞游戏直播的队伍。

2014—2015 年是游戏直播的成熟期, 游戏直播平台吸纳了大量游戏主播, 通过网红主播率先抢夺大量 PC 端流量。2015 年, 龙珠 TV 成立, 同年, 熊猫 TV 创立。游戏直播市场规模不断扩大, 从 2014 年的 2.7 亿增加到 2015 年的 11.7 亿, 同比增速高达 333%。直播平台主要有斗鱼、虎牙、熊猫、龙珠、战旗和火猫六大平台。在直播 2.0 时代, 也诞生了网红 2.0, 在特定的秀场和场景里制作出来, 以美女、帅哥主播为主。直播的形式发生了变化, 主播可以与公众进行互动, 是一种双向的沟通方式。

### 3. 直播 3.0 时代: 泛娱乐直播 (爆发期)

2016 年被称为 "中国网络直播元年", 这一年网络直播市场迎来井喷式发展。艾媒网《2016 上半年中国在线直播市场研究报告》显示, 2016 年上半年中国在线直播用户已经达到 3.12 亿, 同比增长了 60% 以上。伴随着网络直播平台向泛娱乐直播时代迈进, 直播类型丰富多元, 用户数量和直播平台实现井喷。泛娱乐直播则成为当前网络直播的主力军。泛娱乐直播涉及生活的方方面面，其涵盖范围很广，包括吃饭、睡觉、逛街等，相比秀场类直播内容更为丰富，包括电商直播、宠物直播、体育直播以及多话题移动直播等更为丰富的直播种类。公众只要使用智能手机，就能利用学习、上班之余的休息时间来观看直播和享受直播的内容。同时，主播使用智能手机、iPad 等移动设备，就可以随时随地地进行直播。

根据国内运营商规划，2016 年随着国内"4G+"网络建设继续稳步推进，移动直播的发展也得到进一步推进，用户在脱离电脑后通过移动手机客户端实现移动直播，其多元场景和更加敏捷的直播形式，使其备受各大网络直播平台的青睐。3.0 直播时代即移动直播时代，其代表平台有映客、抖音、快手、花椒、微信直播等。每个人都是中心人物，每个人都可以直播，每个人都可以创造出独特内容，每个人都可以成网红——某个领域的网红或专业网红。主播和公众通过直播平台进行各种交互，甚至直接参与到直播当中。

4. 直播 4.0 时代："万物皆可播"（成熟期）

2019 年电商直播兴起并得到迅速扩张，以头部主播为代表的直播卖货速度以秒计算，与此同时，网络购物用户也飞速增长。《中国网络购物行业市场前景及投资机会研究报告》显示，截至 2021 年 12 月，我国网络购物用户规模达 8.42 亿，较 2020 年 12 月增长 5 968 万，占网民整体的 81.6%。由此可见，我国网购人数多，消费欲望强。受疫情影响，人们居家时间增加，更是推动了电商直播的高速发展。2020 年 4 月 6 日，有电商主播在网络上发起公益直播活动——"谢谢您为湖北拼单"，这场公益直播吸引了 1 090 万人观看，累计卖出总价值 4 014 万元的湖北商品。

当下正迎来"万物皆可播"的千亿直播市场的发展，为各行各业提供了新的机会，技术赋能带来经济的新增长，从简单的"秀场"变成如今的商业生态红利高地。直播具有高度实时性和交互性，直播已经被带入到线上带货的营销场景，直播带货也已经渗透到消费者日常生活的方方面面，电商直播成为在线销售商品的新营销模式，对于用户的活跃度、留存率、忠诚度以及购买行为都产生了重要的影响。除了日常的直播外，一年一度的"双十一""618"等电商活动期间，直播的销售作用更是发挥得淋漓尽致。淘宝、抖音、快手三大平台凭借直播场景扩容和生态构建，代表着中国直播正式进入 4.0 时代。

⊙ **案例分享 11-1**

**手淘直播平台的三位一体战略**

自 2017 年 5 月起，手淘经历全面改版，60%～70% 都内容化，平台提出三位一体的战略。三位一体是指行业、产品、算法协同，实现人、货、场的匹配，这也是平台升级的一个思路。从内容生产来源来看，淘宝的内容化聚合 PGC、UGC、OGC 三者的内容优势。呈现形式包括图文推荐、视频以及颇受关注的淘宝直播，加之近期添加的人脸识别、声音识别的技术交互形式，使内容有了更进一步的发展。淘宝首先不拘于过往单调的商品详情页的产品介绍，引入了购物清单、海淘笔记等新型图文电商形式，有效提升了用户的购物审美、信息、娱乐体验。其次，通过批量引入 PGC、UGC 的短视频，使用户在店家、商品详情页能够更直观全面地了解商品信息。视频、直播的内容模式降低了消费者的理解门槛，为消费者创造沉浸式的场景体验，一键下单、语音识别主播介绍内容等，有效推动用户从内容消费者到购买者的转化。

资料来源：黄穗绮琳.移动电商平台内容营销策略探究 [D].武汉：武汉大学，2018.

## 三、直播营销平台分类

### （一）直播营销平台的主流类型

直播营销平台的类型呈现出多样化趋势，直播平台主要可以分为四类。

#### 1.秀场直播平台

2005 年，秀场直播便在国内兴起，是直播行业较早的模式之一。秀场直播是主播展示自我才艺的最佳形式，观众在秀场直播平台浏览不同的直播间，类似于走入不同的才艺表演和演唱会现场，娱乐性的主播、小品相声类和综艺节目类的表演成为秀场直播的新的内容类型。秀场直播的主流平台有六间房、YY 语音和 9158 等，它们称得上是秀场直播的"鼻祖"。

#### 2.游戏类直播平台

游戏类直播是极具黏性和趣味性的电竞产业的直播方式，不但救活了被主流媒体排斥的电竞产业，自己也借此成为直播产业中不可忽视的力量。游戏直播可谓是一直火爆，几乎扛起了直播行业的大旗，页游、网游以及手游三大种类覆盖齐全。竞技类的主播占大多数，一般职业的游戏战队会和直播平台签约，所以战队的大部分收入都来自实时直播。

游戏行业一直是互联网巨头们青睐的对象，特别是电竞在全球的发展带来大量的资本涌入。国内现在的游戏类直播用户平台主要有斗鱼、虎牙、B 站。目前，互联网巨头不断加快国内电竞游戏类直播的布局。例如，腾讯不仅仅注资支持自家龙珠直播，还参加斗鱼 TV 的 B 轮融资；阿里体育斥资 1 亿元举办电竞比赛。由此可见，巨头们争夺的焦点是电竞游戏类直播。

#### 3.娱乐类直播平台

娱乐类直播起源于早期的 YY 娱乐、六间房秀场类直播，其中六间房是最典型的代表。作为较早进入中国直播领域的企业，六间房曾一度引领互联网视频娱乐消费新方式，它的直播内容也比单纯博眼球的秀场类直播更丰富、更专业。娱乐类直播较宽泛，其门槛较低、流量池巨大，所以主播数量也相对较多。此类直播大多以唱歌、跳舞为主，其原因是才艺直播的内容更为丰富，与网友的互动性更强。在这个娱乐化的时代，此类直播也成为更多人展示自己的舞台，既吸引了粉丝关注，又可以通过流量变现和一些互动如礼物、打赏等来营利。

娱乐类直播主要包括生活直播和娱乐直播两类，其中娱乐直播主要为主播卖萌撒娇等，生活直播主要为出行、逛街、做饭等。目前娱乐类的直播平台主要有 YY LIVE、斗鱼 TV、美拍、虎牙、抖音、B 站等。随着人们生活水平的提高，更注重精神生活品质，而娱乐是提升人类精神生活的重要途径。人们通过娱乐类直播平台，可以实现"全民互动"，从这点来看，娱乐直播的市场前景是非常广阔的。

### 4. 购物类直播平台

购物类直播主要通过各类网络达人在"电商 + 直播"平台上和粉丝进行互动社交，达到出售商品的目的。购物类直播平台如抖音、快手、淘宝、京东、拼多多、小红书等，其用户以女性居多，多以白领、大学生为主，消费水平处于中上游。这类直播平台的盈利方式以商品销售为主，增值服务或虚拟道具购买为辅，网络达人入驻和明星入驻成了吸粉的主要方式。

购物类直播主要是通过直播带货以及提供服务来赚钱的。购物类直播可以分为两个模块，一种是像淘宝这种自带商城的，其变现方式主要以卖货为主，开发直播功能和短视频功能的目的是使自己的平台形成从流量到交易的闭环。还有一种是像抖音这种的内容平台，它没有自己的商城，主要靠流量生存，可以把流量卖给京东、淘宝做商城的流量入口，也可以把流量卖给其他的平台以收取广告费，变现手段极为丰富。其主要的推荐平台有淘宝、京东、拼多多、小红书、抖音、快手等。

## （二）直播平台的专业领域分类

专业领域类直播平台针对的用户人群与其他直播平台有很大不同，它们针对的是有信息知识获取需求的用户，如疯牛、知牛直播等。这类直播可以将人们的注意力从原本枯燥的文字转移到人的口语表述上，通过辩论、演讲等表现力十足的方式呈现在大众面前，因此这类直播平台非常具有发展潜力。由于专业领域类直播平台的专业门槛较高，因此平台对主播的要求很高，也会更加关注主播的解说方式和内容。这类平台的盈利方式为服务收费、用户付费收看以及企业、媒体、商业推广等；吸粉方式主要是引进专业领域内的领袖入驻，为用户提供技术服务和专业信息知识。抖音、B 站、得到、知乎、快手、今日头条、腾讯直播等是其主要的直播平台，主要的热门类型有体育类、知识分享类、资讯类、教育类等。

### 1. 体育类直播平台

社会消费正在发生着日新月异的变化，体育直播的产业链也正在逐步完善。目前体育类直播平台主要被几家视频平台和央视垄断，其形式也可分为现场视频直播、演播室访谈式直播、文字图片直播以及即时比分直播。球迷网友可以打开网站点击相应的链接收看比赛，赛事内容丰富多彩，其中包括足球、篮球、乒乓球、台球等。懂球帝、章鱼 TV 和企鹅直播是目前最受体育类直播用户欢迎的，其 PGC 和 UGC 内容平台均获认可。

这三个直播平台起步较晚，移动用户多数来源于平台自身积累的大量体育爱好者，但其功能和内容方面的布局比较成熟，市场主要特点是版权竞争激烈和产品创新突出。主要的体育类直播平台有央视、新英体育、腾讯体育、PPTV 体育、直播吧。

### 2. 知识分享类平台

知识分享类直播由于起步较晚，内容相对严肃，所以其受众也相对低调，人数也相对较少。但知识分享类直播的受众面很广，且受众对知识的主观消费意识强，更易于流量变现。从知乎 LIVE 等知识平台的崛起不难看出，当消费升级扩展到知识领域，曾经的免费互联网内容将会被新的付费模式取代。

### 3. 资讯类直播平台

资讯直播，顾名思义主要是以新闻传播为主。直播平台主要有今日头条、腾讯直播等，在新闻直播中，最看重的就是时效性和准确性，在一些重要的时间节点和大事件的传播中，这种需求极为重要，资讯直播就可以满足人们的这种需求。

### 4. 教育类直播平台

传统的在线教育平台以视频、语音、PPT 等形式加以展现，虽然呈现形式足够丰富，但互动性不强，无法做到实时答疑与讲解。因此，教育类直播平台应运而生，其中网易课堂、智慧树、超星等平台都是直接在原有在线教育平台的基础上增加直播功能，而千聊、荔枝微课等平台属于独立开发的教育直播平台。

在一定程度上，疫情推动了直播行业发展的进程。不同的直播平台有着不同的技术优势和受众群体以及一个品牌的调性，它们在闯入这个直播风口时，各施其技、各展其能。抖音策划的一系列南极直播、海底直播乃至四大航天发射场的直播更是将直播的视角推到了日常生活所不及之处……

随着电商直播行业的变化，直播已经不单单是建立在娱乐基础上的单一商业模式，而是在新零售变革和数字营销的时代寻找新的增值点，直播场景的全面普及，也是一种新的社会窗口，不断打开人们的视野，"人人主播"的时代已经到来。

⊙ **案例分享 11-2**

#### 认养一头牛的认养模式和牧场直播

认养一头牛推出三种认养模式。第一种是云认养，即线上游戏类认养；第二种是联名认养，用户通过购买联名卡可享受送货上门和育儿指南等服务；第三种是实名认养，用户可在专供牧场提前一年预订牛奶，成为顶级会员甚至还能给奶牛取名字，并获得奶牛的照片和生长数据等。认养一头牛打造了透明化牧场，用户可通过直播 24 小时观看牧场，也可亲自到牧场参加各类活动，真正实现从饲养到加工再到配送的生产链信息透明化。

认养一头牛在头部直播间频繁出现，积累了许多前期粉丝，"双十一"期间，除了在自家旗舰店直播营销以外，还和头部主播直播间合作直播。同时，在微博、小红书、B 站、头条、知乎、抖音等平台均投放了广告，引导消费者购买，成功打造多生态营销布局。认养一头牛的认养模式和牧场直播，让用户对品牌产生信任感、参与感和体验感，真正锁定品牌用户。

资料来源："认养一头牛"要上市，花钱"养牛"喝奶是不是智商税。

# 第二节　直播营销的运营流程、技术和策略

## 一、直播营销的运营流程

### （一）注册直播账号

1. 在微信软件中开直播

（1）打开手机中的微信软件。

（2）在微信中点击"发现"→"视频号"。

（3）进入视频号页面后，点击右上方的个人标志。

（4）点击下方的"发起直播"，就可进入"创建视频号"，点击"创建"就设置好了。

2. 直播账号设置

在注册直播账号时，要取一个好听的名字，最好选择一个与自己个性相关的漂亮头像，把直播封面设置得漂亮一些，个人介绍最好既有特色，又与直播的内容有关系。

### （二）开播前的准备工作

开播前的准备工作是非常重要的，是决定直播成功与失败的关键。因此，在开播前需要做好如下的准备工作。

1. 设施设备等环境检查

需要检查直播涉及的所有设施和设备、直播配套用品、WiFi 的链接、音响等情况，确保可以正常使用，包括手机或平板电脑、耳机话筒、灯光等。

2. 直播间的环境打造

通过直播间的房间布置、色彩、灯光照射角度等，营造一种安静的直播环境。

3. 主播及配合人员的形象设计

直播前，主播及配合人员需要化妆适当，由于灯光的照射，需要化一定的妆来突出主播的形象。

#### 4. 直播脚本、内容和过程的策划设计

在直播前，需要对直播脚本、内容和过程进行详细设计，对直播中涉及的人、产品、物品、道具、节奏、流程配合等做好充分的策划设计准备工作，以达到预期的直播效果。

#### 5. 直播之前的告示

需要通过各种平台，告知用户或粉丝直播时间、平台账号或链接、直播的主要内容和产品，促使用户或粉丝进入直播间。

### （三）直播过程中的内容推广和建设

直播过程是影响营销推广效果的关键环节，直播过程中的内容推广和建设尤其重要。在直播过程中，需要把握下列关键内容。

#### 1. 直播开场预热

在直播刚开场时，可开展一些预热活动，促进直播间氛围和人气上升，带动和引导直播间的流量。直播开场预热可采用的方法有 2 种。

（1）才艺展示法。通过展示和表演自身特长与才艺，如唱歌、跳舞、说唱等，拉近与观众的距离，达到娱乐效果，为正式营销做铺垫。

（2）讲笑话或故事法。在直播刚开始时，主播可以说一些有趣又有内涵的段子、经典语句，或讲搞笑、励志、有寓意的故事，使受众接受主播。

#### 2. 直播引流推广

流量是决定直播成功与否的关键。直播引流推广方法主要有直播预热文案引流、短视频引流、付费推广引流。此外，还可以通过主播与多人连屏、连麦 PK，和粉丝互动聊天等方式，使直播间有更好的营销推广效果。

#### 3. 直播核心要素

在直播过程中，有许多因素会对直播产生影响。直播核心要素包括直播时间和时长的保证，场控和控场管理，坚持和信心，等等。

### （四）直播后的结果反馈和复盘

在直播结束后，直播运营团队需要对本次直播各个环节进行回顾、总结、数据分析、售后服务、问题总结、方案优化和复盘，评估直播营销的效果，肯定成绩，查找差距，总结经验教训，为下一次直播提供更好的基础。

## 二、直播营销互动话术的类型

直播营销是主播和配合人员运用语言与场景面向受众进行网络视频营销，因此，直播营销的互动话术是核心技术。直播营销互动话术不仅可帮助主播吸引大量的粉丝进入他们的直播间，还能帮助主播快速实现流量变现。直播营销互动话术的类型如图 11-1 所示。

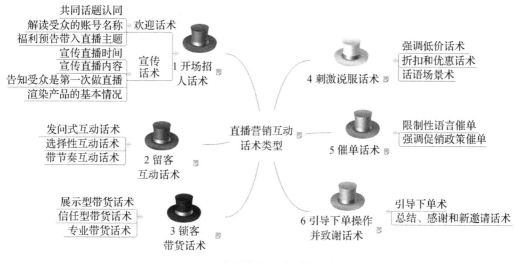

图 11-1 直播营销互动话术的类型

## （一）开场招人话术

### 1. 欢迎话术

欢迎话术就是主播对每一个进入直播间的人在开场时的欢迎用语。直播开场阶段，主播要做好暖场，拉近与用户的距离，吸引眼球。其内容通常有打招呼、讲故事、福利预告/货物预告。

（1）共同话题认同。例如，"欢迎××/宝宝们进来捧场，我最近喜欢上一首歌××，你们听过没有？"。

（2）解读受众的账号名称。例如，"欢迎××/宝宝们进入直播间，咦～这名字有意思/很好听，是有什么故事么？"。

（3）福利预告带入直播主题。例如，"新来的宝宝扣一个1，我给你们走福袋！""欢迎大家来我们直播间，晚点给大家上福利！""宝宝们，今天纯放福利了，我今天手上这件××，只要两位数。工厂直发，纯福利！"。

### 2. 宣传话术

宣传话术是为了告知受众直播时间和内容，增加与受众的熟悉度。

（1）宣传直播时间。例如，"非常感谢所有还在我直播间的兄弟姐妹们，我每天的直播时间是××点-××点，风雨不改，没点关注的记得点关注，点了关注记得每天准时来看哦"。

（2）宣传直播内容。例如，"我是×××，今天来给大家分享几个美妆的小技巧，学会了你也可以是美妆达人，记得关注我，了解更多简单易上手的美妆技巧"。

（3）告知受众是第一次做直播。例如，"欢迎来到××直播间，我是一名新主播，今天是第一次直播，谢谢大家支持哦！""欢迎大家来我的直播间，我是一名新主播，如果有做得不好的地方希望多多包涵哦！"。

（4）渲染产品的基本情况。渲染产品的产地、历史、口碑、包装、销售等数据，引起用户好奇心。例如，"今天这款产品已经是畅销××年的老字号，基本是每个家庭都可用的"。

### （二）留客互动话术

在直播过程中，通过主播与受众实时、不时地互动，让用户的诉求和需求可较快得到回应及反馈，吸引受众一直留在直播间。主播可以通过发问式、选择性、带节奏等方法来与受众互动。

#### 1. 发问式互动话术

通过直播发问，让受众选择答案，可以是肯定或否定，或让受众打出 1 或 2，主播能快速得到粉丝的答案，不至于因时间太长而冷场。例如，"你们能听到我的声音吗？""这款口红大家以前用过吗？"等问题。

#### 2. 选择性互动话术

拿出一个选择题，让受众选择某个答案，打出 1 或 2。例如，"想看《××》的刷 1，想听《××》的刷 2""想看左手这一套衣服的打 1，看右手这一套的打 2"。

#### 3. 带节奏互动话术

在有的用户进入直播间一段时间后，主播带节奏与之互动，让新进来的用户看到直播间很活跃、很有趣。例如，"觉得主播跳得好看 / 唱得好听的刷一下 666""请刷 520 让我感受一下你们的热情"。

### （三）锁客带货话术

通过锁客带货直播话术，展示产品和专业性内容，拉近主播与用户之间的距离，建立信任感和认同感，锁住用户，使用户下单，实现带货变现，促进产品销售。

#### 1. 展示型带货话术

在进行直播带货时，主播通过展示产品的外观、质量和使用感受，让粉丝们直观地看到效果，促进用户下单概率的提高。例如，某知名主播在直播间进行口红带货时，通过现场画唇红，并对每一款口红的颜色进行一个细致的描述和表达，让受众很是心动。

#### 2. 信任型带货话术

直播平台的粉丝无法接触到实际产品，因此，主播要通过对产品的性能、质量和特性的描述，让粉丝对产品产生真实感和信任度，促进粉丝下单。主播可用"自用款"或"推荐款"方法。例如，"我也买了××品牌""我只推荐××这一个品牌，其他品牌给我再多钱也不推"。

### 3.专业带货话术

在推荐产品时，主播可从专业、技术指标、性能等角度，对某一款产品进行详细讲解，并指导粉丝根据自己的情况选择购买产品。例如，电器类带货直播中，主播可以通过对某款电器的性能、用途、质量、适用性及指标进行专业讲解，吸引粉丝下单购买。

## （四）刺激说服话术

在直播间通过低价、折扣、优惠等来刺激说服受众，使其认为购买时机合适，进而下单购买。

### 1.强调低价话术

主播了解受众的求廉心理，在展示产品后，会经常强调如"这是在直播间才有的最低价""全网最低价""我们直播间比免税店还便宜"等，促使受众下单。

### 2.折扣和优惠话术

运用折扣和优惠活动刺激与影响粉丝们在直播间购买产品，如"今天这件××产品是七折""买×送×""今天的优惠套餐是买2件打×折"。

### 3.话语场景术

主播可以通过语言让受众感受到物质利益、经济利益，还可以运用说辞构建美好的场景或画面，给用户利益，满足用户的想象和虚荣心等精神利益需求。例如，"××有那种在下过小雨的森林里漫步的味道"。

## （五）催单话术

催单话术就是运用受众"怕失去""怕错过不再有"的心理，调动激发用户"抢"货的心态。

### 1.限制性语言催单

运用时间或数量量词，让用户感觉此价格已经是"物超所值"，运用"过时不候""数量有限""限时抢购""限购2件"等话术，能迅速唤醒人们大脑中的理性人思维，促进下单购买。

例如，"我们之前试播的时候，这个产品一上架就秒空了，超级抢手，所以进来的宝宝们千万不要犹豫，下单就行了""这款产品数量有限，如果看中了一定要及时下单，不然等会儿就抢不到了哦""原价×××的大衣，所有扣'1'的宝宝们听好啦，我们这个优惠套餐，总共减××，现在倒计时5、4、3、2、1，改价！准备3、2、1，开链接加库存""抢到就是赚到、秒杀单品数量有限""先付先得！最后2分钟"。

### 2.强调促销政策催单

强调促销政策催单就是运用促销活动中的限时折扣、现金返还、随机免单、抽奖免单、前××名下单送等价礼品等，让用户感受此产品超出用户的心理预期，使气氛和热情高涨，催促用户下单。

例如，"现在直播间 5 000 人，我们今天就送前 600 名等价礼品。倒数 5 个数，5（让助理配合说还剩 200 单），4（让助理配合说还剩 100 单），3（让助理配合说没单了）。"

### （六）引导下单操作并致谢话术

在直播的关键时刻，当用户已经认可产品的时候，引导用户并为用户讲解下单操作，再对用户致谢是非常重要的环节。

#### 1. 引导下单术

助理用手机或 iPad 进行下单操作演示和展示，如到哪里领优惠券、下单的界面在哪里、点商品链接、点优惠券、点立即购买、填数量、点确认等，催促用户完成下单购买过程，起到"推一把（Push）"的作用。

#### 2. 总结、感谢和新邀请话术

主播在下播之前，可以简单做一个总结，表达对受众的感谢和不舍之情，预告并邀请下一场直播。

例如，"感谢你们来观看我的直播，谢谢你们的礼物，陪伴是最长情的告白，你们的爱意我收到了"，这是感谢陪伴；"最后一首歌《×××》，谢谢大家的陪伴，唱完下播，希望大家睡个好觉、做个好梦，明天新的一天好好工作，晚上我们再聚，"这是结束祝福；"今天的直播接近尾声了，明天晚上 ××～×× 点同样时间开播／明天会提早一点播，×× 点就开了，各位奔走相告吧／明天休息一天，大家放假啦，后天正常开播"，这是预告下一场直播。

---

⊙ **案例分享 11-3**

### 穿山甲 × 安居客

安居客业务覆盖新房、二手房、租房、商业地产等领域，在为用户提供找房服务的同时，满足开发商与经纪人的高效网络推广需求。作为房产行业的先行者，安居客借力穿山甲，在广告素材和投放策略两个方面深入探索，成功突破这一获客增长瓶颈，带动生意增长。

（1）营销目的。借助穿山甲，精准地锁定目标受众并完成转化，获取生意新增量。

（2）营销方案。联手穿山甲独家优势产品，高效跑量、精准触达。

（3）脚本创意和素材运用。穿山甲的广告优势形态是激励视频、信息流视频、开屏视频和视频广告。持续加码安居客视频素材，通过穿山甲的丰富视频广告样式提升营销价值。在视频素材类型上，安居客主攻剧情、剪辑、口播三大类型的脚本创意。安居客的视频内容始终围绕着众多用户的类型丰富的真实生活场景展开，创作时注重用户在买房、租房等方面的痛点和核心，能引发用户共鸣，提升前端转化效果。安居客每周产出多达

130 多版优势视频，通过不断复盘总结和分析各业务线素材的投放数据，做到不断修正视频素材的风格和内容，逐渐完善适合品牌内容创意的一套素材方法。在原有优质视频的基础上，安居客也在不断创新挖掘、迭代新素材内容，形成创新与跑量视频占比 1:1 的最优比。

（4）投放效果。量级增长超 13 倍，次留率提升 30%，用户点击重复率下降 25%，老用户量级提升 20%，整体用户意向度提升 8%。

资料来源："巨量引擎.穿山甲 × 安居客"，2021 年 1 月至 11 月。

### 训练 11-1

以小组项目为主题，选择一个产品和场景进行直播话术试讲。

## 三、直播营销的脚本策划术

### （一）直播营销脚本的含义

脚本，是指表演戏剧、拍摄电影等所依据的底本或者书稿的底本。脚本可以说是故事的发展大纲，用以确定故事的发展方向。脚本就是要确定故事的地点、时间、角色、角色的对白、动作、情绪的变化等细化的工作。早在哲学领域，康德（1781）曾论及图式（Schema，或译作"图型"），并将其视为范畴与现象的媒介。20 世纪 70 年代，Schank 和 Abelson（1977）提出"脚本理论"，用"脚本"代替"图式"，应用于人工智能研究，并将其定义为描写特定情景中事件恰当程序的结构，是预先设定的、常规性的动作程序。他们把脚本分为三类：情境脚本（Situational Scripts）、个人脚本（Personal Scripts）、工具脚本（Instrumental Scripts）。

直播营销脚本，就是使用一种特定的描述性语言，确定直播的具体地点、时间、主播、主播的话术、动作、场控、环境、产品和流程变化等细化的工作执行底本。

直播营销脚本策划的职能，主要是负责直播项目的创意构思、脚本文案、剧本策划等工作。

### （二）直播带货脚本策划的四个核心要素

在策划直播带货脚本时，需要关注四个核心要素。

1. 明确直播主题

明确直播主题就是要明确本场直播的目的，是为了促销带货活动，还是为了提升企业品牌形象，或是其他的直播目的。从受众视角来看，明确直播主题的目的是让受众和粉丝明白，在这场直播中能看到和获得哪些信息与利益，提前勾起粉丝兴趣。

### 2.把控直播流程节奏

把控直播流程节奏就是确定每个直播时间的内容、形式、产品等。一个合格的直播带货脚本策划需要具体到分钟。一场直播一般会持续 2~6 个小时。大多数直播间都会推荐多款产品。为了更好地做好直播，需要以表格的形式，为每一款产品策划一个简单的单品直播脚本，并将产品的卖点和优惠活动标注清楚，帮助主播有条不紊、张弛有度地介绍产品。

例如，8 点开播，8 点到 8 点 10 分就要进行直播间的预热，与观众打招呼等。此外，还包括产品的介绍，一个产品介绍多久，尽可能地规划好时间，并按照计划来执行。

又如，每个整点截图有福利，点赞到 10 万、20 万时提醒粉丝截图抢红包等，所有在直播里面的内容，都是需要在直播脚本中全部细化出来的。

### 3.调度直播分工

需要注明直播场地、道具、人员的详细情况，特别是对主播、助理、运营人员的动作、行为、话术、场控等进行说明，包括直播参与人员的分工。

例如，主播负责引导观众，介绍产品，解释活动规则；助理负责现场互动，回复问题，发送优惠信息，等等；后台客服负责修改产品价格，与粉丝沟通，转化订单，等等。

### 4.控制直播预算

在策划脚本时，要控制单场直播的成本和预算，提前设计好能承受的优惠券面额，或者秒杀活动、赠品支出等，要有限制地发放优惠券。

### （三）直播脚本策划案例

直播脚本策划的模式多种多样，可根据需要决定。直播脚本策划主要包含时间、地点、主题、主播、时间段、总流程、场控、主推产品、结束语、封面图、预告页头图、广告位白底图、预告文案、注意事项、直播流程（预热、产品引入话题推荐、产品讲解流程推荐）等内容。以下是直播脚本策划的一个案例，如表 11-1 所示，仅供参考。

**训练 11-2**

以小组项目为主题，请根据选择的产品和场景设计直播脚本。

## 四、新 4C 法则下的直播营销运营策略

### （一）新 4C 法则简介

唐兴通针对如今的时间和信息碎片化、多屏幕和多媒体时代，从新媒体营销的视角创新性地提出了新 4C 法则。新 4C 法则是指，在适合的场景（Context）下，针对特定的社群（Community）或话题，通过有传播力的内容（Content），结合社群的网络结构进行

人与人的连接（Connection），以快速实现信息扩散与传播，最终获得有效的商业传播与价值。新 4C 法则下的直播营销，跳出原来以生产者为中心的 4P 理论和以消费者为导向的 4C 理论的框架，关注新媒体传播中的场景、社群、内容、人与人的连接，对实现企业、运营者与消费者之间的信息交互、互动沟通有重要的作用。

表 11-1　×××直播流程（参考案例）

| 时间 | 2021 年 6 月 22 日 17:30 | | | |
|---|---|---|---|---|
| 地点 | | | | |
| 主题 | ××总有一款抓住你的心 | | | |
| 主播 | ××（女生） | | | |
| 时间段 | 总流程 | 主播 | 场控 | 主推产品 |
| 17:30-17:45 | 预热、开场 | 品牌、主播、活动介绍 | 回复问题、推送引流 | |
| 17:45-20:20 | 讲解产品 | 讲解产品 | 回复问题 | 在附录中使用黄色标签标出 |
| 结束语 | 预告明日直播优惠信息，引导关注 | | | |
| 封面图 | | 预告页头图 | 广告位白底图 | |
| 预告文案 | 超值折扣尽在×××，想要美美地出街，快来×××直播间，好物在等你哦 | | | |
| 注意事项 | 丰富直播间互动玩法，促进店播粉丝由新转老，增加其观看时长 | | | |
| 直播流程 | | | | |
| 预热 | 【引入直播品牌】Hello！大家好，欢迎大家来到××直播间，我是今天的主播×××。非常开心在今天这么特别的日子能够来到××直播间，专属女神的节日，大家都准备给自己添置什么宝贝呢，男生们有想好给自己心爱的女生送什么礼物吗，还没有准备好的朋友，赶紧上车喔 | | | |
| 产品引入话题推荐 | 如何保养我的××珠宝？<br>一条手链最多可搭配几个串饰？<br>如何找到合适尺码？<br>××1 系列 | | | |
| 产品讲解流程推荐 | 1. 主播试戴产品，跟大家做简单互动<br>2. 描述产品的设计、材质，分享简单的佩戴技巧等<br>3. 与观众互动，帮助解决观众在饰品搭配方面的问题，或者怎样选择最适合自己的饰品、颜色等问题 | | | |

新 4C 法则下的网络直播营销，是指运营者在网络直播时利用场景打造，以情感表达方式，引起受众的感觉、情感、想象、情绪等的感性认识和共鸣，让受众感受到产品的服务与体验；思维方式和运营上，从个体思维转向了解社群结构、类别、角色、氛围、特点等的社群思维和运营方法；以创新内容、价值共享制作、发布和传播内容信息；通过与各节点上的人、货、场之间的连接，实现企业产品或品牌或服务的传播裂变效应（见图 11-2）。

图 11-2　新 4C 法则下的网络直播营销

### （二）新 4C 法则下的直播营销运营策略

#### 1. 打造丰富多彩的"体验 + 情感"直播营销场景

直播营销场景，是指在直播的特定时间、地点和环境内，设计一种直播营销背景和空间、时空及动态环境，能让受众体验产品和服务信息，并产生美好的情感与参与直播的画面和景象。直播场景丰富多彩、富有创意，通过主播、产品、信息和行动，让受众有不一样的体验与感受，达到产品营销转化的效果。约瑟夫·派恩等从用户参与水平、用户和背景的关联两个维度，提出体验的 4 种形式：娱乐性、教育性、逃避性与审美性体验。在网络直播营销过程中，运营者需要营造愉悦的娱乐观赏体验、获取知识和技能的教育性体验、暂时逃离现实生活的逃避性体验和享受直播带来的美好的审美性体验。

例如，国家图书馆于 2020 年 7 月下旬推出了"为你揭秘'不一样的图书馆'"访谈直播场景和社群，展示图书馆行业情况，助力高考考生了解各专业并填报自己喜欢的专业志愿。

#### 2. 目标社群画像下的直播营销思维和运营

德国社会学家斐迪南·滕尼斯（F. Tonnies）把"社群"称之为"共同体"，并分成 3 种类型：血缘共同体、地缘共同体和精神共同体。依据不同的平台和产品服务，形成了不同的社群。

例如，微博、微信、QQ、抖音、B 站、快手等都有自己的目标社群。网络直播社群是指一群拥有相同或相似的产品偏好、需求、兴趣、爱好、信仰、价值观等的社交属性受众，通过直播营销平台、内容与服务而形成的粉丝聚合体。运营者在经营思维上要以满足目标社群用户画像为依据，有针对性地做好直播营销运营的各环节和内容，以达到对目标社群的营销目的。

#### 3. 设计生产原创、高值、创意、多元的直播内容

直播内容是否有吸引力是影响直播效果好坏的关键要素。运营者应依据场景、社群内目标受众的需要和偏好，设计、生产原创作品，特别是制作高价值、有创意、多元化的直播产品内容，来满足受众的观看或购买需求。

例如，2020 年 7 月 14 日，郑州图书馆与上善学堂共同举办"手中的非遗"系列之泥塑活动，特邀河南省首批非物质文化遗产名录——河南"泥人李"的第三代传人利用网络直播开设线上"云"课堂，为线下小读者讲解、传授泥塑制作技艺，有 10 万人次的观看量，获得广泛好评。

#### 4. 培育和连接头部主播或 KOL、KOC 主播与受众的关系

头部主播有更多的粉丝，在直播群中有很强的影响力；KOL（意见领袖）、KOC（消费者领袖）也是作为主播的合适人选。连接头部主播或 KOL、KOC 主播与受众的关系，让受众接纳头部主播或 KOL、KOC 主播的产品营销信息、思想、观点或建议，并在一定范围或社群内产生影响，促进直播营销获得更好的转化效果。

# 第三节　直播带货营销运营

## 一、直播带货营销及其治理规范

### （一）直播带货营销的定义

直播带货营销是近年来兴起的一种新的营销方式。它是运用视频直播的形式，在直播间进行实时产品营销的方式。直播带货形式的出现是因为电商兴起和发展的需要，它是一种电商零售模式。商务部新闻发言人高峰说，"直播带货"可以帮助消费者提升消费体验，为许多质量有保证、服务有保障的产品打开销路，但是网络直播必须符合有关法律法规。

### （二）直播带货营销的管理和治理规范

针对近年来兴起的直播带货营销出现的刷单、虚假宣传等情况，国家有关部门出台了相关的管理和治理规范。

2020 年 6 月 8 日，中国商业联合会要求由该会下属媒体购物专业委员会牵头起草制定《视频直播购物运营和服务基本规范》和《网络购物诚信服务体系评价指南》等两项标准，于 2020 年 7 月 1 日发布执行。这是行业内首部全国性标准。2020 年 7 月 1 日起，中国广告协会制定《网络直播营销活动行为规范》并发布实施，重点规范直播带货行业刷单、虚假宣传等情况，包括直播平台和主播通过刷单，虚构在线观看人数，营造虚假销售繁荣，但过后就出现大量退单。此种行为严重扰乱市场的正常秩序。

2020 年 10 月 20 日，市场监管总局发布《网络交易监督管理办法（公开征求意见稿）》，公开向社会征求意见。办法明确指出，网络社交、网络直播等其他网络服务提供者在满足一定条件时应当依法履行网络交易平台经营者的责任。办法特别规定，要求平台为利用网络直播开展的网络交易活动提供直播回看功能。

2021 年 3 月 15 日，由国家市场监督管理总局制定出台的《网络交易监督管理办法》，在中央广播电视总台第 31 届 "3·15" 晚会现场正式发布并规定，通过网络社交、网络直播等网络服务开展网络交易活动的网络交易经营者，应当以显著方式展示商品或者服务及其实际经营主体、售后服务等信息，或者上述信息的链接标识。

2021 年 4 月 23 日，国家互联网信息办公室、公安部、商务部、文化和旅游部、国家税务总局、国家市场监督管理总局、国家广播电视总局等七部门联合发布《网络直播营销管理办法（试行）》，自 2021 年 5 月 25 日起施行。办法提出了直播营销人员和直播间运营者为自然人的，应当年满 16 周岁；16 周岁以上的未成年人申请成为直播营销人员或者直播间运营者的，应当经监护人同意。

## 二、直播间开播的注意事项

直播营销是一种面向各类群体进行信息宣传和传播的方式，其传播范围广，受众面大，因此，在直播间开播要特别注意一些基础事项，特别是主播和辅助人员的言行举止和直播内容要符合规范，以防出现错误。

### （一）直播镜头内所有人的外观形象规范

直播镜头内所有人的着装、言行举止均需符合要求规范。严禁低俗着装和软色情，抵制不良信息，穿着不暴露、言行不露骨。不可以出现带有性暗示的内容，不可以在直播间抽烟、喝酒、展示文身/鼻环/嘴环/舌环等不利于青少年身心健康的内容。

直播的言行举止要文明规范，不可说脏话，不可辱骂消费者或同行等。为了更好地规范管理直播间的各种经营行为，淘宝直播平台出台《淘宝直播管理规则》，可供各位直播人员参考执行。

### （二）直播内容要健康并符合国家规范和要求

（1）不能出现视觉色情或低俗的产品和素材，如展示成人用品、低俗图片等。

（2）不得使用国旗、国徽、国家领导人肖像与姓名等做商品或服务宣传。

（3）未经许可不得在直播间发布新闻、游戏、电影、电视剧、综艺节目、体育赛事、境外节目等内容。

（4）不可在直播中抽烟、喝酒、展示纹身等，不可含有可能引起用户模仿的不安全行为，如攀岩、跳伞、口吞宝剑等危险行为；不可在直播中出现驾驶机动车、干扰驾驶等危害生命健康的行为。

（5）不可发布封建迷信相关内容。

（6）直播间不可有涉嫌欺诈的行为，如摇骰子、扎气球、猜数字、玩转盘、售卖积分与代金券等玩法、商品及服务。

（7）直播过程中不可引导用户至第三方站外风险链接，如展示站外手机号、二维码等。

### （三）直播宣传行为要符合规范

（1）不虚假宣传商品功效，要针对所宣传功效做好对应功效证明的资质审查。例如，非药品或医疗器械不宣传医疗作用、非保健品不宣传保健品功效、非特妆化妆品不宣传特妆功效。

（2）不使用极限词汇，不做出夸张表述和绝对化承诺。

（3）审核直播的商品资质和证明，要前置审核直播间宣传商品的资质和专利证明等之后，才可在直播间进行展示。

（4）不可以与其他品牌或商家进行拉踩对比，包含商品价格、商品质量等各方面。

（5）不侵犯其他品牌商标或名誉，如不宣称"大牌平替"等。

（6）直播时不可制造饥饿营销，与实际不符地宣称无库存、库存有限、抢购款等。

（7）不误导价格，清晰表述价格，不可宣称是跳楼价、甩卖价与无指向的原价等。

### （四）直播带货中常见易违规词汇

#### 1. 不可用极限词用语

不可使用"国家级""世界范围比较"等的极限词汇，类似的用语有：全球第一、全球最强、全网最、全网最低价、全网之冠、全国最、秒杀全网、最具性价比、最顶尖、最适合中国人、极品、驰名商标、必备、绝无仅有等。

#### 2. 不可用过度承诺欺骗型用语

不可使用引导、刺激消费而无法实际兑现承诺的违规用语，类似的用语有：假一赔万、清仓底价、绝不反弹、无任何副作用、绝对 0 污染、祖传秘方、救命仙草、月减 × 斤、永不复发、彻底治疗、零副作用、一次灭绝、一滴见效、永久美白、延年益寿、100% 治疗效果等。

#### 3. 不可用虚假宣传用语

（1）非经过备案的特殊用途化妆品不可宣传的功效有：育发、防脱发、染发、烫发、脱毛、美乳、健美、除臭、祛斑、美白、防晒等。

（2）不具备官方资质（外包装／说明书／专利）却进行医疗功效宣传，如治病，预防癌症等。

（3）其他不可用的高频违规词，如抗氧化、抗衰老、清除黑头、祛除毛孔、去（祛）皱平皱、排毒养颜、阻断黑色素形成、黑发、止脱发、快速生发、不秃头、毛囊激活、速白、特效美容、迅速修复受紫外线灼伤的肌肤、极速返白、燃烧脂肪、预防乳房松弛下垂、斑立净、祛妊娠纹等。

## 三、直播带货营销的主播类型和选择

### （一）直播带货营销的主播类型

直播带货营销的主播主要有三类：Top 级头部主播、腰部主播、腰部以下主播。
（1）Top 级头部主播，带货能力极强，一般由各大型电商企业运营。
（2）腰部主播，具有一定的带货能力和流量、粉丝，为中小商家的首选。
（3）腰部以下主播，或新手主播，需要时间尝试和检验主播的带货能力。

### （二）直播带货营销的主播选择

#### 1. 选择形象好的主播

形象好的主播，因颜值高或身材好或肤色好，让受众看起来赏心悦目，能够吸引受众的目光，对直播效果有一定的作用。但是主播的形象和妆容要与带货的产品和环境相匹配。例如，要售卖潮服的主播，其着装和打扮最好也比较符合潮流。

#### 2. 选择机智口才好的主播

直播带货营销主要是依赖主播的口才、专业话术、机智应变能力等，来吸引受众的注意力，并在主播的"带节奏"和推广下购买产品。直播带货营销时，时常会遇到紧急情况，需要主播机智应对，否则会出现负效果。

### 3.选择带货销售能力强的主播

商家或运营者在选择主播时，需要了解主播的过去经历和工作背景，是否有相关的直播带货经历，其经验和销售能力与学习能力如何，对产品的了解和讲解能力如何，等等。主播是直播带货的核心人员，会直接影响直播间的营销和销售效果。

### 4.选择吃苦耐劳品格好的主播

由于电商主播行业的特殊性，工作直播需要在晚上七八点开始，一直持续直播三小时以上，因此，主播需要有吃苦耐劳的精神和良好品格才能胜任。主播还需要拥有活泼开朗、热情、活跃的个性和性格，喜欢和粉丝们互动沟通，给人一种亲和的感觉，拉近与受众的距离，产生好的带货效果。

## 四、选择直播营销货品的 FABE 法则和方法

直播营销货品，就是直播营销的核心内容，不同类型的直播有不同的货品。例如，秀场直播的货是主播的才艺；游戏直播的货是主播玩的游戏；电商直播的货是卖的东西。本书侧重于电商直播的货品选择。

### （一）选择直播营销货品的 FABE 法则

FABE 法则是由中国台湾中兴大学商学院郭漠博士总结的直播营销货品的市场推销法则，其内容如下。

（1）F（Features）是指在选择直播营销货品时，要考虑到公司产品的主要性能或基本特征。

（2）A（Advantages）主要指在选择直播营销货品时，要了解公司产品的主要优势或最大卖点是什么。

（3）B（Benefits）主要指在选择直播营销货品时，要熟知公司产品能给消费者带来多大的利益或好处。

（4）E（Evidence）是指选择的直播营销货品，需要有质量通过证书、技术报告、销售数据及售后反馈、影像材料等证明材料来印证和说明直播产品的卖点，提供有力证据说明选择的直播营销货品能为客户和消费者带来最大利益。

### （二）选择直播营销货品的方法

选择直播营销货品的方法主要有以下几种。

#### 1.选择目标用户偏好的货品

在选择直播货品之前，要先了解主播或品牌私域流量的用户及粉丝画像，通过分析粉丝画像数据来选择货品。

2.选择匹配主播优势和特性的货品

不同的主播在直播时有自己的定位、优势和特长，在选择货品时，最好与主播的特性相匹配。例如，某 A 主播彩妆类产品，某 B 主播科技类产品，某 C 主播服装类产品。

3.选择供应链独家或正品货源的货品

选择直播带货的货品时，要注意选择货品的来源渠道正当和经营品德好的供应商。供应链独家或正品货源的货品是直播持续进行的关键。

4.选择有品牌和品质保证的货品

对于直播带货的货品，尽量选择有一定知名度的品牌产品，以保证货品的品质优良，并在进货时提前查验货品的质量，把好货品质量关。

5.选择有价格竞争优势的货品

在用户选择购买直播带货的货品时，同一品牌的产品价格更低，则会吸引更多的用户。由于直播带货减少了中间商经营，也就减少中间商的成本，如果在选择货品时，能够拿到更低的进货价格，在直播中会带来更多的优势和竞争力。

6.选择适合时宜和季节的货品

直播可以根据产品的生产时间（特别是农产品）、热点事件、季节、节假日等进行有针对性的直播带货活动，在选品上要选择与活动的主题相关或应景的合适的产品，以提升直播营销的效果并促进转化。

## 五、直播场景打造

### （一）直播地点场景打造

直播地点场景打造，是指选择合适的地点开展直播活动。不同的地点，直播场景和背景不同，需要对直播场景和背景进行设计及策划，特别是要与直播产品及内容融合，充分发挥直播的应时应地的场景效果。选择和打造的直播地点场景主要有以下几种。

1.农牧及自然产品原产地直播场景

可以选择农村或农家作为直播场景，尤其是有特色的地方原产地品牌。直播营销可以把受众带到美丽的自然景色中，让受众感受农牧及自然产品的生产过程和收获的喜悦，使其对直播营销产品产生很好的体验。

2.工业产品的工厂车间直播场景

在直播营销活动中，可以把直播场地直接选择在某些大型公司或品牌产品的生产车间或办公场所。选择工厂车间作为直播间时，要把场景打造成整洁美观、看起来舒服的环境，这样才有利于直播受众的接受与购买转化。

### 3. 商业门店直播场景

可以选择商业中心或门店的某个部分作为直播场景，门店直播场景要与卖场场地相区分，以保证直播过程中不被打扰或干扰。

### 4. 室内主题直播间直播场景

目前，大部分的直播场景会选择单独的直播间来进行直播营销活动。直播间可以根据产品的类型、特点、主题和受众的偏好进行设计。

## （二）直播间场景打造

### 1. 直播间场景的背景设计

直播间场景的背景对直播中的观众视觉会产生较大的冲击力，特别是直播间场景的背景图案设计、灯光明暗、音响和音乐等，要为直播营销的主题和主播服务，以期达到最佳的直播营销效果。

### 2. 直播间场景更换

直播间场景可以根据主题、产品特性、主播等进行定期或不定期更换，让忠实的粉丝们时常感到有新意或新奇感。可以更换局部，或大部分，或全部场景，视直播的需要来运作。

# 第四节　"短视频＋直播"平台运营

⊙ **案例分享 11-4**

### 万科「八点半回家吗」

当代年轻人的生活被工作裹挟，早些下班回家难以实现。万科上海区域发起首届回家生活节，呼吁年轻人"拒绝加班，八点半回家"，打造"万科八点半"专属 IP。

（1）品牌直播策略。万科以品牌推广为主线，从场景、情感和产品三个方面着手，结合社会话题和丰富产品，通过一场破圈的直播营销沉淀线上用户，为万科房产品牌和销售之路强化形象——"万科不仅能持续给年轻人传递家的温暖，更是「城乡建设与生活服务商」"。

（2）品牌多平台实施。多平台联动让目标人群产生社会共鸣。在抖音平台发布系列预热视频，点燃用户回家情结；在微博发起话题讨论，引发网友的关注、讨论；9 位抖音达人多角度发布主题短视频，直击年轻人内心；多个超 10 万粉丝的微信大号，讲述白领人群视角下的八点半故事。

（3）多场景丰富呈现万科业务板块。在抖音内，万科携手两位红人打造沉浸式的超级直播综艺秀，带消费者解锁不一样的"八点半生活"；通过 OBS 直播和丰富组件，实现多场景、全方位展现万科产品；直播间内同步连线万科 4 个美好业务场景分会场，呈现夜幕下的多彩生活。以线上直播事件作为高能契机，在直播间搭载小程序。线上通过小程序进行深度展示，线下开启对应的 169 个「案场夜购专场」，形成线上线下的协同效应。

（4）效果显著。八点半直播间在抖音直播小时榜排名第二，有超过 350 万的在线观看人数；抖音头条微博三端话题方面，抖音和头条话题超 2 600 万，微博双话题超 1 亿；万科小程序易选房共吸引 22 万多人进入，优惠券领取超 10 万。

资料来源："巨量引擎. 万科'八点半回家吗'"，2020 年 6 月 21 日。

# 一、国内主流"短视频 + 直播"运营平台

短视频平台因其可创作性和娱乐观赏性，已经成为受众获取知识、获得新闻信息、购物、娱乐等的重要载体。目前，中国短视频用户规模已超 9 亿。国内主流"短视频 + 直播"运营平台，已经成为各大运营商的主要业务。国内热门的主流"短视频 + 直播"平台主要有直播内容平台、直播社交平台和直播电商平台三大类型。

## （一）直播内容平台

### 1. 抖音

抖音是由字节跳动于 2016 年 9 月开发的一款音乐创意短视频社交软件，是面向全年龄用户的短视频社区平台。2019 年，其影视传媒品牌价值排名全国第一。2021 年 1 月，抖音成为 2021 年中央广播电视总台春节联欢晚会的独家红包互动合作伙伴。

### 2. 快手

快手是由北京快手科技有限公司于 2011 年 3 月推出的产品。2019 年，快手短视频携手春晚正式签约"品牌强国工程"服务项目，并成为 2020 年春节联欢晚会的独家合作伙伴，在春晚开展红包互动活动。

### 3. 小红书

小红书是一个生活方式平台和消费决策入口的社区，用户可分享图文、短视频笔记等美好生活的内容和生活方式，并基于兴趣形成互动。小红书由毛文超和瞿芳于 2013 年在上海创立。小红书以" Inspire Lives，分享和发现世界的精彩"为使命。截至 2019 年 10 月，小红书月活跃用户数已经过亿，其中 70% 的用户是 90 后，并持续快速增长。2021 年 12 月，小红书入选中国十大独角兽榜单第七名。其主要的业务有社区精选、业务合作、视频上传、创作者服务、新闻中心等。

### 4. 哔哩哔哩

哔哩哔哩被用户称为 B 站，是中国年轻世代高度聚集的综合性视频社区平台。B 站

围绕用户、创作者和内容，构建了一个源源不断产生涵盖生活、游戏、时尚、知识、音乐等数千个品类和圈层的优质内容的生态系统，并汇集了中国最优秀的专业内容创作者。专业用户创作视频（Professional User Generated Video，PUGV）占有 B 站 94% 的视频播放量。B 站还提供广告、电商、移动游戏、直播、付费内容、漫画等商业化产品服务，并战略布局电竞、虚拟偶像等前沿领域。根据艾瑞咨询报告，2020 年 B 站用户 35 岁及以下的占比超 86%。截至 2021 年第四季度，B 站月均活跃用户已达 2.72 亿。

### 5. 微信视频号

微信视频号是腾讯于 2020 年 1 月 22 日开启的内测全新的内容记录与创作平台，是一个了解他人、了解世界的窗口。微信视频号不同于订阅号、服务号。2021 年 12 月 4 日，微信视频号入选"2021 应用新闻传播十大创新案例"。

### 6. 美拍

美拍是厦门鸿天创视科技有限公司开发的一款可直播、制作小视频的受年轻人喜爱的软件，是国内用户数量最多的短视频社区。2014 年 5 月上线后，连续 24 天蝉联 App Store 免费总榜冠军，并成为当月 App Store 全球非游戏类下载量第一。

### 7. 西瓜视频

西瓜视频是由字节跳动出产的中视频平台。西瓜视频以"点亮对生活的好奇心"为口号，通过人工智能让受众发现自己喜欢的视频，可创作并分享自己的视频作品。它曾获得中国新媒体短视频奖项金秒奖，被誉为中国短视频领域的"奥斯卡"。其主要的业务有无障碍轻松阅读服务、创作平台、短视频直播中心等。

### 8. 好看视频

好看视频是百度短视频旗舰品牌，主要有好看视频 App、百度短视频 App、百度搜索短视频等。其全面覆盖包括知识、美食、生活、健康、游戏、资讯、影视、文化、情感、社会等优质视频。好看视频每天有 1.1 亿活跃用户，其主要的业务有创作中心、上传视频等。

## （二）直播社交平台

### 1. 腾讯微视

腾讯微视是腾讯旗下的短视频创作平台与分享社区，用户可以在微视上浏览短视频，或创作、分享短视频以记录自己的所见所闻。用户还可以将微视上的视频分享给微信和 QQ 等社交平台上的好友。

### 2. 抖音火山版

抖音火山版是一款由北京微播视界科技有限公司开发的 15 分钟以内的原创生活小视频社区，通过小视频让用户迅速获取信息内容、展示自我、获得粉丝、发现同好。其主要的业务有创作服务平台、用户充值、绿色主播、联盟游戏、直播伴侣、抖音官网、公会入驻等。

### 3. 皮皮虾

皮皮虾是由福建皮皮跳动科技有限公司开发的一个主打轻幽默内容的，含有推荐、视频和图文等多个频道的，推介全新产品的手机 App。皮皮虾视频播放机制是用户每下滑到一个视频会自动播放，同时会出现多条热门评论。

### （三）直播电商平台

直播电商平台主要有淘宝直播、京东直播、多多直播等。

### 1. 淘宝直播

淘宝直播是阿里巴巴推出的直播平台，定位为"消费类直播"，用户可边看边买商品，包括母婴、美妆等。2022 年 1 月，淘宝直播发布 2022 年度激励计划，支持中腰部及新达人。

2016 年 4 月 21 日，在 papi 酱的拍卖活动中，有 50 万人通过淘宝直播平台围观了该次活动。淘宝直播自 2016 年 3 月试运营以来，观看直播内容的移动用户超过千万，主播数量超 1 000 人。截至 2016 年 5 月，该平台每天直播场次近 500 场，其中超过一半的观众为 90 后，约 80% 为女性观众。

### 2. 京东直播

京东直播是京东推出的消费类电商直播平台，定位于"专业＋电商"。京东直播用专业内容以轻松有趣的风格辅助用户做消费决策，观众可在专业主播的推荐下"边看边买"，买到自己真正需要的正品好货。京东直播的分类如下。（1）京东商家直播：开放给所有的京东商家，京东直播在注册达人平台后默认开通直播权限。（2）京东 PUGC 直播：与机构主播进行合作，京东直播个人主播可登录达人平台或京任务后台发布直播。（3）京东 PGC 直播：京东直播与直播机构进行栏目制合作，目前在京东平台中，《什么值得买》《亲爱的铲屎官》《床上才知道》《超级大放价》等栏目均属于 PGC 直播。

京东直播入驻流程是首先登录达人平台进行注册；其次，按照提示进入下一步，身份认证通过后在"渠道申请"中申请开通直播权限。

### 3. 多多直播

多多直播是拼多多推出的消费类电商直播平台。多多直播入驻流程是：（1）商家下载多多直播 PC 客户端，点击打开，通过商家版 App，扫码登录；（2）点击"创新直播"，即可创建 PC 版直播间；（3）填写必要信息，如直播封面、直播标题、添加商品、广告素材，点击确认保存；（4）进入直播界面，有直播间窗口、商品、实时数据、粉丝评论等，点击画面管理，可添加直播的图片、视频、分镜头等内容；（5）点击具体画面操作项，可直接展示上分层效果。

⊙ 案例分享 11-5

**蜜雪冰城短视频营销**

蜜雪冰城顺应时代潮流，在此次"你爱我，我爱你，蜜雪冰城甜蜜蜜"主题曲事件中，B 站、抖音、快手、微博、微信等平台均有布局。在事件开启后的第四周，迎来全网爆点和高光时刻。最为重要的是，蜜雪冰城在主题曲事件中，将短视频平台作为主要的传播媒介，通过 B 站、抖音、快手等平台与年轻人深度链接。可以说，短视频已经成为用户流量、注意力的最大聚集地。

数据显示，截至 2020 年年底，短视频用户占 7.2 亿；2015—2020 年短视频用户日均使用时长从 42 分钟上升至 85 分钟，同比增长 98.6%；短视频超越即时通信成为"杀时利器"，成为用户使用时长 TOP1 的应用类型。

资料来源："人民交通网．微播易案例分析：蜜雪冰城的这波社媒营销操作，绝绝子！"，2021 年 9 月 18 日。

## 二、抖音营销及平台运营

### (一) 抖音营销的形式

抖音营销，就是利用抖音软件和抖音平台，以短视频的方式来宣传企业品牌、产品和服务，并与用户进行面对面互动，达到营销企业品牌、产品和服务的效果。抖音营销的运营方法有以下几种。

#### 1. 直接秀出产品和功能

直接利用抖音短视频展示企业的产品和服务的特性、功能及实用价值，可以运用图片、音视频等方式，让受众迅速了解产品和服务的信息、话题与情况，可节省用户决策的时间。这种运营方法适合电商商家及一些有神奇功能的商品。例如，给厌食的宝宝做好玩饭团的工具、手机壳和自拍杆融为一体的聚会神器、会跳舞的太阳花等电商爆款视频。

#### 2. 突出产品卖点和亮点

在进行抖音营销时，突出产品的卖点和亮点，给受众留下深刻的印象。例如，宝马 GT 为了突出"空间大"的卖点，让"藏"在车里的 8 个人从车里出来，让观看者印象深刻。

#### 3. 激发用户好奇心和参与感

直播的内容能够激发用户好奇心和参与感，让用户不自觉参与其中。例如，海底捞的 DIY 锅底的直播营销效果显著，点赞数达 70.5 万，评论数达 2.4 万，收藏人数达 6.2 万。

### 4.品牌广告场景植入

在一段直播短视频的背景、场景或产品中，植入企业品牌或产品信息，让用户无意识接触并记忆产品和品牌，达到营销的效果。例如，在直播场景中植入带品牌 Logo 的产品，或在背景上直接显示品牌 Logo，或在语言说辞中、背景声音中植入广告信息。

### 5.自媒体特色包装营销

企业或运营者以抖音的形式重新包装企业的特色产品和内容进行宣传，能够在抖音收获大量的粉丝，达到引爆流量的效果。例如，papi 酱在抖音发了 7 个短视频作品后收获了 600 多万的粉丝。

### 6.曝光企业日常引关注

运用抖音视频拍摄大型或知名企业的办公室文化、员工趣事和活动、员工生活场景等，也能够引起用户和受众的兴趣，达到营销企业的目的。

例如，小米通过抖音"小米员工的日常"账号，在春节前制作了一系列办公室趣味抖音视频（如发年终奖、春节加班、发开年红包等）并发出，吸引大量网友去看、去评论。又如，阿里巴巴曾在其抖音账号"淘宝"上晒出部分食堂饭菜，获得了近 3 万点赞，有用户留言说："好良心的公司啊！""好想去上班！"

⊙ **案例分享 11-6**

#### 捷达 VS5：双德相逢，乘势突围

自 2019 年上市后，捷达品牌希望联合抖音平台共同打造高契合的 IP 创意玩法，吸引更多年轻群体关注。捷达品牌携手捷达 VS5 借势传统相声厂牌"龙字科招商办"，通过定制多样化玩法和互动形式、创意短视频等，借助顶流 IP，成功传递车型产品和品牌价值，快速积累品牌私域用户。

（1）品牌实施。某相声演员及其徒弟陆续登台进行直播首秀，竞选"招生办主任"，成功引爆和引流捷达品牌蓝 V 账号并使其增粉。在直播间表演过程中，演员与捷达 VS5 车模互动频繁，现场大屏烘托直播气氛，引发粉丝强关注，火爆出圈，同时在社交媒体上就品牌宣传二次发力，完成营销拉新任务。

（2）效果。累计观播人数超过 9 716 万，同时在线最高人数达 164 万，捷达品牌蓝 V 累计增粉 56 万，项目整体曝光达 100 亿。

资料来源："巨量引擎成功案例.捷达 VS5：双德相逢，乘势突围"，2020 年 12 月 25 日。

### （二）抖音直播和短视频运作平台

#### 1.抖音直播运作平台

抖音直播目前有两个板块，一个是直播开放平台，可以让创作者和机构进行直播创

作，并构建双方互利共建的生态网络；另一个是抖音电脑直播伴侣，需要下载抖音、抖音火山版 App。

（1）抖音直播开放平台。

抖音直播开放平台是为开发者提供基础能力、内容、数据、服务等抖音直播解决方案的开放的生态系统和平台。

（2）抖音电脑直播伴侣。

抖音电脑直播伴侣就是提供直播场景、内容制作及发布的平台。用户在下载抖音、抖音火山版 App 后，即可启动"直播伴侣·抖音"界面。抖音电脑直播伴侣设有直播基础功能（有直播设置、背包、管理员、商品管理、游戏推广、主播任务、小程序、绿幕大屏、模板）、场景模式（或语音直播）、直播工具（有 PK、连线、聊天室、KTV、福袋、心愿）、添加素材（有摄像头、游戏进程、全屏、窗口、视频、图片、图像幻灯片、截屏、采集、blackmagic 设备和投屏）等，但其首次开播需申请开播权限，粉丝数量需要大于或等于 1 000 才可申请。

### 2. 抖音创作服务平台

抖音创作服务平台是抖音创作者的专属服务平台，支持用户通过创作者或管理机构两种方式登录，并通过提供授权管理、内容管理、互动管理及数据管理等服务，提高抖音用户的高效运营、创作、分析、变现的能力。

## 三、快手运营平台

快手于 2011 年 3 月诞生，其前身叫"GIF 快手"，是北京快手科技有限公司旗下的产品。最初快手是一款用来制作、分享 GIF 动图的原创手机应用工具和程序。2012 年，快手帮助用户在移动设备上制作、上传及观看短视频，成为用户记录、分享生活的短视频平台和社区。快手成为中国短视频行业的先驱，其主要业务有短视频、直播、同城、长视频、小剧场、电影、AcFun 等。2019 年 8 月，快手成为世界第二大直播电商平台。2020 年上半年，快手的中国应用程序及小程序的平均日活跃用户数突破 3 亿；2020 年 8 月，快手极速版的平均日活跃用户突破 1 亿。

### （一）快手创作者服务平台

快手创作者服务平台是一个为不同角色创作者提供多元化信息和多样化生产工具的平台，其主要功能模块如下。

#### 1. 上传视频和发布内容

支持 PC 端上传 60 帧的高清大文件视频，支持定时发布、自定义封面等功能，支持用户查看并管理视频状态。

#### 2. 成员机构服务管理

支持机构管理旗下成员，包括但不限于邀请成员、查看和编辑基本信息等。支持自主签约成员，可同更多平台合作变现业务。

### 3. 作品管理和数据分析

可以从成员、作品、直播、粉丝、单作品互动等多维度进行详细的数据分析，并对近期发布的作品进行管理。

### 4. 作品优化和推广

系统会根据作品的内容和表现，给出适当的优化建议；支持作品和直播两种推广方式，可自定义投放人群，快速涨粉。

### 5. 获取平台热点信息

实时了解快手创作的热点和官方热门活动，快速获取平台活动信息，让作品的制作与发布拥有更多灵感、曝光和点击。

## （二）AcFun 直播伴侣客户端

用户在下载和安装 AcFun 直播伴侣客户端软件后，启动 AcFun 直播伴侣，进入界面后，有直播间信息、秀场模式、画面来源和直播工具（有评论浮窗、气氛、变声和设置）。直播的准备工作做好后，可以直接点击"开始直播"或"录制"，还有发红包和回录 30 秒功能。

## （三）快手机构服务平台

快手机构服务平台是一个支持直播公会、视频 MCN、电商、招商团长、短剧创作方及其他服务商入驻的内容生态共建平台，提供平台高效管理、数据分析、内容推广、变现合作等服务。

# 四、淘宝直播平台运营

## （一）淘宝直播基地和淘宝直播平台

### 1. 淘宝直播基地

淘宝直播基地的全称是淘宝直播官方授权基地，是由一止上文化与斯年文化战略联合，斯年文化为运营主体的官方授权基地，属于淘宝直播首批授权官方基地。2019 年，该基地获得 A 股上市公司战略投资。淘宝直播基地是以淘宝直播平台为核心，通过联动政府、行业协会及知名企业，在核心产业带区域形成政府专项政策、主播赋能、优质货源上翻、活动落地、商家培训、提供就业等直播生态闭环，提供产地商家、品牌和主播服务的独立第三方机构。基地需要通过淘宝直播平台官方认证，需要为 MCN（Multi-Channel Network，网红孵化经纪公司）和主播提供直播准备，包括场地、流量、供应链产品等。

基地的要求包括：基地有政府专项政策，包括直播企业场地补贴、直播企业税率补贴、直播企业人才补贴等扶持，鼓励直播电商商家转型；同时要有落地公司运营，确保平台和政府政策快速落地；平台会考核基地直播商家数量，直播商家活跃度，以及直播成交 GMV 等数据指标。

2. 淘宝直播平台入驻标准和条件

（1）账号经营主体须为企业，并完成支付宝企业实名认证（境外主体应委托一家在境内办理工商登记的企业，并完成支付宝企业实名认证）。

（2）主体须为一般纳税人，注册资本≥50 万元，注册时间≥1 年（如注册时间未满1 年，需补充主体优势说明）。

（3）缴纳足额保证金，保证金额 10 万元。

（4）具备一定的直播经营软硬件实力，拥有专业直播间数量≥10，办公场地（包括直播间）总面积至少≥300 平方米；至少提供 1 个及以上与大型专业市场、品牌、产业、地方政府合作项目成功案例；从事直播 MCN 机构、直播电商等相关业务经验≥10 个月。

### （二）淘宝直播开通 / 入驻步骤

（1）在手机应用市场或 App Store 下载淘宝主播 App，或到淘宝直播网站下载客户端或成为主播。商家使用店铺主号，使用后续开播的账号登录淘宝主播 App。

（2）登录淘宝主播 App，点击立即入驻。

（3）勾选协议并根据提示进行实名认证。

（4）实名认证通过，即时代表直播发布权限已开通。

（5）可用开播的账号登录淘宝主播 App 进行直播。

### （三）淘宝直播开通要求

1. 内容创作者准入要求

符合条件的淘宝平台会员（含个人、企业）可入驻阿里创作平台、淘宝直播平台成为达人，以开展内容创作、信息发布和推广活动。商家可以开通阿里创作平台及淘宝直播平台功能以推广商品。

2. 内容创作者发布内容平台不允许发布的信息限制

创作者未经允许不得通过直播形式推广"淘宝直播平台限制推广商品说明"类目中的商品，不可在阿里创作平台、淘宝直播平台、阿里妈妈等平台发布不允许发布的信息，如果违规，淘宝平台视情节严重程度可采取限制内容展示、拉停直播、删除违规内容、限制内容发布、清退创作者身份等措施。需要注意的是：新开店铺且无销量商家无法校验到类目，入驻直播会提示类目不符，待有销量后再开通直播。

3. 综合数据不符合直播要求提示

若入驻直播时提示："该账号不能入驻，您的综合竞争力不足"，说明店铺的综合数据不符合直播要求，目前无法开通。建议提升店铺的综合数据（包括不限于）：店铺 DSR

（卖家服务评级系统 Detail Seller Rating）动态评分、品质退款、退款纠纷率、消费者评价情况、虚假交易、店铺违规等。

4.温馨提醒的注意事项

（1）开播前请先学习直播规则。

（2）新手主播学习开播速成手册。

（3）淘宝直播活动预告、产品功能介绍、开播技巧、平台公告等详见淘宝直播白皮书。

 **思考题**

1.请了解并掌握以下基本概念。

网络直播，直播营销，脚本，直播营销脚本，"新 4C 法则"，直播带货营销。

2.直播营销的发展及平台是如何划分的？

3.直播营销运营流程、互动话术和策略有哪些？

4.如何运用直播营销脚本策划术？

5.直播带货营销应注意哪些治理规范和事项？

6.直播带货营销的人、货、场如何选择？

7."短视频＋直播"平台运营有哪些？

 **实践训练**

【目标】

结合实际，深刻了解直播营销运营的基本内容，学习直播营销脚本策划、内容设计、制作和运营。

【内容要求】

请同学们每人围绕小组主题，把前期设计制作的海报、小软文、H5 广告或音视频作品，在"短视频＋直播"平台上发布；条件许可的话，可选择一个直播平台进行直播试运行。

【训练】

训练 1：请运用所学的知识，注册一个直播平台，了解直播营销运营的注册和流程。

训练 2：请选择一个或多个前期设计制作的主题作品（包括但不限于海报、小软文、H5 广告或音视频），选择一个短视频平台进行发布，并查看运营效果。

训练 3：请选择一个或多个商品，策划一个直播带货脚本，练习直播带货话术，进行直播带货运营训练。

**参考文献**

[1] 欧燕 ."新 4C 法则"下图书馆网络直播营销策略研究 [J].图书馆工作与研究，2021（10）：89-99.

[2] 谭辉煌，刘淑华 .新编新媒体概论 [M].重庆：重庆大学出版社，2018.

[3] 李小勇，张玉兵 .网络直播营销 [M].郑

州：黄河水利出版社，2020.

[4]　谭畅，贾桦，杜港，等.浅析网络直播的定义、特点、发展历程及其商业模式[J].现代商业，2018（19）：165-168.

[5]　龚铂洋.直播营销的场景革命[M].北京：清华大学出版社，2016.

[6]　石珍，祝锡永.电子商务直播现状及营销发展研究[J].经营与管理，2021（05）：48-52.

[7]　秋叶.直播营销[M].北京：人民邮电出版社，2017.

[8]　徐嘉遥.网络直播及其营销研究[D].长春：吉林大学，2018.

[9]　汪萌.脚本理论在对外汉语教学中的应用研究：以"购物"脚本为例[D].合肥：安徽大学，2021.

[10]　唐兴通.引爆社群：移动互联网时代的新4C法则[M].2版.北京：机械工业出版社，2017.

[11]　派恩，吉尔摩.体验经济[M].毕崇毅，译.北京：机械工业出版社，2016.

[12]　滕尼斯.共同体与社会[M].林荣远，译.北京：商务印书馆，1999.

[13]　王云茹，崔强.新兴直播营销浅析[J].合作经济与科技，2022（11）：90-91.

# 第十二章
# 数智新媒体营销拓展

## 🌀 学习目标

数智化的概念、核心关键词、服务、架构和要素

数智化新零售（人＋货＋场＋云）和社区团购

数智营销运营模型（STEPPS 模型、SMART 模型、AARRR 模型）

数字品牌营销运营 AIPL、FAST 和 GROW 模型

大数据营销与数字新媒体

新媒体时代下的数字广告

⊙【案例导读】　　　　　　　　　**李宁的触点数字化实践**

李宁公司作为传统零售商的"排头兵"，率先意识到传统零售门店存在缺乏对市场的感知力，对全局的把控力不足，对消费者洞察不足，数据积累零散且碎片化严重，无法快速响应消费者需求的问题。

2015 年，李宁公司携手阿里巴巴集团合作建设基础设施云化，搭建全渠道、全触点的业务中台与数据中台。2018 年，李宁公司开始建设门店数字化，借助云货架、云码、刷脸支付、IoT 等技术，实现门店和消费者的数据积累，用数据驱动布局触点，优化产业链各端和运营策略。

李宁公司通过与云码等渠道合作，辐射 3 千米内的门店周边商圈，消费者通过自动售卖机、租借充电宝、OTT、分众传媒等终端与门店实现连接，终端人员主动出击，利用广告投放、活动通知、发放优惠券、互动橱窗、趣味小游戏等方式，吸引消费者进店或消费购买。

"李宁 YOUNG"逐步建立起自有的数字营销矩阵，并借助母婴圈 KOL、运动达人、明星等宣传渠道，保持与消费者互动，增加消费者黏性。

从 2015 年开始，李宁公司进行全触点数字化转型，会员数量增加到 1 000 万人，线上和线下店铺带来额外销量增长约 5%。2019 年上半年，李宁公司盈利 8 亿元，同比增长 123%，平均存货周转天数下降至 74 天，与 4 年前相比股价增长幅度超 6 倍。数字化门店目前已经超过 1 300 家。

思考：李宁为什么要进行数字化转型？

资料来源：改编自　肖利华，田野，洪东盈，等.数智驱动新增长 [M].北京：电子工业出版社，2021.

# 第一节 数智化概念架构和新零售

随着数字基础设施体系更加完善和复杂，现有的企业运营环境和生态已经由"IoT＋5G＋云计算＋AI＋数字孪生"构筑而成，形成了"数据＋算力＋算法"的体系。这是在基础设施功能的基础上，拥有更多的集成技术，而技术的相互依赖性更强、迭代频率更高、整体功能演变速度更快。数智化已经进入我们的生活，也改变了新零售的运营方式。

## 一、数智化的概念发展和核心关键词

### （一）从数字化到数智化

在线化、数字化已经成为众多企业的必备的运营形态，然而智慧化、智能化是未来企业的发展趋势。数智化（Digintelligence）是由数字化（Digital）和智能化（Intelligence）压缩合并而成的。许多企业已经在进行数字化、在线化运营，它们拥有沟通在线、组织在线、业务在线、协同在线、生态在线等运营方式。

例如，有的网店平台已经实现消费者在线，线上和线下店铺数字化和在线化，商品数字化和在线化，服务数字化和在线化，整个产业链上下内外员工的各种日常业务数字化和在线化。在一些商业互联网运营的领先企业中，已经进入智能化阶段，它们构建端到端的智能化和智慧化系统、能力与体系，能够为企业进行智能预测、智能铺货、智能调货、智能补货、智能选址、智能推荐、智能定价、智能服务、智能撮合、智能语音和图像识别、智能驾驶等，已经实现全程可追溯的"数据驱动＋算力驱动＋算法驱动"的运作方式。

### （二）数智化运营的核心关键词

数智化运营的关键是以消费者为核心，代替过去以企业内部决策为中心的模式。数智化运营的核心关键词有以下几种。

（1）以消费者为核心的运营模式。

（2）线上和线下、全网、全渠道、全域履约。

（3）端到端的全产业链、全流程、全场景、全生命周期、全触点。

（4）"数据智能＋网络协同"。

（5）"数据驱动＋算力驱动＋算法驱动"。

（6）需求牵引供给（C2B），供给创造需求（B2C），C2B2C$^n$。

（7）C2B2G。

---

> **知识拓展**　　　　　　**什么是 C2B2C$^n$ 和 C2B2G**
>
> 　　C2B2C 的 $n$ 次方（C2B2C$^n$，Consumer to Business to Consumer to the $n$），就是指消费者到企业到消费者的反复运营，是一切以消费者 C 为中心，倒逼 B 端企业做好消费者与用户的产品生产和运营、智能制造、研发、新品创新、设计、品牌建设、数字化营销、

渠道管理、配送、分销和销售等服务，然后把数智化服务精准推广到全网、全渠道更多的C端消费者；$n$次方是指企业运用"数据＋算法＋算力"反复迭代，对端到端的全产业链路、全流程、全场景、全域、全网、全渠道、全触点、全生命周期等进行反复优化。互联网消费端可实现对消费者进行洞察、分析、触达、消费的跟踪和评估。产业互联端要实现企业基础设施云化、IoT化、中台化、移动化、智能化的建设。

C2B2G（Consumer to Business to Government），就是一切以消费者（C）为中心，为了满足消费者对产品需求的便利、个性化、智能化、精准服务和体验等，促使倒逼企业（B）提升产品生产运营效率和效益；为了满足企业的效益提升和需求，也促使政府（G）出台更有利于企业发展的政策、法规、制度，追求更加开放、公平、透明、高效和规范的办事水平。例如，数字化办公程度非常高的浙江省，提出了"让数据多跑路，让老百姓少跑路""最多跑一次"的办事理念，基于钉钉开发的1 000多个小程序，调用了千万次的数据，极大地提高了政府办理事务的水平和办公效率，提升了老百姓的获得感和直观体验。

资料来源：肖利华，田野，洪东盈，等.数智驱动新增长[M].北京：电子工业出版社，2021.

## 二、数智化的服务、架构和要素

### （一）数智化的 5 种服务

（1）IaaS，全称为 Infrastructure as a Service，基础设施即服务。
（2）PaaS，全称为 Platform as a Service，平台即服务。
（3）SaaS，全称为 Software as a Service，软件即服务。
（4）DaaS，全称为 Data as a Service，数据即服务。
（5）BaaS，全称为 Business as a Service，商业即服务。

前三个是传统的网络云服务，后两个是新增的网络云服务。DaaS 本质上属于 PaaS 层的内容，但它是一种基于数据及数据相关处理能力的新型服务，是 PaaS 的深化。BaaS 也是 SaaS 层的内容，但它超越了过去偏向于内部交流流程的服务，是一种多场景、跨端将 B（商家）和 C（消费者）高效精准地匹配起来的服务形式。传统服务偏向 IT，而未来发展方向是数据技术 DT（Data Technology）和数据智能化 DI（Data Intelligence）的综合发展。例如，阿里巴巴提供了淘宝、支付宝、高德地图、钉钉等很多高频应用程序、平台、软件、数据以及商业的整合可通用的小程序框架。

### （二）数智化的 5 层架构

#### 1. 基础设施云化

基础设施云化就是社会和企业在未来的全链路数智化道路上需要布局新型数智化基础设施。它就是把企业的核心业务，如打造品牌、研发商品、快速柔性供应链、线上和线下全网与全渠道服务消费者等，通过网络云化技术整合并提供服务。就像自来水一样，想用多少就用多少，按需按量使用和交费，不会造成资源的大量浪费。

### 2. 触点数字化

触点数字化就是把各触点和环节，如生产、采购、物流、人货场、全网及全渠道零售终端等信息，通过数字化技术及时采集回来，为决策服务。

### 3. 业务在线化

为了更好地服务在线消费者，企业内部需要让门店在线、商品在线、服务在线、管理在线、组织在线、生态在线，尽量做到全部业务在线化。

### 4. 运营数据化

运用云技术和大数据，把业务和运营数据化，让数据与业务融合运行。

### 5. 决策智能化

通过云技术和大数据，能够精准地了解用户和组织的经营状况，提高组织的未来决策质量、效率和执行力。

### （三）全链路数智化要素

全链路数智化就是企业从供应链视角，贯穿和打通供应链所有环节与要素的信息流、资金流、商品流、业务流、物流、人流和技术等业务，主要包含 11 个全链路数智化要素：制造、技术、品牌、商品、服务、营销、渠道、零售、物流供应链、财务金融、组织。其本质上是全要素，前 9 个要素是商品生产和流通过程的环节要素，后 2 个是管理要素。不同行业会关注不同的要素和具体要素名称。

各企业可以把 5 部曲和 11 个要素结合起来，根据企业的发展阶段、能力、资源、条件等来决策企业的发展战略。总之，全链路数智化是以消费者为核心的大数据驱动的全链路、全流程、全触点、全要素、全网、全渠道、全生命周期的高效精准匹配。

例如，第一阶段，企业可以首先选择营销和零售等，促进企业销售增量；第二阶段，企业可以把门店、导购、线上线下的商品盘活，打通全网、全渠道存量；第三阶段，引领部分领先企业进入供应链上游环节，企业可利用大数据驱动，打造和优化企业品牌，开发设计企划商品，进行柔性制造，优化物流供应链、供应链金融、区块链技术的全程溯源、防伪、防窜等；第四阶段，少量行业头部企业可以运用大数据分析和对未来的判断，全面结合平台等共创共享，升级组织愿景、使命、价值观，不断迭代优化"战略 + 业务 + 组织 + 技术 + 运营"，探索和实践垂直行业生态型平台。

## 三、数智化新零售："人 + 货 + 场 + 云"

### （一）新零售的概念和发展

#### 1. 零售和新零售的概念

零售，是商品经营者或生产者把商品卖给个人消费者或社会团体消费者的交易活动。

零售是实现消费的重要环节，是商业中重中之重的要素，是最终实现 B、C 价值的交换和交易的重要、不可或缺的活动。

新零售，英文是 New Retailing，是有别于传统零售的零售新型业态，是零售业的一种创新模式。2016 年 10 月，阿里巴巴首次提出"线上 + 线下 + 物流"深度融合的新零售，引起广泛关注。新零售的概念和内涵目前还没有定论。张建军等（2018）提出新零售是基于大数据、云计算、AI 等技术优化信息基础设施，实现以消费体验为中心的人、货、场的重构，从而提高零售效率，降低零售成本。杨坚争等（2018）认为新零售是零售本质的回归，用公式表示为"新零售 =O2O+C2M+C2B+ 大数据 + 新物流"。刘洋（2022）认为新零售是以大数据和人工智能等技术为支撑，通过线上、线下全渠道融合的途径开展以消费者为中心的体验化服务零售模式。

借鉴前人研究成果，本书认为新零售的定义是：运用大数据、云计算、人工智能、新物流等技术，通过"数据挖掘 + 算法"精准满足用户画像需求，深度融合线上和线下平台渠道，重构和协同人、货、场、云、节点、资源和环境，全方位满足消费者的多种需要和体验的零售新形式，用公式表示为"新零售 =O&O+C2B2C+C2B2G+ 数据 + 算法 + 智能 + 协同 + 新物流"。现代数智化新零售的线上线下平台可打造成"产品 + 服务 + 场景 + 体验"四位一体业态，为消费者呈现一幅"产品个性化 + 服务精细化 + 场景多样化 + 体验内容化"的全新零售购物蓝图。

2. 新零售的发展规范

2016 年 11 月 11 日，国务院办公厅印发《关于推动实体零售创新转型的意见》（国办发〔2016〕78 号），明确了推动我国实体零售创新转型的指导思想和基本原则，在调整商业结构、创新发展方式、促进跨界融合、优化发展环境、强化政策支持等方面做出具体部署。《意见》在促进线上线下融合的问题上强调："建立适应融合发展的标准规范、竞争规则，引导实体零售企业逐步提高信息化水平，将线下物流、服务、体验等优势与线上商流、资金流、信息流融合，拓展智能化、网络化的全渠道布局。"

### （二）新零售的关键要素："人 + 货 + 场 + 云"

人、货、场、云是新零售运营的关键要素，离开任何一个要素，新零售将无法正常运行（见图 12-1）。

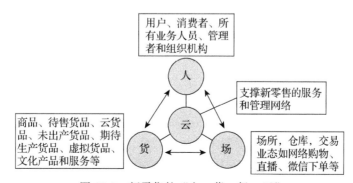

图 12-1　新零售的"人 + 货 + 场 + 云"

### 1.要素：人

人，不仅包括需求方的用户和消费者，还包含服务消费者的所有业务人员、管理者和组织机构。

例如，有一线导购员工、店长、供应商、经销商、总代理、品牌商、物流商等，整个产业链上的相关人员都是新零售的服务者，组织机构是新零售的运行保障。只有所有人齐心配合，才能满足消费者需求、实现价值和完成服务。其特点是：消费者个性化和社群化、目标用户精准化、运营生态在线化、组织在线化。

### 2.要素：货

货，是指商品或待售的货品。目前，新零售环境下的货，不仅可以是在店铺、仓库、路途上的货品，还可以是网络云上的货品、还未出产的货品，或期待生产货品，或虚拟产品、文化产品和服务等。新零售下的货品形式多样，可以不受地点、时间、空间、仓库、面积等的限制。其特点是：无处不在、多样性、复杂性、虚拟化。

### 3.要素：场

场，是指商品交易或存储的场所、仓库，或交易业态。新零售环境下的场，不仅指商品交易或存储的固定场所，还指线上虚拟的场、电商网站及其他新媒体交易的业态，如网络购物、直播、微信下单、3D/VR/AR场景下单、到家业务等新方式、新方法。其特点是：柔性化、定制化、智能化。

### 4.要素：云

云，是指新媒体下的网络技术、运营技术、信息技术等支撑的零售服务和管理网络。没有云，新零售无法实现产品的采购、供应、生产、物流、管理、交易、运营、沟通等各项工作。无论是企业、单位，还是个体消费者，目前无法离开云网络业态。其特点是：全网、全场景、全渠道、全触点，无处不在。

零售企业要重构"人、货、场、云"，以消费者为服务核心，实现"人、货、场、云"全网、全渠道的融合，超越时间、地点、空间、环境限制，助力消费业态的创新和升级转型。"人、货、场、云"已经越来越成为企业未来发展深度全渠道融合、端到端全链路高效精准匹配的新商业形式。

## 四、零售新模式的发展：社区团购

### （一）社区团购零售新模式

自2014年腾讯开始推出每日优鲜这一生鲜电商产品以来，国内头部大企业纷纷进入社区团购产品和业务领域，形成社区团购零售新模式。自2018年以来，大量热钱疯狂扎堆涌入社区团购，腾讯、美团、拼多多、阿里巴巴、京东、同程、苏宁、快手、哈啰单车等头部大企业，纷纷成立事业部或以投资的方式参与社区团购业务角逐。社区团购新零售模式发展呈现出巨大的市场诱导力和吸引力。表12-1是入场社区团购零售产品领域的互联网企业及其入场方式、入场时间、产品名称、成立时间和产品定位状况。

**表 12-1　社区团购零售产品入场和定位状况**

| 互联网企业 | 入场方式 | 入场时间 | 产品名称 | 成立时间 | 产品定位 |
|---|---|---|---|---|---|
| 美团 | 投资 | 2017-02-28 | 小象生鲜 | 2016-04-25 | 生鲜电商 |
| 美团 | 内部孵化 | 2019-01 | 美团买菜 | 2016-04-25 | 生鲜电商 |
| 美团 | 内部孵化 | 2020-07-07 | 美团优选 | 2020-09-15 | 社区团购 |
| 拼多多 | 投资 | 2018-09-19 | 虫妈邻里团 | 2013-08-15 | 社区团购 |
| 拼多多 | 内部孵化 | 2020-08-31 | 多多买菜 | 2020-08-31 | 社区团购 |
| 拼多多 | 自建 | 2020-03-06 | 快团团 | 2020-03-06 | 社区团购 |
| 京东 | 合资（蘑菇街） | 2018-01-19 | 鲜来多 | 2018-01-19 | 社交电商 |
| 京东 | 内部孵化 | 2018-11 | 友家铺子 | — | 社区电商 |
| 京东 | 内部孵化 | 2019-04 | 京东区区购 | — | 社区团购 |
| 京东 | 内部孵化 | 2019-10-11 | 京东团盟 | — | 社区团购 |
| 京东 | 内部孵化 | 2020-02 | 小七拼 | — | 社区团购 |
| 京东 | 并购 | 2020-12-06 | 美家买菜 | 2015-08-25 | 社区团购 |
| 京东 | 投资 | 2020-12-11 | 兴盛优选 | 2018-01-12 | 社区团购 |
| 腾讯 | 投资 | 2019-05-08 | | | |
| 京东 | 合资（步步高） | 2020-12-15 | 七鲜公司 | 拟成立 | 新零售 |
| 腾讯 | 投资 | 2015-05-23 | 每日优鲜 | 2014-10-30 | 生鲜电商 |
| 同程 | 内部孵化 | 2018-01-30 | 同程生活 | 2018-01-30 | 社区团购 |
| 腾讯 | 投资 | 2018-12-20 | | | 社区团购 |
| 腾讯 | 投资 | 2019-03-29 | 谊品生鲜 | 2017-11-29 | 生鲜电商 |
| 美团 | 投资 | | | | |
| 腾讯 | 投资 | 2019-10-01 | 食享会 | 2018-06-04 | 社区团购 |
| 苏宁 | 自建 | 2019-01-18 | 苏小团 | 2018-01-19 | 社区团购 |
| 苏宁 | 投资 | 2019-05-20 | 苏宁小店 | 2016-09-28 | 新零售 |
| 阿里 | 投资 | 2019-01-01 | 十荟团 | 2018-08-31 | 社区团购 |
| 阿里 | 自建 | 2020-09 | 盒马集市（原盒马优选） | 2020-09 | 社区团购 |
| 阿里 | — | 2020-04 | 菜鸟驿站-驿发购 | — | 社区团购 |
| 阿里 | — | 2020-07 | 饿了么-社区购 | — | 社区团购 |
| 快手 | — | 2020-12 | 直播卖菜（同程生活） | — | — |
| 哈啰单车 | 内部孵化 | 2020-02 | 哈啰惠生活 | — | 社区团购 |

注：资料来源于"零售商业财经.京东京喜大撤退"。

### （二）社区团购零售的监管和转型发展

#### 1. 社区团购零售行为的规范和监管

社区团购是近年来逐渐兴起的一种购物形式，在家门口就能买到低价商品，让居民们对社区团购青睐有加。为了规范社区团购零售行为，保障消费者的切身利益，国家

"出手"了。

2020年12月22日，国家市场监管总局联合商务部召开规范社区团购秩序行政指导会，阿里巴巴、腾讯、京东、美团、拼多多等互联网平台企业共同参加。会议提出互联网平台企业应严格遵守社区团购"九不得"。

（1）不得通过低价倾销、价格串通、哄抬价格、价格欺诈等方式滥用自主定价权。

（2）不得违法达成、实施固定价格、限制商品生产或销售数量、分割市场等任何形式的垄断协议。

（3）不得实施没有正当理由的掠夺性定价、拒绝交易、搭售等滥用市场支配地位行为。

（4）不得违法实施经营者集中，排除、限制竞争。

（5）不得实施商业混淆、虚假宣传、商业诋毁等不正当竞争行为，危害公平竞争市场环境。

（6）不得利用数据优势"杀熟"，损害消费者合法权益。

（7）不得利用技术手段损害竞争秩序，妨碍其他市场主体正常经营。

（8）不得非法收集、使用消费者个人信息，给消费者带来安全隐患。

（9）不得销售假冒伪劣商品，危害安全放心的消费环境。

### 2. 社区团购零售的转型发展

随着国家对社区团购零售行为的规范和监管，社区团购零售进入转型发展时期，社区团购零售不是为了"跑马圈地"和烧钱，而是更加理性、符合规章地发展。国家的监管促使互联网企业意识到，"科技创新才是蓝色大海"，企业需要主动承担更大的社会责任，在增创经济发展新动能、促进科技创新、维护公共利益、保障和改善民生等方面体现更多作为和担当。社区团购的企业开始转型发展。

---

⊙ **案例分享 12-1**

#### 京东社区团购业务转型

在社区团购业务布局上，京东在已有兴盛优选、鲜来多、友家铺子、京东区区购、京东团盟、小七拼、美家买菜7种产品的基础上，再推出京喜拼拼。2020年12月，刘强东宣布亲自下场孵化"京喜拼拼"社区团购模式，但京东仍以7亿美元战略投资社区团购"鼻祖"——兴盛优选。京喜拼拼发展初期，虽以极快的速度开通了济南、东莞、深圳、广州、西安等13个城市的业务，但业绩疲软的京喜拼拼开始陆续撤出福建、甘肃、贵州、吉林、青海等多个省份。随着京喜拼拼的收缩，京东2B供应链业务也开始收缩。京东通过下沉市场的布局，在家庭零售、社区小店和快消品业务赛道上，迎来一次重大战略调整。2022年3月21日下午，京东旗下社区团购业务京喜拼拼全部被裁。

资料来源："零售商业财经.京东京喜大撤退"，2022年3月22日。

# 第二节　数智营销运营模型

## 一、爆炸增长趋势模型（STEPPS 模型）

### （一）模型概述

每年苹果公司发布新品时，其粉丝都不惜彻夜排队抢购；2016 年上线的抖音在五年内将用户日活跃量从零提至 6 亿；互联网头部主播 ×× 在 2021 年"双十一"的成交额达 106 亿元……这些数据爆炸性增长的现象背后究竟隐藏着什么机理？他们为什么能成功实现病毒式扩展？宾夕法尼亚大学沃顿商学院的乔纳·伯杰教授在他的《疯传：让你的产品、思想、行为像病毒一样入侵》一书中给出了很好的解释，他对流行现象进行了细致的归因，并将其总结为六条原则，即社交货币（Social Currency）、诱因（Triggers）、情绪（Emotion）、公共性（Public）、实用价值（Practical Value）、故事性（Story），这六条原则的首字母组成了单词 STEPPS，所以又称为 STEPPS 模型。STEPPS 模型很好地分析了这些现象爆炸性增长的原因，同时也解释了我们如何更加广泛地去传播我们的思想、产品、行为。只要遵循 STEPPS 原则去进行产品或者趋势的设计，就能在一定程度上提升传播宣传效果。

### （二）模型组成

1. 社交货币

人们都倾向于分享让自己显得与众不同的事物，并将其作为谈资来炫耀自己的才能或是独特性，以创造社交同频互动的可能性，这种在社交中分享的产品或服务，就是社交货币。人们在使用社交货币进行社交时所产生的心理满足感或优越感就是他所购买到的"商品"。如果能认识到这一点，成功铸造出社交货币并将其应用到我们的推广过程中，也许会取得意想不到的结果。那如何才能够铸造出所谓的社交货币呢？乔纳·伯杰给我们提供了三种思路。

（1）打破思维定式。

发掘拟推广产品或服务的新奇点，在相同中创造不同，或是采取反常规的方式提升产品或服务内在吸引力，以勾起人们的好奇心和传播欲，让社会大众在这一过程中主动地去传播我们的产品或服务。

（2）撬动游戏杠杆。

游戏晋级机制会刺激玩家产生人际比较心理，获得晋级资格的玩家可以挣得比别人优越的社交货币。如果合理运用这一点去设计我们拟推广的产品和服务，激起人们的胜负欲与比较欲，也许会取得意想不到的效果。

（3）赋予人们归属感。

会员制与个性定制正是赋予人们归属感的精准应用，除此之外，限时限量销售也是实现这一效果的另一条途径，拥有别人没有的服务或产品会给消费者带来莫大的满足感，饥饿营销就是利用了消费者这一心理，饥饿营销营造的商品稀缺性正是消费者所需要的社交货币。

⊙ 案例分享 12-2

**海底捞的社交货币**

（1）打破思维定式。海底捞作为一家餐饮企业，跳出传统思维，将大众聚焦点由餐饮转向服务，如捞面表演、唱生日歌、公仔安慰等，都是海底捞精心设计的吸引大众聚焦点的服务，海底捞将服务铸造成社交货币分发给食客，食客在就餐完成后会欣喜地和朋友分享他们这次愉快的就餐经历。

（2）撬动游戏杠杆。海底捞还设定了一套有趣的会员积分制度：按照会员 12 个月内的消费额度，从低到高依次为红海、银海、金海、黑海会员，黑海会员可享免排队、包厢就餐、赠送果盘、八八折等特殊服务。这套制度则是海底捞精心设计的游戏规则，这种规则刺激食客不停地购买海底捞产品并进行积分，从而获得游戏奖励——"等级特权"和"等级奖励"。

（3）赋予人们归属感。黑海会员的特权给了食客一种独特的归属感，让他们感觉像是拥有了内部身份一样。这种内部身份也是社交货币的一种，当其他食客只能排着长长的队等待就餐的时候，黑海会员却能凭身份优先就餐，并且这一过程还可以被展示给其他人，这无疑为会员们提供了可以炫耀分享的社交资本。

资料来源：宋子晔，张雪冰 . 海底捞经营模式对餐饮业服务营销的启示 [J]. 中小企业管理与科技（下旬刊），2018（2）：5-6.

### 2. 诱因

人们在日常生活中不会毫无缘由地谈论或是想起某些事物，这一过程的初始一定存在某个触发点，触发了大众的传播欲，这个触发点就称为诱因。诱因可以是自然存在的，也可以是人为设计的，它的出现会刺激我们产生体验欲望，所以如果能成功地为我们拟推广的产品或服务绑定一个有效诱因，引领其传播趋势或许会变得容易很多。

2020 年突然火起来一句话："秋天的第一杯奶茶"，不少人纷纷效仿去给自己或是朋友买奶茶，奶茶的销量也在短时间内创造高峰，这句话似乎一时之间成了奶茶行业的有效诱因。那么，什么样的诱因才能称为有效诱因呢？判断诱因是否有效的前提条件有很多，其中首要考虑的是诱因的出现频率、强度以及环境适合性。

出现频率是指在一定时间段内诱因出现的次数。强度指诱因的刺激度和冲击性的大小，一般情况下诱因出现频率越高，刺激效果越显著，但有时频率与强度要相互匹配才能产生最佳效果。例如，"秋天的第一杯奶茶"利用互联网社交迅速传播，短时间内频繁地出现在大众视野，刺激大众内心的温暖情绪，并产生奶茶消费。环境适合性是指诱因要与其拟出现的时间、地点相匹配，就像新年期间人们会对红色这类喜气洋洋的色彩格外关注，一旦节日结束，这类颜色的刺激效果便会大打折扣。

⊙ **案例分享 12-3**

### 百度＝搜索？

"百度一下，你就知道"，这是百度于 2007 年为其搜索引擎打出的宣传标语，标语生动地将"搜索"替换成"百度"，引导大众在众多搜索引擎中选择百度。相关数据显示，目前百度引擎的使用人次高达 7.66 亿，日相应次数高达 60 亿。显而易见，其结果是成功的，当人们产生搜索需求时，就会自然而然地想到"百度"，"百度一下"似乎也已经变成了互联网搜索的代名词。

"百度一下"作为一个有效诱因在不停地刺激社会大众，每当人们产生搜索需求并使用百度时，搜索框后紧跟的蓝底白字"百度一下"就会出现在人们的视线范围内，刺激我们的大脑建立联系记忆。这种看似低强度的刺激，长期以来实则聚集了很大的能量，加之其出现的环境刚好是人们产生搜索需求的时点，这些促使"百度一下"成了有效诱因，实现了百度引擎的大范围传播。

### 3. 情绪

情绪是个体对一系列主客观事物做出的行为反应。情绪有两种分类形式：按情绪外部表现分类，可以分为积极情绪与消极情绪；按情绪的生理唤醒程度分类，可以分为高唤醒情绪与低唤醒情绪。本书此处所讲的情绪指的是后者。那么何谓生理唤醒？它指的是生理上产生心跳加速、血流加快等反应，而后准备为某种事物做出显著反应的一种生理激活状态，某些消极情绪也具备高唤醒特性，能够激发人们的谈论和共享行为。当我们处于某种情绪而感受到激动、感动或是心潮澎湃时，如兴奋、愤怒、惊奇等，我们可以称之为高唤醒情绪；反之，如果感受到安逸、无事或是无精打采，则是处于情绪低唤醒状态，无聊、忧郁、平静就会带给我们这样的效果，此时会产生心跳减缓、血压降低等生理反应。

有相关研究发现，当用户处于情绪高唤醒状态时，其共享欲望和传播欲望也会大幅度提高，人们此时会乐于分享自己的经历，反之，则不太容易触发其共享欲和传播欲。所以如果能对拟推广产品或服务进行包装，以此引发用户的高唤醒情绪，也许会在一定程度上加强传播效应。

⊙ **案例分享 12-4**

### 电影中的情感营销

大部分高票房电影都具有情绪高唤醒性的特征，也可以理解为正是因为具有了情绪高唤醒性，才有了高票房这一结果。

例如，2021年新年期间火爆的《你好，李焕英》，虽然其创作团队宣传该电影是喜剧片，但大部分观众观影之后都对影片中所描绘的细腻亲情赞不绝口，影片通过对主人公和母亲日常琐事的描绘，戳中观众泪点，直击观众内心，以此点燃了观影席的高唤醒情绪，促进了口碑传播。《我不是药神》则以悲情为主要基调，以仿制特效药为线索向观众讲述了贫困患病家庭的无奈与悲哀，直击民生痛点，抨击了部分社会现实，影片通过对悲惨家庭以及男主人公事迹的细致呈现唤醒了观众的悲愤情绪，造就了一部高票房影片。

资料来源：社会化营销案例库，看完《你好，李焕英》，我找到了情感营销的正确打开方式。

### 4.公共性

公共性指的是让自己的产品或服务出现在公共视野中，而后利用社会人群的从众效应和模仿心理引发更多的谈论，进而刺激购买欲望的产生，实现快速传播。一般来说，大部分人在做决策之前都会参考周围大众的评价及意见，周围人的行为会对决策者产生相当大的影响，就像身处安静的图书馆内很难不认真读书一样，当人们看到身边的人都在安静读书时，自己也会静心读书。

有效应用公共性的方法就是设计出自带品牌可视性元素的产品或服务，当人们使用它时，它会使品牌不断地进入大众视野，周围的朋友和同事就会不断地被动接受宣传。在当今这个"流量为王"的时代，各大品牌商争相设计各个品牌、设计高成图率的产品让粉丝主动分享，也是出于这一点的考虑。

⊙ **案例分享 12-5**

#### 冰桶挑战何以流行

2014年，美国ALS（肌萎缩侧索硬化）协会在全球范围内推行了一项公益传播活动——冰桶挑战，该项目旨在让更多的人了解渐冻症并同时为患病群体募集公益基金。冰桶挑战的规则是：参与者需要将一桶冰水从头顶浇下来，同时进行视频记录，然后将视频分享在社交网络上并邀请三位好友于24小时内参与，如被邀请者按时参与活动则需要向该项目捐助10美元，不参与则需要捐助100美元。就这样，冰桶挑战顺着社交网络逐渐延伸到社会的各行各业，社会曝光度持续增加，它不断地出现在公共视野中，不停地提醒人们参与其中，这其中不乏社会名人的参与。不久后，冰桶挑战的社会参与范围就由全美传播至全球，小米董事长、奇虎CEO等也纷纷参与其中，冰桶挑战在好友转发的作用下利用公共效应实现了大范围传播，风靡全球。

### 5.实用价值

实用价值，即产品有用性，指的是某种产品能够对我们生活产生实质性帮助，或是提供有用的建议，同时这也是对产品设计的基本要求。实用价值越高，越受消费者青睐，传播速度也就越快，所以要想创造出可以快速传播的信息，高实用性至关重要。

相比于 STEPPS 模型中的其他原则，实用价值是六条原则中最基础，也最容易实现的一条原则，开发产品的社交货币功能需要一定的灵感加持，诱因的设计与情绪的调动同样需要不断的测试和实验，而实用价值只是设计产品的基本要求而已，所以我们在设计产品或提供服务的过程中可以首要考虑该原则。如果能有效运用这一原则，将拟宣传产品的实用价值清晰地传达给顾客，顾客便能够心甘情愿地去传播这一信息，以此加快传播速度。

⊙ **案例分享 12-6**

### 小红书：都市人的生活宝典

谈到实用价值，不得不想到小红书 App 的成功。"标记我的生活"和"找到你想要的生活"，这两条是小红书 App 的广告标语，以鼓励社会大众在平台上分享、标记自己的日常生活。其中，有大量的自媒体博主在这一平台上分享实用的生活信息，从穿衣搭配到旅游出行，从美妆技巧到学术知识，涵盖了我们衣食住行的方方面面。在小红书上，许多测评博主会购买多品牌的同类产品，然后对它们的外观、性能、价格、使用感、实用性等进行多方位的对比评价，为社会大众的产品选购提供实质性参考。一方面，小红书的实用性吸引了大量用户下载、注册该 App，实现了用户数量规模增长；另一方面，小红书利用了人们对实用物品的分享欲，吸引大众标记生活、分享好物，如此往复循环，促使它在极短的时间内获得了大量的客户群体。

资料来源：魏如清，唐方成.用户生成内容对在线购物的社会影响机制：基于社会化电商的实证分析 [J].华东经济管理，2016，30（4）：124-131.

### 6. 故事性

所谓故事性，指的是将想要传播的信息融合在生动形象的故事中，以讲故事的方式来推广想要传播的信息，使之更加有趣生动，易于传播。没有人喜欢完全推销性质的广告，即使它推广的产品实用价值极高，人们大多喜欢带有娱乐色彩的事物，喜欢谈论并且传播有趣的事物。有趣和有记忆点刚好是故事与生俱来的特性，所以就不难理解故事性为什么在快速传播中显得如此重要了。

那么我们该如何编写有趣的故事，来引起人们的关注呢？首先，就是制造一个不易被大众察觉的故事载体，其次将想要传播的思想或是事物融合在其中，让大众对故事感兴趣，最后对传播目标感兴趣，实现大范围快速传播。故事载体要尽可能完美，让拟传播目标完美地隐藏其中，就像特洛伊木马那样，被搬进城门也没有人发现其内隐匿的精兵。

⊙ 案例分享 12-7

### 华为在逆境中如何讲故事

图 12-2 展示的是"二战"中的伊尔 -2 强击机，它在"二战"中为苏联取胜立下了汗马功劳，即使千疮百孔，也依然在顽强战斗，德国官兵曾认为它是"黑色死神"一样的存在。

图 12-2 "二战"中的伊尔 -2 强击机

2019 年 4 月，任正非在接受美国电台专访时，他说自己的女儿孟晚舟就像这架"二战"中的伊尔 -2 战机，虽然千疮百孔，但她还能坚持。随后不久，美国商务部开始将矛头对准华为，把华为及其附属公司列入制裁清单进行限制。2019 年 7 月 31 日，任正非向华为消费者业务群（CBG）移交"千疮百孔的烂伊尔 -2 飞机"战旗，在交接仪式上，他再次提到这架飞机，鼓舞 CBG 不要畏难，要重新振作起来。

2020 年 5 月 16 日，华为在其社交账号分享了一张图片——"没有伤痕累累，哪来皮糙肉厚，英雄自古多磨难"（见图 12-2）。图片一出，社会大众似乎马上就领会了华为此时所处竞争环境的窘迫，同时，在大众心中，这架被打得像筛子一样的飞机也成了华为的精神象征，华为在经历对手的打压与环境的阻力后依然在坚强地向前飞行。

这就是广告故事性的生动体现，华为借此既向外界传递了企业积极信号，又成为大众的聚焦点，图片所蕴含的深刻内涵与特殊记忆点也让大众在脑海中描绘了华为身处险境却依然顽强不屈的挺立形象。

资料来源：知乎，《一架"烂"飞机为何成为华为精神的象征？》。

综上所述，任何产品、思想、行为都有获得大范围传播的机会，并且任何一个传播趋势流行起来都绝非巧合，而驱动这种爆发性传播的因素可以是自然拥有的，也可以是人为制造的。所以，如果能将富含"社交货币"，能够被"诱发"并激发"情绪"，具有"实用价值"的产品或创意融合到一个新奇的"故事"中，并赋予它"公开性"，那么在口碑传播中实现"疯传"并不是什么困难事。

## 二、智慧营销模型（SMART 模型）

### （一）模型概述

新时代潮流下的营销面临着社会化、移动化、高科技、大数据的营销变革趋势，智慧营销（Smart Marketing）应运而生。智慧营销涵盖了五个方面：社会化媒体（Social Media），移动营销（Mobile），大数据分析（Analytic），关系管理（Relationship Management），技术运用（Technology）。智慧营销就是通过社交媒体和移动网络两大新渠道收集顾客信息，利用数据挖掘技术和社会网络技术分析顾客行为，洞察顾客需求，寻找社会联系，强化顾客关系，从而实现有目标的、个性化的精准营销和实时营销，提升市场推广的准确率和成功率。

### （二）模型组成

#### 1. 社会化媒体

社会化媒体是当代各类新媒体的统称，它由社交类、论坛类、实用类以及直播和电商平台等新媒体共同构建而成，是一个用户自由分享资讯、商品、信息等的在线平台。在社会化媒体时代，每个人都可以是信息的发送者和接收者，每个人都可以是一个微型自媒体。社会化媒体的出现彻底颠覆了传统媒体的组建和应用形式，过去由特定媒体单向发布信息的时代一去不返，多方双向互动正在逐渐成为主流。

社会化媒体在智慧营销应用过程中表现出诸多优点：其一，大众参与性。相较于传统媒体，社会化媒体将交流壁垒降低，任何人都可以发表自己的意见和见解，既促进了营销信息的广泛传播，又促进了社会各行业的全面融合发展。其二，信息传播高速性。相较于传统媒体，互动交流和去编辑化加快了社会化媒体的信息传播速度，同时，高速传播也是激发营销活力的关键所在。其三，消费推动性。社会化媒体用户通过对意向商品的查询、记录和在线互动，引起了消费欲望的膨胀，同时各类平台的联合互动使选购、运输、发票服务一体化，进而推动整体消费量的增长，拉动我国经济的发展。

⊙ 案例分享 12-8

#### 腾讯的杀手级应用——微信

QQ 和微信近十年来的发展与竞争很好地体现了移动客户端在营销中的重要作用。2010 年，有学者预测 QQ 将有望冲击 10 亿用户量的神话，但是 2011 年微信的出现迅速抢夺了 QQ 的用户市场。发展至今，微信的用户量已达 12 亿，而 QQ 用户注册量一直在走下坡路。

微信一问世的定位即是为移动终端打造的免费即时通信工具，完全不同于 QQ 以娱乐性社交为主要功能的 PC 端软件定位，虽然微信没有 QQ 数量繁多且强大的各种功能，但是其方便快捷的轻体量设计似乎掩盖了其功能性的不足，选择下载微信的用户数量呈直线上升趋势。腾讯2020年第一季度的报表显示，QQ的用户活跃量突然激增5 000万，究其原因，2020年年初疫情蔓延，全国人民居家隔离无法外出，此时PC端的QQ得到唤醒，而后疫情形势趋于平稳，用户量又归于平常。从二者的对比中我们不难看出移动终端在营销中的强大推力。

资料来源："知乎．在QQ已经普及的情况下，微信是凭借什么火起来的？"。

### 2. 移动营销

移动营销指通过用户随身携带的手机、平板电脑等移动终端进行的个性化营销宣传服务，也就是指商家可以通过大数据分析和云端计算等技术，分析消费者的自身数据库，然后及时准确地将产品信息递送到消费者手中的移动终端上。其目的是增加商家品牌在消费者群体中的知名度和曝光度，吸引客户群体，进而增加企业营收。移动营销还融合了"网络营销"（Online Marketing）和"数据库营销"（Database Marketing）等其中较为前沿的思想和理论，与时俱进，所以在移动互联高度发达的中国当代社会，它也许会是智慧营销中最有潜力的一部分。

⊙ **案例分享 12-9**

#### 抖音：记录你的生活

2021年1月5日，抖音发布的《2020抖音数据报告》显示：截至2020年8月，抖音日活跃用户突破6亿，日均视频搜索次数突破4亿。仅通过这一款App就可见社会化媒体的用户基数之大，大规模的用户数量正是实现营销传播的基础。2020年疫情期间，仅湖北商家通过抖音带货销售额就已高达41亿元，这极大地促进了湖北当地经济的复苏和发展。此外，报告还展示了抖音搜索量上升最快的10处小众景点，其中位居榜首的是银基动物王国，上升率高达3 086%，社会大众的打卡分享为这些小众景点吸引了源源不断的观光者，有效地推动了当地旅游产业的发展。仅一款社交媒体应用就能达到这种效果，可以看出社会化媒体在当代智慧营销中的重要作用。

资料来源："腾讯网．《2020抖音数据报告》完整版！．腾讯网来源于抖音"，2021年1月8日。

### 3. 大数据分析

电商企业的崛起催生了大数据分析技术的迅速发展。在营销领域，大数据分析指的是企业通过对规模庞大的数据进行分析研究，提炼出关于市场动态走向、消费者偏好等的有效信息，以帮助企业调整自身营销战略，实现精准化营销。大数据分析是精准营销的核心，而精准又是智慧营销的必然元素，所以大数据分析是智慧营销不可或缺的法则，那些获得信息越全面、越准确的个体也将更容易在多方博弈中占优。电商企业是依托互联网而生的企业，相较于其他类型企业，此类企业在大数据分析上具有天然的优势。

⊙ 案例分享 12-10

## 大数据的价值

提及大数据分析在智慧营销中的有效运用，不难想到用户画像。用户画像是指通过现有技术的运用和数据的分析，描述用户的多个维度的数据标签，并用可视化图表来展现用户特征，使我们更加清晰地了解消费者。例如，在电商平台上赋予用户小A的标签，除了性别、年龄等基础信息外，还可能有喜欢购买化妆品，经常深夜购物等多维度特征。

企业可以通过以下四种途径来描绘用户画像：①通过媒体数据平台，如腾讯的DMP、阿里的品牌数据银行等，企业将自有数据输入腾讯DMP即可获得用户画像。②通过自建用户画像数据库，企业可以在自己的自有触点上获得充足的数据，还可以根据实际业务需求，自己建立指标体系来对用户进行描述，给不同特征的用户推荐不同内容或产品。③通过媒体指数类平台，如百度指数、360趋势等，获得当下的用户流行趋势。④通过媒体的数据平台圈选人群，可以直接勾选目标人群对应的标签。通过这些路径，企业可以对买家进行精准用户画像，合理商品推荐，以提高成交率和客单价。同时，对各地消费生态的大数据研究可以帮企业找准并且拓宽销售渠道，使其能够迅速占据消费市场。可以说，大数据分析技术的广泛应用是阿里巴巴成功的关键。

资料来源：黄文彬，徐山川，吴家辉，等.移动用户画像构建研究[J].现代情报，2016，36（10）：54-61.

### 4.关系管理

关系管理是公司获取、建立和维系企业在市场运营中与利益相关者，如客户、供应商等关系的行为，是为巩固企业、供应商、顾客等关系而进行的活动。在现代市场营销中，客户关系对于公司盈利的影响举足轻重，客户规模大小也是公司获利关键性指标。因此，维护与客户之间的关系显得尤为重要。

从经典的4P［价格（Price）、产品（Product）、促销（Promotion）、渠道（Place）］营销到4R［关联（Relevance）、反应（Reaction）、关系（Relationship）、回报（Reward）］营销等的转变，其中，关联（Relevance）是指企业和顾客是命运共同体，企业要注重维护与顾客的关系。营销管理的重心在逐步向消费者转移和倾斜，营销理念也在不断升级，由最先的企业自身主导到市场主导和消费者主导，营销的投入逐步倾向消费者的个性化需求和服务。

原来可能只有金融服务行业进行一对一的会员制管理，现在基本上各个行业都在进行数据化的客户管理或会员制管理。在这样的关系管理下，公司更容易抓住消费者需求进行营销。

⊙ 案例分享 12-11

### 沃尔玛超市：尿布和啤酒

沃尔玛超市的成功与其重视客户关系管理有很大的关系。沃尔玛超市通过 CRM 了解客户的基本信息，包括姓名、性别、年龄、家庭、工作岗位、个人收入情况、个人兴趣爱好、消费水平以及个人的购买偏好等，随后根据客户个人的基本情况提供针对性的服务。其中，著名的"尿布和啤酒"的案例就是源于沃尔玛超市对于客户管理关系系统（CSR）的应用和数据的分析。沃尔玛超市通过 CSR 数据观察到，尿布和啤酒的销量有着显著的相关关系，于是沃尔玛就将尿布和啤酒放在一起进行销售，从而使尿布和啤酒的销量不断增长。

资料来源："零售巨头沃尔玛趣历史：曾经把婴儿纸尿裤和啤酒搭配销售"，2021 年 8 月 3 日。

### 5. 技术运用

智能化、数字化是时代的主流，技术的运用是实施智慧营销的关键一步，现代新技术的发展如人工智能技术、区域链技术、云计算技术和大数据技术，为智慧营销注入了新鲜的血液，客户关系管理系统（CRM）、企业资源管理系统（ERP）是技术与商业管理结合的典范。

技术的运用不仅体现在软、硬件技术的运用上，同时也体现在利用技术对消费数据信息的处理上。通过技术加工将用户数据转化成我们所需要的信息，对客户进行智慧营销，最终提高交易成交率。我们需要有机地结合创新的智能信息技术和创新的管理思维以推动新营销，技术的科学运用在其中发挥着重要作用。

⊙ 案例分享 12-12

### 宜家 AR 应用

近年来，越来越多的品牌企业开始在营销中引入 AR 体验。早在 2017 年，苹果就曾联合宜家公司推出了一款有趣又有用的 AR 应用——IKEA Place，用户可以通过手机App，将宜家家居和家居装饰物的 3D 图像放置到真实的居住环境中，以观看房间装饰后的效果。

后来，宜家和苹果又合作推出了新的 AR 应用——IKEA Studio，这款应用可以使用户体验到整个房间重新装修的 AR 效果。用户通过苹果手机使用此 App 扫描房间和房间中的每一个家具的大小、形状与位置，构建出房间的 3D 图像，用程序再抹去原来的家具和装修后，就可以用宜家家具进行房间装修，装修完后，用户便可看到房间装修后的样子。通过这个应用，用户可以看到使用宜家家具装修后的样子，从而可以促进用户对宜家商品的购买。

资料来源："知乎.宜家 AR 应用：IKEA Studio"。

## 三、流量漏斗模型（AARRR 模型）

### （一）模型概述

流量漏斗模型（AARRR 模型）是硅谷投资机构 500 Startups 的联合创始人大卫·麦克卢尔（David McCluer）针对用户增长提出的，其中 AARRR 是五个单词首字母的缩写，即获取用户（Acquisition）、提高活跃度（Activation）、提高留存率（Retention）、获取收益（Revenue）、口碑传播（Referral），分别对应用户生命周期中的 5 个重要环节。流量漏斗模型（AARRR 模型）是互联网企业中常用于产品与用户运营的模型。

互联网产品运营是集用户运营、内容运营、活动运营等为一体的产品运营方式。互联网产品运营的目标是能够持续获得新用户，在获取新用户的基础上，通过提高用户活跃度，维持老用户，最终使互联网产品获利，因此流量漏斗模型（AARRR 模型）对于互联网产品的重要性不言而喻。

### （二）模型组成

#### 1. 获取用户

获取用户是产品运营的基础，也是公司能够获得收益的前提。对于互联网产品而言，获取用户就是有更多的潜在用户注册、使用产品，将潜在用户转化为新用户。

贾斯汀·马雷斯、加布里埃尔·温伯格、安德鲁·陈等人将获取用户的渠道分为三个基本类型：口碑渠道（如社交媒体、朋友推荐计划、网络视频等）、有机渠道（如公关演讲、内容营销、电子邮件营销、网站营销等）和付费渠道（如线上或线下的广告、电台等）。

对于互联网产品而言，现有获取新用户的方式主要有口碑传播和广告获取。

口碑传播，是流量漏斗模型（AARRR 模型）的最后一环，也是用户获取的第一环，流量漏斗模型（AARRR 模型）是一个循环的模型。如果产品足够卓越，能够持续满足用户的需求，则用户会通过社交网络分享产品，如通过微信朋友圈、小红书、微博等，使更多潜在用户看到并下载注册此软件，成为互联网产品的新用户。用户拉新也是口碑传播的一种。用户拉新是指公司为了获取新用户，利用用户希望获得 App 额外优惠的心理，为用户设计一个朋友推荐计划。

广告获取，就是通过线下广告（如楼宇广告、社区内广告）或线上广告（如推销视频、网站内广告、App 内广告、邮件推销）的方式提高产品曝光率，吸引更多潜在用户。通过广告宣传可以提高产品的曝光度和知名度，树立品牌形象，有利于挖掘潜在用户，提高现有用户对于产品的黏性。

广告内容是产品宣传的灵魂。詹姆斯·柯里尔提出了语言-市场匹配的概念，用来衡量描述和推广产品在多大程度上能够打动潜在用户，促使他们使用该产品。因此，设计一个打动人心的广告宣传语是至关重要的，它是用户感知该产品的一个最直接的途径。通过广告语，消费者可以迅速地了解此类产品的功能是什么，判断该产品能否让自己受益，进而做出是否购买或者是否使用的决策。

⊙ **案例分享 12-13**

### 拼多多用户的迅猛增多

拼多多获取新用户的方式主要有两种：广告获取、老用户拉新。拼多多推出了"分享链接得现金红包"和"零元拿实物产品"的福利：老用户为了获取现金红包或是获得零元购产品在朋友圈分享拼多多链接，使老用户朋友圈中很多从未使用过该软件的潜在用户，下载该软件并完成注册，为朋友助力。

拼多多在广告方面也下足了功夫。2018 年，拼多多冠名了多个大众耳熟能详的综艺节目，大大提高了拼多多品牌的曝光率。除此之外，拼多多还投放了电视广告，其朗朗上口、富有韵律的广告语"拼多多，拼多多，拼的多，省的多"，更是为其贴上了"便宜、省钱"的标签，树立了拼多多"省钱、接地气"的品牌形象，挖掘了大量的潜在用户。事实证明，拼多多的用户获取是成功的，2021 年 5 月 26 日，拼多多发布了第一年度的财务报表。其报表显示，截至 2021 年 3 月 31 日，拼多多年度活跃卖家数为 8.238 亿，同比去年增长了 1.957 亿，突破了 8 亿大关。

资料来源：搜狐网，《拼多多有哪些获客渠道？拼多多如何获得新客？》。

#### 2. 提高活跃度

提高用户活跃度就是提高用户对产品的使用率，从而增加用户对产品的黏性和忠诚度。例如，吸引用户常常登录网站、App 等互联网平台（产品），并在平台上进行互动等。

获取新用户只是第一步，只有将新用户吸引来，使其自主使用此类产品才算是激活成功。在活跃用户方面，很多互联网产品做得还不够好。有调查研究表明，98% 的网站访问量都未能激活成功，大多数移动 App 三天之内会流失近八成的新用户。这是因为，从新用户到活跃用户这个过程中有一些步骤会影响新用户对于产品的体验。

一些购物 App 的结算方式可能是用户活跃性低的原因：某些 App 的结算需要绑定银行卡或者是上传身份证照片，新用户可能会因为担心账户的安全性或者是觉得过程烦琐，而放弃购买。影响用户活跃性的原因还有很多，为此我们可以通过设置增长团队来调查研究新用户未成功激活的原因，简化新用户激活的步骤，优化产品路径，提供更好的产品和服务，进而提高激活率和用户活跃性。

⊙ **案例分享 12-14**

### 蚂蚁森林活跃用户

为了活跃用户，提高用户留存率，支付宝推出了"蚂蚁森林"的环保公益活动——公益林，这个活动激励用户每天登录支付宝，摘取能量，为沙漠地区的公益林绿洲贡献一分自己的力量。

用户可以用自己收集的能量兑换不同种类的树木，用户每兑换一棵树，阿里巴巴便会为用户选择的地区种下一棵公益树，并且每棵树都有自己独一无二的编号，用户每种一棵树都会获得一枚勋章，并在"成就"中显示出来，这给予了用户极大的成就感和公益事业的参与感。

每天收能量成为用户的习惯，用户会每天都登录支付宝 App，这种方式不仅会提高用户的活跃度，同时也会提高用户的留存率。

资料来源：《蚂蚁森林功能的主要价值，是用户激活还是用户留存？》。

### 3. 提高留存率

留存率是衡量用户黏性的一个指标，同时它也在很大程度上体现了消费者对于产品的满意程度。

高留存率是实现高利润的决定性因素。弗雷德里克曾有一项研究表明，用户留存率每提高 5 个百分点，利润就会提高 25～95 个百分点，且吸引新用户的成本高于留住老用户的成本，因此提高用户留存率的重要性不言而喻。

能够给用户提供持续满足他们需求和令他们感到愉悦的优质产品与服务是提高用户留存率的根本，因此我们需要与用户建立合理、便捷的沟通机制，或者通过大数据算法，及时了解用户的需求以及他们对于产品的评价和用户在使用过程中的"摩擦"，明确自己产品的优势和劣势，进而更有方向地不断优化自己的产品，提高用户的产品使用体验，在留住用户的基础上，形成口碑传播和用户生命周期的良性循环。

⊙ **案例分享 12-15**

#### 电商平台的打折优惠

为了提高用户留存率，鼓励用户持续在电商平台上购物，除了不断优化平台功能，弥补平台缺陷，使用户在平台上购物变得更简单外，优惠活动也是留住用户的一个关键。

现在的电商平台如淘宝、京东、拼多多等，为了提高用户的留存率，每年都有让利活动：每年比较大型的购物节如 6·18、双十一、双十二，还有每年的节假日的优惠如国庆节、中秋节等。这些优惠都会激励新老用户在平台上消费，不仅提高了用户的活跃性，同时也提高了用户的留存率。当用户感受到自己在平台上购物方便、快捷且优惠时，会因激励重新做出购买决策。

资料来源：《"双 11"折扣差价谁买单？商家赔本赚吆喝》。

### 4. 获取收益

获取收益是所有企业的最终目的，互联网产品的收益多少与用户规模的大小息息相关，获取用户、活跃用户和留存用户的最终目的就是获得收益。

因此我们可以将用户进行分组，研究每组用户对于收益的贡献大小。不同的互联网产品对于用户分组的标准不同，例如，电商企业通常用消费额对于用户进行分组，但是除了消费额之外，电商企业也应该关注用户的地点、年龄、性别，客户购买商品类型、使用类型或使用的功能，获客渠道以及使用哪种设备访问 App 或网站。

除将用户分类之外，我们还要不断地创新，使消费者愿意为新产品和新功能付费。用户愿意为新产品付费的前提是新产品和新功能可以满足用户的需求，但同时定价又不能太高也不能太低，价格太高容易流失用户，价格太低的话公司又不能获得足够的利润。例如，电商企业可以采取个性化推荐的方式，对于用户进行精准化营销，持续满足消费者的需求。

在产品服务定价方面，我们可以增加连续包月业务或订购升级服务，通过连续包月的低定价，增加连续包月服务的订购量。

⊙ 案例分享 12-16

### WPS Office 个人版产品的收益多元化

WPS Office（以下简称"WPS"）产品分为三个版本：个人版、企业版和专业版，本案例以 WPS 个人版产品为例。

WPS 个人版是典型的 App 内消费的互联网产品，WPS 个人版的获取是免费的，在 App 内的某些功能是收费的。WPS 个人版收益主要分为三部分。

（1）产品功能收益。产品功能收益是用户为解锁不同的功能而开通会员权益时的收益。其会员类别有 WPS 会员、超级会员和稻壳会员三种。不同会员解锁的功能不同，价格也不同，这为不同需求的用户提供了多个可供选择的方案。例如，稻壳会员解锁的是好看的字体或者是好看的 PPT 模版功能，而 WPS 会员解锁的是 PDF 转 Word 等功能，而超级会员囊括了前两者的功能，且在其功能上有所拓展，如更大的云储存量和更多的模版，当然超级会员也是这三种会员当中定价最高的。用户可以根据自己不同的需求开通不同类别的会员。

（2）广告收益。广告收益是众多互联网产品收益中重要的一部分，使用 WPS 的非会员用户会发现当自己使用 WPS 时会出现很多的弹窗广告，但是会员用户使用 WPS 时就不会出现广告。有些非会员用户为了避免弹窗广告的干扰，开通了会员业务；同时，WPS 通过向广告商收费，获取了广告收益。

（3）第三方收益。WPS 产品会与第三方合作，如 WPS 产品会推出一些精品课业务。精品课是专为职场人士提供优质内容的平台，涵盖办公效率、岗位技能、职业发展、英语学习等诸多内容，为职场人士提供优质的解决问题的方法。

资料来源：Office 教程网，WPS 企业版是如何收费的。

### 5.口碑传播

产品形成口碑传播的前提是产品足够有价值，或者说产品能够持续满足消费者的需求。现实生活表明，来自熟人的评价往往比官方描述更有说服力。

社交网络的兴起让基于用户关系的口碑传播成为可能，用户通过社交网络分享自己喜欢的产品，以此形成口碑传播。品质或者是服务卓越的产品更容易在这个大环境下脱颖而出。近年来，越来越多的用户使用像小红书、微博等分享类的 App 产品。在此类 App 产品中，用户可以分享自己喜欢的产品。他们在分享时，会介绍产品的优点和缺点，从而带动更多的人使用此类产品；如果带动的人中有人觉得产品达到了他们的预期或者是解决了他们的问题，这些用户又会推荐此类产品，以此形成口碑传播和良好的用户增长循环。

基于产品自身的优点，老用户会将本产品推荐给自己的朋友，通过社交网络，使互联网产品像病毒一样进行自传播，通过老用户的裂变使新用户源源不断地涌入进来，产生良好的循环。

⊙ **案例分享 12-17**

#### 鸿星尔克的口碑传播

2021 年 7 月，名不见经传的品牌鸿星尔克迅速传遍大街小巷，原本冷清的鸿星尔克的实体店门前换了一幅崭新的景象：络绎不绝的顾客几乎踏破了鸿星尔克实体店的门槛，店里店外鸿星尔克的商品几近断货，甚至还有人拿几千块钱去买价值几百块钱的衣服，当店员要找给客人钱时，他们却不见踪影……

鸿星尔克的爆火要从它的"捐款事件"说起。2021 年 7 月，河南省不幸遭遇洪水灾害，在此千钧一发之际，许多人和团体主动站出来为河南省捐款或捐物资或增援人手，协助河南同胞共克时艰，渡过难关。在这些团体中间不乏一些企业，鸿星尔克便是其中的一员，它宣称捐了 5 000 万元的物资。鸿星尔克近几年都是爆冷的品牌，在 2020 年亏损了 2.2 亿元。但是在国家、同胞有困难时，鸿星尔克毫不犹豫，不顾自身经济状况，捐了物资，彰显了企业格局和爱国情怀。大家大受感动，纷纷去转发、评论、点赞鸿星尔克为河南捐款的微博，一时间，其微博点赞量超过 900 万，转发、评论也都超过 20 万，鸿星尔克登上各大媒体头条和各大视频 App 的热搜，以此形成了口碑传播效应，大家以穿鸿星尔克品牌的衣服为时尚。口碑传播效应的强大反映在消费者的"野性消费"上，也就出现了开头提到的那些现象。

资料来源：《鸿星尔克因善举意外爆火致库存告急：掀起"野性消费"潮》。

## 四、数字品牌营销运营的 AIPL、FAST 和 GROW 模型

根据美国市场营销协会的界定，品牌是指一个名称、术语、设计、标志，或是其他

标志一个卖者的产品或服务有别于其他卖者的产品或服务的特征。品牌是消费者认识并记忆产品的特别标志，是企业的重要资产。

数字品牌（Digital Brands），是企业通过在新媒体环境下利用互联网的传播优势，借助各种数字媒介形式与消费者沟通以传播企业品牌内容，使自身的品牌内容区别于消费者所感知的其他企业的信息及品牌内容。数字品牌是通过数字媒体、社交媒体、移动媒体和数字形式来表达的品牌宣传、定位、传播和运营的发展形式。在当今新媒体时代，数字品牌的发展、运营、传播对企业发展举足轻重。数字品牌的发展路径有：全链路、全生命周期数字化匹配管理，突出 MVP（核心卖点）品牌要素增长模式，私域流量和公域流量循环增长共振。

为了完成数字品牌的快速发展，肖利华等在《数智驱动新增长》中提出了数字品牌营销运营的三个模型：消费者全周期数字管理的 AIPL 模型、数字品牌资产评估的 FAST 模型、数字品牌增长路径的 GROW 模型。

## （一）消费者全周期数字管理的 AIPL 模型

消费者全周期数字管理的 AIPL 模型，就是企业要管理数字品牌和消费者的全周期消费行为过程的不同环节与角色的变化，为企业决策和数字品牌产品与服务提供支持。AIPL 模型包括四个指标及目标人群：认知（Awareness，A）、兴趣（Interest，I）、购买（Purchase，P）、忠诚（Loyalty，L）。通过 AIPL 模型逐层指标的转化率，可以观测分析出在消费者全周期消费行为中品牌的运营能力和状况。AIPL 模型如图 12-3 所示。

图 12-3 AIPL 模型

### 1.认知——品牌认知人群

认知（统计时间为 15 天内），是指对某个数字品牌有看到、了解或被触达到相关信息的品牌人群，包括被品牌广告触达和搜索时接触到品牌广告的人群。运营者可通过品牌人群的搜索和浏览品牌广告行为，判定品牌顾客的状况，为企业进一步决策提供数据准备。

例如，在阿里巴巴系统中，如果消费者在 15 天内浏览过品牌旗舰店或浏览过 1 次品牌商品，则被判定为认知过品牌。如果消费者在 15 天内没有进一步的行为，则被判定此人属于认知流失人群。

### 2.兴趣——品牌兴趣人群

兴趣（统计时间为 15 天内），是指对品牌感兴趣的消费者主动地与品牌发生接触的行为，包括点击广告，浏览品牌/店铺主页，参与品牌互动，浏览商品详情页，用品牌词搜索，领取试用品，成为会员或粉丝，订阅/关注/加购/收藏，等等。消费者可以成为品牌会员或粉丝，会员分为品牌号会员和品牌授权店铺的会员，粉丝分为品牌号订阅粉丝、互动吧关注粉丝、微淘粉丝等。

品牌兴趣人群的主要表现包括：在 15 天内，浏览过 2 次以上品牌商品；收藏/加购过品牌商品；预付定金；关注店铺，收藏和加入购物车；在内容端与品牌产生互动行为；等等。这些行为特征表明消费者对品牌产生了兴趣。品牌兴趣人群是强意向的潜在消费者，企业需要关注并采取措施，进一步触达、激活兴趣人群，促使其转化为现实消费者。

### 3. 购买——品牌购买人群

购买人群是指在最近两年半（$2 \times 365$ 天 $+180$ 天）的时间内，在电商网站购买了品牌商品的所有消费者，"忠诚"的消费者除外。企业可根据品类不同综合计算，设计营销方案，把高复购率商品的购买人群转化为忠诚人群。

### 4. 忠诚——品牌忠诚人群

忠诚人群是指在 365 天内，购买过品牌商品大于或等于 2 次，有复购并且在电商网站有过正向的评论、分享的消费者。品牌忠诚人群是企业品牌的重要资产，决定着品牌销售的基本面。

企业可以在单位时间内对认知、兴趣、购买、忠诚人群的流转数据进行分析，详细了解品牌的运营状况，为品牌的持续发展提供有力保障。

### （二）数字品牌资产评估的 FAST 模型

数字品牌是企业的重要资产，传统的品牌指标是阿里巴巴开发的 FAST 模型，它可以为数字化导向的消费者管理和数字品牌体系赋能。FAST 模型具有可量化、可对比、可优化的属性，企业可依据其数据进行决策，并运用该模型准确地衡量品牌营销和运营效率。FAST 模型从重视管理结果的静态数据如商品交易总额（Gross Merchandise Volume，GMV）转向重视品牌价值管理过程。FAST 模型的表达公式有：

$$GMV = 流量 \times 转化率 \times 客单价$$

$$GMV = 客户数（拉新 + 留存）\times 购买频次 \times 客单价$$

FAST 模型用下列四个指标来评估数字品牌资产和价值。

（1）Fertility（F）即 AIPL 人群总数量指数，是指曾达到过 AIPL 状态的消费者去掉重复的总量后指数化的结果。

（2）Advancing（A）即 AIPL 人群加深率，是指存在 AIPL 状态提升（包括从 A 提升到 I、P、L，从 I 提升到 P、L，以及从 P 提升到 L）的消费者去掉重复的总量后在 AIPL 人群总量中的占比。

（3）Superiority（S）即超级用户人群总量指数，是指高净值、高价值及高传播力的消费者，即有意向与品牌产生互动的人群，如会员等。此类人群是品牌可以低成本、高效触及或转化的人群，与是否已经产生购买行为无直接相关性。

（4）Thriving（T）即超级用户人群活跃率，是指有过活跃行为（包括180天内有加购、收藏、领取权益或积分、互动等行为）的超级用户在超级用户人群总量中的占比。

FAST模型的数量指标和质量指标如图12-4所示。FAST模型通过动态监测全部及细分消费者群体的购买历程的转化，借助GMV指标解决了消费者转化时间和消费者质量等维度的问题，为品牌商运营消费者资产提供参考评估指标。通过GMV指标的结果，可以了解转化率由于流量AIPL的属性不同而发生的变化。

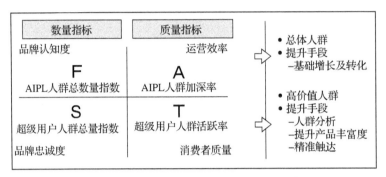

图12-4　FAST模型的数量指标和质量指标

例如，在对"双11"的销售额进行预测时，假设前一年10月同期流量是每天10万个UV（Unique Visitor，独立访客），而今年是20万个UV。在商品和运营能力不变的情况下，能否判定在今年的"双11"期间能实现销售额100%增长呢？答案是否定的，因为要看这20万个UV是哪个周期的消费者，是否精准。如果这20万个UV中有15万个是天合计划带来的新消费者，而去年的每天10万个UV是品牌兴趣人群和忠诚人群，那么在今年"双11"期间GMV很可能不增反降。基于FAST模型的评估能够更准确，能使很多商家大大提升对"双11"销售额的预测准确度。

### （三）数字品牌增长路径的GROW模型

数字品牌增长路径的GROW模型，是评估品牌现有品类增量和延展品类增量的模型。GROW模型的增长要素可以用数据来表达和分析，可以找到各个品类/品牌的各项要素增长机会，从而帮助企业选择最佳的品牌增长路径。GROW模型主要的计算公式有：

$$GMV= 客户数 \times 购买频次 \times 客单价 + 品类延展$$

识别和评估驱动品类持续增长的GROW模型的四个要素如下。

（1）渗透力（Gain，G）即现有品类渗透机会，指消费者购买更多类型品类/商品对品牌总增长机会的贡献。

（2）复购力（Retain，R）即品类复购提升机会，指消费者更频繁/重复购买商品对品牌总增长机会的贡献。

（3）价格力（bOOt，O）即品类货单增长机会，指消费者购买价格升级商品对品牌总增长机会的贡献。

（4）延展力（Widen, W）即 TOP 关联品类延展机会，指品牌通过提供现有品类外其他关联类型商品所贡献的总增长机会。

例如，某一个童装品牌店的渗透力是指消费者买了裙子后还买了裤子和衬衫。复购力是指一个消费者一年中消费这个品牌多少次，是每次产品上新时购买，或是每个季度购买。价格力是指打底裤升级更好的面料后在稳定转化率的前提下提升的价格。延展力是指这个童装店增加童鞋品类带来的销售增量。

## 训练

请在网站上收集一些公开数据，试选择数字品牌营销运营的 AIPL、FAST 和 GROW 模型中的一个，进行数据分析，查看结果。

# 第三节 大数据营销与数字新媒体

## 一、大数据营销概述

本部分首先介绍大数据概念的起源和发展过程，然后介绍大数据的四个主要特征，对其价值展开讨论，最后介绍大数据营销的概念和发展。

### （一）大数据概念的起源和发展

数据对人类生存发展的影响由来已久，从远古时期的"结绳记事"到两千多年前古希腊毕达格拉斯学派的名言"万物皆数"，都揭示了数据总是伴随着人类的生存、生产和生活，发挥着重要的作用。如今，在互联网、社交媒体、智能设备等的共同作用下，人类已经从传统的"小数据"时代进入了全新的"大数据"时代。

大数据（Big Data）是指海量的数据，其数量巨大到无法用传统的数据工具在合理的时间内进行处理。

大数据概念最早由著名的社会思想家、未来学家阿尔文·托夫勒提出。在20世纪80年代，他在《第三次浪潮》中指出："如果说 IBM 的主机拉开了信息化革命的大幕，那么大数据才是第三次浪潮的华彩乐章"。1997年，学者迈克尔·考克斯和戴维·埃尔斯沃思在一篇论文中用"大数据"这一概念来描述人们在20世纪90年代面临的挑战——"数据集非常大，超出主存储器、本地磁盘甚至远程磁盘的承载能力，这被称为'大数据问题'"。有据可考的最早使用大数据概念的是航天领域，1997年美国国家航空航天局（NASA）第一次正式地将大数据作为专用名词使用，指的是超级计算机产生的超出主存储器容量的巨量信息。

2006年，大数据开始走进人们的日常生活，得益于那时兴起的云计算技术和逐渐普及的社交媒体。2008年9月，《自然》杂志推出了大数据封面专栏，推动大数据成为互联网科技行业的热门词汇。2011年，麦肯锡发布了《大数据：下一个创新、竞争和生产力的前沿》专题报告，对大数据概念进行了专业界定：大小超出典型数据库软件工具收集、存储、管理和分析能力的数据集。该报告指出大数据时代即将到来。2012年，维克托·迈尔－舍恩伯格和肯尼思·库克耶合作出版《大数据时代：生活、工作与思维的大变革》，该书被认为是国外大数据研究的先河之作，其作者舍恩伯格被誉为"大数据商业应用第一人""大数据时代启蒙者"。2012年，美国政府也发布了《大数据研究和发展倡议》，把大数据提升到与互联网、超级计算机同等重要的国家战略层面。当时的美国政府将大数据比喻为"未来的新石油"，认为一个国家拥有的数据规模和运用数据的能力将成为综合国力的重要因素，而对数据的拥有和管控将成为国家间、企业间竞争和争夺的重点。自此以后，大数据概念迅速风靡全球。

### （二）大数据的特征和价值

#### 1. 大数据的特征

大数据与以往的传统数据相比较，具有一些典型特征。2001年，高德纳公司分析师道格拉斯·莱尼首先提出大数据具备的 3V 特征，即体积大（Volume）、类型多（Variety）及处理速度快（Velocity）。此后，学者们不断对大数据的特征加以细化描述，又提出了诸如应用价值大而价值密度低（Value）、数据获取与发送方式自由灵活（Vender）、准确性（Veracity）、正当性（Validity）、可视化（Visualization）及处理与分析难度大（Complexity）等特征。不过，一般来说，人们习惯采用 4V 来描述大数据的特征，即数据体量巨大、数据结构复杂、速度快及价值密度低。

（1）数据体量巨大。大数据的"大"是其第一特征，正是因为近些年来人类产生出了海量数据，才使得传统的数据存储和处理方式不足以满足现今的需求，进而催生出了大数据和云计算技术。2013年，IBM 曾指出，人类 90% 的数据产生于过去两年。如今，数据产生的增速是如此之快，有研究指出，2020 年全球数据量达 44ZB，44ZB 数据需要 473 亿个 1TB 硬盘来存储，相当于 31.5 亿个美国国会图书馆藏书的数据量，而到 2050 年，全球的数据量将达到 100 万 ZB。

（2）数据结构复杂。从网络上获得的数据可以分为结构化数据和非结构化数据，但主体上都是非结构化的。主流观点认为，世界上大约 80% 的数据是以文本、照片和图像等非结构化数据的形式存在的，传统的针对结构化数据的分析方法和工具无法在有限时间内对这些巨量的非结构化数据进行处理。海量和非结构化这两个特征决定了用传统的数据处理模式和工具解决不了大数据的问题，人们需要一种全新的理念、模式、工具去应对快速增加的数据。

（3）速度快，既指生成数据的速度快，也指处理数据的速度快。在过去，生产数据是专业公司或机构的工作，例如，零售企业每日产生大量的进销存数据，金融企业每日产生大量的用户行为数据，医疗机构、天文研究机构每天产生各自的专业数据，等等；而如今，每个人、每时每刻都是数据的生产者，这些数据是海量的、实时的，其结构是复杂的。数据生成的速度快，必然要求更高的处理速度，只有对数据进行快速的存储、分类、检索、提取、传输等操作，这些数据才是有意义的，没有高速度，海量的数据也只会成为沉睡的信息。

（4）价值密度低。大数据尽管够"大"，但是相比于传统"小数据"，它的精确度甚至可信度明显下降很多。例如，社交网站生成的大量数据在本质上是不精确、不确定的，有时甚至是谬误的。因此，专家们提出了大数据的一个特征是数量巨大但价值密度不高。当然，如果处理技术得当，那么数量的优势可以克服价值低的缺陷。

### 2. 大数据的价值

在大数据的启蒙书——《大数据时代》中，作者舍恩伯格指出，大数据开启了一次重大的时代转型，带来了生活、工作与思维的大变革。他一再强调在当前社会中，数据已经成为一种商业资本，一项重要的经济投入，是可以创造新的经济利益的。

⊙ **案例分享 12-18**

**舍恩伯格：大数据带来的三个转变**

大数据的核心就是预测。它通常被视为人工智能的一部分，或者更确切地说，被视为一种机器学习。大数据的精髓在于我们分析信息时的三个转变，这些转变将改变我们理解和组建社会的方法。

（1）更多：不是随机样本，而是全体数据，在大数据时代，我们可以分析更多的数据，有时候甚至可以处理和某个特别现象相关的所有数据，而不再依赖于随机采样。

（2）更杂：不是精确性，而是混杂性。研究数据如此之多，以至于我们不再热衷于追求精确度。执迷于精确性是信息缺乏时代和模拟时代的产物。只有5%的数据是结构化且能适用于传统数据库的。如果不接受混乱，剩下95%的非结构化数据都无法被利用，只有接受不精确性，我们才能打开一扇从未涉足的世界的窗户。

（3）更好：不是因果关系，而是相关关系。知道"是什么"就够了，没必要知道"为什么"。相关关系也许不能准确地告知我们某件事情为何会发生，但是它会提醒我们这件事情正在发生。在许多情况下，这种提醒的帮助已经足够大了。在大数据时代，我们不必非得知道现象背后的原因，而是要让数据自己"发声"。

资料来源：舍恩伯格，库克耶. 大数据时代：生活、工作与思维的大变革 [M]. 杨燕，周涛，译. 杭州：浙江人民出版社，2012.

大数据的价值存在于经济、民生等领域，也存在于国家层面。2012年，美国政府发布《大数据研究和发展倡议》，把大数据比喻为"人类未来社会发展的新石油"。2015年8月，国务院印发《促进大数据发展行动纲要》；2015年10月，我国在"十三五"规划中提出"实施国家大数据战略"；2016年，《政务信息资源共享管理暂行办法》出台；2016年年底，工信部发布《大数据产业发展规划（2016—2020年）》。我国政府认为推动实施国家大数据战略有利于加快完善我国数字基础设施，有利于推进数据资源整合和开放共享，有利于保障我国数据安全，更好服务我国经济社会发展和改善人民生活。

大数据是信息技术领域的一个专用概念，它引发的人类思维方式的变革是其能够席卷全球的重要原因。图灵奖得主詹姆士·格雷将"大数据挖掘"称为继理论方法、实验方法、仿真方法之后，人类认知世界的"第四范式"。在纪录片《大数据时代》中有一段关于大数据的论述：大数据的独特价值在于犹如开发了人类的"第三只眼"，人们可以在浩如烟海的数据海洋中发掘事物之间隐蔽的相关性，发现世界运行的新模式、新知识和新规律，推演预测未来发展趋势。

### （三）大数据营销的概念和发展

#### 1. 大数据营销的概念

大数据营销（Big Data Marketing）是指营销人员利用大数据技术和分析方法，将不同类型和来源的数据进行挖掘、组合与分析，发现隐藏其中的模式（如不同客户群体的用户画像、沟通交互方式），以及这些模式是如何影响消费者的购买决策的，并在此基础之上，有针对性地开展营销活动，以迎合顾客的个人喜好，为顾客创造更大的价值。也就是说，大数据营销是在市场营销领域中利用大数据技术对可用的、不断增长的、不断变化的、不同来源的（传统的和数字渠道的）、多种形式（结构化和非结构化数据）的海量数据，进行收集、分析和执行，以鼓励客户参与、提高营销效果和衡量内部责任的过程。大数据营销凭借其"精准"和"可定制"的特点，有效地保证了企业营销的效率和效果。

大数据营销属于数据驱动营销（Data Driving Marketing，DDM），数据驱动营销也被业界称为数据营销，所有用消费者数据指导企业制定营销战略和决策的营销方式都可以归为数据营销。数据营销的发展大致经历了直复营销、数据库营销和大数据营销三个阶段。

（1）直复营销。直复营销拥有悠久的历史，被认为是数据营销的起点。典型代表是19世纪80年代的西尔斯百货，通过直复营销模式，用目录采购和货到付款的创新营销模式迅速占领了地广人稀的美国市场。全球知名家具和家居零售商宜家也是应用直复营销模式的佼佼者。

（2）数据库营销。数据库营销兴起于20世纪90年代，主要依托于计算机数据库技术的成熟和电话等通信设备的普及，通过更低廉的成本、更有效的沟通方式和更精准的数据，逐渐替代直复营销成为数据营销的主流。采用数据库营销模式获得巨大成功的典范是戴尔公司。1994年，戴尔意识到深挖客户资料的重要意义，开始在客户关系管理（Customer Relationship Management，CRM）系统中为每个客户建立独立的信息，记录了客户的联系方式（姓名、电话、地址等）和历史消费记录，通过数据分析找出每个客户的购买产品倾向和购买时间，再通过电话这种简单直接的方式与客户进行沟通，最后货到付款，完成销售闭环（见图12-5）。通过这种方式，戴尔迅速成长为业界巨头。

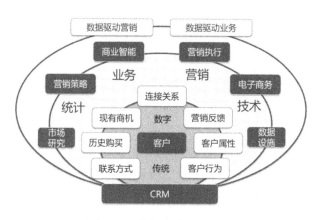

图 12-5　数据库营销的架构

注：资料来源于"于勇毅.大数据营销：如何利用数据精准定位客户及重构商业模式[M].北京：电子工业
出版社，2017"。

（3）大数据营销。到 2012 年之后，亚马逊、淘宝、京东等电商及一系列大数据营销技术出现，"客户数据＋电商＋营销技术＋大数据"的数字营销模式又一次改变了数据营销。

2. 大数据营销对传统营销的革新

相比传统营销，大数据营销能做到更加精准，可以使企业的营销战略更明确、行动更聚焦，使整个营销过程可追踪、量化和优化，从而更好地形成以数据为中心的营销闭环。

（1）基于大数据，企业在营销过程中可以制定更好的营销战略。首先，在大数据的帮助下，企业进行市场细分的数据维度可以更全面、更细化，数据采集可以实时化、深度化，数据处理可以依托更多的算法，因此构建的客户细分模型更有效，提取的客户特征值更为精准。其次，利用大数据进行目标市场中消费者、供应商、竞争对手、替代产品分析会更高效、更精确，从而能协助企业选取与自身战略、资源和竞争目标吻合度更高的目标市场。最后，大数据能协助企业做到更好的差异化的市场定位。对消费者需求和偏好的准确把握，对营销过程的实时跟踪和反馈，使企业能更好地打造竞争优势，最终赢得市场竞争。

（2）基于大数据，企业可以制定更好的营销策略。例如，对个性化产品的开发和销售，对差异化定价能力的提升，对全渠道整合增效，对人工智能拓客，对新媒体和"粉丝池"协同，等等。

## 二、大数据营销对传统媒体营销的影响

伴随着信息技术的不断进步，媒体的传播手段和展现方式也在不断进化。过去几十年，以报纸、广播、电视为代表的传统媒体受到了互联网的严重冲击。在大数据时代，内容制造和传输的垄断平台被进一步打破，普通人对媒体的参与度日益增强，媒体营销

的信息传播方式、内容生产方式、传播的主要介质等都发生了颠覆性的改变。

### 1. 传统媒体营销的信息传播方式发生了改变

在技术革新的驱动下，媒体自身的发展经历了从报纸到广播，从广播到电视，从电视到网络的业态发展。从 20 世纪 90 年代至今，以互联网为主要载体的媒介经历了门户网站、搜索引擎、社交网站等发展阶段，内容的呈现方式也从门户网站时期的信息块，到搜索引擎时期的信息片，再变化到社交媒体时期的信息流。参与市场竞争的企业从观望、学习到积极参与，逐步在公司内设置网络营销专员、媒体专员或相关部门，入驻门户网站、投注搜索引擎、运维社交账号，期望尽快适应这些全新的与消费者交流互动的方式，搭建售前、售中、售后等营销全过程内更便捷的信息反馈通道和更高效的用户链接。

企业营销信息的传播从过去的垄断信息源（如由企业发布）、垄断信息传播渠道（如主流电视媒体）到现在的一对多、"散射式"传递，这种新的信息传播方式催生出的典型代表便是自媒体。自媒体在近年来呈现出井喷式发展，数据表明，2020 年我国自媒体从业人员已经达到 310 万人。如今，这些散落在大江南北的信息分发者使企业面临的营销传播环境越来越复杂，信息控制难度越来越大。根据智研咨询的报告，2020 年一季度，移动网民人均每日在短视频 App 使用时间占比达到 21.1%；自媒体访问量稳定增长使自媒体对广告主的吸引力增强，自媒体行业的广告市场规模增长迅速。2019 年，自媒体行业的广告高达 895 亿元，2020 年自媒体行业广告市场份额预计突破 1 000 亿元。

在大数据营销技术和理念的驱动下的媒体信息传播方式的改变，迫使企业投入更多的资源收集用户信息、市场信息、趋势资料，然后从不同维度、运用多种模型绘制消费者用户画像和消费者行为曲线，对消费者行为进行更准确的细分，更好地预测和响应消费者需求。这些技术手段使传统意义上的精准营销、定制营销、个性化营销越来越容易实现。

### 2. 传统媒体营销的内容生产方式发生了改变

数十年来，大公司的营销经理们习惯于聘请 4A<sup>⊖</sup>公司进行广告策划和内容创作。国际 4A 公司自改革开放以来强势进入内地市场，他们用先进的传播理论、专业的创意内容、标准的服务程序为国内广告业树立了专业化的标杆，发挥了理论普及和领航作用，带动了中国广告业的发展。那段时间，4A 公司对消费者需求和偏好的把握能力、其作品对人性的洞察和体现，都令广告主和营销人员感到钦佩，4A 公司成为大公司进行品牌推广和建设时竞相争用的不二选择。如今，在大数据、AI 等技术的强烈冲击下，4A 公司的发展遭遇了前所未有的困境。2018 年，美国知名畅销书作家奥莱塔出版《广告争夺战：互联网数据霸主与广告巨头的博弈》，直白地讲述了传统 4A 公司在这个技术驱动产业发展的年代所遭遇的挑战。业内人士指出，以 4A 公司为首的国际传播公司，竞争了一百年的创意依然是"内容"，从平面广告，到影视广告，再到户外路牌的标题以及与受众互动

---

⊖  4A: The American Association of Advertising Agencies，指"美国广告代理协会"。

的方式，都以内容的感人、震撼程度，来吸引消费者的关注。而当下，这些内容的发起者和创作者发生了改变，取而代之的是掌控了流量分发和用户数据的互联网媒体公司与数以百万计的自媒体。

小红书、抖音、快手、西瓜视频等细分媒体平台不断涌现，日益强势。依托强大的用户统计数据和行为数据，结合机器挖掘技术的支持，这些天然具有互联网基因的新媒体运营平台能绘制出更准确的用户画像，能创作出更"走心"的内容黏住用户，能更精确地支持自媒体创作内容并鼓励网红直播带货以实现流量变现，这些都直接挑战了传统的广告代理公司、4A 公司的广告内容生产模式。

⊙ 案例分享 12-19

**用户画像："比你更懂你自己"**

在互联网步入大数据时代后，用户行为给企业的产品和服务带来了一系列的改变与重塑，其中最大的变化在于，用户的一切行为在企业面前是可"追溯""分析"的。

用户画像，即用户信息标签化，通过收集用户的社会属性、消费习惯、偏好特征等各个维度的数据，进而对用户或者产品特征属性进行刻画，并对这些特征进行分析、统计，挖掘潜在价值信息，从而抽象出用户的信息全貌。用户画像可看作企业应用大数据的根基，是定向广告投放与个性化推荐的前置条件，为数据驱动运营奠定了基础。

资料来源：赵宏田.用户画像：方法论与工程化解决方案 [M].北京：机械工业出版社，2020.

在大数据营销、AI 盛行的新媒体时代，广告主也不再像过去一样迷信 4A 公司，转而开始尝试民间智慧和群众的力量。曾经风靡大江南北的江小白，便是利用大数据营销和新媒体融合进行品牌推广的成功典范。江小白推出"表达瓶"产品，通过扫描瓶身的二维码，让每一位"有话要说"的消费者都可以很容易地参与活动。这种创意利用了最新的社交媒体技术，深得年轻消费者认同。在 2016 年第十四届中国营销盛典上，江小白被授予了中国企业营销创新奖之"年度产业文化营销创新奖"。2019 年，江小白营收接近 30 亿元，与传统白酒大牌水井坊、舍得相近。2020 年 9 月，江小白宣布完成 C 轮融资，这轮由华兴资本领投的产业大事件过后，据信，江小白的估值已过百亿。

在融媒体、智媒体时代，每一位消费者都有可能成为品牌形象的塑造者、品牌价值的传递者、品牌地位的撼动者。菲利普·科特勒在《营销革命 4.0》里将这种现象称为"向客户群的权力转移"。众多企业已经发现并且逐渐认可了这种转移，愿意为这些起于民间的新媒体付费。CTR 发布的《2020 广告主营销调查报告》显示，有 73% 和 69% 的广告主明确表示会增加分配给直播和短视频的预算。

3. 传统媒体营销的主"战"场发生了改变

在过去几年，媒体的传播主"战"场发生了改变。从世界范围来看，根据 WPP 的数据，2018 年电视广告相对于互联网广告只保持了微弱的优势；据 Zenith 的测算，2017 年美国互联网广告媒体花费超过电视，成为最大的广告媒体。在我国，国家市场监督管理总局的数据显示，2019 年度全国广告市场总体规模达到 8 674.28 亿元，但是电视广告经营却呈现 14.26% 的负增长，这意味着作为传统媒体营收晴雨表的电视广告跌幅之大创近十年来之最。CTR 数据也显示，2021 年 1 月，电视广告刊例花费同比缩减 8.3%，环比减少 9.6%，广告时长同比减少 6.2%，环比减少 11.4%。与电视媒体形成强烈对比的是互联网媒体。发布于 2021 年 1 月的《2020 中国互联网广告数据报告》显示，2020 年中国互联网克服全球疫情的严重影响，互联网广告全年收入 4 971.61 亿元（不包含港澳台地区），比 2019 年度增长 13.85%，增幅较上年减缓 4.35 个百分点，仍维持增长态势。这些数据都表明，电视作为曾经的传统媒体平台之王已经让位于互联网广告，这已是不争的事实。

当然，不同品类、不同品牌、不同的营销理念会使企业对媒体投放的偏好各有不同。营销机构的责任便是帮助广告主找到正确的信息传播媒介，通过媒介将信息传递给对应的人。微播易创始人、CEO 徐扬曾以新快消领域举例，他分析指出，元气森林、完美日记等品牌有三大特征：一是关注 Z 世代，服务于年轻人，目标用户群体清晰；二是产品年轻化，产品调性更加贴近年轻消费者，且外观精美；三是这些品牌在为年轻人打造消费场景，而消费场景的变化就需要品牌快速适应新场景的广告形式。他指出，新快消品牌对于社交网络的依赖性非常强，甚至会将其 100% 的预算投入社交媒体。

## 三、大数据营销与数字新媒体的关系

近年来，媒体行业曾有学者提出了一个说法："软件定义媒体、数据驱动新闻、算法重构渠道"，这一说法非常深刻、形象地描述了大数据等新信息技术与数字新媒体的共生关系。从营销的角度看，不论传统媒体或是新媒体，它们始终是企业传递品牌信息和公共关系信息的介质，始终是嫁接企业和消费者的信息渠道。在大数据营销的场景中，从用户洞察到营销策略制定，再到品牌创意生成、智能投放、投放效果分析，最后到销售完成后的再营销，在这个闭环中高效地触达并反馈消费者的信息是数字新媒体理应承担的职能。本部分选取新、旧两种媒体的代表，用例证来描述大数据营销背景下的媒体新发展。

### 1. 智能大屏：传统电视的智能革新

在互联网广告的强力冲击下，传统电视媒体不再是往日投放市场的王者。在寻求突破创新的过程中，具备"互联网＋电视"双重媒体属性的智能大屏开始出现。智能大屏，也被称为"智能电视"，是具备操作系统的电视终端产品，它除了具备传统电视功能之外，还可以接入网络，能够提供应用软件服务，用户可自主安装和卸载各类应用程序，以满足多样化和个性化需求。

经过近十年的快速发展，智能大屏的市场表现已经能与传统电视相较量。据奥维互娱[⊖]发布的一年一度的智慧大屏报告数据，2019 年智能大屏家庭渗透率已增至 59%，而传统电视的渗透率也仅为 69%；截至 2020 年 12 月，IPTV+OTT 激活终端的联合规模已经突破 6 亿台，日活联合规模突破 2.5 亿台，其中，OTT 每终端单次开机时长达 155 分钟，较去年同期增长 22 分钟，用户黏性稳步提升（见图 12-6）。

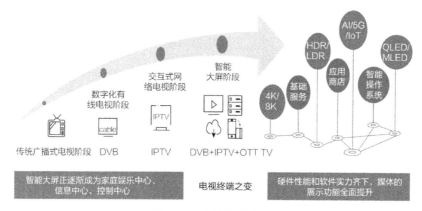

图 12-6　电视终端之变

在营销传播方面，不同于传统电视以"收视率"为代表的广告投放及评估方式，智能大屏汇集了更大的数据规模和更多的数据类型，弥补了传统电视所受限的较为单一的数据短板。基于这些数据，智能大屏广告可以进一步实现从用户洞察到精准投放的技术升级。秒针系统[⊖]发布的《2021 中国数字营销趋势报告》显示，2020 年数字营销的实际投资意向同比增长 16%，2021 年预期同比增长将达 20%，而相比 2020 年，2021 年广告主对于 NEW TV 的投资意向增长 8%。

智能大屏的营销投放首先是利用大数据在智能大屏上找到目标人群，随后再进行精准投放：在投放前，加强数据采集，建立用户标签；在投放中，多维度定向投放，满足不同类型广告主的差异化营销需求；在投放后，进行营销后链路评估，优化营销转化。智能大屏作为传统媒体在大数据时代的转型典型，是一个跨越了网络、平台、内容、终端的崭新产品，它被人们寄予了使客厅经济重新崛起、用户流量重新回归、电视媒体价值被重新塑造的期望（见图 12-7）。

### 2. 巨量引擎：字节跳动旗下的官方营销服务品牌

巨量引擎是字节跳动旗下的营销服务品牌，它整合了今日头条、抖音短视频、西瓜视频、懂车帝、FaceU 激萌、住小帮、幸福里等多元产品的营销能力，联合众多流量、数据和内容方面的合作伙伴，为全球品牌提供综合的数字营销服务。

⊖　奥维互娱，北京奥维互娱科技有限公司，成立于 2018 年，是国内权威的智慧家庭大屏第三方数据平台。数据分别来自《2020 年中国智慧大屏发展预测报告》《2021 年中国智慧大屏发展预测报告》。

⊖　秒针系统，秒针信息技术有限公司，成立于 2006 年，是中国领先的全域测量及商业智能分析解决方案提供商。

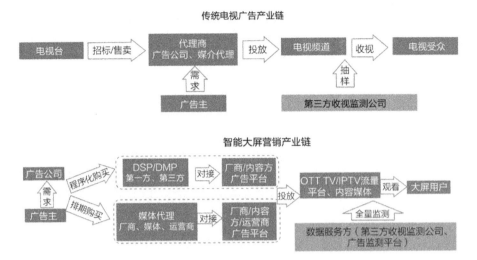

图 12-7  传统电视广告产业链与智能大屏营销产业链的比较

依托"头条系"全系产品的 15 亿月活跃用户，巨量引擎深受广告主青睐。例如，在游戏行业，根据 AppGrowing 的报告，2020 年 1 月，移动游戏投放前 20 的产品中，有 15 款主要通过巨量引擎进行投放，而其中 12 款产品将巨量引擎作为其投放的首要平台，更有 3 款游戏只针对巨量引擎做投放。2020 年金鸡电影节在厦门举办，巨量引擎厦门直营中心联动金鸡主办单位发起"第 33 届金鸡电影嘉年华"系列活动，"我在厦门看金鸡"活动上线两周内抖音话题曝光近 5 亿，UGC+PGC 投稿超 2 000，创造了全民电影狂欢日。

巨量引擎对自媒体、用户生成内容的支持也非常智能。例如，巨量引擎的定向功能。定向即选择广告给谁看，是从平台的所有用户中筛选出一部分人，只允许他们看到这条特定的广告，而主动屏蔽其他不相关的人。巨量引擎支持的定向指标分成四类：用户基本情况，包括用户性别、年龄和地域；用户兴趣，即广告想要投放给什么样的人群，选择对应的兴趣标签即可；环境与终端，包括网络、App 行为、过滤已安装平台及系统版本；自定义人群。通过这样的投前定向，会有效筛选出比较符合产品定位的用户，这样定向投放的广告效果也会更好。

巨量引擎还为广告主、内容创作者提供形式多样的全程投放测评工具，具体包括："前测工具"，在视频上传前即可预测视频的投放潜力；"直播诊断"，用五维四率⊖来准确分析直播间的效果；"行业洞察"，对信息流广告、搜索广告、直播广告等进行不同媒体端、受众的热度、点击率、曝光转化率等的分析。

巨量引擎在描述其品牌愿景时曾表示，无论拥有多大的规模、身处什么领域、面对怎样的竞争状态，都可以通过技术驱动营销，激发生意并拥有新的增长可能。巨量引擎作为大数据营销时代新媒体的代表，通过扶助中小企业、推动城市营销、守护和激发善

---

⊖  五维四率中的五维是指直播间曝光人数、直播间进入人数、商品曝光人数、商品点击人数及商品成交人数；四率是指观看点击率、商品曝光率、商品点击率以及点击支付率。

意等活动，传递着"生意总有新可能"的奋斗精神。

数字化正在重构企业传播的传统思维和方式，企业应主动适应并拥抱"人人都是自媒体"的数字新媒体时代，逐渐在数字世界中找准定位，让"数字媒体"为企业成长为行业领导企业、知名的产品品牌提供助推力或发展引擎，而非阻力和绊脚石。

## 第四节　新媒体时代下的数字广告

⊙ 案例分享 12-20

### bilibili："浪潮三部曲"成功出圈

2020 年 5 月 3 日，五四青年节前夕，bilibili 推出献给新一代青年的演讲《后浪》，该宣传片在央视一套播出，并登陆《新闻联播》前的黄金播出时段。相关数据显示，截至 5 月 28 日，《后浪》在 bilibili 获得了 2 562.2 万播放量，27.3 万弹幕，156.9 万点赞，102.9 万转发。一时间"后浪"刷屏了各大社交媒体，引发网友广泛的关注与讨论，形成现象级传播。随后 bilibili 相继在 5 月 20 日发布了以毕业季为题材的《入海》，6 月 26 日发布了 11 周年特映宣传片《喜相逢》。这两部宣传片均获得了 1 000 万以上的播放量，和《后浪》一起被称为"浪潮三部曲"，为 bilibili 突破自我、实现品牌定位提供了有力支撑。

曾经，80 后、90 后被部分人认为是"垮掉的一代"，《后浪》打破了从前的刻板印象，为年轻人正名。而创建于 2009 年，早期作为一个 ACG（Anime、Comics、Games）内容创作与分享的视频网站，bilibili 经过十多年的发展，逐渐扩展了"二次元"的标签，不断扩大用户群体，积极主动地拥抱主流文化，实现主流文化与亚文化的融合，努力打造成为中国年轻世代高度聚集的文化社区和视频平台，《后浪》正是它一次成功的尝试，也是一次高调的宣言。

## 一、数字广告概述

### （一）数字广告的定义

数字广告是以信息科学和数字技术为载体，以产品、理念或话题为互动内容，通过创新的互动形式有效地组织一系列文字、图形、图像、声音、视频影像和动画等数字媒体，形成以分享、互动、主动为特点的广告信息传播模式，它拥有病毒广告、互动广告、搜索引擎广告、社群广告等多种新的形式，形成线上广告、线下广告整合的广告格局，从而更好地引发人们对广告传播内容的共鸣。

⊙ **案例分享 12-21**

### 心相印厨房湿巾——"神仙年夜饭"

对于国人而言，年夜饭是一年之中最重要的一顿晚宴，而2021年很多人无法回家过年，心相印厨房湿巾以一场别出心裁的"神仙年夜饭"直播，不仅带动了年夜饭的氛围，更体现了品牌的情感关怀。

在"神仙年夜饭"中，看似平平无奇的五位"神仙"也是大有来头。心相印厨房湿巾精准洞察到当代年轻人最关注的新年祈福热点，分别以象征健康、桃花、学运、财运和驱逆的"五神"，给消费者带来新潮祝福。为了筹备年夜饭，"神仙们"遇到的厨房清洁难题也正是大家的烦恼。片中采用夸张的演绎方式，再加上时下流行的语言形式，将心相印厨房湿巾的产品卖点洗脑般呈现，成功地吸引消费者观看，使之产生共鸣。

心相印厨房湿巾这支集合了国潮、魔性洗脑和新春祝福等元素为一体的TVC，联动影视、美食、广告、娱乐等营销号的流量助力宣传，令更多的消费者参与，促进品牌内容的二次传播。心相印厨房湿巾打造的"神仙年夜饭"话题引起全网社交热议，在线上获得了1.9亿的阅读量和12.6万次的讨论。同时，趁着线上热度未减，心相印厨房湿巾无缝衔接发起"心相印厨房湿巾神了"的话题，以年夜饭作为切入点，结合产品调性，利用场景化营销，实现消费人群的兴趣蓄水，种草产品，并为后续种草传播做铺垫。

资料来源：传媒手册，《心相印厨房湿巾新年营销，我和网友看了都说神了！》。

## （二）数字广告的演变特征

### 1. 传播层面：从"碎片"到"无缝"，从"简单"到"丰富"

从传播层面来看，互联网之前强调的是碎片化的传播，在传播过程中每个传播的个体都被最大化地激活，每个碎片化的个体都有自己的信息表达内容和渠道（见图12-8）。数字媒介的发展使广告在除了填满受众"碎片"时间之外，还具有"无缝"插入的可能。数字广告信息融入受众生活的各个角落和场景之中，使物理空间和场景之间被分割，即所在的场所不一定是场景。在这种情况下，基于个人需求的定制式、参与式的广告传播行为，更为强调交互与互动。在新媒体环境下，广告受众媒体接触点碎片化分布，无缝对接的定制式、参与式社会信息平台开始成型。此外，不同于传统媒体受众被动式地传播和接收广告，数字媒介的传播，使消费者占据了主导性。受众个体化欲望的极大解放，在很大程度上倒逼程序设计厂商来迎合消费者的欲望，做更多元的新媒体应用开发。

### 2. 终端层面：日常生活的"全媒体化"，从"通信"到"智能"跨屏

受众以前在接受广告时通常只局限于有限的报纸和电视机两种媒介，而数字媒介的渠道拓展使人均可接触的媒体和占有媒体的资源都大大地提升。

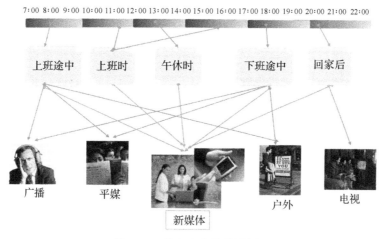

图 12-8　数字广告的传播层面

例如，一个人可能拥有多个电子设备（电视、电脑、手机、iPad、电子手表等），人们的日常生活演变成被全媒体覆盖的趋势已非常明显，同时，也带来了广告媒介的泛在化。

在终端层面上，原来更强调单纯广告信息的送达，而如今，信息节点的互通不再是重点，智能化成为广告商策划的核心（见图 12-9）。智能化实现了以受众需求为核心的跨屏的融合。无论你用什么样的媒体终端，接入到社会化的广告信息平台中，都可以用自己的需求来定制你想要看到的媒体和内容，这是以前媒体所不能触达的。

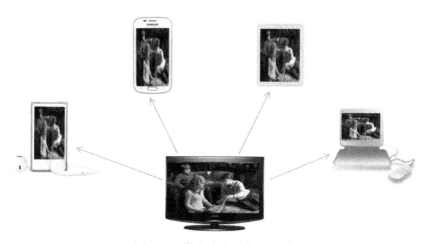

图 12-9　数字广告的终端层面

### 3. 受众层面：用户自主选择、定制能力提升

数字媒介带来了用户的自主选择、定制能力迅速提升。从定制内容演变到定制媒体和大数据定制推荐，决定了用户打开媒体时是千人千面的状态。但是个性化不完全等于人性化，完全根据兴趣可能会让用户自己的眼光和思维越来越窄，不断地固化用户已有的价值观（见图 12-10）。

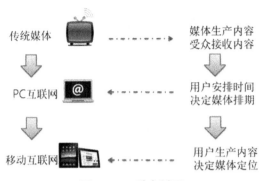

图 12-10　受众层面

## 4.内容层面：泛娱乐化趋势明显

越来越多的品牌开始选择以娱乐化的方式与消费者进行情感的互动，在欢声笑语中潜移默化地传递出品牌精神与产品信息，广告不再是冷冰冰的，反而让消费者在一片围观叫好中主动去购买。这使广告获取流量的成本低了，效果却上升了。广告服务商致力于寻找有趣的话题，让营销者述说，谈论者欢乐，以感情共鸣的方式引导客户的品牌认知和购买行为，不但助推品牌升级，更使其成为全社会的关注焦点。由于互联网的话题迭代极为迅速，新的娱乐点的产生会很快覆盖旧的娱乐点，这也使市场上多出现爆款广告而鲜少看到经典款广告。

⊙ **案例分享 12-22**

### "国潮"营销新玩法，敦煌数字供养人

回顾 2020 年出圈的数字营销案例，"敦煌诗巾"大放异彩。新年交替之际，腾讯发起"敦煌诗巾"（见图 12-11）项目，这是腾讯和敦煌研究院共办的"敦煌数字供养人"的新文创项目。该项目将敦煌藻井的概念延续到丝巾上，以"层"的叠加变化创作丝巾图案。8 款主题图案，近 200 组装饰元素，原型都来自敦煌图案，经由设计师再创作，让它们既保留了原味，又符合当代审美。

图 12-11　"敦煌诗巾"

这次灵动的交互由专门定制的 DIY 合成算法实现，根据每个图案元素的不同特性，进行交互设计，用户可以通过对元素的缩放、旋转、位置调整，以自己的想象和审美创作出无穷可能性。在 DIY 过程中，移动自己的手指还会触发流畅的动态效果。丝巾图案生成后，系统会根据图案的寓意生成三行诗，把新一年的美好愿望寄予这方"敦煌诗巾"。用户还可以一键定制自己创作的丝巾，实现了从线上到线下供应链的打通。用户只需要支付 199 元，就可以定制自己创作的"敦煌诗巾"，让古老的丝绸之路延续到我们的生活中。

除了在"诗巾"上的合作，腾讯还联合敦煌在游戏、音乐、动漫等领域，打造出不少爆款且至今依然让人印象深刻，无论是 QQ 音乐的"古乐重声"音乐会，还是《王者荣耀》全新的杨玉环"飞天"皮肤，"数字供养人"H5 等，均体现了腾讯"去中心化"的全民参与文保的思路。腾讯一直在挖掘好文化 IP 的内在价值和精神内涵，将文化 IP 内容做透，避免对传统文化 IP 的过度娱乐化，创作有意思、有史料的故事内容。腾讯和敦煌研究院通过有趣的线上互动，将数字文保变为全民文保，每个人都成为文化的"数字供养人"；让大众都能真正以体验的方式参与到敦煌文化的保护中，在一个个活动中感受传统文化的魅力，进而了解传统文化，形成对文化的深度认同感。

资料来源：《腾讯 × 敦煌研究院再上新，这次是"敦煌诗巾"！》。

## 二、数字广告中的需求方平台：DSP

### （一）DSP 的定义

DSP 是 Demand-Side Platform 的简称，在互联网广告产业中，DSP 是一个系统，也是一种在线广告平台。DSP 系统允许广告主通过一个后台管理多个不同数字广告和数据交换的账户。DSP 能为广告主提供跨媒介、跨平台、跨终端的广告投放平台，搭建广告主与目标受众之间的桥梁，通过数据整合、分析实现基于受众的广告精准投放，找到最符合广告主营销诉求的目标人群，优化广告投放策略，在提升广告效果的同时帮助最大化节省广告成本。

跟传统的广告网络（Ad Network）相比，DSP 广告不从网络媒体那里购买广告位，也不采用按天计费（CPD）的方式购买广告位；DSP 广告通过竞价的方式来取得该广告的展示机会。

### （二）DSP 广告投放流程

当用户访问网站时，媒体平台就会接收到数据并通知 RTB（实时竞价平台）供应商，RTB 接收到信息后，发起实时竞价请求，广告主就可以通过 DSP 需求方对数据和用户进行分析，从而管理广告投放。在整个过程中，RTB 和 DSP 平台的作用如图 12-12 所示。

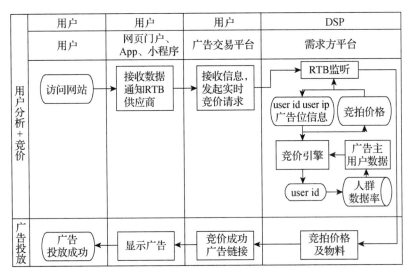

图 12-12    DSP 广告投放流程

## （三）DSP 广告核心模块

### 1. 竞价系统

DSP 广告核心模块如图 12-13 所示，它帮助需求方在 RTB 市场进行广告流量精准竞价采购和展示。因为在 RTB 背景下，DSP 需要决策的事情更多，如广告位信息（有多少展示机会、广告尺寸等）、竞拍价格（最低价格、是否购买、出价多少）、广告主数量、人群数据等，所以 DSP 在收到竞价请求后，会检索自身的策略库，确定是否购买此次流量，再将决策出价和广告内容回传给 ADX，最终，ADX 找出最高出价 DSP，将广告内容返还给 SSP 展示。至此，整个竞价流程完成。

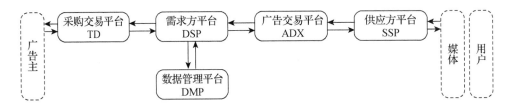

图 12-13    DSP 广告核心模块

### 2. 策略系统

策略系统是需求方优化广告投放效果、提升广告效益的重要部件，其作用是存储广告投放策略（人工＋算法），控制竞价系统有计划地进行 TRB 流量采集购买和广告展示，从而实现效果优化。它解决的痛点是找到最有价值的流量，从而把预算花在刀刃上。在实际过程中，DSP 的做法却是在帮助流量挑广告。对于一个竞价请求来说，重点是需要通过处理器来层层挑选出符合请求的广告活动，最终找出对流量出价最高的广告。

### 3.资源管理系统

资源管理系统是需求方协调资源的重要部件，其作用是帮助需求方管理包括客户、媒介、数据、财务在内的多方面资源，保证程序化购买有序进行。资源管理系统如图 12-14 所示，需要协调的内容大概分为客户管理、媒介管理、数据管理、财务管理四方面。

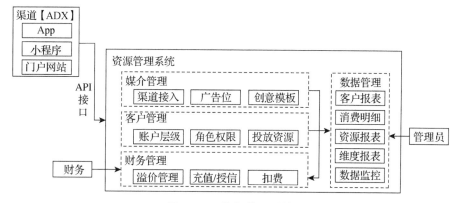

图 12-14　资源管理系统

## 思考题

1.请了解并掌握以下基本概念。零售，新零售，数字广告。

2.数智化的核心关键词、服务、架构和要素有哪些？

3.数智化新零售（人＋货＋场＋云）和社区团购发展如何？

4.如何运用数智营销运营模型（STEPPS 模型、SMART 模型、流量漏斗模型）分析现实的问题？

5.如何进行数字品牌营销运营的 AIPL、FAST 和 GROW 模型分析？

6.大数据营销与数字新媒体有哪些要点？

7.新媒体时代下的数字广告有哪些？

## 实践训练

【目标】

请结合实际内容，了解数智新媒体营销的基本内容和营销运营模型，学习运用模型分析新媒体问题和业务，提升运营业务水平。

【内容要求】

请同学们以个人或小组形式，选择新媒体下的某一个问题或一项业务，或收集一些数据，运用合适的模型进行分析。

【训练】

训练 1：请运用所学的新零售知识，分析我国新零售业务或社区团购业务的营销运营和流程。

训练 2：请运用数智营销运营模型（STEPPS 模型、SMART 模型、流量漏斗模型），选择一个现实的问题或一个项目进行分析，并得到结论。

训练 3：请选择一个或多个商品品牌，用数字品牌营销运营的 AIPL、FAST 和 GROW 模型进行分析，查看模型分析结果。

## 参考文献

[1] 肖利华，田野，洪东盈，等 . 数智驱动新增长 [M]. 北京：电子工业出版社，2021.

[2] 张建军，赵启兰 . 新零售驱动下流通供应链商业模式转型升级研究 [J]. 商业经济与管理，2018（11）：5-15.

[3] 杨坚争，齐鹏程，王婷婷 ."新零售"背景下我国传统零售企业转型升级研究 [J]. 当代经济管理，2018，4（9）：24-31.

[4] 刘洋 . 流通供应链视角下实体零售业转型"新零售"路径研究 [J]. 中国商论，2022（4）：1-3.

[5] 杜睿云，蒋侃 . 新零售：内涵、发展动因与关键问题 [J]. 价格理论与实践，2017（2）：139-141.

[6] 陈钦兰，苏朝晖，胡劲，等 . 市场营销学 [M].2 版 . 北京：清华大学出版社，2017.

[7] 付山柏 . 网络环境下数字品牌传播特点研究 [D]. 长沙：湖南大学，2010.

[8] SMITH S. Is data the new media[J]. Econtent，2013，36（2）：14-19.

[9] 中璋 . 操纵：大数据时代的全球舆论战 [M]. 北京：中信出版社，2021.

[10] 霍尔姆斯 . 牛津通识读本：大数据 [M]. 李德俊，洪艳青，译 . 南京：译林出版社，2020.

[11] 杨扬，刘圣，李宜威，等 . 大数据营销：综述与展望 [J]. 系统工程理论与实践，2020，40（8）：2150-2158.

[12] 陈志轩，马琦 . 大数据营销 [M]. 北京：电子工业出版社，2019.

[13] 黄海琚 . 智媒已临：媒体发展将何以转身、转向、转型 [J]. 传媒观察，2021（11）：100-104.

[14] 何辉 . 互联网与传统大众媒体广告促销力博弈研究 [J]. 现代传播（中国传媒大学学报），2018，40（9）：123-132.

[15] 王忠国 . 新媒体背景下电视广告传播策略变革与创新 [J]. 中国广播电视学刊，2021（11）：57-59.

[16] 马涛，黄升民 . 风起大屏：智能大屏营销新趋势 [M]. 北京：机械工业出版社，2021.

[17] 佚名 . 头条系游戏的战略思路 [J]. 证券市场周刊，2020（8）：48.

[18] 李星 . 媒体化战略：数字时代企业如何做好公关与内容营销 [M]. 北京：电子工业出版社，2021.